RAINER MAUSFELD

Warum schweigen die Lämmer?

Wie Elitendemokratie und Neoliberalismus unsere Gesellschaft und unsere Lebensgrundlagen zerstören

WESTEND

unserer gesellschaftlichen Weltsicht zu werfen, weil sich in den folgenden Beiträgen vieles möglicherweise nur schwer mit unseren persönlichen gesellschaftlichen Erfahrungen in Einklang bringen lässt.

Wie wir die Welt erleben, wird zwangsläufig davon bestimmt, wie wir in ihr situiert sind und aus welcher Perspektive wir auf sie blicken. Dies gilt auch und in besonderem Maße für die gesellschaftliche Welt. Wie wir gesellschaftliche Verhältnisse beurteilen, hängt von der Perspektive ab, also von dem Ort – geographisch, historisch, sozial oder geistig –, von dem aus wir die Welt betrachten. Die Spannbreite möglicher Perspektiven auf die gesellschaftliche Welt ist nahezu unbeschränkt groß.

Nun teilen wir zumindest den historischen Ort und in relevanten Aspekten auch weitgehend den geographischen Ort; zudem sorgen unsere Sozialisationsinstanzen dafür, dass wir auch geistige Perspektiven auf die gesellschaftliche Welt teilen. Dies reduziert die Spannbreite möglicher Perspektiven und stiftet Gemeinsamkeiten in unseren Perspektiven auf die gesellschaftliche Welt. Mit sehr grobem Strich ließe sich unser Bild einer mehr oder weniger geteilten gesellschaftlichen Realität vielleicht so zeichnen: Unsere eigene Lebenswirklichkeit wird dadurch bestimmt, dass wir in einer Zeit leben, deren zivilisatorische Qualitäten weit herausragen in einer langen und gewaltreichen Zivilisationsgeschichte. Der Ort, von dem aus wir die Welt betrachten, ist ein Ort, an dem es seit mehr als 70 Jahren weder Krieg noch Hungersnot gibt. Ein Ort, der den meisten einen Lebensstandard ermöglicht, der sehr viel höher ist als der ihrer Eltern und Großeltern. Ein Ort, dessen soziale Ordnung durch einen demokratischen Rechtsstaat bestimmt ist, der also Meinungsfreiheit, Schutz der Bürgerrechte und Achtung der Menschenrechte sichert und der unserem gesellschaftlichen Leben Stabilität und Sicherheit verleiht. Aus einer solchen Perspektive gibt es, bei rechtem Lichte betrachtet, eigentlich Grund genug, mit der Entwicklung unserer Gesellschaft und mit dem, was wir erreicht haben, zufrieden zu sein. Auch aus größerer historischer Perspektive stehen die Dinge für uns eigentlich sehr vorteilhaft. Das kapitalistische Wirtschaftssystem hat breite Bevölkerungsschichten von Hunger und Elend befreit. Allein in den vergangenen 150 Jahren haben industrielle Revolutionen, die Mechanisierung und Industrialisierung der Landwirtschaft, die technischen Möglichkeiten der Massentierhaltung und die Fortschritte der Biotechnologie, die Globalisierung von Agrar- und Lebensmittelindustrie, die Fortschritte der Medizin, der Pharmatechnologie und der medizinischen

Versorgung die allgemeine Lebenserwartung und Lebensqualität in zuvor nicht gekanntem Maße steigen lassen. All diese Errungenschaften haben einen Massenwohlstand und eine Teilhabe am technischen Fortschritt in allen Lebensbereichen, sei es Ernährung, Kommunikation, Mobilität oder Gesundheit, ermöglicht, wovon frühere Generationen nur träumen konnten. Durch die Möglichkeiten, die Massenkonsum und eine unseren privaten Alltag durchdringende Unterhaltungsindustrie bieten, ist es zudem weitgehend gelungen, entfremdete Arbeit erträglicher zu machen und soziale Unruhen einzudämmen. Ebenso vorteilhaft haben sich die Dinge auf der internationalen Ebene der Beziehungen zwischen den Staaten entwickelt. Kurz nach dem Zweiten Weltkrieg wurden die Vereinten Nationen (UNO) gegründet, um den Frieden in der Welt dauerhaft zu sichern. Dieses Ziel fand seinen Ausdruck in der Charta der Vereinten Nationen und dem darin niedergelegten allgemeinen Gewaltverbot, das jedem Staat einen Angriffskrieg verbietet. Der Internationale Gerichtshof in Den Haag entstand als Hauptrechtsprechungsorgan der UNO. Völkerrecht und internationales Recht wurden zur Sicherung von Frieden, Demokratie und Menschenrechten weiterentwickelt. Zivilisationsgeschichtlich haben wir also viel erreicht und eigentlich Grund genug, die zivilisatorischen Errungenschaften unserer westlichen Wertegemeinschaft zu feiern. Von allen gesellschaftlichen Organisationsformen, die sich bislang in größerem Maßstab und in stabiler Weise haben realisieren lassen, hat sich aus unserer Perspektive die Verbindung von Kapitalismus und Demokratie trotz aller Probleme anscheinend in besonderer Weise bewährt. Natürlich wissen wir, dass wir ungeachtet aller Fortschritte auch weiterhin in allen Bereichen mit einer überwältigenden Fülle schwerwiegender Probleme konfrontiert sind. Doch angesichts der Tatsache, dass der Mensch nun einmal, in Kants Worten, aus krummem Holze gemacht ist und nichts ganz Gerades daraus gezimmert werden kann, und angesichts der Tatsache, dass auch die Komplexitäten und Sachzwänge der Welt keine perfekten Lösungen erwarten lassen, sind wir weitgehend zuversichtlich, dass technischer Fortschritt und eine verbesserte Effizienz in der Organisation der Gesellschaft und in der Ausgestaltung von Handelsmärkten die uns heute bedrohlich erscheinenden Probleme werden bewältigen lassen.

Offensichtlich leben wir also an bevorzugten Orten und in Zeiten, die man, in großen geschichtlichen Maßstäben gemessen, wohl nur als besonders glücklich bezeichnen kann. Nun werden indes nicht alle bereit sein, in diesen Chor der Selbstbeglückwünschung einzustimmen. Einige,

Einleitung

Demokratie und Freiheit. Zwei Wörter, die mit unerhörten gesellschaftlichen Versprechen aufgeladen sind und gewaltige Veränderungsenergien zu deren Einlösung freisetzen können. Kaum mehr als ein Schatten ist heute von den mit ihnen ursprünglich verbundenen Hoffnungen geblieben. Was ist passiert? Wohl nie zuvor sind zwei Wörter, an die so leidenschaftliche Hoffnungen geknüpft sind, in gesellschaftlich so folgenschwerer Weise ihrer ursprünglichen Bedeutung entleert, verfälscht, missbraucht und gegen diejenigen gewandt worden, deren Denken und Handeln sie beseelen. Demokratie bedeutet heute in Wirklichkeit eine Wahloligarchie ökonomischer und politischer Eliten, bei der zentrale Bereiche der Gesellschaft, insbesondere die Wirtschaft, grundsätzlich jeder demokratischen Kontrolle und Rechenschaftspflicht entzogen sind; damit liegen zugleich weite Teile der gesellschaftlichen Organisation unseres eigenen Lebens außerhalb der demokratischen Sphäre. Und Freiheit bedeutet heute vor allem die Freiheit der ökonomisch Mächtigen. Mit dieser orwellschen Umdeutung kommt diesen beiden Wörtern nun ein besonderer Platz im endlosen Falschwörterbuch der Geschichte zu. Mit zwei Wortvergiftungen werden unsere zivilisatorischen Hoffnungen auf eine menschenwürdigere Gesellschaft und auf eine Einhegung von Gewaltverhältnissen verwirrt, getrübt, zersetzt und nahezu aus dem kollektiven Gedächtnis getilgt. Durch den Verlust der mit diesen beiden Begriffen verbundenen zivilisatorischen Träume fällt es uns heute schwer, eine attraktive menschenwürdige Alternative zu den herrschenden Machtverhältnissen politisch zu artikulieren, oder schlimmer noch, überhaupt zu denken.

Wenn wir uns mit diesen Entwicklungen auseinandersetzen wollen, sind wir mit einem grundlegenden, jedoch nicht immer bewussten Spannungsfeld konfrontiert, dem wir nicht entgehen können. Wenn wir durch die Brille unserer eigenen Interessen auf die gesellschaftliche Realität blicken, werden wir ein anderes Bild erhalten und andere Schlussfolgerungen daraus ziehen, als wenn wir versuchen, eine universalisierbare, gleichsam überpersönliche Perspektive einzunehmen, die von dem Bemühen um eine aktive Mitgestaltung unseres Gemeinwesens geleitet ist und sich im Sinne der Aufklärung an Prinzipien der Freiheit, Gleichheit und des Gemeinsinns orientiert. Über dieses Spannungsfeld müssen wir uns, auch wenn es letztlich wohl unauflöslich ist, im Klaren sein, wenn wir uns über unterschiedliche Perspektiven auf die gesellschaftliche Realität austauschen wollen. Es lohnt daher, zunächst einen Blick auf diese Perspektivengebundenheit

vermutlich die überwiegende Mehrheit der auf diesem Planeten lebenden Menschen, würden, wenn denn überhaupt ein Interesse bestünde, sie zu hören, sicherlich zu Protokoll geben, dass mit diesem »Wir« nicht sie gemeint sein könnten. Das »Wir«, das einer solchen geteilten Perspektive zugrunde liegt, ist es daher wert, genauer betrachtet zu werden.

Aus einer breiteren historischen Perspektive, ebenso wie aus einer an globalen Maßstäben orientierten Perspektive, können wir uns zu den Gewinnern und Nutznießern der gegenwärtigen Weltordnung zählen. Nun neigen zu allen Zeiten die Sieger, die Gewinner und die Nutznießer der jeweiligen gesellschaftlichen Ordnung dazu, nicht nur diese Ordnung gutzuheißen, sondern die Welt insgesamt als im Großen und Ganzen wohlgeordnet anzusehen und den jeweiligen Verlierern selbst die Schuld für ihre Situation zu geben. Auch neigen sie dazu, die Zukunft einer Gesellschaftsordnung, deren Nutznießer sie sind, eher optimistisch zu sehen. Aus der Perspektive der Verlierer und Opfer einer gesellschaftlichen Ordnung sehen die Dinge jedoch ganz anders aus, als aus der Perspektive, aus der »Wir« die Dinge betrachten. Ein anderer geographischer oder sozialer Ort, oft nur ein paar Straßenzüge oder aber einen Kontinent entfernt, eine andere Zeit, nur wenige Jahre oder eine künftige Generation entfernt, genügen, um ein grundlegend anderes Bild zu sehen.

In der Tat haben wir Krieg und Terror, Unterdrückung und offene Gewalt, Hunger, ökologische Verwüstungen durch Raubbau und Ausplünderungen von Ressourcen, Sklaverei und Folter weitgehend aus unseren Lebensbereichen ferngehalten. Wenn wir jedoch darüber nachdenken, worauf unsere eigenen Lebensformen wesentlich basieren, müssen wir uns bewusst werden und anerkennen, dass sie wesentlich darauf beruhen, aus diesen unhaltbaren Verhältnissen einen Nutzen zu ziehen. Wir haben diese Verhältnisse nicht beseitigt, sondern sie lediglich an andere Orte der Welt outgesourct. Sie tauchen in unserem Bewusstsein kaum mehr auf. Sie sind moralisch kaum mehr sichtbar und wir fühlen uns für sie im Grunde nicht verantwortlich.

Es gibt sichtlich einen großen Spielraum für unterschiedliche Perspektiven auf gesellschaftliche Verhältnisse. Der Blickpunkt, von dem aus wir auf die gesellschaftlichen Realitäten blicken, bestimmt, wie wir Fakten auswählen und gewichten und welche Schlussfolgerungen wir aus ihnen ziehen. In jedem Fall genießen wir das Privileg, in der Beurteilung unserer eigenen Situation und in der Beurteilung des größeren Zusammenhangs, in den wir eingebettet sind, einen großen gedanklichen Spielraum zu haben. Wie immer man auch die Dinge betrachten mag: »Wir« sind die Gewinner und Nutznießer gegenwärtiger Wirtschafts- und Machtverhältnisse.

Welche Perspektiven aber bleiben den Verlierern und Opfern gesellschaftlicher Ordnungen? Bereits das Opfersein ist eine angstmachende und angsterfüllte Einengung von Perspektiven. Den Verhungernden, den Gefolterten und denjenigen, deren physisches und psychisches Leben bedroht ist, bleibt kaum mehr als der Erlebens- und Denkraum eines Opferseins. Und es sind gerade die Opfer, die nicht mit dem »Wir« gemeint sind, das so nachdrücklich die Vorteile der gegenwärtigen Macht- und Wirtschaftsordnung zu schildern weiß.

Zu dem »Wir« würden sich nicht zählen können oder nicht zählen wollen:

Die globalen Opfer »unserer« Wirtschaftsordnung, deren Zahl kaum schätzbar ist. Jean Ziegler, von 2000 bis 2008 UN-Sonderberichterstatter für das Recht auf Nahrung, schätzt die Zahl der durch unsere Wirtschaftsordnung getöteten Menschen auf mehr als 50 Millionen, und dies pro Jahr – keine andere Gesellschaftsordnung in der langen Zivilisationsgeschichte tut es darin der neoliberalen Wirtschaftsordnung gleich.

Die über 800 Millionen Menschen, immerhin mehr als ein Zehntel der Weltbevölkerung, die unter chronischer Unterernährung leiden und von denen Jahr für Jahr über 30 Millionen, fast 100.000 täglich, einen Hungertod sterben (obwohl die Weltlandwirtschaft in ihrer heutigen Entwicklungsstufe, dem Welternährungsbericht der Food and Agriculture Organization der UNO zufolge, problemlos 12 Milliarden Menschen, fast das Doppelte der gegenwärtigen Weltbevölkerung, ernähren könnte).

Die mehr als eine Milliarde Menschen, die am Rande des Existenzminimums leben.

Die mehr als zwölf Millionen Menschen in Deutschland, die von Armut bedroht und damit von einer normalen sozialen und kulturellen Teilhabe ausgeschlossen sind. Ein Fünftel aller Kinder wachsen dauerhaft in einer Art vererbter Armut auf. Nicht anders sieht es in anderen sogenannten Industrieländern oder Rechtsstaaten aus.

Die ungezählte Zahl derjenigen, die nichts mehr zählen: Hunderte von Millionen »Überflüssige« und »Überschuss-Menschen«, die nicht als Konsument oder für eine Akkumulation verwertbar sind und die in zu disziplinierende Ränder der Gesellschaft entsorgt werden.

Die mehr als 40 Millionen Menschen, die gegenwärtig Opfer moderner Formen der Sklaverei sind.

Die mehr als 6 Millionen Menschen, die jährlich an den Folgen der Umweltzerstörung sterben.

Die zivilen Opfer der Bomben, die »wir«, also Mitglieder der westlichen Wertegemeinschaft, zu unserer »Selbstverteidigung« und zur »Förderung von Demokratie und Menschenrechten« auf andere Staaten abwerfen. Allein im Jahr 2016, dem letzten der Obama-Präsidentschaft, wurden auf sieben islamische Länder insgesamt 26.171 Bomben abgeworfen (jede einzelne Bombe ist in der THOR-Datenbasis des US Air Force Research Institute mit Ort und Zeit des Abwurfs registriert). Die Schätzungen für die durch militärische Aktionen der USA seit Gründung der UNO getöteten Zivilisten liegen je nach Datenbasis und zugrunde gelegten Kriterien zwischen 8 und 30 Millionen. Die Opfer »unseres« zeitlich und räumlich unbegrenzten »Kriegs gegen den Terror« summieren sich bislang allein im Irak, in Afghanistan und in Pakistan auf etwa 1,3 Millionen Todesopfer.

Die Leidtragenden unserer Wirtschafts- und Finanzkriege gegen unliebsame Regierungen, insbesondere in Form von Sanktionen.

Die Liste derjenigen, die sich nicht zu unserem »Wir« rechnen können oder wollen, lässt sich nahezu endlos verlängern. All diese Opfer und Folgen unserer gegenwärtigen Wirtschafts- und Gewaltordnung sind in unseren Medien und in unserem öffentlichen Bewusstsein praktisch nicht präsent – und wenn überhaupt, dann als dürre Fakten. Diese mangelnde öffentliche Präsenz spiegelt das verbreitete Gefühl wider, dass wir ja schließlich für diese Folgen nicht verantwortlich seien. Denn man könne uns, zum einen, keine Verantwortung aufbürden für Verbrechen, die von unseren demokratisch gewählten Führern veranlasst worden sind. Zum anderen seien es ja nicht nur von uns zu verantwortende Folgen, sondern überwiegend selbstverschuldete Folgen oder Folgen, die durch natürliche Gegebenheiten, Sachzwänge oder Naturgesetzlichkeiten einer komplexen Welt hervorgebracht worden seien. So werden die Opfer von den Tätern zusätzlich noch für ihr Opfersein selbst verantwortlich gemacht. Die Geschichte hört eben nicht auf, den Besiegten gegenüber den Siegern unrecht zu geben.

Von der Perspektive hängt auch eine Beurteilung der Realitäten unserer zivilisatorischen Errungenschaften zur Sicherung des inneren und äußeren Friedens ab, also der Realität der Demokratie und der Realität des Völkerrechts. Auch hier reicht oft schon eine kleine Änderung des Betrachtungsortes, um die Realitäten hinter der politischen Rhetorik und hinter ideologischen Vorurteilen zu erkennen. Von der Demokratie, die ursprünglich mit großen Hoffnungen auf eine politische Selbstbestimmung und auf eine Sicherung des inneren und äußeren Friedens verbunden war, ist in der realen Gestaltung der Gesellschaft nur eine formale Hülse übrig geblieben. Demokratie ist auf ein inszeniertes Spektakel periodischer Wahlen reduziert worden, bei denen die Bevölkerung aus einem ihr vorgegebenen »Elitenspektrum« wählen kann. Wirkliche Demokratie ist ersetzt worden durch die Illusion von Demokratie, die freie öffentliche Debatte ist ersetzt worden durch Meinungs- und Empörungsmanagement, das Leitideal des mündigen Bürgers ist ersetzt worden durch das neoliberale Leitideal des politisch apathischen Konsumenten. Von den mit den Begriffen Demokratie und Freiheit verbundenen Hoffnungen sind nur die leeren Worthülsen eines falschen Versprechens von den Mächtigen beibehalten worden; mit ihnen lässt sich nämlich das Bewusstsein der Mehrheit der Machtunterworfenen wirksam manipulieren.

Auch das Völkerrecht hat sich heute in großen Teilen zu einem Instrument unverhohlener Machtpolitik entwickelt. Die selbstdeklarierte westliche Wertegemeinschaft pflegt wieder offen ihren geradezu religiösen Glauben an die Wirksamkeit von Gewalt, an die Heilsamkeit von Bomben und Zerstörung, von Drohnenmorden und Folter, von Unterstützung terroristischer Gruppen, von wirtschaftlichen Strangulierungen und anderen Formen von Gewalt, die ihren Zwecken dienlich ist – eine politische Fetischisierung von Gewalt, deren Auswirkungen über den gesamten Globus zu besichtigen sind.

Kaum mehr als eine geschichtliche Erinnerung ist von den großen Hoffnungen übrig geblieben, die ursprünglich mit Demokratie und

Völkerrecht verbunden waren, nämlich Hoffnungen auf eine zivilisatorische Einhegung von Macht- und Gewaltbeziehungen. Umso kraftvoller wird die Bevölkerung in der politischen Rhetorik mit einer Demokratie- und Völkerrechtsrhetorik überzogen, mit der die ökonomisch oder militärisch Starken die Zustimmung oder Duldung der Bevölkerung für ihre tatsächliche Praxis einer Realpolitik der Gewalt zu gewinnen suchen. In der Realpolitik hat sich heute längst wieder das Recht des Stärkeren Anerkennung verschafft. Zweihundert Jahre nach der Aufklärung, auf die wir uns in der politischen Rhetorik so viel zugute halten, leben wir in einer Zeit der radikalen Gegenaufklärung. Zugleich verweisen die Mächtigen gerne, wenn es ihren Machtinteressen dient, auf die Aufklärung, um damit gegenüber denjenigen, die sie als ihre Feinde ansehen, ihre behauptete zivilisatorische Überlegenheit zu bekräftigen.

So hängt eben alles von der Perspektive ab. Was wir sehen, hängt von der Perspektive ab. Ebenso, was wir sehen wollen und, mehr noch, was wir nicht sehen wollen. Auch die Schlussfolgerungen, die wir aus dem, was wir sehen, erfahren und wissen, ziehen und zu ziehen bereit sind, hängen von der Perspektive ab. Nicht nur der Perspektive des geographischen und sozialen Ortes, an dem wir leben, und der Zeit, in der wir leben. Unser Blick auf die Welt hängt auch von der geistigen Brille ab, durch die wir auf die Welt schauen. Also von unseren eigenen Erfahrungen – direkte oder indirekte – vermittelte, von unserer Sozialisation, von unseren Normen und unseren Vorurteilen, von unseren Ängsten und Sorgen, von den Weltbildern und Vorurteilen der Gruppen, denen wir uns zugehörig fühlen, und von dem Bild, das wir von uns selbst und von unserer Rolle in der Welt haben.

All dies bringt eine Pluralität sehr unterschiedlicher Perspektiven auf die gesellschaftlichen Verhältnisse hervor, eine Pluralität, die in einer politischen Gemeinschaft mit gravierenden Spannungsfeldern einhergehen kann. Daher werden zur Sicherung eines inneren Friedens für ein politisches Handeln Prozeduren benötigt, diese Spannungsfelder zu entschärfen. Das Bemühen, die Pluralität unterschiedlicher und oft sogar miteinander unverträglicher Interessen und Perspektiven auf friedlichem Wege miteinander zu verbinden, ist gerade ein Kennzeichen der demokratischen Leitidee der Aufklärung. Das grundlegende Prinzip dabei ist, dass für diese Prozeduren gleiche Verfahrensrechte gelten trotz einer Ungleichheit der gesellschaftlichen Interessenlagen. Zudem bemüht sich die demokratische Leitidee der Aufklärung um Prozeduren einer Konsensfindung, die nicht lediglich auf einer Mehrheitsregel basieren, sondern die dieser Pluralität Rechnung tragen. Der Austausch darüber, wie sich Partikularinteressen miteinander in Einklang bringen lassen, geschieht in einer Demokratie über den öffentlichen Debattenraum, in dem sich alle frei und gleichberechtigt über ihre unterschiedlichen Partikularinteressen austauschen können. Den zentralen Prozeduren demokratischer Konsensfindung liegt also wesensmäßig und konstitutiv ein egalitäres Prinzip zugrunde.

Eine Elitendemokratie verletzt ein solches egalitäres Prinzip und stellt einen Widerspruch in sich dar. In einer Elitendemokratie gibt es zwar formale demokratische Elemente, doch sind sie strukturell auf ein Minimum reduziert. Trotz dieses demokratischen Minimalismus sind aus Sicht der tatsächlichen ökonomischen und politischen Zentren der Macht die demokratischen Elemente zwangsläufig nicht im gewünschten Maße risikofrei. Um ihren Status zu sichern, sind die jeweiligen Machteliten darauf angewiesen, sich gegen demokratische Ansprüche abzusichern. Die Schwachstelle ist nun gerade der öffentliche Debattenraum, der – vor allem in den periodischen Wahlen – als Stabilitätsrisiko wirksam werden könnte. Wie lässt sich dieses auch in einer Elitendemokratie demokratische Risiko kontrollieren und möglichst gering halten? Wenn die verbliebenen demokratischen Residualelemente auch noch beseitigt würden, wäre es nicht mehr möglich, die zur Revolutionsvermeidung nützliche demokratische Rhetorik aufrechtzuerhalten; denn der öffentliche Debattenraum und periodische Wahlen sind selbst für die bloße Illusion einer Demokratie unverzichtbar. Wenn die tatsächlichen Zentren der Macht sie also beibehalten wollen, benötigen sie geeignete Wege einer Stabilitätssicherung, durch die sich Demokratie für sie risikofrei gestalten lässt.

In den vergangenen Jahrzehnten haben die Machtausübenden großen Aufwand betrieben, neue Wege einer solchen Stabilitätssicherung zu entwickeln, um die in einer Elitendemokratie verbliebenen demokratischen Residualelemente vor den Risiken demokratischer Ermächtigungen zu schützen. Hierzu gehören insbesondere neuartige strukturelle Formen der Organisation von Macht sowie psychologische Methoden der Bewusstseinsmanipulation. Die Wurzeln dieser Entwicklungen reichen freilich sehr viel weiter zurück, doch haben sich diese Entwicklungen in den letzten Jahrzehnten rapide beschleunigt und institutionell verfestigt. Der mit ihnen verbundene systematisch geplante und betriebene gesellschaftliche Transformationsprozess gleicht in seinen an die Wurzeln gesellschaftlicher Organisation gehenden Auswirkungen einer »Revolution von oben«, also einer Revolution, die ein Projekt ökonomischer Eliten darstellt und der Ausweitung und Verfestigung ihrer Interessen dient. Der mit dieser Revolution einhergehende Transformationsprozess ruht wesentlich auf zwei Säulen.

Die erste Säule dieses Transformationsprozesses besteht darin, dass die Organisationsformen von Macht immer abstrakter und mit gezielter Diffusion gesellschaftlicher Verantwortlichkeit gestaltet werden, so dass Unbehagen, Empörung oder Wut der Machtunterworfenen keine konkreten, also politisch wirksamen Ziele mehr finden und ein Veränderungswille der Bevölkerung keine Adressaten mehr unter den tatsächlichen Entscheidungsträgern hat. Dieser Transformationsprozess besteht in einer schleichenden und für die Bevölkerung möglichst unsichtbaren Schaffung geeigneter institutioneller und konstitutioneller Strukturen, durch die sich Machtverhältnisse stabilisieren und Umverteilungsprozesse dauerhaft einem demokratischen Zugriff entziehen und damit weitgehend irreversibel machen lassen. Dazu müssen die historisch mühsam gewonnenen demokratischen Strukturen beseitigt oder so ausgehöhlt werden, dass sie in ihrer Wirksamkeit neutralisiert sind. Zudem muss die innerstaatliche und die zwischenstaatliche Rechtsentwicklung so »weiterentwickelt« werden, dass die Zentren ökonomischer und politischer Macht ihre Interessen in dem so geschaffenen Rechtsrahmen legal in autoritärer Weise durchsetzen können. Ein solcher Rechtsrahmen muss insbesondere so beschaffen sein, dass er eine Umwandlung ökonomischer Macht in politische Macht ermöglicht und dass er den angestrebten oder bereits etablierten Umverteilungsmechanismen einen rechtlichen Rahmen gibt, der unter den verbliebenen minimalen Möglichkeiten demokratisch nicht mehr aufgehoben werden kann. Die organisierte Kriminalität der besitzenden Klasse wird durch eine solche Verrechtlichung nicht nur legalisiert, sondern auch zeitlich verfestigt und gegen mögliche demokratische Eingriffe abgedichtet.

Die zweite Säule besteht in der Entwicklung ausgefeilter und höchst wirksamer Techniken, durch die sich das Bewusstsein der Machtunterworfenen in geeigneter Weise manipulieren lässt. Die Machtunterworfenen sollen nicht einmal wissen, dass es – hinter der an der medial vermittelten politischen Oberfläche scheinbar demokratisch kontrollierter Macht – überhaupt Zentren der Macht gibt. Das wichtigste Ziel ist, einen gesellschaftlichen Veränderungswillen der Bevölkerung zu neutralisieren oder auf politisch belanglose Ziele abzulenken. Um dies in einer möglichst robusten und beständigen Weise zu erreichen, zielen Manipulationstechniken auf weit mehr als nur auf politische Meinungen. Sie zielen auf eine gezielte Formung aller Aspekte, die unser politisches, gesellschaftliches und kulturelles Leben betreffen sowie auch unsere individuellen Lebensformen. Sie zielen gewissermaßen auf die Schaffung eines »neuen Menschen«, dessen gesellschaftliches Leben in der Rolle des politisch apathischen Konsumenten aufgeht. In diesem Sinne sind sie totalitär, so dass der große Demokratietheoretiker Sheldon Wolin zu Recht von einem »invertierten Totalitarismus« spricht, einer neuen Form des Totalitarismus, der von der Bevölkerung nicht als Totalitarismus empfunden wird. Die Techniken hierzu wurden und werden seit etwa hundert Jahren mit großem Aufwand und unter wesentlicher Beteiligung der Sozialwissenschaften entwickelt, deren gesellschaftliche Blüte eng mit einer Bereitstellung von Methoden sozialer Kontrolle verbunden ist. Ein zentrales Element dieser Techniken zur Manipulation des Bewusstseins der Bevölkerung ist die Schaffung geeigneter Ideologien, die für die Bevölkerung als Ideologien weitgehend unsichtbar sind und damit einen kaum noch hinterfragbaren Rahmen bereitstellen sollen, der allen gesellschaftlichen Erfahrungen der Einzelnen ihren Sinnzusammenhang gibt. Den Kern dieser Ideologien, die in den vergangenen Jahrzehnten in der neoliberalen Ideologie kulminierten, bildet die Ideologie einer expertokratischen »kapitalistischen Elitendemokratie«, in der kompetente und dem Gemeinwohl verpflichtete Eliten die Geschicke der Gemeinschaft in möglichst effizienter Weise lenken sollen. Weite Teile der politischen Philosophie und der Soziologie teilen, explizit oder implizit, die Prämissen, die einer solchen Ideologie zugrunde liegen.

Beide Entwicklungen dienen dazu, Macht unidentifizierbar und damit gleichsam unsichtbar zu machen, um unsere natürlichen psychischen Abwehrmechanismen gegen eine Fremdbestimmung zu unterlaufen. Beide sind kennzeichnend für die modernen Formen der gegenwärtigen kapitalistischen Elitendemokratien. Wir können nur dann erfolgversprechende Strategien eines Widerstandes gegen die gegenwärtige Macht- und Gewaltordnung entwickeln, wenn wir diese neuartigen Organisationsformen der Macht hinreichend verstehen. Gleiches gilt für die Manipulationstechniken, durch die sich gezielt Eigenschaften unseres Geistes für politische Zwecke ausnutzen lassen.

Alle Beiträge in diesem Band kreisen um das Thema Demokratie – um Strategien und Methoden einer Demokratieverhinderung, eines Demokratieabbaus und eines Demokratiemanagements – sowie um die Methoden, all diese Prozesse für die Bevölkerung möglichst unsichtbar zu machen. Durch diese gemeinsame Thematik gibt es in den Kapiteln zwangsläufig Überschneidungen. Dies hat jedoch den Vorteil, dass jedes Kapital eigenständig lesbar ist und durch die Einbettung der gemeinsamen Kernfragen in unterschiedliche Betrachtungswinkel und Kontexte vielleicht zu einem besseren Verständnis dieser Kernfragen beitragen kann.

Die politischen Themen und Fragen, die in den Beiträgen angesprochen werden, sind grundlegender und zumeist recht elementarer Natur. Eine Auseinandersetzung mit ihnen ist für jeden an der Gestaltung unseres Gemeinwesens Interessierten möglich; sie bedarf keines Expertenwissens, auch wenn die angesprochenen Fragen gelegentlich abstrakt sind und ihr Verständnis eigenständiger geistiger Arbeit bedarf. Natürlich führen in einer hochgradig ausdifferenzierten Gesellschaft praktisch alle für die Gesellschaftsorganisation relevanten Fragen rasch in Bereiche, die nur mit Expertenwissen zu bewältigen sind. Dennoch lassen sich für ein politisches Entscheiden und Handeln stets grundlegende Fragen allgemeiner gesellschaftlicher Natur an der Basis solcher Fragen aufdecken, die zu debattieren und zu entscheiden wir alle durch die natürliche Ausstattung unseres Geistes befähigt sind. Gerade darauf basiert die Leitidee von Demokratie.

Das schon erwähnte innerpsychische Spannungsverhältnis zwischen der durch unsere Partikularinteressen bestimmten persönlichen Perspektive und einer im Sinne der Aufklärung universalisierbaren überpersönlichen Perspektive gemeinsamer sozialer und ökologischer Interessen und einer Sicherung des inneren und äußeren Friedens wird auch eine Beschäftigung mit den in diesem Buch angesprochenen Themen begleiten. Wenn wir jedoch an einem demokratischen Austausch und an einer demokratischen Konsensfindung teilhaben wollen, müssen wir dieses Spannungsverhältnis aushalten und bewältigen. Zu einer solchen Leistung sind wir alle von Natur aus befähigt; wir müssen uns jedoch bewusst entschließen, von einer solchen Befähigung auch Gebrauch zu machen. Dann kann gerade dieses Spannungsverhältnis zu einer produktiven Quelle politischen Handelns werden.

Emanzipatorisches politisches Handeln hat im Neoliberalismus bekanntlich mit besonders großen Herausforderungen zu kämpfen. Denn der Neoliberalismus verfügt über eine scheinbar unbegrenzte Flexibilität und Anpassungsfähigkeit, sein Überleben auch dann zu sichern, wenn sich die äußeren Gegebenheiten ändern. Seine besondere Lern- und Anpassungsfähigkeit verdankt er auch seinen Möglichkeiten, sich – etwa über Think-Tanks und Universitäten – den hierfür erforderlichen Geist zu kaufen. Dadurch hat es der Neoliberalismus bislang vermocht, lokal erfolgreiche Strategien sozialer Kämpfe rasch wieder zu neutralisieren, emanzipatorische Bewegungen zu spalten, zu zersetzen oder zu kommodifizieren, das heißt seiner Logik einer Ökonomisierung aller sozialen Bereiche zu unterwerfen. Auf diese Weise ist er sogar in der Lage, sich Dissens einzuverleiben und zu seiner Stabilisierung zu nutzen.

Emanzipatorische Bewegungen stehen daher vor der Aufgabe, eine besonders große Anpassungs- und Lernfähigkeit in der Entwicklung geeigneter Strategien zu zeigen. Angesicht der Totalität von Macht- und Gewaltverhältnissen und der mit ihr einhergehenden gigantischen Asymmetrie des Verhältnisses zwischen den Machtausübenden und den Machtunterworfenen sind wir als Einzelne im Wortsinne machtlos und können nur in solidarischen Aktionen diese Asymmetrien abmildern oder gelegentlich aufbrechen. Diese gemeinschaftlichen Aktionen müssen jedoch in ein Sinnganzes integriert sein, sie müssen geleitet sein durch etwas, welches ihnen Kohärenz und Beständigkeit verleitet. Sonst bleiben sie flüchtig und damit angesichts der vergleichsweisen Stabilität und Verfestigung von Machtverhältnissen politisch wirkungslos. Ein notwendiger erster Schritt in der Entwicklung emanzipatorischer Strategien besteht darin, die systematisch erzeugte Entpolitisierung der Bevölkerung zu überwinden. Dazu müssen wir zunächst unser gezielt fragmentiertes kollektives gesellschaftliches Gedächtnis zurückgewinnen. Denn wir verfügen über einen geradezu unermesslich großen kollektiv gewonnenen Schatz an theoretischen Ideen, auf deren Basis sich politische Erfahrungen ordnen und politische Ziele, im Kleinen wie im Großen, formulieren lassen. Wir verfügen über einen großen und historisch vielfach erprobten Werkzeugkasten ideologiekritischer Denkmethodologie und über einen ebenso großen Werkzeugkasten politisch wirkungsvoller Handlungsstrategien, die es zu nutzen und für gegenwärtige Organisationsweisen der Macht anzupassen und zu erweitern gilt.

Solange wir jedoch von der großen Tradition emanzipatorischer Bewegungen isoliert sind, haben wir kaum eine Chance, unsere alltäglichen politischen Erfahrungen in ein Sinnganzes einzuordnen, eine Logik der Wirkmechanismen hinter der verwirrenden Vielheit täglicher Einzelvorkommnisse zu erkennen und angemessene Handlungskonsequenzen aus unseren Erfahrungen zu ziehen. Hierfür kann es weder Handlungsanweisungen noch Autoritäten geben. Auch die folgenden Beiträge enthalten keine konkreten Handlungsanweisungen oder Strategien – und könnten dies auch gar nicht –, wie man vom gegenwärtigen gesellschaftlichen Zustand zu einer menschenwürdigeren Gesellschaft gelangen könnte. Lösungsoptionen für ein politisches Handeln können nur von »unten« in gemeinsamer Arbeit entwickelt werden und müssen an situative Gegebenheiten angepasst sein. Spielraum für politisches Handeln gibt es genug. Die Geschichte ist offen und hängt vom menschlichen Handeln ab. Menschliches Handeln wiederum hängt davon ab, was man will. Geschichte ist also letztlich das, was wir alle aus ihr machen – sei es durch einen aktiven Veränderungswillen, sei es durch Duldung oder durch stillschweigende Zustimmung, sei es durch Desinteresse oder durch politische Apathie. Es hängt wesentlich von unseren Zielen, von unserem gesellschaftlichen Gestaltungswillen und von unserer Entschlossenheit ab, wie unsere Zukunft aussehen wird.

Noch einige Bemerkungen zur Entstehung dieses Buches. Die Beiträge sind im Kontext von Vorträgen zu gesellschaftspolitischen Themen entstanden. Mit meinem wissenschaftlichen Arbeitsbereich, der in theoretischen Grundfragen der Wahrnehmungs- und Kognitionsforschung liegt, haben diese Beiträge keine tiefergehenden Berührungspunkte. Sie waren gedacht als Begleitmaterial zu Vorträgen, das politisch Interessierten Arbeitsmaterialien und weiterführende Leseanregungen zum eigenständigen Nachdenken bereitstellen soll. Sie sind jedoch so aufgebaut, dass sie sich auch unabhängig von den Vorträgen lesen lassen. Was die Beiträge miteinander verbindet, ist die politische Perspektive auf das Thema Demokratie, dem sie sich aus einer radikaldemokratischen Haltung zu nähern suchen. Aus der großen und überaus reichen radikaldemokratischen Tradition lassen sich in den Texten vielfältige Einflüsse, direkte und indirekte, ausfindig machen. Insbesondere ist leicht zu erkennen, wie viel ich dabei den Arbeiten von Noam Chomsky und Ingeborg Maus verdanke. Noam Chomsky hat – zusammen mit den intellektuellen Traditionen, in denen er verankert ist und die er verkörpert – einen prägenden Einfluss auf mein Denken, sowohl im kognitionswissenschaftlichen Bereich wie im politischen. Ingeborg Maus, auf deren Arbeiten ich leider erst jüngst gestoßen bin, entwickelt, auf der Basis radikaldemokratischer Ansätze der Aufklärung, in großer gedanklicher Tiefe, Strenge und Kohärenz die Konzeption einer »Demokratisierung der Demokratie«. Sie verteidigt unbestechlich und kompromisslos den Schutz natürlicher menschlicher Freiheitsrechte gegen den Staat und die allen Staatsapparaten innewohnenden autoritären Neigungen und stellt prozedurale Lösungsprinzipien für die Probleme bereit, die aus der Pluralität und Heterogenität gesellschaftlicher Interessen erwachsen.

Dieser Band von Beiträgen, die zu unterschiedlichen Anlässen und für diese entstanden sind, war nicht geplant. Dass er zustande kam, ist der Initiative und dem Enthusiasmus des Westend Verlags zu verdanken. Dafür und für das große Engagement, mit dem der Westend Verlag alle Phasen der Umsetzung begleitet hat, danke ich ihm sehr. Gisela Bergmann-Mausfeld, meiner Lebensgefährtin, gilt mein besonderer Dank.

Warum schweigen die Lämmer?

Wie sich schwerste Kriegsverbrechen und Verletzungen moralischer Normen für die Bevölkerung unsichtbar machen lassen

Als strukturelle Gewalt werden oft Formen indirekter Gewalt bezeichnet, die in bestimmten Strukturen einer Gesellschaftsordnung begründet liegen, also nicht auf konkreten Handlungen einzelner Personen basieren. Zu diesen Strukturen können Institutionen, Rechtsordnungen und Normen gehören, insofern sie Machtverhältnisse begründen, die zu sozialer Ungerechtigkeit, zu ungleichen Bildungschancen oder zu Ausbeutung und Diskriminierung führen. Da strukturelle Gewalt sich einer natürlichen moralischen Bewertung in Kategorien verantwortlicher Täter weitgehend entzieht, wird sie von den Opfern zumeist gar nicht als Gewalt erlebt, sondern als Sachzwänge. Strukturelle Gewalt wird im Rahmen des neoliberalen Globalisierungsprojektes vor allem durch den Internationalen Währungsfonds IWF, die Weltbank und die Welthandelsorganisation WTO ausgeübt sowie durch sogenannte Freihandelsverträge.

Demokratien sind gerade dadurch gekennzeichnet, dass die Machtausübenden darauf angewiesen sind, ihr politisches Handeln durch eine Zustimmung der Bevölkerung zu legitimieren. Demokratien stellen somit eine besondere Herausforderung für die Machtausübenden dar, wenn diese zur Verfolgung ihrer Ziele nicht auf Taten verzichten wollen, die Rechtsnormen oder unsere natürlichen moralischen Normen verletzen. Hierzu gehören als besonders gravierende Fälle beispielsweise die Ermordung von Zivilisten oder die Folter. In dem Maße, wie sich der Gedanke durchgesetzt hat, dass Demokratie die einzig legitimierte Herrschaftsform sei, wurde es nötig, Demokratieformen zu entwickeln, die für die besitzende Klasse risikofrei sind. Das ist nur möglich, wenn geeignete Formen eines Demokratiemanagements entwickelt werden, durch das sich verhindern lässt, dass die Erzeugung einer Illusion von Demokratie für die Bevölkerung erkennbar wird und dass die Machtausübenden tatsächlich einer demokratischen Rechenschaftspflicht unterliegen. Ein solches Demokratiemanagement umfasst ein breites und in jahrzehntelanger Entwicklung ausgefeiltes Spektrum von Techniken der Massenbeeinflussung. Eine besondere Klasse dieser Techniken bezieht sich darauf, Kriegsverbrechen und schwerwiegende Verletzungen rechtlicher und moralischer Normen für die Bevölkerung moralisch und kognitiv unsichtbar zu machen.

Moralisch unsichtbar sind Verletzungen moralischer Normen, wenn sie zwar als Fakten sichtbar sind, jedoch in einen Kontext eingebettet sind, der verhindert, dass sie in der Bevölkerung ein moralisches Unbehagen oder Empörung auslösen. Ein Beispiel sind die gesellschaftlichen und humanitären Folgen der mit der neoliberalen Wirtschaftsordnung einhergehenden strukturellen Gewalt, wie sie vor allem in der sogenannten Dritten Welt, doch zunehmend auch in den westlichen Industrieländern sichtbar werden.

Kognitiv unsichtbar sind Verletzungen rechtlicher und moralischer Normen, wenn sie zwar als Fakten sichtbar sind, jedoch in einen Kontext eingebettet sind, der verhindert, dass Schlussfolgerungen aus ihnen gezogen werden. Insbesondere werden in derartigen Fällen keine Beziehungen zu vergleichbaren Fällen hergestellt, die von den jeweiligen Machteliten nach gänzlich anderen Kriterien bewertet werden. Ein Beispiel sind die sogenannten gezielten Tötungen, »targeted killings«, von Personen, die von einem Staat als Sicherheitsrisiko angesehen werden. Derartige Morde stellen einen klaren Bruch des Völkerrechts dar[1] und würden in vergleichbarer Weise nicht akzeptiert, wenn sie von Staaten durchgeführt würden, die von »uns« als Gegner angesehen werden.

Die Sichtbarkeit und Unsichtbarkeit von Fakten wird wesentlich durch die Massenmedien vermittelt, die neben den Fakten in der Regel auch den gewünschten Interpretationskontext und damit das politische Weltbild gleich mit vermitteln. Das Thema, wie sich schwerste Kriegsverbrechen und Verletzungen moralischer Normen für die Bevölkerung unsichtbar machen lassen, gehört zu unserem gesellschaftlichen Lebensalltag und geht uns alle an. Die Fragen, die sich hierbei stellen, sind grundlegender und zumeist recht elementarer Natur. Für die Auseinandersetzung mit ihnen benötigt man kein Expertenwissen, auch wenn die herrschenden Eliten sich bemühen, Diskurse über derartige Themen auf Gruppen geeigneter »Experten« zu beschränken. Für Themen, die uns alle als *citoyens* angehen, also als Bürger, die sich im Geiste der Aufklärung um die Gestaltung unseres Gemeinwesens bemühen, sind wir von Natur aus mit einem natürlichen Vermögen unseres Geistes ausgestattet, einem »Licht der Vernunft« – einem *lumen naturale,* wie es die Aufklärer nannten. Den wesentlichen Kern der Fragen, um die es bei unseren Themen geht, können wir also auch ohne eine Spezialistenausbildung behandeln.

Das Völkerrecht ist eine überstaatliche Rechtsordnung auf der Basis der Charta der Vereinten Nationen und des in ihr niedergelegten allgemeinen Gewaltverbots, das als Völkergewohnheitsrecht verbindlich ist und jedem Staat einen Angriffskrieg verbietet. Historisch hing das Völkerrecht mit einer Unterscheidung »zivilisierter« von »unzivilisierten« Nationen zusammen. Das Völkerrecht beruht auf einem Rechtsnormen schaffenden Konsens von Staaten, der auf dem Grundprinzip der souveränen Gleichheit aller in der Völkerrechtsgemeinschaft verbundenen Staaten aufbaut. Da es keine durchsetzungsfähige unabhängige zentrale Zwangsgewalt gibt, die Verstöße gegen das egalitäre Völkerrecht feststellt und ahndet, ist das Völkerrecht anfällig für eine Verwendung als Willkürrecht der Stärkeren.

Zu dem natürlichen Vermögen unseres Geistes gehört die Befähigung, die Begrifflichkeiten zu hinterfragen, mit denen man im gesellschaftlich-politischen Bereich Phänomene und Fakten kategorisiert, ordnet und bewertet. Prominentes Beispiel ist der neoliberale Neusprech zur Verhüllung und Verdeckung des tatsächlich Gemeinten, mit dem man leicht ein orwellsches Neusprech-Wörterbuch füllen könnte. Hierzu gehören Begriffe wie Strukturreformen, Reformwille, Bürokratieabbau, Deregulierung, Stabilitätspakt, Austerität, Euro-Rettungsschirm, freier Markt, schlanker Staat, Liberalisierung, Harmonisierung, marktkonforme Demokratie, alternativlos, Humankapital, Leiharbeit, Lohnnebenkosten, Sozialneid, Leistungsträger etc. Derartige Begriffe transportieren ideologische Weltbilder, deren totalitären Charakter es aufzudecken und zu benennen gilt. Damit wir diesen ideologischen Weltbildern nicht unbewusst und ungewollt erliegen, müssen wir die stillschweigenden Prämissen, Vorurteile und ideologischen Komponenten in der Begrifflichkeit, in der wir über gesellschaftlich-politische Phänomene sprechen, identifizieren und bewusst machen. Auch für diese Tätigkeit benötigen wir kein Expertenwissen. Hierfür sind wir alle von Natur durch das natürliche Vermögen unseres Geistes ausgestattet, auch wenn es dies zu üben und zu verfeinern gilt.

Wir wollen hier also versuchen, einige stillschweigende Prämissen und ideologische Komponenten zu identifizieren, die sich in der Begrifflichkeit verbergen, mit der in demokratischen Gesellschaften die jeweils herrschenden Eliten ihre Macht zu stabilisieren suchen. Zuvor möchte ich jedoch das, worum es beim Problem des Unsichtbarmachens von Fakten geht, mit einem Wahrnehmungsphänomen illustrieren.

In dem linken Bild sehen wir etwas, das wir vermutlich als isolierte geometrische Elemente wahrnehmen, ohne dass wir hier einen Bedeutungszusammenhang dieser Fragmente erkennen können. Die isolierten Elemente des linken Bildes bleiben also für unser Wahrnehmungssystem im Wortsinne sinnlos. Warum ist im linken Bild der Bedeutungszusammenhang unsichtbar, während er im rechten Bild leicht erkennbar ist? Die Antwort, die die Wahrnehmungspsychologie hierzu gibt, besagt im Wesentlichen, dass das Wahrnehmungssystem seine Bedeutungskategorien nur dann zur Anwendung bringen kann, wenn es Informationen darüber hat, ob und wie sich eine mentale Verbindung zwischen isolierten Elementen stiften lässt. Diese Informationen beziehen sich hier insbesondere darauf, welche Elemente in welcher Weise zusammengehören und durch welche weiteren Faktoren ihre Zusammengehörigkeit nicht mehr erkennbar ist. Das Wahrnehmungssystem benötigt gleichsam eine Kausalgeschichte, warum es zu einer Fragmentierung eines sinnhaften Objektes in isoliert erscheinende Elemente gekommen ist. Im rechten Bild wird dem Wahrnehmungssystem eine solche Kausalgeschichte in Form eines schwarzen Verdeckers angeboten, wie er sich beispielsweise ergeben würde, wenn Tinte auf einem Blatt Papier vergossen wird. Alle grauen Fragmente des linken Bildes sind exakt identisch zu denen im rechten Bild, wie man durch ein Ausmessen leicht nachweisen kann. Dennoch ergeben für uns die grauen Fragmente des linken Bildes kein Sinnganzes, während die identischen grauen Fragmente des rechten Bildes leicht als Teile sinnhafter Figuren, nämlich des Buchstabens »R« erkennbar sind.

In dem Moment, wo erkennbar wird, dass eine Verdeckung die Ursache der Fragmentierung eines Sinnganzen ist, können wir mühelos das Verdeckte mental ergänzen und den Sinnzusammenhang erkennen. Hier zeigt sich eine allgemeine Gesetzmäßigkeit des Psychischen, die auch bei unserem Thema von Interesse ist. Ein Sinnzusammenhang von Fakten lässt sich durch eine fragmentierte Darbietung gleichsam auflösen oder unsichtbar machen. Wir nehmen diese Fakten dann, wie in der Regel beim Lesen einer Tageszeitung, lediglich als eine Ansammlung isolierter Informationsfragmente wahr. Sobald jedoch eine Möglichkeit besteht, diese Fakten miteinander in Beziehung zu setzen, wird für uns auch die Ursache der Fragmentierung erkennbar und wir haben keine Schwierigkeiten mehr, den Bedeutungszusammenhang zu erkennen.

Das Paradoxon der Demokratie

Die Problematik eines Demokratiemanagements, welches systematische Verletzungen moralischer Normen unsichtbar machen lässt, hängt direkt mit etwas zusammen, das gelegentlich als Paradoxon der Demokratie bezeichnet wird, nämlich mit einem Problem der Beziehung von Machteliten und Volk. Die systematische Untersuchung dieses Problems geht bis in die Antike zurück. Im politischen Diskurs wird das Volk oftmals mit einer Herde verglichen, mit einer Herde, die zu irrationalen Affekten neige und die es folglich zu kontrollieren gelte. Für die politische Führung eines Volkes sei es daher wichtig, das Schweigen der Herde zu interpretieren und im Sinne ihres politischen Handelns zu deuten.[2] In neuerer Zeit ist dieses Thema vor allem durch Richard Nixon populär geworden, der als US-Präsident das Schweigen der *silent majority* als Zustimmung zum Vietnamkrieg gedeutet hat.

Der griechische Historiker Thukydides (454–399 v.u.Z.) war der erste, der sich in systematischer Weise mit diesen Fragen beschäftigt hat. Thukydides war auch der erste, der die enge Beziehung zwischen unseren Vorstellungen über Regierungsformen und unseren Annahmen über die Natur des Menschen erkannt hat. Jede Art von Regierungsform hängt, implizit oder explizit, immer auch damit zusammen, welches Bild wir uns von der Natur des menschlichen Geistes machen. Thukydides war der Auffassung, dass die Masse eine Neigung zu Affekten und Leidenschaft hat, auf Kosten der Vernunft: »Die Masse ist in ihren Auffassungen unstet und wetterwendisch, für ihre Fehlleistungen macht sie andere verantwortlich [...]« Die politischen Führer andererseits seien in ihrem Handeln vor allem geleitet durch ein »Verlangen nach Macht, um Herrschsucht und Ehrgeiz zu befriedigen.« Thukydides erkannte, dass jede gute Organisationsform einer Gesellschaft den Schwachstellen der menschlichen Natur Rechnung tragen muss. Die Regierungsform einer Demokratie könne dies seiner Auffassung nach nicht leisten. Als Idealform sah Thukydides in seinem Werk über den Peloponnesischen Krieg vielmehr – geleitet durch die Regierung des Perikles – eine Regierungsform an, die »dem Namen nach eine Demokratie, in Wirklichkeit die Herrschaft des Ersten Mannes« sei.

Der Philosoph Aristoteles (384–322 v.u.Z.) vertrat eine ähnliche Auffassung. Er betrachtete die *Timokratie*, die »Herrschaft der Angesehenen und Besitzenden«, als ideale Regierungsform. Dabei sollten demokratische und oligarchische Elemente so ausgewogen sein, dass weder die Masse oder die Armen noch die Eliten oder die Reichen eine Übermacht gewinnen könnten. Aristoteles sah Demokratie als eine Verfallsform der Timokratie an. Denn die Demokratie beinhalte die Möglichkeit, dass »die Armen, weil sie die Mehrheit bildeten, das Vermögen der Reichen unter sich teilten«, was Aristoteles als Unrecht ansah. Derselbe Grundgedanken findet sich auch in den Ursprüngen der amerikanischen Verfassung: Jede Regierungsform müsse so gestaltet sein, dass sie die Minderheit der Reichen gegen die Mehrheit der Armen schützt (»to protect the minority of the opulent against the majority«), sagte James Madison (1751–1836), einer der Väter der amerikanischen Verfassung. Madisons Lösungsvorschlag für dieses Spannungsverhältnis zwischen Volk und Eliten war die *repräsentative Demokratie* – de facto also eine Form der Oligarchie –, mit der sich die Sicherung der Eigeninteressen der Minderheit der Reichen gewährleisten lasse.

Diese wenigen Beispiele mögen als Illustration dafür genügen, dass die gesamte abendländische Ideengeschichte durchzogen ist von einer tiefen Demokratieskepsis und oftmals von Demokratiefeindlichkeit.

Im politischen Diskurs wie auch in der politischen Rhetorik der Neuzeit spielt der Begriff der Demokratie dennoch eine immer größere Rolle. Demokratie ist nun nicht nur eine von möglichen Herrschaftsformen, sondern sie ist die einzige Form, in der sich politische Macht überhaupt legitimieren lässt. Zugleich betrachten die herrschenden Eliten Demokratie als eine »notwendige Illusion« und bemühen sich hinter der Rhetorik von Demokratie zugleich, die zur Sicherung ihrer Eigeninteressen geeigneten oligarchischen Strukturen zu etablieren. Dabei werden von ihnen wesentliche demokratische Errungenschaften als »excess of democracy« deklariert und demokratische Strukturen in einer Weise zu erodieren versucht, die für die Bevölkerung möglichst nicht sichtbar ist – ein Prozess, der sich in der Gegenwart in beängstigender Weise beschleunigt hat.

Siehe hierzu S. 57 ff., 137 ff. sowie 173 ff.

Das Etablieren oligarchischer Strukturen unter demokratischem Deckmantel ist in beeindruckendem Maße gelungen, denn westliche Demokratien haben bei genauerer Betrachtung tatsächlich eher den Charakter von Oligarchien. Diese Auffassung wird nicht nur von Kritikern dieses Entdemokratisierungsprozesses vertreten, sondern sie wird auch von den herrschenden Eliten selbst geteilt. Beispiel USA: In einem Bericht von 1975 mit dem Titel *The Crisis of Democracy* – mit »Krise der Demokratie« meinten die Autoren, dass es ein »Übermaß an Demokratie (»excess of democracy«) gebe – stellte der Politikwissenschaftler Samuel Huntington fest, dass zu Zeiten, als Präsident Truman noch in der Lage war, das Land lediglich mit einer Handvoll Wall-Street-Bankern zu regieren (»to govern the country with the cooperation of a relatively small number of Wall Street lawyers and bankers«), das Management von Demokratie noch relativ einfach war. Seitdem konnte der »excess of democracy« umfassend korrigiert werden, so dass die *Washington Times* vom 21. April 2014 feststellte: »America is no longer a democracy – never mind the democratic republic envisioned by Founding Fathers.« Der ehemalige US-Präsident Jimmy Carter nannte in einem Interview am 28. Juli 2015 die USA eine »oligarchy« mit einer »unlimited political bribery«. Der oligarchische Charakter der USA stellt also für die Eliten selber eine Art offenkundigen Fakt dar. Wer derartigen Äußerungen der Elite kein Gewicht beimisst, wird vielleicht das eigentlich Offensichtliche eher anerkennen, wenn es mit wissenschaftlicher Methodik belegt wird. Die Politikwissenschaftler Martin Gilens und Benjamin Page haben jüngst (2014) am Beispiel der USA untersucht, mit welchem Stimmgewicht der Willen der großen Mehrheit des Volkes in politische Entscheidungen eingeht. Ihre Analysen zeigen, dass das Stimmgewicht nahe bei null liegt und dass 70 Prozent der Bevölkerung überhaupt keinen Einfluss auf politische Entscheidungen haben.[4]

Das sieht in Europa nicht anders aus. Will man ein halbwegs realistisches Bild von der tatsächlichen Situation bekommen, ist es besonders erhellend, Informationsmedien der jeweiligen Eliten heranzuziehen, beispielsweise das *Wall Street Journal*. In diesen Medien findet man bisweilen einen relativ ungetrübten Blick auf die Realitäten, weil es für die Finanzelite und für das Geschäftemachen wichtig ist, einen ideologisch nicht allzu verzerrten Blick auf die Realitäten zu haben. Da sich diese Informationsmedien an Mitglieder der Eliten richten, können sie auf die krude politische Rhetorik und Propaganda verzichten, die man sonst in Massenmedien für die Bevölkerung bereithält. Das *Wall Street Journal* vom 28. Februar 2013 stellt nüchtern fest, dass das neoliberale Programm – trotz entsprechender Wahlentscheidungen in zahlreichen Ländern – nicht mehr demokratisch abwählbar ist.[5] Auch in Europa erweist sich also die Auffassung als Illusion, dass die Wähler einen ernsthaften Einfluss auf relevante politische Entscheidungen hätten.

Das ist nun gerade bei Fragen der Wirtschaftspolitik wenig überraschend, denn Neoliberalismus und Demokratie sind in der Tat miteinander unvereinbar. Milton Friedman (1912–2006), einer der Väter des Neoliberalismus, hat dies 1990 in einem Newsletter der Mont Pèlerin Society offen zum Ausdruck gebracht: »a democratic society once established, destroys a free economy« – was es natürlich aus Sicht der Eliten zu verhindern gilt. Demokratie wird also nur so weit als zulässig angesehen, wie der Bereich der Wirtschaft von demokratischen Entscheidungsprozessen verschont bleibt – solange sie also keine Demokratie ist. In diesem Sinne ist der Neoliberalismus weltweit der größte Feind von Demokratie.

Aus Sicht multinationaler Konzerne stellt Demokratie vor allem ein Geschäftsrisiko dar. Wenn die Bevölkerung partout nicht bereit ist einzusehen, dass die Organisation einer Gesellschaft »wirtschaftlichen Sachzwängen« Rechnung zu tragen hat und dass Löhne und Sozialleistungen äußerst nachteilige Faktoren für die Kapitalvermehrung sind, müssen durch die herrschenden Eliten eben geeignete »Strukturanpassungsmaßnahmen« auf autoritärem Wege durchgesetzt werden.

Siehe hierzu 173ff.

Eine wirklich demokratisch organisierte Gesellschaft ist also mit den von den herrschenden Eliten favorisierten Gesellschaftsformen unvereinbar. Wenn schon Demokratie im politischen Geschäft als eine notwendige Illusion erachtet wird, dann sollte die Demokratie eher die Form einer durch geeignete Experten gelenkten »Zuschauerdemokratie« (»spectator democracy«) annehmen als die einer partizipatorischen Demokratie – so argumentierte der einflussreiche Journalist und Vertreter einer Elitendemokratie Walter Lippmann 1925 in seinem Buch *The Phantom Public.* In einer Zuschauerdemokratie lässt sich die Illusion der Demokratie aufrechterhalten und zugleich eine Stabilität des gegenwärtigen Status politischer Eliten gewährleisten.

Genau mit diesen Problemen beschäftigte sich auch der genannte Bericht *The Crisis of Democracy*, der 1975 im Auftrag der Trilateralen Kommission erstellt worden war. Der Begriff »trilateral« im Organisationsnamen bezieht sich darauf, dass die Mitglieder dieser elitären Beratungskommission aus den drei großen Wirtschaftsblöcken Nordamerika, Europa und Japan stammen. Die Trilaterale Kommission hat enge Beziehungen zu anderen Elitennetzwerken, insbesondere zur Bilderbergkonferenz und zur Atlantik-Brücke. Mitglieder in der deutschen Sektion sind beispielsweise Josef Ackermann, Gerhard Schröder, Claus Kleber, Stefan Kornelius, Josef Joffe, Cem Özdemir, Michael Hüther, Wolfgang Ischinger, Friedrich Merz und Joachim Gauck.

In *The Crisis of Democracy* wird festgestellt, dass sich die durch ein »Übermaß an Demokratie« verursachte Krise der Demokratie nur lösen und Demokratie sich nur (im Sinne der Eliten) handhaben lasse, wenn einige Individuen und Gruppen ein gewisses Maß an Apathie und Unbeteiligtheit aufweisen (»The effective operation of a democratic political system usually requires some measure of apathy and noninvolvement on the part of some individuals and groups.«). Wobei es sich von selbst versteht, dass es sich bei den Individuen und Gruppen, deren Unbeteiligtheit als wesentlich für eine effektive Handhabung einer Demokratie angesehen wird, nicht um Mitglieder der herrschenden Eliten handelt, sondern eben um das Volk. Die von den herrschenden Eliten gewünschte Zuschauerdemokratie lässt sich also nur erreichen, wenn die Bevölkerung weitgehend entpolitisiert, ja von politischer Lethargie befallen ist.

Für dieses Ziel müssen geeignete Techniken verfügbar sein, insbesondere Techniken der Erzeugung von Apathie (durch Sorgen um den finanziellen Lebensunterhalt, Angst, Konsumismus etc.), Techniken des Meinungsmanagements und des Empörungsmanagements.

Demokratie und Propaganda

Vergleicht man Vor- und Nachteile verschiedener Regierungsformen, so sei – wie der amerikanische Politikwissenschaftler Harold Lasswell (1902–1978) im Einklang mit einer in der Elite weitverbreiteten Auffassung kundtat – der Demokratie dann der Vorzug zu geben, wenn es zugleich gelänge, die Bürger in Übereinstimmung mit dem politischen System und mit den Entscheidungen, die eine spezialisierte politische Klasse für sie trifft, zu halten. Dies könne nur durch geeignete Techniken der Propaganda gewährleistet werden. Propaganda gehöre also *wesenhaft* und *zwangsläufig* zu einer funktionsfähigen Demokratie. Techniken des Meinungsmanagements hätten zudem gegenüber den Kontrolltechniken einer Diktatur den Vorteil, dass sie »kostengünstiger als Gewalt, Bestechung oder irgendwelche anderen Kontrolltechniken« seien (»cheaper than violence, bribery or other possible control techniques«). In diesem Sinne könne man also Demokratie, die durch ein Meinungsmanagement gelenkt sei, als eine optimale Regierungsform angesehen.

In einer besonderen – und heute naheliegenderweise nicht mehr üblichen – Offenheit wurde dies auch von Edward Bernays (1891–1995) zum Ausdruck gebracht. Edward Bernays war der einflussreichste Propagandist von Propaganda, deren Grundlagen und Techniken er in seinem 1928 erschienenen berühmten Buch *Propaganda* ausarbeitete. Als Propaganda sind alle systematischen Versuche anzusehen, die darauf abzielen, die natürliche Urteilsfähigkeit von Menschen zu unterminieren und Einstellungen, Überzeugungen und Meinungen zu erzeugen, durch die sich Menschen zum Vorteil der jeweils herrschenden Eliten missbrauchen lassen (»Entmündigung«, »Verzweckung«).[6]

Bernays schreibt: »Die bewusste und intelligente Manipulation der Verhaltensweisen und Einstellungen der Massen ist ein wesentlicher Bestandteil demokratischer Gesellschaften. Organisationen, die im Verborgenen arbeiten, lenken die gesellschaftlichen Abläufe. Sie bilden eine unsichtbare Regierung, welche die wahre Herrschermacht unseres Landes ist.« Wir müssen uns klarmachen, dass die von Bernays beschriebene Situation nicht ein Ziel war, sondern bereits der Ist-Zustand der damaligen Zeit – diese Situation hat sich seitdem noch beträchtlich verschärft. Propaganda im oben genannten Sinne ist heute als ein notwendiger Teil des Indoktrinationssystems aller westlichen Gesellschaften anzusehen. Und die »unsichtbare Regierung, welche die wahre Herrschermacht unseres Landes ist« besteht aus nahezu unsichtbaren Geweben von Netzwerken verschiedener Eliten. Diese »lenken die gesellschaftlichen Abläufe«. Sie steuern politische Entscheidungen und vermitteln diese der Öffentlichkeit durch eingebettete Journalisten der Massenmedien als unvermeidliche Sachzwänge zum Wohle der Bevölkerung.[7]

Wie kann man nun diesen von den Eliten gewünschten Zustand einer »unsichtbaren Regierung« und einer durch ein geeignetes Maß an Apathie charakterisierten Bevölkerung erreichen? Eine zentrale Rolle spielen dabei natürlich die Massenmedien. Über deren Funktion finden wir sehr klare Einsichten bei Paul Lazarsfeld, einem der bedeutendsten Kommunikationsforscher und zugleich einem der Begründer der modernen empirischen Sozialforschung: »Man muss die Bürger mit einer Flut von Informationen überziehen, so dass sie die Illusion der Informiertheit haben.« Durch diese »Illusion der Informiertheit« hat der Bürger ein politisch reines Gewissen; er fühlt sich über alles Wesentliche unterrichtet und kann abends beruhigt zu Bett gehen.[8]

In dieser Hinsicht zählen für Lazarsfeld die Massenmedien zu den »most respectable and efficient of social narcotics«. Die Bürger, die beim Frühstück die *Süddeutsche Zeitung* lesen, nachmittags in *Spiegel Online* schauen und sich abends die *Tagesschau* ansehen, sind im Gefühl umfassender Informiertheit so selbstzufrieden, dass sie die Krankheit, an der sie leiden – so Lazarsfeld – nicht einmal mehr erkennen können (»to keep the addict from recognizing his own malady«).

Besonders die sogenannten gebildeten Schichten sind anfällig für die *Illusion des Informiertseins.* Aus naheliegenden Gründen sind sie in besonderem Grade durch die jeweils herrschende Ideologie indoktriniert – das war im Nationalsozialismus nicht anders als heute; sie sind durch ihre schweigende Duldung ein wichtiges Stabilisierungselement der jeweils herrschenden Ideologien.

Es gibt genügend Beispiele, wie eine solche Narkotisierung auf affektivem Wege zu erreichen ist.[9]

Neben Techniken der Sedierung spielen im politischen Bereich der affektiven Kontrolle Techniken der Angsterzeugung eine besondere Rolle. In der Legitimationsrhetorik für militärische Operationen bedient man sich gerne einer Doppelstrategie: Gebildetere Teile der Bevölkerung lassen sich recht leicht unter dem Banner von »humanitären Interventionen« für Angriffskriege gewinnen, der übrige Teil am leichtesten durch Angsterzeugung vor bösartigen und gewalttätigen Kräften.

Ein berühmtes Beispiel mit gewaltigen Konsequenzen war der Auftritt des damaligen US-Außenministers Colin Powell am 5. Februar 2003 vor dem UN-Sicherheitsrat, in der Hand ein pulvergefülltes Röhrchen. Es sollte eindeutig belegen, dass der irakische Machthaber Saddam Hussein über Massenvernichtungswaffen verfügte. Dieser »Nachweis« richtete sich vor allem an die amerikanische Bevölkerung und hatte das Ziel, deren Ängste so zu erhöhen, dass sie die schon lange geplante US-Invasion in den Irak befürwortet. Diese Affektmanipulation war höchst wirkungsvoll, mit dem Kollateraleffekt, dass in der Folge mehr als 100.000 irakische Zivilisten getötet wurden. Das folgenschwerste jüngste Beispiel, wie sich mit Angsterzeugung hegemoniale Politik machen lässt, ist die Berichterstattung der Massenmedien über Russland und die Ukraine.[10]

Insgesamt sind zur Lenkung der Bevölkerung Techniken vorzuziehen, die nicht nur kurzzeitig wirken, sondern länger anhaltende Effekte haben. In diesem Sinne ist eine Steuerung von Meinungen wichtiger als eine rein affektive Steuerung. Denn Meinungen sind zumeist stabiler als Affekte. Daher kommt solchen Techniken eine besondere Rolle zu, durch die man Meinungen in geeigneter Weise steuern kann. Ich will hier nur auf ein paar recht einfache Techniken eingehen, für die man keine besonderen Kenntnisse der Psychologie benötigt, sie sind das Standardgeschäft der Massenmedien:

1. *Deklariere Fakten als Meinungen.* In der Haltung, mit Tatsachen so umzugehen, als handele es sich um bloße Meinungen, liegt, wie Hannah Arendt bemerkte, einer der erschreckendsten Aspekte totalitärer Denksysteme.

2. *Fragmentiere die Darstellung eigentlich zusammenhängender Fakten so, dass der Sinnzusammenhang verloren geht.*

3. *Dekontextualisiere Fakten, löse sie aus ihrem eigentlichen Zusammenhang, so dass sie als isolierte Einzelfälle erscheinen.*

4. *Rekontextualisiere Fakten, bette sie so in einen neuen, mit »positiven« Begleitvorstellungen versehenen Kontext ein, dass sie ihren ursprünglichen Sinnzusammenhang und ein damit möglicherweise verbundenes moralisches Empörungspotential verlieren.*

Über diese recht einfachen Techniken hinaus hat die Psychologie eine Fülle von sehr viel subtileren und teilweise überraschenden Mechanismen unserer Entscheidungs- und Meinungsbildung identifiziert, die sich für eine sehr effektive Meinungssteuerung nutzen lassen. Dies gilt umso mehr, als zentrale Prozesse unserer Entscheidungs- und Meinungsbildung unbewusst ablaufen und keiner willentlichen Kontrolle unterliegen. Nur zwei einfache Beispiele:

> Eine Reihe experimenteller Studien zeigt, dass eine Aussage, die die Experimentatoren gemacht haben, im eingeschätzten Wahrheitsgehalt der Beobachter steigt, je häufiger sie präsentiert wird, und zwar auch dann, wenn sie zuvor vom Experimentator ausdrücklich als falsch deklariert wurde. Diese Prozesse laufen automatisch und unbewusst ab. Wir können uns also nicht dagegen wehren. Selbst wenn man die Versuchsperson zuvor über dieses Phänomen aufklärt, ändert dies nichts an dem Effekt: Je häufiger sie eine Meinung hört, umso stärker steigt der gefühlte Wahrheitsgehalt. Beispiele aus der Tagespresse gibt es auch hier in Hülle und Fülle, seien es »die reformunwilligen Griechen« oder, im Zusammenhang mit der Krim, die Bezeichnung »Annexion«. Allein durch dauernde Wiederholung steigt tendenziell der gefühlte Wahrheitswert.[11]

> Je weniger wir uns in einem Bereich auskennen, umso stärker neigen wir dazu, die Wahrheit gleichsam in der Mitte zu suchen. Wir neigen also dazu, alle Meinungen als gleichberechtigt anzusehen, und meiden die als extrem angesehenen Ränder des beobachteten Meinungsspektrums, selbst dann, wenn die richtige Auffassung tatsächlich dort verortet ist.

Die öffentliche Meinungsbildung lässt sich also sehr wirkungsvoll bereits dadurch steuern, daß man zunächst die Ränder dessen festlegt, was noch als »vernünftig« gilt. Wer es vermag, die Ränder des in der Öffentlichkeit sichtbaren Meinungsspektrums zu markieren, der hat schon einen großen Teil des Meinungsmanagements erreicht. In einer neoliberalen, also »marktkonformen« Konzeption von Demokratie, ist es naheliegenderweise besonders wichtig, den linken (politischen) Rand des Zulässigen – also dessen, was man noch verantwortlich vertreten kann – zu markieren. Beispielsweise können die herrschenden Eliten die Auffassungen des

Philosophen Jürgen Habermas als das Äußerste deklarieren, was wir in unserer liberalen Demokratie vernünftigerweise zu akzeptieren bereit sind. Positionen, die radikaler sind und deutlicher auf das Zentrum der Macht zielen, werden bereits durch die nahezu unsichtbare Markierung der Grenzen des Akzeptablen für die Öffentlichkeit als *»unverantwortlich«* gekennzeichnet. Sie gehören damit nicht mehr zum Bereich dessen, was sinnvoll diskutiert werden kann.

Wie lassen sich politisch nachteilige Fakten kognitiv und moralisch unsichtbar machen?

Wenn wir unseren Blick etwas geschärft haben für diese Techniken des Meinungsmanagements, können wir uns mit einem interessanten Paradox beschäftigen, das durch die Geschichte leider im Übermaß belegt wird: eine Art Selbsteinschätzungs-Verhaltens-Paradox. Auch auf der Ebene von Staaten und Nationen fallen Selbsteinschätzung und Verhalten auseinander. Staaten können mit Billigung und Unterstützung der Mehrzahl ihrer Bürger schlimmste Greueltaten – wie Folter, Massenmorde und Völkermord – begehen und dennoch davon überzeugt sein, dass ihre Taten moralisch nicht verwerflich sind. Dieses Phänomen wirft tiefgehende Fragen zur menschlichen Natur auf. Denn eigentlich verfügen wir ja über eine natürliche moralische Sensitivität, über ein natürliches Urteilsvermögen für das, was wir als Unrecht ansehen – zumindest dann, wenn es die Taten anderer betrifft. Damit es zu dem genannten Paradox kommen kann, muss unser natürliches moralisches Urteilsvermögen in geeigneter Weise unterlaufen oder blockiert werden. Am einfachsten ist dies zu bewerkstelligen, wenn man die von der eigenen, von unserer Gemeinschaft begangenen Greueltaten moralisch unsichtbar macht.

Zunächst mag es schwierig erscheinen, offenkundige Fakten unsichtbar zu machen, doch die Zauberkunst illustriert uns, dass es gar nicht so schwer ist, dies durch ein geeignetes Aufmerksamkeitsmanagements zu bewerkstelligen.

Das Bild »Der Gaukler« von Hieronymus Bosch (1450–1516) illustriert kunstvoll und gedankenreich, worum es hier geht.

Vor einem Tisch sind verschiedene Personen versammelt, ihrer Kleidung nach zu urteilen alles Vertreter der besser situierten Gesellschaft. Sie sind der Verführung erlegen, die ein Gaukler, natürlich zu seinem eigenen Vorteil, mit recht banalen Hilfsmitteln auszulösen vermag. Einige sind Gaffer und Voyeure, andere eher unbeteiligt wirkende zufällige Zuschauer. Auffallend ist ein in der Laientracht eines Ordens gekleideter Mann, der offensichtlich, wie der Zwicker auf der Nase anzeigt, des Lesens mächtig ist, also ein Intellektueller. Er erfasst die Situation und nutzt sie rasch zu seinen Gunsten: Er stiehlt den Geldbeutel des durch den Gaukler in den Bann gezogenen vor ihm Stehenden – er ist also das, was man im Mittelalter einen Beutelschneider nannte. Ich werde auf dieses Bild später in einem unerwarteten Zusammenhang zurückkommen.

»Der Gaukler«, 1502, Hieronymus Bosch (1450–1560), Musée municipal, Saint-Germain-en-Laye

Es gehört – wie das Bild von Bosch illustriert – nicht viel dazu, die Aufmerksamkeit von Menschen so zu manipulieren, dass sie das Offenkundige nicht mehr bemerken und eigentlich augenfällige Fakten für sie unsichtbar sind. Dass dies auch im politischen Bereich mit bemerkenswerter und beunruhigender Wirksamkeit möglich ist, will ich anhand einiger Fakten zeigen, die unmittelbar mit dem genannten Selbsteinschätzungs-Verhaltens-Paradox zusammenhängen, also mit schweren Verletzungen moralischer Normen durch politische Gemeinschaften, denen wir angehören. Dabei möchte ich jedoch die übliche politische Perspektive gleichsam umkehren: Statt danach zu fragen, aus welchen vorgeblichen oder tatsächlichen Motiven Regierungen diese Verbrechen begangen haben, möchte ich den Blick auf die Bevölkerung, also auf uns selbst richten und nach den Gründen fragen, warum wir auf diese Verbrechen nicht mit einer angemessenen moralischen Empörung reagieren.

Da die Fakten hier nur als Grundlage zur Behandlung dieser Fragen dienen, kann ich mich auf ein kurzes Konstatieren weniger Beispiele beschränken. Diese Beispiele sind so gewählt, dass sie die folgenden drei Kriterien erfüllen. 1) Sie beziehen sich auf Taten, für die »wir« verantwortlich sind, also die politische Gemeinschaft, der wir angehören. 2) Sie beziehen sich auf eindeutige Verletzungen moralischer Normen und Verbrechen, also auf Taten, auf die wir ohne Zögern, wenn unsere »Gegner« sie begehen würden, mit Empörung und moralischer Verurteilung reagieren würden. 3) Sie sind unstreitig und gut dokumentiert, und auch die Massenmedien berichteten über sie (wenn auch fragmentiert und zumeist geeignet rekontextualisiert).

Unsichtbarmachen »kleiner« Fakten

Am einfachsten ist das moralische Unsichtbarmachen von Fakten in solchen Fällen, die wegen ihres Umfangs, wegen ihres geringen politischen Gewichts oder weil sie recht abstrakte Sachverhalte betreffen nur eine geringe moralische Sichtbarkeit haben. Derartige kleine Fakten können im Wortsinne sichtbar und dennoch moralisch unsichtbar sein – die Medien können also risikolos über sie berichten, sie jedoch in ihrer Bedeutung unkommentiert lassen oder sie dergestalt in eine Fülle von Belanglosigkeiten einbetten, dass sie unser natürliches moralischen Urteilsvermögen nicht berühren.

Recht mühelos gelingt das moralische Unsichtbarmachen im Falle schwerer Verletzungen moralischer Normen, die durch abstrakte Gewaltverhältnisse verursacht sind. Anders als konkret sichtbare Gewalt unterläuft strukturelle Gewalt gleichsam unsere natürlichen moralischen Sensitivitäten. Hierzu gehören beispielsweise Wirkungen, die aus demokratisch nicht mehr kontrollierbaren Oligarchien des globalisierten Finanzkapitals resultieren. Für die Wahrnehmung von Ursachen, die nicht sinnlich erfassbar, sondern abstrakter Natur sind, ist der menschliche Geist nicht gut ausgestattet; wir erkennen sie zumeist selbst dann nicht, wenn sie gewaltige Folgen haben. Jean Ziegler, der ehemalige UN-Sonderberichterstatter für das Recht auf Nahrung, bemerkte 2012 in der Zeitung *junge Welt:* »Der deutsche Faschismus brauchte sechs Kriegsjahre, um 56 Millionen Menschen umzubringen – die neoliberale Wirtschaftsordnung schafft das locker in gut einem Jahr.« Selbst dann, wenn sich die Ursache benennen lässt, fällt es uns bei abstrakten Strukturen schwer, auf Verbrechen mit moralischer Empörung zu reagieren. Ein Beispiel ist die Weltbank, deren Aufgabe darin besteht, Finanzierungsinstrumente für langfristige Entwicklungs- und Aufbauprojekte im Bereich der Realwirtschaft bereitzustellen. Menschenrechtsorganisationen verurteilen seit Jahren Menschenrechtsverletzungen durch die Weltbank. Gelegentlich findet dieses Thema auch den Weg in die Medien. So schrieb die *Süddeutsche Zeitung* am 16. April 2015: »Bei von der Weltbank finanzierten Infrastrukturprojekten in Afrika werden Armutsviertel zum Teil ohne Vorwarnung niedergewalzt. Bewohner werden zwangsweise umgesiedelt oder obdachlos.« Entsprechend *Die Zeit* vom gleichen Tag, unter dem Titel »Weltbank verletzt Menschenrechte weltweit«: Allein im vergangenen Jahrzehnt hätten »3,4 Millionen Menschen in mehr als 900 Weltbank-Projekten ihr Land oder einen Teil ihrer Lebensgrundlage verloren«. Über diese folgenschweren Fakten kann man die Bevölkerung risikofrei unterrichten; solange der für ihr Verständnis notwendige Kontext – in diesem Fall die Weltbank als eine der institutionellen Säulen des neoliberalen Umverteilungsprojektes – weitgehend unsichtbar bleibt, werden derartige Verbrechen die Bevölkerung nicht sonderlich interessieren oder beunruhigen.

Anders verhält es sich bei konkreten Sachverhalten, wie beispielsweise Folter. Bei Folter gibt es einen Täter. Wenn die Ursache eines Verbrechens nicht abstrakt ist, sondern konkrete Täter auszumachen sind, wird unser natürliches moralisches Empörungsvermögen, unsere moralische Sensitivität eher angesprochen. Doch mit Fragmentierung und einer geeigneten Dekontextualisierung gelingt auch hier ein moralisches Unsichtbarmachen mühelos.

Beispiel Usbekistan: Usbekistan gilt als eine der schlimmsten Diktaturen weltweit, und das dortige Regime begeht systematisch schwerste Menschenrechtsverletzungen wie Massenmorde, Folter oder Kinderarbeit. Da Deutschland dort jedoch einen Luftwaffenstützpunkt unterhält und somit strategische Interessen verfolgt, gehört die Duldung von Folter in Usbekistan zur deutschen Staatsräson.[12]

Weitere Beispiele für Fakten, die sich mühelos moralisch unsichtbar machen lassen, lassen sich leicht finden.

Unsichtbarmachen »großer« Fakten

Wie sieht nun die Möglichkeit des Unsichtbarmachens in Fällen aus, die sich eigentlich schon ihrer Größenordnung wegen nicht zum Verschwinden bringen lassen? Das erfordert einen beträchtlichen Aufwand, im politischen Bereich ebenso wie in der Zauberkunst. Doch bekanntlich hat David Copperfield 1983 vorgeführt, dass er sogar die Freiheitsstatue vor den Augen seiner Zuschauer verschwinden lassen kann. In der Zauberkunst erfordert dies einen aufwändigen und raffinierten technischen Apparat. Beim Meinungsmanagement ist der Apparat, durch den sich Fakten unsichtbar machen lassen, in gewissem Sinne zwar auch aufwändig – nämlich die Verfügbarkeit von Massenmedien –, doch die benötigten psychologischen Techniken sind nicht sonderlich raffiniert.

Nur ein Beispiel für derartige Fakten will ich anführen, nämlich die Anzahl der Zivilisten, die im Zuge von den USA seit dem Zweiten Weltkrieg durchgeführten Interventionen getötet wurden. Da die USA gemeinhin als engster Verbündeter Deutschlands gelten und da nach Einschätzung des Auswärtigen Amtes diese »transatlantischen Beziehungen auf gemeinsamen Werten beruhen« fallen die entsprechenden Fakten in einen politischen Bereich, für den wir mitverantwortlich sind.

Zählt man die zivilen Opfer von US-Interventionen zusammen, so kommt man allein in den Kriegen in Korea und Vietnam auf 10 bis 15 Millionen sowie auf weitere 9 bis 14 Millionen durch kriegerische Akte der USA und ihrer Erfüllungsgehilfen (z. B. in Afghanistan, Angola, Kongo, Osttimor, Guatemala, Indonesien, Pakistan, Sudan). Insgesamt sind nach offiziellen Angaben oder Schätzungen von Menschenrechtsorganisationen die USA seit dem Zweiten Weltkrieg durch Angriffe auf andere Länder für den Tod von 20 bis 30 Millionen Menschen verantwortlich. Begleitet wurden und

GELUNGENE (+) ODER VERSUCHTE (-) »SYSTEMWECHSEL« DURCH DIE USA

China 1949 bis Anfang 1960er (-)
Albanien 1949–53 (-)
DDR 1950er (-)
Iran 1953 (+)
Guatemala 1954 (+)
Costa Rica bis Mitte 1950er (-)
Syrien 1956/7 (-)
Ägypten 1957 (-)
Indonesien 1957/8 (-)
Britisch-Guayana 1953–64 (+)
Irak 1963 (+)
Nordvietnam 1945–73
Kambodscha 1955–70 (+)
Laos 1958 (+), 1959 (+), 1960 (+)
Ecuador 1960–63 (+)
Kongo 1960 (+)
Frankreich 1965 (-)
Brasilien 1962–64 (+)
Dominikanische Republik 1963 (+)
Kuba 1959 bis heute (-)
Bolivien 1964 (+)
Indonesien 1965 (+)
Ghana 1966 (+)
Chile 1964–73 (+)
Griechenland 1967 (+)
Costa Rica 1970–71 (-)
Bolivien 1971 (+)
Australien 1973–75 (+)
Angola 1975, 1980er (-)
Zaire 1975 (-)
Portugal 1974–76 (+)
Jamaika 1976–80 (+)
Seychellen 1979–81 (-)
Tschad 1981–82 (+)
Grenada 1983 (+)
Südjemen 1982–84 (-)
Suriname 1982–84 (-)
Fidschi 1987 (+)
Libyen 1980er (-)
Nicaragua 1981–90 (+)
Panama 1989 (+)
Bulgarien 1990 (+)
Albanien 1991 (+)
Irak 1991 (-)
Afghanistan 1980er (+)
Somalia 1993 (-)
Jugoslawien 1999–2000 (+)
Ecuador 2000 (+)
Afghanistan 2001 (+)
Venezuela 2002 (+)
Irak 2003 (+)
Haiti 2004 (+)
Somalia 2007 bis heute (-)
Honduras 2009 (+)
Libyen 2011 (+)
Syrien 2012 (-)
Ukraine 2014 (+)

werden diese Verbrechen durch einen Chor der Selbstbeglückwünschungen und Selbstbeweihräucherungen westlicher Politiker, bereitwilliger Journalisten und Intellektueller, für die diese Taten nur Ausdruck sind für das wohltätige Bemühen der »world's greatest force for peace and freedom, for democracy and security and prosperity«, wie sie der ehemalige US-Präsident Bill Clinton nannte (28. April 1996).

Allein in den letzten 15 Jahren wurden vier Millionen Muslime durch »uns«, das heißt durch die sogenannte »westliche Wertegemeinschaft«, getötet, um so den Terrorismus in der Welt auszurotten. Dies steht in einer langen geschichtlichen Kontinuität der »westlichen Wertegemeinschaft« – vom europäischen Kolonialismus und seiner »zivilisatorischen Mission« über den Vietnamkrieg, in dem ein bis zwei Millionen Zivilisten durch ihre Ermordung vom Kommunismus, also von den Zumutungen einer falschen Lebensform, befreit wurden bis hin zu »humanitären

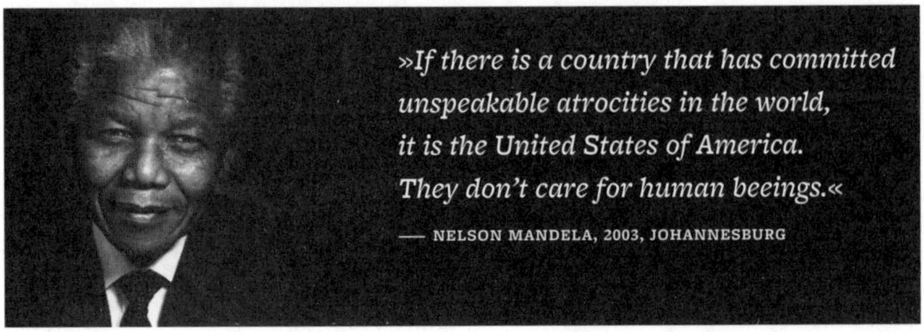

Interventionen« und »zivilisatorischen Missionen für Demokratie und Menschenrechte« der Gegenwart.

Es bedarf in der medialen Darstellung dieser Verbrechen einer beträchtlichen Fragmentierung und einer radikalen Rekontextualisierung als »Kampf für Demokratie und Menschenrechte«, damit Verbrechen dieser Größenordnung sowie ihre geschichtliche Kontinuität für die Öffentlichkeit nahezu unsichtbar werden. Obwohl all dies ausführlich dokumentiert ist, sind diese Verbrechen im öffentlichen Bewusstsein so gut wie nicht präsent.

»Wie viele Menschen muss man töten, bis man sich die Bezeichnung verdient hat, ein Massenmörder und Kriegsverbrecher zu sein?«, fragte der englische Dramatiker Harold Pinter 2005 in seiner Rede zur Verleihung des Literaturnobelpreises. Er erinnerte an das »weitverzweigte Lügengespinst, von dem wir uns nähren« (»a vast tapestry of lies, upon which we feed«). Damit die Macht der herrschenden Eliten »erhalten bleibt«, so Pinter weiter, »ist es unabdingbar, dass die Menschen unwissend bleiben, dass sie in Unkenntnis der Wahrheit leben, sogar der Wahrheit ihres eigenen Lebens.« Zu diesem Lügengespinst gehört es, dass die genannten Verbrechen im Bewusstsein der Bevölkerung unsichtbar sind; sie sind schlicht nicht passiert.

»Es ist nie passiert. Nichts ist jemals passiert. Sogar als es passierte, passierte es nicht. Es spielte keine Rolle. Es interessierte niemand.« Womit sich die beängstigende Frage stellt, wie sich eine moralische Apathie solchen Ausmaßes erreichen lässt. »What has happened to our moral sensibility? Did we ever have any? What do these words mean?« Die Antwort führt uns wieder zur Zauberkunst, denn eine solche moralische Apathie zu erzeugen ist ein »glänzender, sogar geistreicher, äußerst erfolgreicher Hypnoseakt«.

Das wichtigste Medium für eine solche kollektive Hypnose ist natürlich die Sprache. Wer die Sprache beherrscht, also die Begrifflichkeiten und Kategorien, in denen wir über gesellschaftlich-politische Phänomene

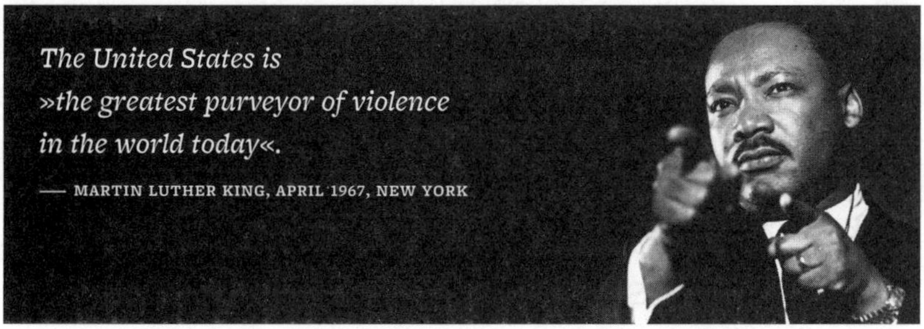

nachdenken und sprechen, hat wenig Mühe, auch uns zu beherrschen. »Mit Hilfe der Sprache hält man das Denken in Schach.«[13]

Auch große Fakten lassen sich also durch einfache psychologische Techniken, wie sie in der Graphik zusammengefasst sind, moralisch unsichtbar machen. Diese Techniken sind kaum noch als bewusst eingesetzt erkennbar, sondern tief in der üblichen Funktionsweise der Massenmedien verankert und stellen geradezu deren Charakteristikum dar. Diese Manipulationstechniken müssen also nicht erst durch eine Art zentraler Lenkung implementiert werden, sondern sind im Wesentlichen bloß Ausdruck der

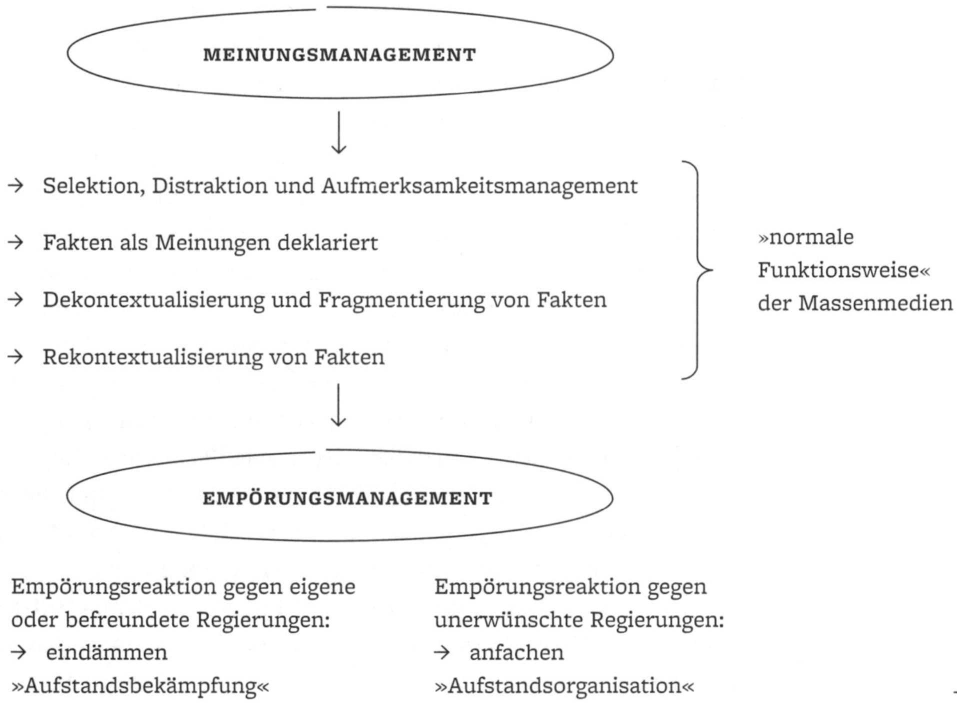

Volksweisheit »Wes Brot ich ess, des Lied ich sing«. Kennt man das für die Unterrichtung der Bevölkerung gewünschte Lied, so ergeben sich diese Techniken nahezu von selbst.

Notwendigkeit eines Empörungsmanagements

Nun kann es aus Sicht der herrschenden Eliten Situationen geben, die für die Stabilität eines Systems besonders gefährlich sind, weil sie das Potential für eine Kettenreaktion in sich tragen. Typischerweise werden derartige Situationen durch Vorkommnisse ausgelöst, die das moralische Empfinden der Bevölkerung so heftig ansprechen, dass diese mit Empörung reagiert. Derartige Situationen gilt es rasch und wirksam zu entschärfen. Die auf eine längerfristige Steuerung von Meinungen zielenden Techniken reichen hierfür oftmals nicht aus, so dass besondere Techniken erforderlich sind, die ausgelöste Empörung zu kontrollieren und zu steuern. Ein typisches Beispiel für eine Situation, in der durch ein »unglückliches Missgeschick« das moralische Empfinden der Bevölkerung so heftig angesprochen wurde, dass diese mit Empörung reagierte, war die Veröffentlichung von Folterbildern aus dem von den USA betriebenen irakischen Gefängnis in Abu Ghraib.

Dieses Beispiel ist auch lehrreich für die Rolle der Massenmedien in einer solchen Situation. Nachdem Amnesty International in Berichten vom 23. Juli 2003 und 18. März 2004 ausführlich über US-Folterungen von Gefangenen durch Elektroschocks, Schlafentzug, Schläge oder Fesselungen der Geschlechtsteile und Ähnliches hingewiesen hatte, entschieden sich die deutschen Leitmedien dafür, über diese Verbrechen erst gar nicht zu berichten und sie somit für die Bevölkerung unsichtbar zu lassen. Obwohl ARD und ZDF im eigenen Internetangebot darüber informierten, verschwieg man diese Verbrechen in *Tagesschau*, *Tagesthemen* und *heute*. Nachdem am 28. April die ersten Fotos der Folterungen an die Öffentlichkeit gelangten, ließ sich das mediale Verschweigen nicht länger aufrechterhalten. Am 30. April 2004 berichtete die *Frankfurter Allgemeine Zeitung* unter dem Titel »Ohne Bilder kein Skandal« darüber, wie systematisch diese Verbrechen in deutschen Leitmedien verschwiegen worden waren und welche Gründe Leitmedien im Nachhinein für die

»…It never happened. Nothing ever happened. Even while it was happening it wasn't happening. It didn't matter. It was of no interest.«

— HAROLD PINTER, NOBELPREISREDE, 7. DEZEMBER 2005

Nichtberichterstattung vor dem 28. April 2004 geltend gemacht hatten: So nannte der *Spiegel* – trotz der ausführlichen Beweise in den Amnesty-Berichten – »fehlende Beweise« als Grund, die *Süddeutsche Zeitung* war der Überzeugung, dass die Amnesty-Berichte »wenig konkrete Informationen« seien, und für den *Stern* hatten sich die Inhalte der Amnesty-Berichte durch »Dementis von US-Stellen« als irrelevant erledigt. Da nun aber durch die Veröffentlichung der Bilder die Fakten nicht mehr zu leugnen waren, trat man die Flucht nach vorne an und beeilte sich gegenüber der Öffentlichkeit, die systematische Nichtberichterstattung als einen bedauerlichen journalistischen Ausnahmefall darzustellen. Die *Frankfurter Allgemeine Zeitung* sprach von einer »Chronik eines kollektiven Versagens« und erklärte damit die *tatsächliche Regel* der Funktionsweise der Massenmedien zur scheinbaren Ausnahme.

Stabilitätsgefährdende Empörungsreaktionen der eigenen Bevölkerung – wie im Falle von Folter oder Massenüberwachung – sind aus Sicht der Eliten rasch einzudämmen oder auf geeignete Scheinziele umzulenken.

Doch auch Empörungsreaktionen der Bevölkerung eines befreundeten Landes können für die Stabilität – womit in der Regel die eigenen hegemonialen Interessen gemeint sind – gefährlich sein und müssen folglich in geeigneter Weise kontrolliert werden. Dies gilt besonders dann, wenn sie sich in kollektiv organisierter Weise manifestieren. In diesem Fall spricht man bei den nötigen Kontrolltechniken von Aufstandsbekämpfung. Handelt es sich hingegen um Empörungsreaktionen der Bevölkerung von nicht prowestlich eingestellten Staaten, in denen »wir« einen Systemwechsel anstreben, so sind Aufstände natürlich nicht zu bekämpfen, sondern durch Techniken eines Empörungsmanagements anzufachen und auf geeignete Zielobjekte zu richten. In diesen Fällen sprechen wir von »Farbrevolutionen«, die es dann in geeigneter Weise zur »Förderung von Demokratie und Menschenrechten« zu lenken gilt.

Aufstandsbekämpfung

Methoden der Aufstandsbekämpfung (»counterinsurgency«) als militärische Einsätze unterhalb der Kriegsschwelle (»low intensity warfare«), bilden heute den bedeutendsten und umfassendsten Bereich von Interventionsmethoden und übertreffen die klassische Kriegsführung weit an Bedeutung. Sie umfassen die Methoden, die auch nach offizieller Definition von Terrorismus als Terrorismus anzusehen sind: unrechtmäßige Gewaltakte, um durch Angsterzeugung politische oder ideologische Ziele zu erreichen.[14] Im Falle der Aufstandsbekämpfung nennt sich diese Form des Terrorismus jedoch Antiterrorismus (»counterterrorism«). Antiterrorismus und Terrorismus unterscheiden sich also nur dadurch, ob entsprechende Gewaltakte von uns, der westlichen Wertegemeinschaft, oder von unseren Feinden begangen werden. Der Begriff Terrorismus ist ein zutiefst ideologisch getränkter Begriff. Dies gilt gleichermaßen für den Begriff Aufstandsbekämpfung. Auch hier ist es wichtig, seine stillschweigenden Prämissen aufzudecken: Das Wort »Aufständische« impliziert stets die Perspektive der jeweiligen herrschenden Ordnung. Aufständische werden diejenigen genannt, die die Stabilität einer von uns gewünschten Ordnung bedrohen; als Freiheitskämpfer hingegen werden diejenigen bezeichnet, die die Stabilität einer von uns nicht gewünschten Ordnung bedrohen.

Die Methoden der Aufstandsbekämpfung umfassen ein breites Spektrum von Methoden, zu deren Verfeinerung auch der universitäre Bereich beizutragen sucht. Neben »information operations«, Methoden zur Kontrolle der öffentlichen Meinung, beinhalten sie ein großes Arsenal von Methoden der Repression, durch die sich die Bevölkerung kontrollieren und disziplinieren lässt.

Die blutigen Formen der Aufstandsbekämpfung werden von speziellen Einheiten übernommen, etwa von der CIA oder den zahlreichen Einheiten des Joint Special Operation Command. In der *New York Times* erschien am 7. Juni 2015 unter der Überschrift »A Secret History of Quiet Killings and Blurred Lines« ein ausführlicher Bericht über diese Einheiten der Aufstandsbekämpfung, die als »global manhunting machine« bezeichnet wurden. Bereits das Wenige, was über sie ans Licht gekommen ist, zeigt eine lange Bilanz von »killing fests«, von Schlachtfesten an Zivilisten. Diese Einheiten verfügen, laut Jeremy Scahill, dem Autor des Buches *Blackwater. Der Aufstieg der mächtigsten Privatarmee der Welt,* über einen Jahresetat von 8 Milliarden Dollar.

Der Artikel der *New York Times* hatte zwar einige kurzzeitige Empörungsreaktionen hervorgerufen, doch zugleich die Bürger in der Überzeugung bestärkt, dass in »unserer Demokratie« letztlich alles ans Licht komme und somit kein Grund zu einer ernsthaften Beunruhigung bestehe. Zudem bettet der Bericht die Darstellung dieser Verbrechen wieder in den üblichen Kontext bedauerlicher Einzelfälle ein und verdeckt durch eine geschichtliche Fragmentierung die lange Tradition derartiger Einheiten.

Die blutigen Methoden der Aufstandsbekämpfung wurden vor allem im Vietnamkrieg erprobt, etwa durch die Tiger Force, eine amerikanische Spezialeinheit. Dennoch ist die Kontinuität dieser Methoden für das öffentliche Bewusstsein praktisch unsichtbar.

Beispielsweise wurden im Rahmen der Operation Phoenix der CIA in Vietnam zwischen 1965 und 1972 mehr als 40.000 Zivilisten – überwiegend Frauen und Kinder – ermordet. Darüber wurde auch in deutschen Leitmedien, etwa im *Spiegel* vom 16. April 2004, berichtet. Bernd Greiner schreibt in seinem Buch *Krieg ohne Fronten. Die USA in Vietnam*: »Sieben Monate lang zog die Tiger Force eine Blutspur durch Qang Tin und das Song Ve-Tal. Sie erschossen ohne jeden Anlass Bauern im Feld und mordeten Menschen, die ihnen zufällig über den Weg liefen, folterten Gefangene und führten sie einzeln oder in Gruppen zur Exekution, fielen spätabends oder am frühen Morgen in Dörfer ein und streckten mit Maschinengewehren alle nieder, derer sie habhaft werden konnten – Bauern, die sich zum Essen versammelt hatten oder schliefen, Kinder, die im Freien spielten, Alte beim Spaziergang. [...] Sie stahlen und brandschatzten, prügelten ihre Opfer zu Tode oder vergewaltigten sie bis zur Bewusstlosigkeit, sie erschossen Bewohner, die kurz zuvor abgeworfene Flugblätter in Händen hielten und der Aufforderung zur Evakuierung nachkommen wollten, sie veranstalteten »Zielschießen« auf Personen, die sich zur falschen Zeit am falschen Ort aufhielten. Sie verschonten weder Verwundete noch Kranke, schossen aus der Distanz mit der M-16 wie aus nächster Nähe mit Handfeuerwaffen.« Eine Bekämpfung von Menschen, die sich unseren Idealen nicht unterwerfen wollen, hat eben ihren Preis. Niemand von diesen Einheiten ist für diese Verbrechen juristisch zur Rechenschaft gezogen worden. Die geschichtliche Kontinuität der damaligen und der heutigen Formen der »Aufstandsbekämpfung« bleibt bei Darstellungen in den Massenmedien, wie bei dem *New York Times*-Bericht, infolge der Fragmentierung und historischen Dekontextualisierung für die Öffentlichkeit unsichtbar.

Siehe auch Valentine, 1990; Turse, 2013.

Aufstandsentfachung

Eine gänzlich andere Strategie wird hingegen verfolgt, wenn sich Aufstände gegen eine der westlichen Wertegemeinschaft missliebige Regierung richten. Dann sprechen wir bei Aufständen, die versprechen, einen geeigneten Systemwechsel herbeizuführen, davon, dass diese den Freiheitswillen der Bevölkerung widerspiegeln und daher im Sinne einer »democracy promotion« nach Kräften zu fördern sind.

Ein Systemwechsel auf einem Wege zu erreichen, der keiner militärischen Gewalt bedarf und zudem aus der Mitte des Volkes zu kommen scheint, hat für die USA gegenüber den in den vergangenen Jahrzehnten dutzendfach von der CIA durchgeführten oder initiierten Militärputschen und Staatsstreichen eine Reihe von Vorteilen. Verdeckt inszenierte Systemwechsel sind nicht nur kostengünstiger, sondern haben auch in der westlichen Öffentlichkeit und im internationalen Staatenverbund eine vielfach höhere Akzeptanz als Putsche. Ein Regime, das vordergründig auf gewaltfreiem Wege und als vorgeblicher Ausdruck des Volkswillens an die Macht gekommen ist, gilt damit bereits als demokratisch legitimiert.

Für die Unterstützung verdeckt inszenierter Systemwechsel gibt es finanzstarke Netzwerke privater und gemeinnützig genannter Organisationen, die sich der »Förderung« von Demokratie und Menschenrechten in Ländern widmen, die sich dem westlichen Werteverständnis gegenüber nicht hinreichend aufgeschlossen zeigen. Eine der einflussreichsten dieser Organisationen ist das National Endowment for Democracy (NED) sowie durch das NED geförderte private NGOs wie Freedom House und das Open Society Institute von George Soros. Dankenswerterweise machte NEDs Expräsident Allen Weinstein im Jahr 1991 die Kontinuität in den Aktivitäten dieser Organisationen und den durch die CIA organisierten Putschen deutlich: »A lot of what we do today was done covertly 25 years ago by the CIA.« Und in der Tat kann das NED auf eine lange Liste gewaltfrei etablierter autoritärer, doch US-freundlich gesinnter Regime, vor allem in Mittel- und Südamerika, verweisen. Gegenwärtig liegt sein Schwerpunkt auf einer entsprechenden »democracy promotion« in Osteuropa.

Zudem werden all diese Aktivitäten zur Förderung hegemonialer Interessen durch global agierende und hochgradig spezialisierte Propagandafirmen begleitet, die sich selbst »PR-Agenturen« nennen. Alle

US-Interventionen der vergangenen Jahrzehnte sind durch derartige Firmen propagandistisch vorbereitet und begleitet worden. Diese Firmen sind trotz ihres großen Einflusses auf die Massenmedien, für die Öffentlichkeit weitgehend unsichtbar, beispielsweise Hill & Knowlton Strategies, berühmt durch die Brutkastenlüge von 1990, wonach irakische Soldaten kuwaitische Säuglinge ermordet hätten sowie Burson-Marsteller oder Rendon Group. Sie haben global mit beträchtlichem Erfolg gezeigt, dass sie der Öffentlichkeit nicht nur Kriege verkaufen können, sondern auch die politisch gewünschte Realität.

Dieser politische Kontext einer Kontinuität über viele Jahrzehnte ist für die Öffentlichkeit weitgehend unsichtbar, da die Massenmedien diese Kontinuität so in Einzelfälle fragmentieren, dass jeder einzelne Fall so erscheint, als ginge es bei einer militärischen Intervention vor allem um die Förderung von Demokratie und Menschenrechten und als sei es bei Aufständen in Osteuropa oder in überwiegend islamischen Ländern einzig und allein das Volk, das sich hier Ausdruck verschafft, um genau den von uns erstrebten Systemwechsel zu erreichen.

Die Kunst der Täuschung

Nicht nur die öffentliche Meinung, auch das Empörungspotential der Öffentlichkeit ist ein viel zu kostbares Gut, als das man es der Bevölkerung oder dem Zufall überlassen könnte. Da wir aber von Natur aus über moralische Sensitivitäten verfügen, hat die Kontrolle unseres moralischen Empörungspotentials zur Voraussetzung, dass man in der Bevölkerung ein hinreichendes Maß an politischer Apathie erzeugt. Zudem müssen wiederum Techniken verfügbar sein, mit denen sich alle Fakten moralisch unsichtbar machen lassen, die diese Apathie gefährden könnten. Hierzu gehören insbesondere schwerwiegende und systematische Menschenrechtsverletzungen, weil diese geeignet sind, unsere natürlichen moralischen Sensitivitäten anzusprechen.

Realpolitik bedeutet, Verweise auf Demokratie, Menschenrechte oder moralische Normen allgemein als rhetorische Hülsen anzusehen, mit denen sich die Bevölkerung wirksam steuern lässt; dazu bedarf es geeigneter Techniken, durch die man die Bevölkerung über die Diskrepanz zwischen politischer Rhetorik und Realität täuschen und so die Stabilität der jeweiligen politischen Ordnung gewährleisten kann. Eine solche Täuschung wiederum gelingt umso wirkungsvoller, je besser man dabei den Gesetzmäßigkeiten unseres Geistes Rechnung trägt.

Die Psychologie hat in den vergangenen Jahrzehnten eine Fülle neuer und vertiefter Einsichten in Gesetzmäßigkeiten der Funktionsweise unseres Geistes gewonnen. Viele dieser Einsichten lassen sich für eine Verfeinerung von Techniken der Propaganda und Täuschung – als sogenannte Soft-Power-Techniken der Machtausübung – nutzbar machen.

Siehe hierzu 173 ff.

Dabei ist es, angesichts historischer Erfahrungen, wenig überraschend, dass sich genügend Psychologen finden, die sich bereitwillig in den Dienst eines solchen Unterfangens stellen, was ihnen natürlich die Wertschätzung relevanter Kreise einträgt. Nur ein Beispiel: Die American Psychological Association (APA), die weltweit größte Standesorganisation von Psychologen, organisierte 2003 zusammen mit der CIA einen »Science of Deception«-Workshop. Ziel dieses Workshops war es, neueste psychologische Befunde zu diskutieren und für die Praxis aufzubereiten, auf deren Basis man »zum Zwecke der nationalen Sicherheit« die Bevölkerung am besten täuschen könne. Mitglieder der APA waren auch an der Entwicklung und Durchführung der im Gefangenenlager Guantánamo praktizierten Foltertechniken beteiligt, und die APA bemühte sich öffentlich um eine Rechtfertigung dieser Techniken. Überhaupt hat die Zusammenarbeit von APA und CIA eine lange Tradition.

Siehe hierzu 249 ff.

Auch andere Geheimdienste sind an solchen Befunden der Psychologie interessiert, die Möglichkeiten eröffnen, verfeinerte Techniken der Täuschung und Meinungsmanipulation zu entwickeln. Durch die von dem Whistleblower Edward Snowden ans Licht gebrachten Dokumente wurde ein Handbuch des britischen Nachrichtendienstes Government Communications Headquarters (GCHQ) bekannt (*The Intercept*, 25.2.2014), das sich genau den Möglichkeiten widmet, wie sich auf der Basis dessen, was wir gegenwärtig über Prinzipien unseres Geistes wissen, die Bevölkerung täuschen lässt und Fakten unsichtbar machen lassen. Es trägt den Titel *The Art of Deception* und zeigt als Titelbild passenderweise genau das weiter oben abgebildete Gaukler-Bild von Hieronymus Bosch.

In diesem Handbuch sind akribisch die Funktionsbereiche unseres Geistes – etwa zur Aufmerksamkeitssteuerung, zur Urteilsbildung, zur Erzeugung von Sinnzusammenhängen oder zur Affektsteuerung – sowie spezifische Eigenschaften dieser Funktionsbereiche aufgeführt, die sich für Zwecke der Täuschung nutzen lassen.

Können wir uns gegen eine systematische Manipulation unserer Einstellungen, Überzeugungen und Meinungen schützen?

Bei der Entwicklung der angesprochenen Manipulationstechniken wird gezielt nach solchen Designaspekten und funktionalen Gesetzmäßigkeiten unseres Geistes gesucht, die sich als gleichsam psychische Schwachstellen für Manipulationszwecke nutzen lassen. Der wichtigste Aspekt dabei ist, dass uns die für solche Zwecke genutzten Funktionen unseres Geistes – aus prinzipiellen Gründen unseres mentalen Designs – nicht bewusst zugänglich sind. Nutzt man sie für Manipulationszwecke, so erliegen wir nahezu automatisch, unwillentlich und unbewusst solchen Manipulationen, ohne auch nur ansatzweise zu bemerken, *dass* wir ihnen erliegen. Selbst wenn wir wissen, wie diese Manipulationstechniken funktionieren und welche Eigenschaften unseres Geistes sie sich zunutze machen, sind wir nicht gegen sie gefeit. Die dabei aktivierten internen Prozesse laufen unbewusst ab und unterliegen nicht unserer willentlichen Kontrolle. Wenn sie erst einmal aktiviert sind, ist es aussichtlos, ihnen entgehen zu wollen.

In dieser Hinsicht verhalten sie sich im Prinzip nicht anders als die Prozesse, die beispielsweise der Wahrnehmung zugrunde liegen. In der Regel können wir sogenannte Wahrnehmungstäuschungen nicht willentlich korrigieren. Ein Beispiel ist die Bewegungstäuschung, der man erliegt, wenn man im Bahnhof aus dem Fenster eines stehenden Zuges auf den gerade abfahrenden Zug des Nachbargleises blickt und dabei den Eindruck hat, dass sich der eigene Zug in Bewegung setzt. Derartige Effekte laufen unbewusst und automatisch ab und verschwinden auch dann nicht, wenn man sie gut kennt. Wenn wir ihnen also entgehen wollen, müssen wir solche Situationen meiden, durch die sie ausgelöst werden.

Gleiches gilt für spezifische Eigenschaften mentaler Prozesse, die man für Manipulationszwecke auszunutzen sucht. Hierzu gehören etwa Urteils- und Entscheidungsbildung, Einfluss der Sprache (insbesondere von Metaphern) auf die Bildung von Sinnzusammenhängen, Rolle affektiver Prozesse – wie Angst, Verleugnung oder Verdrängung – auf Gedächtnis und Urteilsbildung und eine unzählige Menge weiterer Eigenschaften.

Auch die daran beteiligten Prozesse laufen, wenn sie erst einmal durch bestimmte Situationen ausgelöst worden sind, weitestgehend unbewusst und nicht kognitiv kontrollierbar ab. Wir können also den psychologischen Effekten, die sich Manipulationstechniken gezielt zunutze machen, nur dadurch entgehen, dass wir die auslösende Situation so gut es geht vermeiden. Nur wenn wir erkennen, dass wir uns in einem Manipulationskontext befinden, und dann die Medien, über die die gewünschten Manipulationen vermittelt werden, aktiv vermeiden, haben wir in derartigen Situationen eine Chance, uns einen Rest von Autonomie zu bewahren.

Wenn wir uns jedoch dem Manipulationskontext freiwillig aussetzen und zudem der Überzeugung sind, dass wir im Großen und Ganzen schon in der Lage seien, in den Nachrichten der privaten oder öffentlich-rechtlichen Massenmedien Wahrheit von Täuschung zu unterscheiden, erfüllen wir in optimaler Weise alle Voraussetzungen für den Erfolg entsprechender Manipulationstechniken.

Zwar ist der menschliche Geist so beschaffen, dass es viele Möglichkeiten zu seiner Manipulation und somit für eine Verzweckung von Menschen für die Machtbedürfnisse anderer gibt. Jedoch verfügen wir von Natur aus über ein reiches Repertoire an Möglichkeiten unseres Verstandes, um Manipulationskontexte erkennen und somit aktiv vermeiden zu können. Wir verfügen gleichsam über ein natürliches Immunsystem gegen Manipulation. Wir müssen uns nur entschließen, es zu nutzen.

Das Motto der Aufklärung war ja *sapere aude,* wage es zu erkennen, wage es zu bemerken – oder in Kants Worten, wage es, dich deines eigenen Verstandes zu bedienen. Nur wenn wir uns entschließen, uns unseres Verstandes zu bedienen, nur wenn wir unsere induzierte moralische Apathie überwinden, nur wenn wir nicht mehr bereit sind, uns mit der Illusion der Informiertheit, der Illusion der Demokratie, der Illusion der Freiheit zufriedenzugeben, nur dann haben wir eine Chance, diesen Manipulationstechniken zu entgehen. Das ist keine leichte Aufgabe, aber eine andere Wahl haben wir nicht. Die Entscheidung liegt bei uns.

1 Siehe z.B. Paech (2013), Paust (2015).

2 Siehe z.B. Zumbrunnen (2008).

3 Die Demokratie im antiken Athen war eine sehr weitgehende Herrschaft des Volkes; schon deswegen hat diese Form der Demokratie für die gegenwärtigen Eliten keineswegs den Vorbildcharakter, der ihr in der politischen Rhetorik oft zugeschrieben wird. »In Athens *demokratia* übte das Volk die volle Gesetzgebungs-, Regierungs-, Kontroll- und Gerichtsgewalt aus. Damit war die Demokratie in Athen ein Regime direkter, unmittelbarer Herrschaft des Volkes, das auf umfassender Beteiligung aller Bürger beruhte und keine Unterschiede zwischen Arm und Reich kannte. ... Der athenische Demos besaß also eine beispiellose Machtkonzentration. Gesetzgebende, richtende und ausführende Gewalt gingen vom Volk aus und verblieben auch bei ihm. Regieren und Regiertwerden waren eins - oder gingen, wie Aristoteles formulierte, ›wechselweise‹ vonstatten.« Vorländer (2004, S. 10-11) Siehe auch Tarkiainen (1966), Ober (2009).
Die antike Demokratiekonzeption kannte - anders als die moderne, in der Aufklärung gewonnene Demokratiekonzeption - noch keine strikte funktionelle Gewaltenteilung zwischen Legislative, Exekutive und Judikative. In der radikaldemokratischen und zugleich rechtsstaatlichen Konzeption der Aufklärung kommt dem Volk die ungeteilte Souveränität der Gesetzgebung zu, nicht jedoch die der Gesetzanwendung. Zugleich werden alle Staatsapparate auf die bloße Ausführung der demokratisch zustande gekommenen Gesetze beschränkt (siehe hierzu Maus, 2011).

4 Martin Gilens und Benjamin Page (2014) stellten fest: »The preferences of the average American appear to have only a miniscule, near-zero, statistically non-significant impact upon public policy.« Wenn die Mehrheit der Bürger nicht mit den ökonomischen Eliten oder mit organisierten Interessengruppen einverstanden ist, erweist sie sich in der Regel als Verlierer (»When a majority of citizens disagrees with economic elites and/or with organized interests, they generally lose.«). Selbst wenn eine ziemlich große Mehrheit amerikanischer Bürger eine Politikänderung wünscht, bekommt sie sie im Allgemeinen nicht (»[...] even when fairly large majorities of Americans favor policy change, they generally do not get it.«). Gilens und Page schließen aus ihren Befunden: »It is no longer possible ... to believe in the original dogma of democracy.«

5 *Wall Street Journal* vom 28. Februar 2013: »That is democracy in today's euro zone. The French, Spanish, Irish, Dutch, Portuguese, Greeks, Slovenians, Slovakians and Cypriots have to varying degrees voted against the currency bloc's economic model since the crisis began three years ago. Yet economic policies have changed little in response to one electoral defeat after another.«

6 Die Effektivität dieser Propagandatechniken wies Bernays selbst in zahlreichen Kampagnen im wirtschaftlichen und politischen Bereich nach. So unterstützte er 1954 propagandistisch sehr erfolgreich eine CIA-Operation (in deren Folge über 250.000 Zivilisten umkamen), mit der Washington den Sturz der ersten demokratischen Regierung in Guatemala betrieb (da Guatemala durch seine Agarreform und sein weitgefächertes Sozialprogramm »eine zunehmende Bedrohung« für die »Stabilität« Mittelamerikas geworden sei).
Bernay's Buch *Propaganda* ist bis heute ein Klassiker im politischen Geschäft und im Marketing. Es wurde auch von Goebbels geschätzt, weshalb Bernays nach dem Krieg den Begriff »Propaganda« als belastet ansah und nun den Begriff »Public Relations« verwendete.

7 Versuche, diese »wahre Herrschermacht unseres Landes« sichtbarer zu machen, werden dann durch eines der erfolgreichsten Instrumente politischer Propaganda diffamiert, dem von der CIA zur Blüte gebrachten Konzept der »Verschwörungstheorie«: »The CIA's campaign to popularize the term ›conspiracy theory‹ and make conspiracy belief a target of ridicule and hostility must be credited, unfortunately, with being one of

the most successful propaganda initiatives of all time.« deHaven-Smith (2014, S. 25) Ein weiterer wichtiger Punkt: Propaganda darf, um wirksam zu sein, *nicht* als Propaganda erkennbar sein. Auch dies wurde vielfach explizit zum Ausdruck gebracht, so von Bernays, von Goebbels oder von US-Präsident Eisenhower. Das ist mittlerweile in einer so umfassenden und nahezu vollkommenen Weise gelungen, dass Alex Carey (1997) in seinem Buch *Taking the Risk out of Democracy* feststellen kann: »[...] that we are free from propaganda is one of the most significant propaganda achievements of the twentieth century.«

8 »Exposure to this flood of information may serve to narcotize rather than to energize the average reader ... His social conscience remains spotlessly clean. He is concerned. He is informed. And he has all sorts of ideas as to what should be done. But, after he has gotten through his dinner and after he has listened to his favored radio programs and after he has read his second newspaper of the day, it is really time for bed.« Lazarsfeld und Merton (1948)

9 Ein beliebig ausgewähltes Beispiel für Sedierungseffekte: Ein Bild, das von Reuters am 8. Juni 2015 zum »picture of the day« gekürt wurde und groß in deutschen Massenmedien, etwa auf der ersten Seite der *Süddeutschen Zeitung* plaziert war, zeigte anlässlich des G7-Gipfels Angela Merkel mit US-Präsident Obama vor der romantischen Bergkulisse von Schloss Elmau – beide in wohldrapierter Entspanntheit: Obama lässig mit dem Rücken zur Kamera, den idyllischen Alpenblick genießend, Angela Merkel mit ausladender Gestik suggerierend, dass sie das große Ganze fest im Griff hat. Der politische Informationswert des Bildes ist null, der affektive, sedierende Effekt jedoch könnte besser nicht sein. Das Bild soll uns beruhigen und uns suggerieren: Alles ist in besten Händen, »it's really time for bed«.

10 Die systematische Angsterzeugung durch die Massenmedien stellt dabei keine journalistische Entgleisung oder ein bloßes Mittel zur Erhöhung von Auflagenzahlen dar, sondern ist vielmehr ein wesentliches Element der affektiven Steuerung der Bevölkerung durch die jeweils herrschenden Eliten. Lasswell hat dies in seinem Standardwerk von 1927, *Propaganda Technique in the World War*, auf den Punkt gebracht: Es darf keine Zweifel darüber geben, auf wen sich der Hass der Öffentlichkeit zu richten hat. (»There must be no ambiguity about who the public is to hate.«) Sollte sich der Hass nicht leicht entfachen lassen, so sei es hilfreich, ihn durch Betonung von Greueltaten zu schüren. Besonders wirksam lässt sich Hass erzeugen, wenn man *Personen* als Ziel deklariert. Dabei sind vor allem Hitlervergleiche ein beliebtes und flexibel einsetzbares Mittel. Den Hass der Bevölkerung auf abstraktere Zielobjekte, wie Kommunismus oder Islamismus, zu richten, erfordert hingegen höhere und kontinuierlichere Propagandaanstrengungen – und kann daher kaum ohne Einbezug des Erziehungs- und Ausbildungswesens erfolgen. Dafür hat dies jedoch den Vorteil, dass die dadurch erreichte Angsterzeugung zeitlich sehr viel stabiler ist.

11 Eine entsprechende Disposition in der menschlichen Urteilsbildung lässt sich auch ohne wissenschaftliche Untermauerung aus Alltagsbeobachtungen erkennen. So stellte auch der Leiter der für Pressearbeit, Film, Rundfunk und »Volksbildung« zuständigen Reichspropagandastelle der NSDAP, Joseph Goebbels, fest, dass sich jede Lüge durch bloße Wiederholung zur Wahrheit machen lasse.

12 Usbekistan gilt – wie auch der *Tagesspiegel* vom 15.1.2015 berichtet – als »eine der schlimmsten Diktaturen der Welt«. Folter ist im usbekischen Rechtswesen fest verankert, wie Jahr für Jahr Menschenrechtsorganisationen feststellen. Zudem gibt es hier in großem Ausmaß staatlich organisierte Zwangs- und Kinderarbeit bei der Baumwollernte (Usbekistan ist einer der größten Baumwollexporteure weltweit). Im Jahr 2005 verübte das Regime Karimow ein Massaker an protestierenden Bürgern. Wie Amnesty International im Juni 2015 schrieb: »Vor zehn Jahren kam es in der usbekischen Großstadt Andischan zu einem spontanen Aufstand gegen das

autoritäre Regime des Landes. Das Militär erschoss Hunderte überwiegend unbewaffneter Demonstranten: Kinder, Frauen, Männer. Bis heute gab es keine unabhängige Untersuchung des Massakers.« Eigentlich ein klarer Fall für Sanktionen. Und tatsächlich hat die Europäische Union im Oktober 2005 Sanktionen gegen Usbekistan verhängt und zudem gegen den damaligen Innenminister Sokir Almatow, einen der Hauptverantwortlichen für das Massaker von Andischan, ein Einreiseverbot in die EU und somit auch nach Deutschland verhängt. Dennoch ließ Deutschland Almatow unbehelligt für eine medizinische Behandlung in Hannover einreisen. Usbekistan ist für Deutschland militärisch von Bedeutung, weil die Bundeswehr einen für den Krieg in Afghanistan wichtigen Luftwaffenstützpunkt in Usbekistan betreibt. Daher bemühte sich Deutschland um eine Aufhebung der EU-Sanktionen. Der damalige Außenminister Frank-Walter Steinmeier, der den Diktator als erster westlicher Außenminister nach dem Massaker besuchte, hielt - zumindest in diesem Fall - nichts von Sanktionen. Sanktionen seien kein Selbstzweck und würden »nichts weiter bewirkten, als Taschkent vor den Kopf zu stoßen« (*Die Zeit*, 13.5.2015). Steinmeier hat wiederholt gezeigt, dass er über die für einen »Realpolitiker« nötige moralische Elastizität bei der Beurteilung von Menschenrechtsverletzungen verfügt - sofern diese von der »richtigen« Seite verübt werden. Über all dies wurde in den deutschen Medien berichtet, trotzdem bleiben diese Fakten kognitiv und moralisch unsichtbar: kognitiv, weil keine Beziehung zu Fällen hergestellt wird, in denen wegen schwerer Menschenrechtsverletzungen Sanktionen für unabdingbar gehalten werden; moralisch, weil die Berichte über systematische Folter und Massaker an Zivilisten in den Medien so eingebettet waren, dass sie als etwas angesehen wurden, das politisch kein besonderes Gewicht hat und zudem nicht in unserem Verantwortungsbereich liegt. Kurz: Da Deutschland in diesem Fall strategische Interessen verfolgt, gehört die Duldung von Folter in Usbekistan zur deutschen Staatsräson.

13 Offenkundig war es nicht sonderlich schwierig, auch Pinters Nobelpreisrede für die Öffentlichkeit unsichtbar zu machen. Über ihren Inhalt wurde, wenig überraschend, in den Massenmedien so gut wie nicht berichtet, und wenn, dann in abfälliger Weise. Die *Frankfurter Allgemeine Zeitung* (8.12.2005), um nur ein Beispiel zu nennen, warf Pinter »größte Einseitigkeit« vor. Obgleich es nichts Einseitigeres gibt als die Folterung und Ermordung eines Menschen, wird von den Massenmedien und bereitwilligen Intellektuellen gerne vorgegeben, die Einseitigkeit läge in der *Benennung*, nicht jedoch in der Verübung solcher Verbrechen.

14 Beispielsweise im U.S. Army Field Manual von 2001: »calculated use of unlawful violence or threat of unlawful violence to inculcate fear. It is intended to coerce or intimidate governments or societies ... [to attain] political, religious, or ideological goals.«

Die Angst der Machteliten vor dem Volk

Demokratie-management durch Soft-Power-Techniken

Die Frage »Warum schweigen die Lämmer?« scheint auf uns eine eigenartige Faszination auszuüben, obwohl sie ganz offenkundig unsinnig ist. Denn natürlich kann man Lämmer nicht zum Sprechen bringen. Die Faszination muss also in der Metapher der Herde und des Hirten liegen. Offensichtlich spricht diese Metapher Vorstellungen und Affekte in uns an, die Aspekte unserer politischen und gesellschaftlichen Situation betreffen. Schauen wir uns also diese Metapher etwas genauer an, denn schon ihre Geschichte erlaubt interessante Aufschlüsse.

Homer gehört zu den ersten, die sie zur Charakterisierung der Beziehung von Volk und Staatsmann verwendet haben. Das Wort »Hirte« klingt ja zunächst sorgend und gütig. Warum aber wird das Volk überhaupt gedanklich zu Lämmern gemacht, die dann eines Hirten bedürfen? Wie kommt der Hirte eigentlich zu seiner Hirtenrolle? Und warum benötigt er Hütehunde, die die Herde auf Kurs halten?

Man sieht also, dass diese Metapher von Anfang an zutiefst ideologisch durchtränkt ist. Bei Platon finden sich erste Zweifel, ob der Hirte, wenn er seine Schafe auf grünen Auen weidet, wirklich das Beste der Schafe im Sinn hat oder nicht vielmehr die Schmauserei oder den Gewinn durch Verkauf. Die Metapher spricht eine Wahrheit aus, die sie gerade verdecken soll: Der Hirte ist natürlich nicht dem Wohl der Schafherde verpflichtet, sondern dem Wohl des Herdenbesitzers. Der jedoch kommt in dieser Metapher bezeichnenderweise gar nicht vor. Wozu also dient die Metapher der Herde, die die politische Philosophie des Abendlandes durchzieht?

Die Ideengeschichte der politischen Philosophie zeigt, dass die Hirtenmetapher vor allem der Rechtfertigung des Status der Machteliten dient. Mit dieser Metapher wird das Volk gedanklich zur Herde gemacht. Sie schafft die ideologische Konstruktion eines unmündigen Volkes und verschleiert zugleich den Eigennutz derjenigen, die sich als Führer anbieten; sie erst schafft die Grundlage einer kategorialen Unterscheidung von »Volk« und »Führungselite«, die das Fundament der herrschenden Vorstellungen von Demokratie bildet. Genau dieser ideologische Gegensatz von »Volk« und »Elite« ist das Fundament unserer gegenwärtigen Vorstellungen von »Demokratie«.Das wird im Folgenden das Thema sein.

Was macht Demokratie attraktiv?

Warum hat die Idee der Demokratie eigentlich – wenn auch erst in den vergangenen 150 Jahren – eine solche Faszination, einen solchen Sog entwickelt?

Es muss ganz offensichtlich große Vorteile der Herrschaftsform Demokratie geben, denn Freedom House – eine NGO, die sich, ganz uneigennützig, der Förderung von Demokratie widmet – stellt fest, dass von den 195 Staaten der Welt 125 Demokratien sind, zumindest im Sinne von Wahldemokratie. Demokratie gilt heute in der westlichen Welt als einzig legitimierte Herrschaftsform. Damit stellt sich die Frage, was Demokratie eigentlich so attraktiv macht.

Es liegt nahe, dass eine Antwort davon abhängen wird, aus welcher gesellschaftlichen Perspektive man sich dieser Frage nähert.

Aus Sicht des Volkes, also gleichsam »von unten« betrachtet, ist Demokratie attraktiv, weil wir von Natur aus über eine Konzeption von »Zwang« und damit auch von »Freiheit« verfügen. Wir wollen uns autonom fühlen; wir wollen nicht dem Willen eines anderen unterworfen sein.

Bereits 1549 hatte der französische Jurist Étienne de La Boétie (1530–1563) diesen Aspekt zum Gegenstand seiner Streitschrift *Von der freiwilligen Knechtschaft des Menschen* gemacht. Boétie betonte, »dass wir nicht nur im Besitz unserer Freiheit, sondern auch mit dem Trieb, sie zu verteidigen, geboren werden«. Der amerikanische Sprachwissenschaftler Noam Chomsky ist, aus der Perspektive der modernen Kognitionsforschung, davon überzeugt, dass wir über einen »instinct for freedom« verfügen, über ein angeborenes Bedürfnis nach Freiheit. Genau darin liegt für uns die Faszination der Idee von Demokratie.[1]

Was aber könnte Demokratie für die Mächtigen attraktiv machen, deren Macht sie ja gerade einschränkt und bedroht? Die Antwort ist ganz einfach: Nichts! Denn Demokratie bedeutet gerade, die Machtbedürfnisse der Mächtigen und Reichen einzuschränken, woran diese naturgemäß kein Interesse haben. Damit ergibt sich ein Spannungsverhältnis zwischen den Bedürfnissen der Herrschenden, ihren Status zu stabilisieren, und unserem Bedürfnis, uns gesellschaftlich autonom und hinsichtlich unserer gesellschaftlichen Situation als selbstbestimmt zu fühlen. Dieses fundamentale Spannungsverhältnis hat sich in der Geschichte häufig in Form von Revolutionen entladen. Wie lässt sich aus Sicht der Herrschenden dieses Spannungsverhältnis entschärfen, wenn man blutige Revolutionen vermeiden möchte?

Die Lösung ist, das Freiheitsbedürfnis der Bürger mit einem Surrogat zu stillen, es mit einer Ersatzdroge zu befriedigen, nämlich der Illusion von Demokratie. Um eine solche Illusion zu schaffen, benötigt man vor allem – und genau hier kommt die Herdenmetapher wieder ins Spiel – eine Rechtfertigungsideologie, die begründet, warum das Volk unmündig sei und einer Führung bedürfe. Ferner muss die für das Volk so attraktive Idee von Demokratie so entleert werden, dass sie nur noch auf einen Wahlakt beschränkt ist. Und schließlich benötigt man ein kontinuierliches Demokratiemanagement, damit das Volk bei dem Wahlakt auch so will, wie es wollen soll.

Das werden die Bereiche sein, mit denen ich mich beschäftigen möchte. Dabei werden wir immer wieder einen besonderen Blick darauf werfen, wie Macht- und Funktionseliten untereinander über diese Probleme sprechen. Denn untereinander sprechen die Eliten häufig offener, als wenn sie zum Volk sprechen.

Zur Einstimmung lassen wir uns von einem Chefberater eines früheren US-Außenministers erläutern, welche außenpolitischen Vorteile Demokratie – oder, genauer gesagt, eine Demokratierhetorik – hat. Howard J. Wiarda war in den Jahren 1983 und 1984 Chefberater der von Henry A. Kissinger (US-Außenminister unter Richard Nixon und Gerald Ford, Kriegsverbrecher[2] und Friedensnobelpreisträger) geleiteten National Bipartisan Commission on Central America. Er schrieb 1990 in seinem Buch *The Democratic Revolution in Latin America*: Eine demokratische Rhetorik »hilft uns, die Kluft zu überbrücken zwischen unseren fundamentalen geopolitischen und strategischen Interessen und der Notwendigkeit, unsere Sicherheitsinteressen in eine moralistische Sprache zu kleiden. Die demokratische Agenda stellt, kurz gesagt, eine Art von Legitimitätshülle für unsere grundlegenderen strategischen Ziele dar.«

Entsprechende Aussagen finden sich auch zu den innenpolitischen Vorteilen einer Demokratierhetorik. Wenn Demokratie aber lediglich eine Methode ist, Eigeninteressen von Machteliten zu verdecken, sollte das irgendwann ans Tageslicht kommen und auch dem Souverän, also den Bürgern, deutlich werden. Der Grundgedanke der Demokratie ist gerade die Volkssouveränität[3], also die ungeteilte Souveränität der

Selbstgesetzgebung des Volkes.[4] Wenn wir einmal einen Blick auf die Einschätzungen der Bürger zur Realität dieses Grundgedankens werfen, so zeigt eine Gallup-Umfrage von 2015, dass in Westeuropa die Mehrheit der Bürger nicht der Auffassung ist, dass der Grundgedanke der Demokratie verwirklicht ist. Auf die Frage »Would you say that your country is governed by the will of the people?« antworteten 56 Prozent der Bürger Westeuropas mit »nein« oder »eher nicht«.

Diese Einschätzung wird jedoch offensichtlich nicht als besonders problematisch angesehen, denn zugleich sind die Bürger mehrheitlich recht zufrieden mit ihrer politischen Führung.

Nach einer ARD-Umfrage von Oktober 2016 sind Anhänger der sogenannten Volksparteien zu 55 bis 60 Prozent zufrieden mit der Regierung; einer Umfrage der Forschungsgruppe Wahlen vom September 2016 zufolge würden 68 Prozent der Bürger die Volksparteien CDU/CSU, SPD oder Die Grünen wählen. Der weit überwiegende Teil des Staatsvolkes ist also der Auffassung, dass sein Wohl bei den gegenwärtigen politischen Hirten in guten Händen ist.

Dass 68 Prozent wieder die Parteien wählen würden, die für die gegenwärtige politische Situation verantwortlich sind, ist überraschend. Denn es war ja nicht das Volk, es war, um bei der Metapher zu bleiben, nicht die Herde, sondern es waren die politischen Hirten genau dieser Parteien, die den Sozialstaat zertrümmert haben, die 236 Milliarden in die Bankenrettung gesteckt haben, die den Überwachungs- und Sicherheitsstaat ausbauen, die die Militarisierung der EU und die Osterweiterung der NATO vorantreiben, um nur ein paar Punkte aus der langen Liste bewusst herbeigeführter Desaster zu nennen.

Interessanterweise scheinen all diese Dinge den überwiegenden Teil der Bevölkerung nicht sonderlich zu bekümmern. Die Hirten scheinen, den Umfragen zufolge, alles im Großen und Ganzen im Sinne des Volkes gerichtet zu haben, und das Volk scheint mit seinen Hirten zufrieden zu sein.

Doch gibt es eine Unzufriedenheit, nämlich bei den Eliten. Neben vielen anderen hat dies der damalige Bundespräsident Joachim Gauck im Juli 2016 zum Ausdruck gebracht: »Die Eliten sind gar nicht das Problem, die Bevölkerungen sind im Moment das Problem.« Nur damit keine Missverständnisse entstehen: Der Bundespräsident gehört nicht zu den Machteliten, sondern zum Personal der Machteliten. Die gleiche

Klagemelodie durchzieht auch die Zeitschriften, in denen die Machteliten untereinander kommunizieren. So schrieb die *Foreign Policy*, eine der führenden meinungsbildenden Publikationen im Bereich der US-amerikanischen Außenpolitik, am 28. Juni 2016: »It's time for the elites to rise up against the ignorant masses.« Es sei also an der Zeit, dass sich die Eliten gegen die unbedarften Massen erheben. Die Eliten rufen zur Revolte gegen das Volk auf. Das ist umso eigenartiger, als wir uns seit mindestens vier Jahrzehnten bereits in einem Krieg der Eliten gegen das Volk in Form eines immer aggressiver werdenden Klassenkampfes »von oben« befinden. Offensichtlich sind die Eliten, die die Herde bislang halbwegs auf dem gewünschten Kurs halten konnten, zunehmend darüber beunruhigt, dass das Volk in seinen Wahlentscheidungen nicht immer so will, wie es wollen soll.

Es muss als paradoxe Situation erscheinen, dass die Mehrheit des Volkes das Vertrauen in seine Hirten trotz aller von diesen herbeigeführten Desaster nicht verloren hat, die Eliten jedoch mit dem unbedarften und unwissenden Volk unzufrieden sind oder gar zum Aufstand gegen das Volk aufrufen.

Um etwas Klarheit über eine solche Situation zu gewinnen, müssen wir zu den historischen Anfängen zurückgehen und uns anschauen, wie es zu dieser Situation gekommen ist.

Physische und psychische Machtausübung

In allen historischen Gesellschaften – mit Ausnahme der frühesten archaischen – lässt sich eine kleine Zahl von Herrschenden einer großen Zahl von Beherrschten gegenüberstellen. Das natürliche Ziel der Herrschenden ist naturgemäß immer, ihre Herrschaft zu stabilisieren. Dazu stehen ihnen – der menschlichen Natur entsprechend – zwei Wege offen: eine rohe, auf den Körper abzielende Machtausübung und eine ausgefeiltere, auf die Psyche abzielende.

HERRSCHENDE
Ziel: Status stabilisieren und Macht erweitern

↓ Herrschaftstechniken ↓

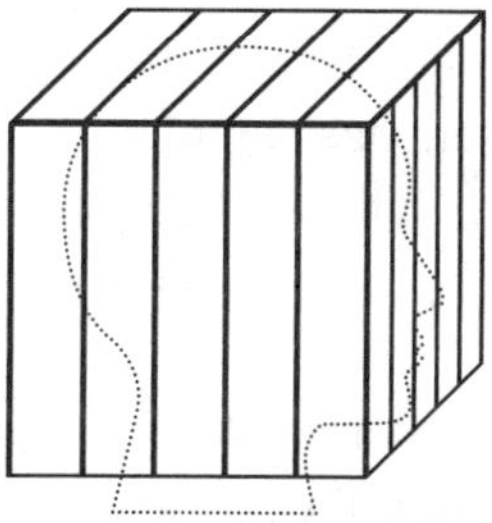

psychische Machtausübung:
Ideologieproduktion
Meinungs- und Affektmanipulation

physische Machtausübung:
»Tue der Starke, was er könne, und erleide der Schwache, was er müsse.«

Die psychische Machtausübung zielt darauf ab, sozusagen den Kopf in Ketten zu legen, durch Produktion geeigneter Ideologien und durch Manipulation des Denkens und Fühlens. Die physische Machtausübung folgt einer recht einfachen Logik: »Tue der Starke, was er könne, und erleide der Schwache, was er müsse.« Dieses berühmte Zitat stammt aus dem Werk *Der Peloponnesische Krieg* des griechischen Historikers Thukydides, in dem er die Geschichte der Auseinandersetzungen zwischen Athen und Sparta beschreibt. Athen stand damals auf der Höhe seiner Macht und auch auf der Höhe seiner kulturellen Entwicklung. Innenpolitisch hatte Athen eine Form der partizipatorischen Demokratie erfunden und verwirklicht.[5] Außenpolitisch betrieb es eine aggressive Hegemonialpolitik gegenüber den umgebenden Stadtstaaten und zwang sie in eine Organisationsform, die eine ähnliche Rolle spielte wie die NATO für die USA. Athen duldete – vergleichbar mit der Truman-Doktrin – keine neutralen Staaten in seiner Umgebung und stellte die benachbarten Stadtstaaten vor die Wahl: Unterwerfung oder Vernichtung. Melos, eine kleine Insel in der Ägäis, die seit 700 Jahren neutral war, bestand jedoch darauf, auch im Konflikt zwischen Athen und Sparta neutral zu bleiben. Die Melier konnten gute Gründe anführen, dass ihre Neutralität für Athen nicht von

Nachteil sein würde. Sie hofften, diese Gründe auch den Athenern einsichtig machen zu können. Athen jedoch erklärte jede Form von Argumenten für belanglos und antwortete, dass Recht nur zwischen gleich starken Parteien gelten könne; ansonsten tue der Starke, was er könne, und erleide der Schwache, was er müsse. Danach belagerte Athen den Hauptort der Insel so lange, bis der Stadt die Vorräte ausgingen und sie sich unterwerfen musste; anschließend wurden alle männlichen Einwohner getötet und alle Frauen und Kinder versklavt. Der sogenannte Melierdialog legt beispielhaft die Grundmuster von Realpolitik offen: dass nämlich für Hegemonialmächte nur das Recht des Stärkeren gelten könne und somit moralische und rechtliche Fragen irrelevant seien.

Die grundlegenden Fragen finden sich also bereits in der Antike und sie sind bis heute geblieben. Das gilt auch für die beiden Kategorien von Machttechniken, nämlich psychische Machtausübung und physische Machtausübung. Sie wurden in der Kulturentwicklung von Gesellschaften mehr und mehr verfeinert und werden heute gelegentlich als »Soft Power« und »Hard Power« bezeichnet. Zur »Hard Power« lassen sich neben militärischer auch ökonomische Macht oder soziale und ökonomische Verelendung zählen, auch wenn die Grenzen zur »Soft Power« fließend sind.

Die Anwendung von »Hard Power« hat aus Sicht der Herrschenden einen gewissen Nachteil, weil wir aufgrund unserer natürlichen moralischen Sensitivitäten dazu neigen, darauf mit Empörung und Auflehnung zu reagieren. Dies wiederum ist für die Herrschenden mit Kosten verbunden. Der einflussreiche amerikanische Politikwissenschaftler und Propagandatheoretiker Harold D. Lasswell hat dies 1930 in der *Encyclopedia of the Social Sciences* auf den Punkt gebracht: Meinungsmanagement ist »kostengünstiger als Gewalt, Bestechung oder irgendeine andere Kontrolltechnik«.

Daher wurde seit den historischen Anfängen versucht, Machttechniken zu entwickeln, mit denen sich unsere moralischen Sensitivitäten gleichsam unterlaufen lassen, die also weniger Widerstand im Volk aktivieren. Diese Machttechniken werden heute oft als »Soft Power« bezeichnet; sie umfassen das gesamte Spektrum von Techniken, die öffentliche Meinung zu manipulieren. Vermittlungsinstanzen für diese Formen der Machtausübung sind – unterstützt durch Stiftungen, Think-Tanks, Elitennetzwerke und Lobbygruppen – insbesondere private und öffentliche Medien, Schulen und der gesamte Erziehungs- und Ausbildungssektor sowie die Kulturindustrie. Die Wirkungen von »Soft-Power«-Techniken sind für die Bevölkerung weitgehend unsichtbar; es ist also kaum mit Protesten gegen diese Formen der Indoktrination zu rechnen.

Machtökonomische Gründe sprechen dafür, vorwiegend »Soft Power« einzusetzen und diese Techniken auf der Basis einer wissenschaftlichen Erforschung unserer kognitiven und affektiven Eigenschaften für Manipulationszwecke zu verfeinern und zu optimieren. Dies ist in den vergangenen hundert Jahren in sehr systematischer und folgenreicher Weise geschehen.

Nur zwei Beispiele will ich hier stellvertretend für die umfangreiche Literatur nennen, mit der sich die Elite untereinander über diese Entwicklungen informiert: das 2005 erschienene Buch *Soft Power* von Joseph S. Nye und das 2009 erschienene Buch *Nudge* von Cass Sunstein und Richard H. Thaler. Nye ist ein einflussreicher Politologe, Politiker und Mitglied zahlreicher Think-Tanks. Seine Botschaft lautet: Die Zukunft der Macht liegt in »Soft Power«. Das Buch von Thaler – Verhaltensökonom, der unter anderem US-Präsident Barack Obama beraten hat – und Sunstein – Rechtswissenschaftler, Verfassungsrechtler und ebenfalls Obama-Berater – gibt einen Überblick über den Forschungsstand zu den Tücken und Fallen menschlichen Entscheidungsverhaltens. Die Kognitionsforschung hat eine Fülle von Belegen erbracht, die zeigen, dass Menschen von Natur aus ihre Entscheidungen nicht auf rein rationaler Grundlage treffen.[6] Thaler und Sunstein argumentierten nun, dass Menschen – und damit ist vor allem das Volk gemeint – nur durch eine Portion List und einen geeigneten Schubser (»nudge«) dazu gebracht werden können, rationale Entscheidungen zu treffen und ihnen daher die Eliten – die als solche selbstverständlich frei von den natürlichen Rationalitätsbeschränkungen des Menschen sind – bei allen komplizierteren Entscheidungen einen Schubs in die richtige Richtung geben müssten.

Es geht also bei »Soft Power« letztlich um eine psychologische Kriegsführung gegen die Bevölkerung, die für die Bürger möglichst unsichtbar sein soll, indem sie natürliche Schwachstellen des menschlichen Geistes ausnutzt. Aus der Perspektive des Volkes ist das Problem, dass die herrschenden Eliten auf das in Universitäten und Think-Tanks angesammelte Wissen über diese Schwachstellen zugreifen können und daher über sehr viel mehr Wissen über uns, über unsere natürlichen Bedürfnisse, unsere natürlichen Neigungen und unsere Schwachstellen für eine Manipulierbarkeit verfügen als wir selbst. Da uns diese Schwachstellen selbst nicht bewusst sind, haben wir kaum eine Möglichkeit, uns gegen diese Manipulationen zu wehren.

Psychologie und Sozialwissenschaften sind in den USA seit Anfang des vergangenen Jahrhunderts zu einer großen gesellschaftlichen Blüte gelangt, weil sie wesentlich zu der Erforschung dieser Manipulationsschwachstellen beitrugen.[7] Dadurch wurden sie »mehr und mehr zu einem Instrument der Kontrolle der Massen und damit zu einer weiteren Bedrohung der Demokratie.«[8] Der große Soziologe C. Wright Mills stellte schon in den 1950er-Jahren in seinem Klassiker *The Power Elite* fest: »Der öffentliche Diskurs, der zur Demokratie gehört, ist mittlerweile ersetzt worden durch eine skrupellose psychologische Kriegsführung.«

Die Techniken dieser psychologischen Kriegsführung gegen die Bevölkerung sind in den seither vergangenen fünfzig Jahren in einer für den Einzelnen kaum noch überschaubaren Weise weiterentwickelt und verfeinert worden. Dadurch verfügen die Eliten über ein profundes und umfassendes Wissen über die Eigenschaften unserer Psyche und unseres Geistes, die sich für Manipulationen eignen, während das Manipulationsobjekt, das Volk, nicht einmal eine auch nur halbwegs angemessene Vorstellung davon hat, welche Schwachstellen des menschlichen Geistes in welcher Weise von den Eliten für eine Manipulation von Meinungen und Gefühlen genutzt werden.

Da kapitalistische Demokratieformen ganz wesentlich auf geeignete psychologische Manipulationstechniken angewiesen sind, wurden von Anfang an große Anstrengungen unternommen, die Operationsweise dieser psychologischen Manipulationstechniken vor der Bevölkerung zu verbergen. Dies ist also keineswegs eine neue Entwicklung. Schon Bertrand Russell bemerkte, dass die Bevölkerung nicht wissen darf, wie ihre Überzeugungen erzeugt werden. Die psychologische Wissenschaft von den Möglichkeiten, »Schwachstellen« unseres Geistes für Zwecke der Indoktrination und Kontrolle auszunutzen, »will be rigidly confined to the governing class. The populace will not be allowed to know how its convictions were generated.« (1953) Als Russell dies feststellte, stand die systematische psychologische Untersuchung, wie sich kognitive und affektive Aspekte der Meinungsbildung oder des Entscheidungsverhaltens gezielt beeinflussen lassen, noch in ihren Anfängen.

Demokratiemanagement durch Ideologieerzeugung
Die kategoriale Unterscheidung von »Volk/Masse« und »Eliten«

Ein grundlegendes Element von »Soft-Power«-Techniken beruht auf der psychologischen Einsicht, dass wir stets eine Art Rahmenerzählung benötigen, durch die wir erst der Fülle unserer gesellschaftlichen und politischen Erfahrungen einen Sinnzusammenhang geben können. Für die Wirksamkeit dieser Techniken müssen die Eliten eine geeignete Rahmenerzählung konstruieren und vermitteln, die das Volk davon überzeugt, dass sinnvollerweise Volksherrschaft nur Elitenherrschaft bedeuten kann. Das mag nach einer unmöglichen, geradezu orwellschen Aufgabe klingen. Doch ergibt sich eine solche Rahmenerzählung fast von selbst, wenn man es schafft, in der politischen Herdenmetapher der Unterscheidung von Herde und Hirten ein scheinbar wissenschaftliches Fundament zu geben.

Dazu benötigt man die These, dass sich die Menschheit in zwei kategorial verschiedene Klassen einteile und es Menschen gebe, die von Natur aus zum Herrschen geboren seien, und Menschen, die von Natur aus zum Dienen geboren seien – also geborene Hirten und geborene Schafe. Diese Unterscheidung findet sich bereits explizit bei Aristoteles. Diejenigen, die wesensmäßig »Schafe« seien, nennt man nun »Volk« oder in der Industriegesellschaft auch »Masse«. Diejenigen, die sich zum Herrschen berufen fühlen – also diejenigen, die diese Unterscheidung erst erzeugen –, nennen sich selbst »Elite«. Das ist zweifellos ein geschickter Schachzug der selbstdeklarierten Eliten, für den allein schon sie das Prädikat »Elite« verdient hätten.

Nun muss man diese Unterscheidung nur noch in solcher Weise mit vorgeblichen Eigenschaften der »Elite« und des »Volkes« bzw. der »Massen« auffüllen, dass sie vom Volk selbst geglaubt wird. Offensichtlich genügt es, kontinuierlich zu behaupten, das Volk sei wesensmäßig irrational, infantil, triebhaft, launenhaft, selbstsüchtig und rationalen Argumenten nicht zugänglich, und die Eliten seien wesensmäßig intelligent, gebildet und rational.[9] Aus einer solchen Basisideologie ergibt sich zwangsläufig, dass Volksherrschaft im Grunde nur Elitenherrschaft bedeuten kann.

Mit dieser kategorialen Unterscheidung von »Volk« und »Elite« entsteht nun eine vollständige Neukonzeption dessen, was unter »Volk« zu verstehen sei. Je mehr im Volk die Idee von Demokratie eine Faszination entfaltete, desto stärker suchten die Herrschenden diese Idee mit einer solchen Ideologie zu unterlaufen. Beispielsweise war der preußische König Friedrich der Große der Auffassung »Der Pöbel verdient keine Aufklärung« und schrieb 1766 an Voltaire: »Das gemeine Volk modert immer im Schlamm der Vorurteile dahin.«

ELITE	**VOLK - MASSE**
intelligent, gebildet, rational	irrational, infantil, triebhaft, launenhaft, selbstsüchtig und rationalen Argumenten nicht zugänglich
»the responsible man« — *Walter Lippmann*	»ignorance and stupidity of the masses« — *Harold Lasswell* (1930)
besitzt »genügend Weisheit, um das gemeinsame Wohl für die Gesellschaft zu erkennen, und genügend Tugend, um es zu verfolgen« — *Hamilton und Madison* (1788)	nur auf ihr kurzfristiges Eigeninteresse aus »great beast« — *Walter Lippmann* (1922)

Mit der gezielten Konstruktion dieser Ideologie werden die Begriffe »Volk« und »Elite« neu konstituiert. Beide Begriffe sind ideologische Konstruktionen, die der Herdenmetapher ein pseudowissenschaftliches Fundament geben und eine Rechtfertigungsideologie für Herrschaft bereitstellen sollen. Diese Rechtfertigungsideologie soll sicherstellen, dass der Status der Herrschenden – und das heißt insbesondere der Besitzenden – auch in einer Demokratie nicht gefährdet ist. Fast alle neueren Demokratiekonzeptionen bauen genau auf dieser Basisideologie auf. Diese Ideologie wurde – schon in der Zeit der Aufklärung und dann vor allem in der ersten Hälfte des 20. Jahrhunderts – durch eine Kaste bereitwilliger Intellektueller weiter ausgearbeitet und der Bevölkerung über alle Informations- und Sozialisationsmedien vermittelt – mit beträchtlichem Erfolg, da das Volk sie mittlerweile weitgehend verinnerlicht hat und somit überzeugt ist, dass Volksherrschaft nur Elitenherrschaft bedeuten kann.[10]

Darf man das Volk belügen?

Friedrich der Große, der als aufgeklärter Monarch gilt, war gleichwohl überzeugt, dass das Volk – »diese Tiere« und »Dummköpfe« – wenig Vernunft hätte und belogen sein wolle. Um diese Frage wissenschaftlich zu ergründen, stellte er 1777 seiner Königlich-Preußischen Akademie der Wissenschaften in Berlin zur Bearbeitung die Preisfrage »Ob es nützlich sei, das Volk zu betrügen« (»S'il peut être utile de tromper le Peuple«).[11]

Die Berliner Akademie war nicht besonders glücklich, im Zeitalter der Aufklärung darüber diskutieren zu müssen, ob es nützlich sei, das Volk zu betrügen. Denn bereits in der Art der Formulierung dieser Frage wird leicht erkennbar, dass es um den Nutzen für die Herrschenden und nicht um den Nutzen des Volkes geht und dass somit die Hirten nicht das Wohl der Herde, sondern ihr eigenes im Sinn haben. Um dies nicht zu offenkundig zu machen, wurde die Frage umformuliert: »Kann irgend eine Art von Täuschung dem Volke zuträglich sein, sie bestehe nun darin, dass man es zu neuen Irrthümern verleitet, oder die alten eingewurzelten fortdauern lässt?« In dieser Formulierung war nicht mehr erkennbar, dass eigentlich nach dem Nutzen des Betrugs für den Betrüger gefragt wird, sondern sie gab vor, sich für den Nutzen für das Volk, das betrogen wird, zu interessieren. Dieses kleine historische Beispiel lässt anschaulich erkennen, wie eine »gute« Ideologiekonstruktion funktioniert.

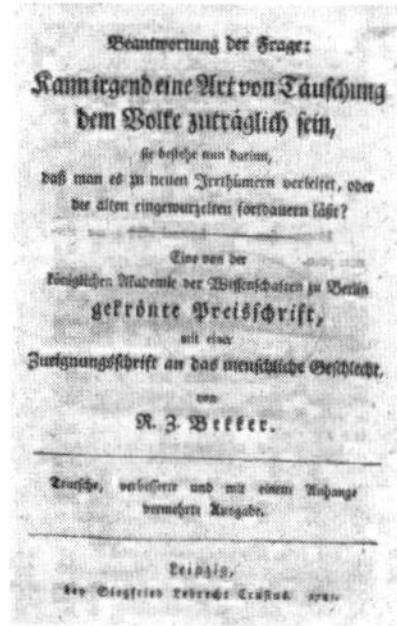

Beantwortung der Frage:
Kann irgend eine Art von Täuschung dem Volke zuträglich seyn,
sie bestehe nun darinn,
daß man es zu neuen Irrthümern verleitet, oder die alten eingewurzelten fortdauern läßt?

Eine von der
königlichen Akademie der Wissenschaften zu Berlin
gekrönte Preisschrift,
mit einer
Zueignungsschrift an das menschliche Geschlecht,
von
R. Z. Becker.

Teutsche, verbesserte und mit einem Anhange vermehrte Ausgabe.

Leipzig,
bey Siegfried Lebrecht Crusius. 1781.

Rudolph Zacharias Becker: »Kann irgend eine Art der Täuschung Dem Volke zuträglich sein, sie bestehe nun darinn, daß man es zu neuen Irrtümern verleite, oder die alten eingewurzelten fortdauern lässt?« (1781)

Von den eingereichten 42 Arbeiten waren zwei Drittel – zum Missfallen des Königs – eher der Auffassung, dass man das Volk nicht betrügen dürfe. Das übrige Drittel war zum Wohlgefallen Friedrichs der Auffassung, dass nur Chaos und Revolution daraus resultieren würden, wenn man dem Volk die Wahrheit sagte. Deswegen sei es wichtig, das Volk – natürlich zu seinem eigenen Wohle – zu betrügen. Der Preis wurde zwischen den beiden Fraktionen geteilt. Preisträger in der Gruppe derjenigen, die sich für die Ziele der Aufklärung einsetzten, war Rudolph Zacharias Becker (1752–1822), ein großer Volksaufklärer. Heute würden wohl die Proportionen sehr viel deutlicher zugunsten der Position ausfallen, dass man das Volk belügen und betrügen dürfe. Die Lüge gehört ganz selbstverständlich zum alltäglichen politischen Geschäft, bei Politikern wie in den Medien.[12] Der damalige luxemburgische Premierminister Jean-Claude Juncker, der von 2014–2019 Präsident der Europäischen Kommission war, stellte im

April 2011 unumwunden klar: »Wenn es ernst wird, muss man lügen.« Und natürlich ist es in der Politik immer ernst.

Einfacher jedoch können sich die Eliten um das Volkswohl kümmern, wenn sie gar nicht erst zu lügen brauchen, weil das Volk gar kein Interesse mehr an der Wahrheit hat. Dies ist insbesondere dann der Fall, wenn das Volk politisch apathisch und infantilisiert ist. Von den intellektuellen Gehilfen der Machteliten wurde rasch erkannt, dass Demokratie nur dann im gewünschten Sinne funktionieren kann, wenn es durch »Soft-Power«-Techniken gelingt, eine umfassende Entpolitisierung und politische Lethargie des Staatsvolkes zu erzeugen. Durch geeignete Techniken kann man also die von Étienne de La Boétie analysierte »freiwillige Knechtschaft« des Menschen, in der die Unterdrückten die Unterdrückung paradoxerweise freiwillig akzeptieren, fördern, indem man sie durch Konsumismus, Infantilisierung und glückliche Unmündigkeit möglichst angenehm gestaltet – eine gesellschaftliche Entwicklung, die bereits Aldous Huxley in seinem dystopischen Roman *Schöne neue Welt* (1932) scharfsinnig vorausgeahnt hat. Huxley beschreibt die Möglichkeiten, wie durch geschicktes Ausnutzen der Schwachstellen des menschlichen Geistes »politische Machthaber und ihre Armee von Managern eine Bevölkerung beherrschen können, die gar nicht gezwungen zu werden braucht, weil sie ihre Knechtschaft lieben«. Demokratiemanagement durch Lethargieerzeugung.

Es bedarf natürlich einiger Anstrengungen der Volkserziehung durch die Eliten, bis das Volk bereit ist, die ideologische Unterteilung in »Elite« und »Volk« zu akzeptieren, und somit überzeugt ist, dass das Volkswohl bei den Eliten am besten aufgehoben sei. Eine Möglichkeit, dies zu bewerkstelligen, könnte sein, dem Volk die entsprechenden Überzeugungen mit klassischen Techniken der Propaganda regelrecht einzutrichtern. Sehr viel wirksamer und nachhaltiger ist es jedoch, grundlegender anzusetzen und insgesamt die Befähigung zu blockieren, überhaupt Überzeugungen auszubilden. George Orwell und Hannah Arendt haben, mit unterschiedlichen Mitteln, genau diesen Aspekt in ihrer Analyse totalitärer Herrschaftssysteme klar erkannt. Hannah Arendt betonte, dass es nie das Ziel einer totalitären Erziehung gewesen sei, bestimmte Überzeugungen einzuflößen, sondern dass es vielmehr darum gehe, die Befähigung zu zerstören, überhaupt irgendwelche Überzeugungen zu entwickeln: »The aim of totalitarian education has never been to instill convictions but to destroy the capacity to form any.«[13]

Ein wirksamer Weg, das Volk davon abzuhalten, überhaupt politische Überzeugungen auszubilden, besteht in der Erzeugung von politischer Lethargie. Daher überrascht es nicht, dass die Leitintellektuellen der Machteliten politische Lethargie als geradezu unverzichtbar für eine Demokratie preisen und über Techniken nachdenken, wie sie sich am besten erreichen lässt.

Nur zwei prominente Stimmen aus der reichen Literatur hierzu: Robert Michels (1876–1936), ein bedeutender deutscher Soziologe, schrieb 1911 in seinem Klassiker *Zur Soziologie des Parteiwesens in der modernen Demokratie:* »Das unterscheidende und wertvollste Element der Demokratie ist die Bildung einer politischen Elite im Konkurrenzkampf um die Stimmen einer hauptsächlich passiven Wählerschaft.«[14]

In ähnlicher Weise sah Leo Strauss (1899–1973) – einer der einflussreichsten politischen Philosophen der USA, scharfer Aufklärungsgegner, radikaler Verteidiger einer Elitenherrschaft und Hausphilosoph der Neokonservativen – die politische Lethargie des Volkes als eine notwendige Voraussetzung, ohne die Demokratie nicht funktionieren könne. »Was die Massen anbelangt, so ist eine der wichtigsten Voraussetzungen für ein reibungsloses Funktionieren von Demokratie eine Wahl-Apathie, das heißt ein Mangel an Gemeinsinn. Zwar nicht das Salz der Erde, jedoch das Salz der modernen Demokratie sind diejenigen Bürger, die nichts außer den Sportseiten und dem Comicteil lesen.«[15]

In heutigen Abhandlungen der politischen Leitintellektuellen der Machteliten wird dies freilich nicht mehr so offen ausgesprochen wie in den Klassikern der Elitendemokratie. Doch bedarf es solcher expliziten Äußerungen gar nicht, denn es liegt in der Natur der Sache, dass die Machteliten nichts mehr fürchten als den mündigen Bürger. Folglich bemühen sie sich nach Kräften, eine politische Mündigkeit der Bürger zu verhindern. Dazu bedienen sie sich eines breiten Spektrums von Strategien und Methoden einer kognitiven und affektiven Manipulation der Bürger.

Siehe hierzu S. 180 ff.

Demokratiemanagement durch Techniken der Mentalvergiftung

Besonders wirksam sind Arten der Manipulation, die direkt auf den Kern unserer mentalen Kapazitäten zielen und dazu beitragen, in den Köpfen Chaos anzurichten, aus dem sich dann politischer Nutzen ziehen lässt. Diese Formen der Manipulation will ich hier, in Ermangelung eines geeigneteren Wortes, »Mentalvergiftung« nennen. Eine Mentalvergiftung kann auf eher affektive oder auf eher kognitive Bereiche unseres Geistes zielen.

Am einfachsten lässt sich dies auf affektivem Wege bewerkstelligen. Durch die Erzeugung von geeigneten intensiven Affekten lässt sich das Denken lähmen und die Aufmerksamkeit von den eigentlichen Zentren der Macht ablenken und auf jeweils gewünschte Ablenkziele und Ablenkthemen richten.

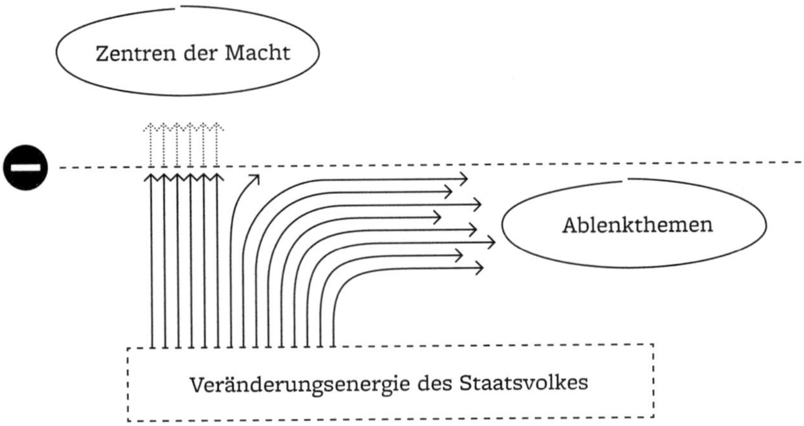

Besonders erfolgversprechend ist die systematische Erzeugung von Angst und Hass, die seit jeher zu den wirksamsten Instrumenten der Kontrolle der öffentlichen Meinung gehören. Lasswell stellte schon 1927 klar: »Es darf keine Zweifel darüber geben, auf wen sich der Hass der Öffentlichkeit zu richten hat.«[16] Durch die Erzeugung von Hass lässt sich Ängsten ein geeignetes Zielobjekt geben, auf das sich Affekte des Volkes richten können. Dadurch ist sichergestellt, dass sich Empörungsenergie und Veränderungsbedürfnisse nicht gegen die Zentren der Macht richten. Auch die strukturelle Erzeugung von Ängsten auf sozioökonomischem

Wege – beispielsweise ein hohes Maß von beruflichem Stress, gesellschaftliche Versagensängste und Ängste vor sozialem Abstieg – lässt sich für dieses Ziel nutzen. Weitere Methoden, die Aufmerksamkeit von den eigentlichen Zentren der Macht abzulenken, sind Zerstreuung durch eine mediale Überflutung mit Nichtigkeiten,[17] Konsumismus, Ausbildung von »Falsch-Identitäten« oder Infantilisierung. Dabei werden natürliche regressive Bedürfnisse des Menschen nach Passivität und Abgabe von Verantwortung missbraucht.

»Billboard on U.S. Highway 99 in California. National advertising campaign sponsored by National Association of Manufacturers«, Dorothea Lange, 1937, Library of Congress, Prints & Photographs Division, FSA/OWI Collection LC-USF34-016211-C

Es gibt eine sehr reichhaltige und seit Jahrzehnten systematisch ausgearbeitete Palette von Techniken affektiver Mentalvergiftungen, durch die die Interessen der Machteliten verschleiert und die Bürger von einer gesellschaftlichen Artikulation ihrer eigenen Interessen abgehalten werden sollen.[18]

Eine Mentalvergiftung kann auch auf unsere kognitiven Kapazitäten zielen und unser Denken so vergiften, dass keine Form von rationaler Argumentation hilft, es – wie es in der Zeit der Aufklärung hieß – wieder heller in den Köpfen der Menschen werden zu lassen. Am einfachsten lässt sich dies über geeignete Begriffe und über Bedeutungsverschiebungen von Begriffen bewerkstelligen. Hierzu gehören insbesondere die orwellschen »Falschwörter«, mit denen Politiker und Leitmedien versuchen, über die Sprache auch unser Denken zu bestimmen. Beispiele lassen sich im Überfluss finden, etwa »Freihandel«, »Lohnnebenkosten«, »Protestwähler«, »Rettungsschirm«, »Terrorismus«, »humanitäre Intervention«, »Kollateralschäden« oder »Globalisierungskritiker«.

Die Wirksamkeit solcher Begriffe beruht darauf, dass wir von Natur aus zu einem gewissen Wortaberglauben neigen und somit zu der Überzeugung, dass Wörter auch Sachverhalte widerspiegeln. Wir tendieren dazu, vorgefundene Wörter zur Organisation unserer Gedanken naiv zu verwenden. Dabei übersehen wir, was diese Wörter an ideologischem Gehalt und an stillschweigenden Vorannahmen transportieren. Leider ist es ausgesprochen schwierig, unseren natürlichen Wortaberglauben zu überwinden und zu einer Haltung zu kommen, die – gerade im politischen Bereich – jedes Wort als ein Päckchen ideologischer Vorannahmen ansieht, das man zunächst sorgfältig aufschnüren muss. Eine solche Haltung, Wörter in ihrer Bedeutung und ihrem ideologischen Ballast kritisch zu hinterfragen, bedarf intensiver Schulung. Genau auf diesen Aspekt einer Ideologiekritik hatte die Aufklärung den Blick gerichtet und sehr wirksame Methoden der Identifikation verborgener Vorurteile und ideologischer Elemente entwickelt. Verständlicherweise haben die herrschenden Eliten kein Interesse daran, dass diese Methoden in den Sozialisationsinstanzen der Gesellschaft gelehrt und tradiert werden.

Eine weitere Klasse kognitiver Mentalvergiftung stellen Denunziationsbegriffe und Diffamierungsbegriffe dar. Unter solchen Begriffen erfreuen sich gegenwärtig Begriffe wie »Querfront«, »Verschwörungstheorie«, »Antiamerikanismus«, oder »Populismus« besonderer Beliebtheit bei den Macht- und Funktionseliten. Diese Begriffe haben eine perfide Logik: Sie beruhen auf einer bestimmten Form einer gedanklichen Verklammerung unterschiedlicher Themenbereiche, durch die suggeriert wird, zwei gänzlich unabhängige Themenbereiche seien gleichsam ihrem Wesen nach miteinander verwoben. Auf diese Weise sollen speziell Themen, deren öffentliche Diskussion die Machteliten und die sie stützenden Elitengruppen als unerwünscht und abträglich für ihren Status ansehen, dadurch in Diskredit gebracht werden, dass sie mit Themen verklammert werden, die geächtet sind oder als anrüchig gelten – wie etwa rechtsextreme oder rassistische Auffassungen. Durch eine solche Verklammerung können sich die Macht- und Funktionseliten vor Kritik immunisieren, indem sie bestimmte Themenbereiche aus dem öffentlichen Diskussionsraum verbannen.

Begriffe wie »Querfront« dienen nicht nur dazu, Kritik von den Zentren der Macht abzulenken, sondern auch dazu, eine Selbstzersetzung linker Positionen zu befördern.

Dabei sind es nicht nur die Machteliten selbst, die daran ein Interesse haben, sondern auch die Vertreter einer reformistischen, »system-offenen« Linken, die ihre symbiotische Haltung zur Macht damit zu verdecken suchen, dass sie den öffentlichen Denkbereich auf »vernünftige«, also systemstabilisierende Ziele zu begrenzen suchen. Verklammert man eine an die Wurzeln gehende linke Machtkritik mit dem Vorwurf einer Nähe zu rechten Positionen, so wird diese Kritik gleichsam als infiziert mit geächtetem Gedankengut markiert und damit zu einem gedanklichen Sperrgebiet.

Solche Kontaminations- und Pathologisierungsbegriffe, mit denen eine fundamentale Kritik an den tatsächlichen Zentren der Macht als unzulässig markiert werden soll, sind besonders bei den intellektuellen und journalistischen Wasserträgern der Mächtigen beliebt. Sie gehören zur Sprache des Opportunismus, mit der man bekundet, dass man um die Gunst der Mächtigen buhlt und gerne bereit ist, sich in den Dienst der jeweils herrschenden Ideologie zu stellen.

Andere Verklammerungsbegriffe, insbesondere »Antiamerikanismus« und »Populismus«, weisen eine komplexere Verwendung auf. Sie werden ebenfalls als Denunziations- und Diffamierungsbegriffe verwendet, um eine fundamentalere Kritik an den Machteliten zu blockieren. Zugleich bezeichnen sie zutreffend tatsächlich vorkommende Haltungen und gesellschaftliche Phänomene, die einer ernsthaften öffentlichen Diskussion bedürfen.

Siehe hierzu 204 ff.

Antiamerikanismus als politischer Kampfbegriff

Es gibt tatsächlich einen Antiamerikanismus im Sinne eines Ressentiments gegen die amerikanische Kultur und gegen die amerikanische Bevölkerung. Diese Art von Antiamerikanismus im Sinne eines kulturellen Rassismus war Anfang des 20. Jahrhunderts in Europa weit verbreitet, besonders im Bildungsbürgertum und bei intellektuellen Vertretern der Gegenaufklärung. Heute findet er sich noch in der völkischen Rechten und beim Rechtspopulismus, wo er meist in einen nationalistischen

Souveränitätsdiskurs eingebettet ist. In politisch relevanten öffentlichen Diskussionen spielt dieser Begriff eines Antiamerikanismus im Sinne eines antiamerikanischen Ressentiments jedoch kaum noch eine Rolle. Hier wird vielmehr der Begriff »Antiamerikanismus« als reiner Verklammerungsbegriff und als politischer Kampfbegriff verwendet, um tiefergehende Kritik an den Machtzentren einer Hegemonialmacht zu blockieren. Der amerikanische Historiker Max Paul Friedman, der die Geschichte dieses Konzeptes nachzeichnet und analysiert, sieht im Konzept des Antiamerikanismus in erster Linie einen politischen Kampfbegriff zur Abwehr von Kritik; dieser Begriff diene vor allem zur ideologischen Stabilisierung der Idee des amerikanischen Exzeptionalismus.[19]

Der Begriff »amerikanischer Exzeptionalismus« bezeichnet eine Ideologie, der zufolge die USA aufgrund ihrer besonderen Geschichte und ihrer einzigartigen Machtfülle eine einzigartige Sonderstellung unter den Nationen der Welt einnähmen. Der Exzeptionalismus stellt die politische Kernideologie der USA dar.[20] Er drückt sich, wie der amerikanische Journalist Stephen Kinzer schreibt, auch darin aus, dass die USA die einzigen in der Geschichte der Neuzeit sind, die überzeugt sind, dass sie Gottes Werk verrichten, indem sie ihr politisches und wirtschaftliches System anderen darbringen, sprich aufzwingen.[21]

Wegen ihrer Einzigartigkeit seien die USA, so die Vertreter des Exzeptionalismus, grundsätzlich an völkerrechtliche Vereinbarungen nur insoweit gebunden, wie ihnen diese nützten.[22] Auch ließen sich ihre Taten grundsätzlich nicht nach den moralischen Normen bewerten, nach denen sie die Taten anderer Nationen bewerten. Denn es könne grundsätzlich keine »moralische Äquivalenz« zwischen den USA und anderen Staaten in der Bewertung ihrer Taten geben, da sich Verbrechen von wesenhaft Guten nicht mit Maßstäben bewerten ließen, die man an Verbrechen von wesenhaft Schlechten anlegt. Folglich mögen die USA zwar gelegentlich Fehler machen, können jedoch aus grundsätzlichen Gründen keine Kriegsverbrechen begehen – weder in Vietnam noch im Irak oder in Syrien. Und aus ebenso grundsätzlichen Gründen können sie auch keine Zivilisten ermorden, sondern Zivilisten sterben einfach als kollaterale Folge bester Intentionen.

Es gehört nicht viel dazu, den Exzeptionalismus – der in der Geschichte, auch der europäischen, in vielfältigen Formen auftrat und auftritt – als eine moralische und intellektuelle Pathologie zu erkennen – eine Pathologie, die mitverantwortlich für die größten Blutspuren in der Zivilisationsgeschichte ist. Gleichwohl finden sich zahllose Intellektuelle, die bereit sind, diese Pathologie mit einer Rechtfertigungsideologie zu versehen. Da die USA wesenhaft gut seien, entzögen sich ihre Taten grundsätzlich einer Bewertung nach völkerrechtlichen Normen.[23]

Der Hauptanklagevertreter der USA in den Nürnberger Prozessen, Robert H. Jackson, hatte seinerzeit festgestellt,[24] dass die Rechtsprinzipien, die in Nürnberg entwickelt worden sind, allgemeingültig seien und somit auch zukünftig bei einer rechtlichen Bewertung von Verbrechen anderer Staaten, auch der USA, zugrunde gelegt werden müssten.[25] Würde man diesen Anspruch ernst nehmen, so hätte, wie Noam Chomsky bemerkte, jeder amerikanische Nachkriegspräsident als Kriegsverbrecher gehängt werden müssen.[26] So viel nur am Rande zum amerikanischen Exzeptionalismus.

Populismus als politischer Kampfbegriff

Auch »Populismus« ist – ähnlich wie »Antiamerikanismus« – ein Verklammerungsbegriff mit einer komplexen Verwendung. Populismus beinhaltet im Kern eine Form der politischen Kommunikation, die durch volksnahes Sprechen und unzulässige Vereinfachungen auf Affekte zielt. In diesem Sinne sind alle unsere großen Volksparteien populistische Parteien. Wenn sich die großen Parteien durchgängig selbst ausgesprochen populistischer Methoden und Strategien bedienen, stellt sich natürlich die Frage, warum sie so beharrlich den Begriff »Populismus« als politischen Kampf- und Ausgrenzungsbegriff verwenden.

Die Antwort findet sich in einem weiteren charakteristischen Merkmal populistischer Haltungen, nämlich einer fundamentalen Kritik an den Eliten.[27] Es ist gerade dieser Aspekt, der den Machteliten natürlicherweise sehr missfällt. Wie kann nun eine solche Fundamentalkritik an den Machteliten zum gedanklichen Sperrgebiet gemacht und somit aus dem als »vernünftig« anzusehenden Diskussionsraum ausgegrenzt werden? Dies lässt sich wieder durch eine geeignete Verklammerung mit geächteten Haltungen bewerkstelligen.

Dazu ist der Rechtspopulismus mit seinen ideologischen Kernelementen sehr hilfreich.[28] Auf Seiten einer völkischen Rechten wird die

Gegenüberstellung von Volk und Eliten noch einmal verschärft. Jedoch ist bei ihr mit »Volk« nicht einfach das Staatsvolk gemeint, sondern ein ethnisch weitgehend homogener »Volkskörper«. In diesem Denken wird die Einheit und Intaktheit des Volkskörpers nicht mehr durch Rasse-Identitäten gestiftet, sondern durch kulturelle Identitäten oder nationale Identitäten – Konzepte, die ebenso Fiktionen sind wie der biologische Begriff von Menschenrassen. Die Aufgabe einer politischen Führung sei es nun, den »Volkswillen« zum Ausdruck zu bringen. Die gegenwärtigen Eliten seien dazu jedoch nicht in der Lage, weil sie zu korrupt und unmoralisch seien. Der Rechtspopulismus richtet sich also direkt gegen »die da oben« – nicht jedoch, weil er grundsätzlich gegen eine Elitenherrschaft wäre, sondern weil er gegenwärtige Eliten durch eine nationalistisch bis rassistisch gesinnte Elite ersetzen will.

Damit bietet sich der Rechtspopulismus für eine begriffliche Verklammerung mit denjenigen populistischen Haltungen an, die – wenn auch aus völlig anderen Gründen – ebenfalls eine fundamentale Kritik an den Eliten beinhalten. Verklammert man in dieser Weise populistische Haltungen mit Rechtspopulismus, so lässt sich eine Kritik an den Eliten zu einem generellen gedanklichen Sperrbereich machen. Denn durch eine solche Verklammerung möchten die Eliten suggerieren: Wer sich gegen das Establishment und die Machteliten richtet, neigt auch zu extremistischen Einstellungen, wenn nicht gar zum Rassismus, und steht somit außerhalb des demokratischen Diskurses. Genau diese Ausgrenzungsmöglichkeit macht den Populismusvorwurf bei den Eliten so beliebt.

Siehe hierzu 200ff.

Demokratiemanagement durch Meinungsmanipulation und Indoktrination

»Soft-Power«-Techniken einer Mentalvergiftung zielen also weniger darauf, ganz spezifische Einstellungen und Überzeugungen in den Köpfen zu verankern; sie setzen viel tiefer an, indem sie unsere Befähigung, überhaupt politische Überzeugungen auszubilden, zu blockieren suchen. Eine wirksame Kontrolle der öffentlichen Meinung erfordert jedoch zusätzliche Manipulationsformen, durch die sich systematisch bestimmte Einstellungen, Meinungen und Haltungen in den Köpfen der Bevölkerung verankern lassen.

Dabei lassen sich zwei Arten unterscheiden: eine eher kurzfristig angelegte und eine sehr langfristig angelegte. Ich werde sie als »Aktualindoktrination« und »Tiefenindoktrination« bezeichnen. Die Aktualindoktrination vollzieht sich bei der alltäglichen Aufnahme tagesaktueller Nachrichten. Sie zielt darauf, eine Rahmenerzählung für die täglichen politischen und gesellschaftlichen Geschehnisse zu vermitteln, die mit der Sicht der Eliten übereinstimmt, und auf diese Weise ein gesellschaftliches Weltbild zu erzeugen und zu stabilisieren. Und sie zielt darauf, Fakten, die diese ideologische Rahmenerzählung gefährden könnten, durch eine geeignete Faktenselektion und eine geeignete Dekontextualisierung und Rekontextualisierung »unsichtbar« zu machen – sie also aus ihrem tatsächlichen Sinnzusammenhang zu reißen und sie in einen behaupteten Sinnzusammenhang zu stellen, der sie ihrer politischen Brisanz entkleidet und mit der Sicht der Eliten übereinstimmt.

Die hauptsächlichen Vermittlungsinstanzen einer Aktualindoktrination sind die Medien. Die Rolle der Medien bei einem Demokratiemanagement ist, gerade auch in jüngerer Zeit, hinreichend beleuchtet und analysiert worden. Zur großen Selbstlüge des Journalismus gehört die Behauptung, die Medien würden uns ein angemessenes Bild der gesellschaftlichen und politischen Situation verschaffen. Diese Behauptung ist seit mehr als hundert Jahren so umfassend – auch in methodisch sorgfältigen empirischen Fallstudien – widerlegt worden, dass es einer enormen Realitätsverzerrung bedarf, sie überhaupt noch als diskussionswürdig anzusehen.

Die Bundeszentrale für politische Bildung stellt ein Kriterium bereit, das als Faustregel für eine Unterscheidung von »Propaganda« und »Nachrichten« in den Medien und damit für eine Identifikation von Aktualindoktrinationen sehr nützlich ist: »Charakteristisch für Propaganda ist es, dass die verschiedenen Seiten einer Thematik nicht dargelegt und Meinungen und Informationen vermischt werden.«[29] Nach diesem einfachen Kriterium muss der weit überwiegende Teil dessen, was uns die Systemmedien als Nachrichten anbieten, als Propaganda klassifiziert werden.

Tiefenindoktrination zielt auf längerfristig angelegte Prozesse der Vermittlung politischer und gesellschaftlicher Weltbilder und Wertesysteme. Diese Weltbilder oder »Narrative« werden kognitiv und affektiv so tief verankert, dass sie uns gar nicht mehr als ideologische Weltbilder bewusst sind, sondern als Selbstverständlichkeit erscheinen. Dadurch sind sie weitgehend gegen Fakten und Kritik immun. Mit einer Tiefenindoktrination können also nicht nur störende Fakten kognitiv und affektiv unsichtbar gemacht werden, sondern gleich ganze Denkräume und Denkmöglichkeiten. Die Vermittlungsinstanzen von Tiefenindoktrinationen sind alle Sozialisationsinstanzen, Medien und die Kultur- und Unterhaltungsindustrie. Insbesondere gehören Schulen und Universitäten zu den zentralen Vermittlungsinstanzen von Tiefenindoktrinationen. Historisch ist dies nicht überraschend, denn die allgemeine Schulpflicht beispielsweise wurde nicht eingeführt, um mündige Bürger zu erzeugen, sondern um »fromme Kirchgänger und gehorsame Staatsdiener« zu schaffen.[30]

Der englische Philosoph, Mathematiker und politische Aktivist Bertrand Russell hat die gesellschaftliche Funktion von Ausbildungssystemen bereits 1922 auf den Punkt gebracht:

> »Ausbildungssysteme sind nicht entwickelt worden, um echtes Wissen zu vermitteln, sondern um das Volk dem Willen der Herrschenden gefügig zu machen. Ohne ein raffiniertes Täuschungssystem in den Schulen wäre es unmöglich, den Schein der Demokratie zu wahren. Es ist nicht erwünscht, dass der normale Bürger selbständig denkt. Weil man der Auffassung ist, dass Leute, die selbständig denken, schwer handzuhaben sind. Nur die Eliten sollen denken. Der Rest soll gehorchen und ihren Führern folgen, wie eine Hammelherde. Diese Doktrin hat auch in Demokratien alle staatlichen Erziehungssysteme von Grund auf verdorben.«[31]

Noch zu Russells Zeiten war die Indoktrinationsfunktion von Ausbildungssystemen vergleichsweise leicht erkennbar. Heute jedoch ist sie ungleich schwieriger zu identifizieren. In ähnlicher Weise wie die politische Propaganda, die ebenfalls in der damaligen Zeit vergleichsweise leicht als Propaganda auszumachen war und sich seitdem enorm verfeinert und gleichsam unsichtbar gemacht hat, haben sich auch die Indoktrinationsmechanismen von Ausbildungssystemen verfeinert und sind kaum noch als solche erkennbar. Insbesondere wirken sie weniger über konkrete Inhalte als über stillschweigend zugrunde gelegte Filter- und Selektionsmechanismen. Im Kern bleiben jedoch die wesentlichen Aspekte von Russells Kritik auch für die Gegenwart gültig.[32]

Im Folgenden will ich etwas näher auf zwei Beispiele für besonders wirkmächtige und folgenreiche Tiefenindoktrinationen eingehen.

Die Ideologie eines »benevolenten Imperiums«

Das erste Beispiel ist die Idee eines »benevolenten Imperiums«, das heißt dessen Handeln also von einem selbstlosen Wohlwollen getragen ist. Eine solche Idee erweist sich zwar bereits bei einem Blick in die Geschichte als eine Absurdität, doch kann man mit hinreichenden propagandistischen Anstrengungen auch Absurditäten als Selbstverständlichkeiten erscheinen lassen. Die Vorstellung von den USA als ein »benevolentes Imperium« und von einer »wohlwollenden Hegemonie« wurde nach dem Zweiten Weltkrieg in Europa, vor allem in Deutschland, in gezielter und systematischer Weise fest im öffentlichen Bewusstsein verankert. Die Vermittlung dieser Ideologie wurde strategisch angelegt und betrieben. Dabei spielte der Council of Foreign Relations (CFR) eine zentrale Rolle. Der CFR ist weltweit der wohl einflussreichste private Think-Tank und hat in den USA seit jeher eine herausragende Funktion im Formulierungsprozess außenpolitischer Strategien.[33]

Der CFR forderte 1949 ein »information-propaganda-cultural program«, durch das sich die »Völker im Ausland davon überzeugen lassen, dass unsere Motive gut sind.«[34] Ein Jahr später nahm in Europa – und besonders in Deutschland – der zu diesem Zweck gegründete Kongress für kulturelle Freiheit seine Aktivitäten zur entsprechenden Formung der öffentlichen Meinung auf.

Der von der CIA finanzierte und organisierte Kongress für kulturelle Freiheit (Congress for Cultural Freedom, CCF) bildete von 1950 bis in die 1970er-Jahre das Kernstück einer propagandistischen Kampagne, die dazu diente, die westeuropäische Öffentlichkeit an den »American Way of Life« und die US-Weltsicht heranzuführen und von der grundlegenden »Benevolenz« der USA zu überzeugen. Dazu bediente er sich eines breiten und weitverzweigten Netzwerkes von Journalisten, Intellektuellen, Wissenschaftlern, Politikern, Geheimdienstmitarbeitern und Wirtschaftsvertretern. Die britische Journalistin Frances Stonor Saunders (2001) schreibt in ihrem Standardwerk über den CCF: »Ob es ihnen gefiel oder nicht, ob es ihnen bewusst war oder nicht: Es gab nach dem Krieg in Europa nur wenige Schriftsteller, Dichter, Künstler, Historiker, Naturwissenschaftler oder Kritiker, deren Namen nicht auf irgendeine Weise mit diesem geheimen Projekt in Verbindung zu bringen sind. Ungehindert und unentdeckt konnte Amerikas Spionagenetzwerk im Westen über zwanzig Jahre lang eine höchst ausgefeilte, stark subventionierte kulturelle Schlacht führen – eine Schlacht für den Westen, und das im Namen der Meinungsfreiheit.«

Da nach dem Zusammenbruch der Sowjetunion die Ideologie eines »Kampfes gegen den Kommunismus« keine ausreichenden Möglichkeiten mehr bot, imperialistische Motive zu verschleiern, mussten diese imperialistischen Motive nun verstärkt durch eine propagandistische Betonung eines moralischen Idealismus der USA verbrämt werden. Zum einen erklärten sich die USA zu einem Imperium und zur einzigen globalen Supermacht,[35] mit einer Macht, so Robert Kagan, der zu den bekanntesten Neokonservativen in den USA zählt, »weit größer als sie seit dem Römischen Reich je eine Nation besessen hat«. Und der Politikwissenschaftler Joseph Nye betonte: »Seit Rom hat sich keine Nation so aus den anderen herausgehoben.« Zum anderen beanspruchten die USA, nicht lediglich ein Imperium zu sein; vielmehr seien sie, so der der einflussreiche Publizist Charles Krauthammer, ein »einzigartig gutartiges Imperium; das ist kein bloße Selbst-Beglückwünschung, es ist eine Tatsache«.[36] Bill Clinton nannte die USA die »world's greatest force for peace and freedom« (28. April 1996). Barack Obama drückte seine exzeptionalistischen Überzeugungen mit den Worten aus: »this country is still the last best hope on earth« (9. April 2007). Und Hillary Clinton nannte die USA »das großartigste Land, das je in der Geschichte geschaffen wurde«, »the greatest country that has ever been created on the face of the earth for all of history« (25. Juli 2016). Dies sind keine Einzelstimmen, sondern sie bezeichnen die ideologischen Kernüberzeugungen US-amerikanischer Identität.[37]

In den entsprechenden Selbstbeschreibungen findet sich immer wieder als Bezugspunkt das Römische Reich und die »Pax Romana«. Das natürliche außenpolitische Ziel der USA sei folglich eine »Pax Americana«.[38] Um einen solchen Vergleich[39] zu verstehen, muss man sich vergegenwärtigen, dass das lateinische Wort *pax* in der Verbindung »Pax Romana« nicht einfach »Frieden« bedeutet, sondern eine durch Gewalt erzeugte

Ordnung, die von einer überwältigend stärkeren Nation schwächeren Nationen aufgezwungen wird. In moderner imperialistischer Rhetorik wird diese Form eines Friedens als »Stabilitätssicherung« bezeichnet.[40] Die Ideologie einer »wohlwollenden Hegemonie« der USA findet ihre Entsprechung in dem Ziel einer »Pax Americana«.

Lässt man die Rhetorik eines moralischen Idealismus und einer »wohlwollenden Hegemonie« als Legitimationsrhetorik für die Öffentlichkeit beiseite, so bleibt – hier wie in anderen Fällen – die Frage nach den eigentlichen Triebfedern imperialistischer Außenpolitik. Für die USA hat George F. Kennan, einer der brillantesten amerikanischen Politikstrategen und Vertreter der sogenannten »realistischen Schule«, ausgesprochen, worum es geht:

> »Wir besitzen etwa 50 Prozent des Reichtums dieser Welt, stellen aber nur 6,3 Prozent seiner Bevölkerung. [...] Unsere eigentliche Aufgabe in der nächsten Zeit besteht darin, eine Form von Beziehungen zu finden, die es uns erlaubt, diese Wohlstandsunterschiede ohne ernsthafte Abstriche an unserer nationalen Sicherheit beizubehalten. Um das zu erreichen, werden wir auf alle Sentimentalitäten und Tagträumereien verzichten müssen; und wir werden unsere Aufmerksamkeit überall auf unsere ureigensten, nationalen Vorhaben konzentrieren müssen. Wir dürfen uns nicht vormachen, dass wir uns heute den Luxus von Altruismus und Weltbeglückung leisten könnten. [...] Wir sollten aufhören von vagen – und für den Fernen Osten – unrealistischen Zielen wie Menschenrechten, Anhebung von Lebensstandards und Demokratisierung zu reden. Der Tag ist nicht mehr fern, an dem unser Handeln von nüchternem Machtdenken geleitet sein muss. Je weniger wir dann von idealistischen Parolen behindert werden, desto besser.«[41]

Soweit Kennans machtpolitische Analyse.[42] Da andere Nationen eigenartigerweise nicht freiwillig bereit sind, die Kosten für die Beibehaltung des Wohlstands der USA aufzubringen, müsse man »auf alle Sentimentalitäten und Tagträumereien verzichten«.[43]

Der amerikanische Sozialhistoriker William A. Williams legt die tatsächlichen Gründe imperialistischer Politik offen: »Die Triebfeder dieses Imperiums ist und war immer die Unwilligkeit, auf der Basis der eigenen Mittel zu leben.«[44]

Gegenüber den Zahlen, die Kennan nennt, hat sich bis heute die Situation noch weiter verschärft. Das Magazin *Scientific American* nennt 2012 folgende Zahlen:

> »Die USA machen weniger als fünf Prozent der Weltbevölkerung aus und verbrauchen
> 33 Prozent des Papiers der Welt,
> 23 Prozent der Kohle,
> 27 Prozent des Aluminiums und
> 19 Prozent des Kupfers [...]
> Unser Pro-Kopf-Verbrauch von Energie, Metallen, Mineralien, Forsterträgen, Fisch, Getreide und an Trinkwasser lässt den Gesamtverbrauch aller Menschen in der Dritten Welt winzig aussehen.
> Amerikaner machen nur fünf Prozent der Weltbevölkerung aus, erzeugen jedoch fünfzig Prozent des globalen Abfallaufkommens.«

Der sogenannte »ökologische Fußabdruck« – also die Fläche auf der Erde, die notwendig ist, um den Lebensstil und Lebensstandard eines Menschen dauerhaft zu ermöglichen – beträgt für die USA 8 gha (»globaler Hektar«, das heißt eine Fläche von einem Hektar mit weltweit durchschnittlicher biologischer Produktivität). Deutschland steht mit etwa 5 gha nur wenig besser dar und nimmt im internationalen Vergleich ebenfalls einen Wert im Spitzenbereich ein.[45] Insofern muss auch der deutsche Lebensstandard in der »Dritten Welt« verteidigt werden. Dazu ist es natürlich notwendig, dass Deutschland wieder »mehr Verantwortung in der Welt übernimmt« und seinen Beitrag zur »Stabilitätssicherung« leistet. Die Erhöhung der Rüstungsausgaben, die Bereitschaft zu Bundeswehreinsätzen und eine konsequente Militarisierung der EU sind hierzu wichtige und unvermeidbare Schritte.[46]

Full Spectrum Dominance

Dass die USA ein »einzigartig gutartiges Imperium« sind, zeigen auch zahlreiche weitere Indikatoren. Zunächst natürlich die Rüstungsausgaben der USA, die so hoch sind wie die der Länder auf den nachfolgenden neun Rängen der höchsten Militärausgaben zusammen.

FULL SPECTRUM DOMINANCE

Diese gigantischen Ausgaben sind notwendig, um die von den USA beanspruchte »full spectrum dominance« zu sichern, also die Kontrolle des Landes, aller Meere, des Luftraums, des Weltraums, des Cyberspace und aller wichtigen Ressourcen.[47] Auch die Ausgaben für eine Kontrolle der öffentlichen Meinung (»our ability to shape world opinion«, Barack Obama, 28. Mai 2014) übertreffen diejenigen aller anderen Staaten zusammen.

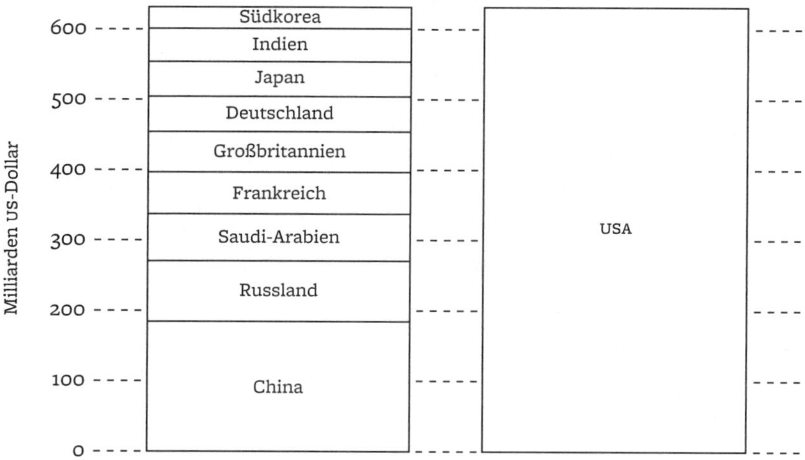

Militärausgaben der USA im Vergleich
Quelle: OMB, National Priorities Project

Die »einzigartige Gutartigkeit« der USA zeigt sich auch in den entsprechenden Aktivitäten von Dutzenden Geheimdiensten, die weltweit operieren. Die *New York Times* berichtete 2014 mit Bezugnahme auf einen geheimen CIA-Bericht über die Unterstützung von Terroristen während der letzten sechs Jahrzehnte über die von der CIA begangenen Morde und Anschläge.[48] Noam Chomsky bemerkte dazu lapidar, dass man aus diesem Bericht nur die Schlussfolgerung ziehen könne, dass die USA – nach den Kriterien, die sie selbst für die Definition eines terroristischen Staates gegeben haben – ein führender terroristischer Staat seien.[49]

US-Truppen oder anderes Militärpersonal operieren in 160 Ländern. Die USA kontrollieren, wie George Friedman, einflussreicher Politikberater und Gründer des Think-Tank Stratfor, 2015 hervorhob, alle Weltmeere, was nie zuvor eine Macht erreicht habe. Das habe, so Friedman, den Vorteil, dass die USA in andere Länder einfallen könnten, diese jedoch nicht bei ihnen, was eine schöne Situation sei.[50]

Diese »schöne Situation« beruht auch darauf, dass die USA über 800 Militärbasen in etwa 80 Ländern verfügen. Großbritannien hat sieben, Frankreich fünf Militärbasen in ehemaligen Kolonien, Russland etwa acht in ehemaligen Sowjetrepubliken und eine in Syrien.[51] Die USA verfügen also über etwa 95 Prozent aller weltweit vorhandenen Militärbasen im Ausland (mit Gesamtkosten von über 150 Milliarden Dollar pro Jahr).[52]

Für eine »Stabilitätssicherung« ist es dabei unerlässlich, andere Großmächte, die sich bislang einer Kontrolle durch die USA entziehen, mit einem Sicherheitsring von Militärbasen zu umgeben.

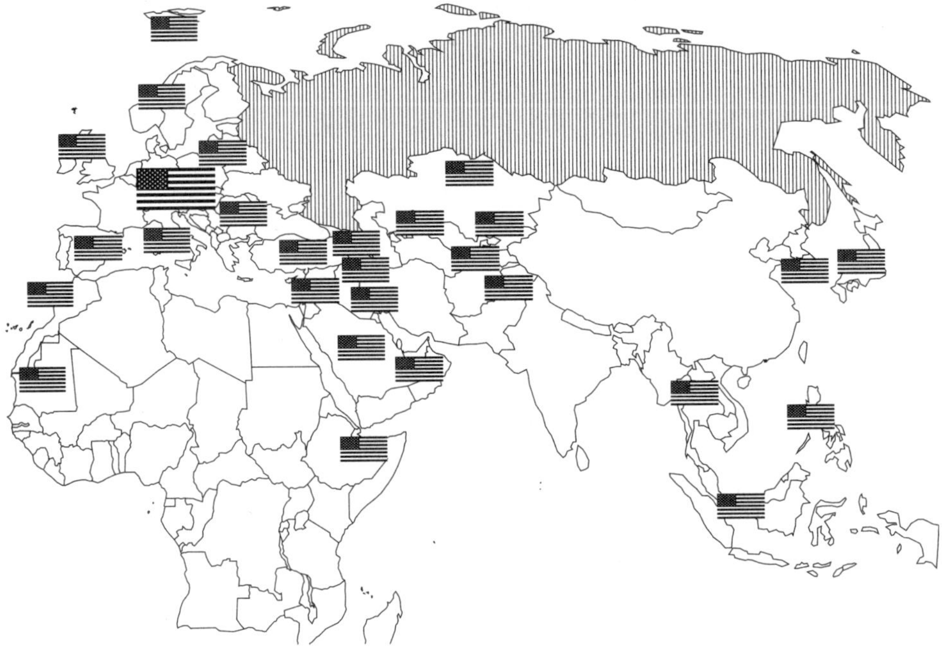

Russland war seit jeher für die USA ein besonderes Objekt der Begierde, und die Jelzin-Präsidentschaft[53] hatte bei ihnen gewaltige Hoffnungen auf einen wirtschaftlichen und politischen Beutezug geweckt. Da diese Hoffnungen unter Jelzins Nachfolger Putin enttäuscht worden waren, mussten die USA versuchen, dieses Ziel auf anderen Wegen zu erreichen. Die entsprechenden Bemühungen spiegeln sich auch in der wachsenden Zahl von US-Militärbasen wider, die die USA zur »Friedenssicherung« und zur Eindämmung der »russischen Aggression«‹ errichteten.

Bereits 1957 stellte der Schriftsteller Arno Schmidt die Frage: »Wer hat wen eingekreist?!« Die Antwort lässt sich, damals wie heute, mit einem Blick auf die Weltkarte leicht geben: »– ein Blick auf die Weltkarte genügt: Denn da sucht man vergebens die bedrohlichen sowjetischen Stützpunkte auf den Bermudas, auf Kuba in Mexiko Alaska Kanada Grönland – wohl aber findet man amerikanische, von Norwegen, über die Bundesrepublik, Griechenland Türkei und Pakistan bis hin zu den Kurilen! (Aber die »absolute Mehrheit« des westdeutschen Volkes wollte diese Orientierung nach dem Wilden Westen: so sei es denn: aber klage Keiner dann, später, wenn es wieder »passiert« ist!).« [54]

Schon in den 1950er-Jahren war also die Tiefenindoktrination eines »benevolenten Imperiums« in den Köpfen verankert. Mittlerweise ist sie im öffentlichen Bewusstsein gar nicht mehr als Indoktrination erkennbar, sondern ist zu einer Selbstverständlichkeit geworden, die kaum mehr durch Fakten korrigierbar ist. Zeitungsleser, die ihr Bild über die politische Realität etwa aus dem *Spiegel*, aus der *Süddeutschen Zeitung*, aus der *FAZ* oder der *taz* beziehen, werden beim Blick auf die Weltkarte möglicherweise sagen, dass man darauf doch klar sehen könne, wie aggressiv Russland an die amerikanischen Stützpunkte herangerückt sei.

Wenn es – was beispielsweise eine Herzensangelegenheit von Hillary Clinton und weiten Teilen der US-Machteliten sowie der deutschen Leitmedien war und noch zu sein scheint – zu einer finalen Konfrontation zwischen Russland und den USA kommen sollte, wird Europa das atomare Schlachtopfer sein, doch in ihrer Benevolenz sind die USA wohl gerne bereit, dieses Opfer zu bringen.

In den letzten Jahren haben die Hemmungslosigkeit, mit der sich die deutschen Leitmedien in den Dienst transatlantischer Eliten stellen, und die ideologische Besessenheit, mit der sie gegen Russland hetzen, einen neuen Höhepunkt erreicht. Doch ist der Antirussismus seit je in den deutschen Leitmedien tiefverwurzelt. Schon 2009 stellte Michail Gorbatschow hinsichtlich der Russland-Berichterstattung im *Deutschlandfunk* (14. Mai 2009) fest: »Die deutsche Presse ist die bösartigste überhaupt.« [55]

NGOs und die säkularen Missionare der westlichen Wertegemeinschaft

Der globale Hegemonieanspruch der USA, wie er in der Doktrin der »full spectrum dominance« zum Ausdruck kommt, wird nicht nur durch »Hard-Power«-Techniken gesichert, sondern auch – in überproportional wachsenden Anteilen – durch »Soft Power«. Diese Techniken eines Meinungs-, Demokratie-, Empörungs- und Partizipationsmanagements, in deren Entwicklung und Anwendung in den vergangenen Jahrzehnten gigantische Summen investiert wurden, sind mittlerweile so verfeinert worden, dass sie der Öffentlichkeit kaum mehr als gezielte Manipulationstechniken auffallen.

Einen zunehmend wichtiger werdenden Beitrag bei der Kontrolle der öffentlichen Meinung leisten sogenannte Nichtregierungsorganisationen (Non-Governmental Organizations, NGOs, oder Civil Society Organizations, CSOs). Eine besondere politische Rolle spielen NGOs, die direkt oder indirekt von Machteliten finanziert und organisiert werden und eigentlich als »fake NGOs« bezeichnet werden müssten.[56] Sie dienen vor allem dazu, Partizipationsbedürfnisse der Bürger aufzugreifen und in Bahnen zu lenken, die mit den Interessen herrschender Eliten konform gehen. Auf diese Weise können sie beispielsweise zu gewünschten Systemwechseln in anderen Staaten beitragen oder in der eigenen Bevölkerung die Aufmerksamkeit von den eigentlichen Wurzeln gesellschaftlicher oder sozialer Probleme ablenken und auf geeignete Scheinziele einer Symptombewältigung lenken. Dies gelingt umso besser, je wirksamer die politischen Funktionen derartiger NGOs im Kontext hegemonialer US-Interessen durch zivilgesellschaftliche oder philanthropische Ziele oder andere Formen eines politischen und gesellschaftlichen Samaritertums verdeckt werden. Auch hier haben sich »Soft-Power«-Techniken als sehr wirksam erwiesen, da der politischen Rolle von NGOs im öffentlichen Diskussionsraum kaum Aufmerksamkeit geschenkt wird.[57] Die indische Autorin und Aktivistin Arundhati Roy warnt daher eindringlich vor einer »NGO-isierung des Widerstands«.[58]

Zahlreiche NGOs, wie zum Beispiel die Open Society Foundations von George Soros, Chatham House oder die Foreign Policy Initiative, ein neokonservativer Think-Tank, die unter dem Mantel der Förderung von Demokratie und Menschenrechten wirtschaftliche und politische Interessen verschiedener Gruppierungen der Machteliten vertreten, sind äußerst finanzstark, haben immensen politischen Einfluss und sind niemandem außer ihren Geldgebern rechenschaftspflichtig. Ein prominentes Beispiel ist die Bill & Melinda Gates Foundation, die finanzstärkste Stiftung der Welt – in ihrer Selbstbeschreibung: »ungeduldige Optimisten, die daran arbeiten, Ungerechtigkeit zu verringern«. Jedoch lassen sich häufig hinter solch philanthropischer Rhetorik wirtschaftliche Partikularinteressen ausmachen sowie Abhängigkeiten von staatlichen und privatwirtschaftlichen Fördermitteln. Solche »fake NGOs« sind in besonderer Weise geeignet, in praktisch unsichtbarer Weise wirtschaftliche Macht in politische Macht zu transformieren. Dadurch können sie – ohne in ihrem politischen Einfluss öffentlich sichtbar und rechenschaftspflichtig zu sein – einen wesentlichen Beitrag zur Sicherung des Status quo der Machteliten leisten und eine Art globales ideologisches Sicherheitsnetz für die jeweiligen Machteliten bilden.

Seit dem Zusammenbruch der Sowjetunion und den Bemühungen der USA, einen geeigneten Systemwechsel herbeizuführen, ist Russland ein bevorzugtes Operationsfeld für US-geförderte NGOs. Mit dem »Russian Democracy Act of 2002« intervenierten die USA ganz offiziell in innerrussische Angelegenheiten und förderten 65.000 NGOs in Russland.[59] Bis dahin hatten sie bereits – vor allem über die Agency for International Development (USAID) – mehr als 20 Milliarden Dollar in eine Förderung der freien Marktwirtschaft in Russland gesteckt. Auch diese Interventionen waren natürlich von einem selbstlosen Wohlwollen getragen und dienten der Förderung von »Demokratie, Good Governance und Antikorruptionsprogrammen in der Russischen Föderation, um die demokratische Regierung und die Zivilgesellschaft und unabhängige Medien in diesem Land zu fördern und zu stärken«.[60] Wobei zu ergänzen ist, dass mit »Demokratie« »amerikanische Demokratie« gemeint ist, also eine Form der Demokratie, die durch regelmäßige Wahlen gekennzeichnet ist und in der ansonsten die wirtschaftlichen und politischen Interessen von US-Machteliten nicht beeinträchtigt werden.[61] Wie stets reichen auch hier einfache Symmetriebetrachtungen aus, um den ideologischen Gehalt solcher Demokratierhetorik zu entlarven: Man stelle sich die Reaktion der USA vor, wenn Russland in einem vergleichbaren Umfang NGOs in den USA unterstützen würde, die sich der Förderung von »Demokratie, Good Governance und Antikorruptionsprogrammen in den USA« widmen.

Die Vorstellung, die USA seien ein »benevolentes Imperium«, und Ausdruck dieser Benevolenz sei die weltweite Förderung der »amerikanischen Demokratie« gehört zu den wohl erfolgreichsten Tiefenindoktrinationen der Geschichte. Sie wird praktisch stillschweigend und als eine Art Selbstverständlichkeit bei der Interpretation der außenpolitischen Aktivitäten der USA zugrunde gelegt und ist damit als Ideologie nicht einmal mehr erkennbar.

»Repräsentative Demokratie« als Mittel zur Verhinderung von Demokratie

Ein weiteres Beispiel für eine sehr erfolgreiche, also nahezu unsichtbare Tiefenindoktrination ist die Überzeugung, dass die Regierungsform einer »repräsentativen Demokratie«[62] die beste oder zumindest einzig realisierbare Verkörperung der demokratischen Leitidee sei. Diese Art der Tiefenindoktrination steht in unmittelbarer Beziehung zu der oben genannten Ideologie einer »amerikanischen Demokratie«. In der Folge dieser Tiefenindoktrination sind Demokratiekonzeptionen, die sich grundlegend von den gegenwärtig vorherrschenden Formen repräsentativer Demokratie unterscheiden, im öffentlichen Diskussionsraum praktisch unsichtbar gemacht worden. Zwar werden in der politischen Rhetorik die gegenwärtigen Formen repräsentativer Demokratie in einen historischen Zusammenhang mit dem ursprünglichen Leitgedanken von Demokratie gesetzt, wie er im Athen der Antike umgesetzt worden war. Tatsächlich jedoch haben sie damit wenig gemein. Die athenische Form der Demokratie war eine partizipatorische Demokratie, sie war, so der Althistoriker Moses Finley, »im ganz buchstäblichen Sinn eine ›Regierung durch das Volk‹«.[63]

Eine solche Form von Volksherrschaft galt es jedoch, darin waren und sind sich die Eliten von der Antike bis heute einig, unbedingt zu vermeiden. Noch bis in die Mitte des 19. Jahrhunderts wurde Demokratie – und damit war die partizipatorische Demokratie der Antike gemeint – als Pöbelherrschaft diffamiert.[64] Auch die Gründerväter der USA teilten überwiegend diese tiefe Abneigung gegen das Volk und gegen alles, was demokratisch war. Sie wollten eine Republik und keine Demokratie, wobei sie den wesentlichen Unterschied zwischen Demokratie und Republik darin sahen, dass in einer Republik die Ausübung der politischen Macht auf eine kleine Anzahl Bürger übertragen wird, die von den übrigen Bürgern gewählt werden. Zwar ging es den Gründervätern der USA zum Teil tatsächlich darum, eine durch regelmäßige und freie Wahlen legitimierte Regierungsform zu schaffen, die, in Abraham Lincolns Worten, ein »government of the people, by the people, for the people« sei. Durch ihr tiefes Misstrauen dem Volk gegenüber wollten sie jedoch den Einfluss des Volkes auf die gesetzgebende Gewalt eng begrenzen und die gesetzgebende

Souveränität zwischen Legislative, Exekutive und Judikative aufteilen, damit nicht in einer Mehrheitsdemokratie der Status der Eliten und die damit verbundenen individuellen Freiheiten und insbesondere die Eigentumsordnung gefährdet würden.[65] Zu diesem Zweck schufen sie ein neuartiges System der Repräsentation (und der Gewaltenteilung), für das einer der Gründerväter, Alexander Hamilton, 1777 erstmals den Ausdruck »representative democracy« einführte. Mit dem Prinzip der parlamentarischen Repräsentation sollte für die gesellschaftliche Machtausübung ein Mechanismus der Willenszusammenführung geschaffen werden, der zwei Ziele vereinigt. Zum einen sollte das Bedürfnis des Volkes nach einer Volksherrschaft befriedigt werden. Zugleich wurde ein solcher Repräsentationsmechanismus, in den Worten der US-amerikanischen Sozialhistorikerin Ellen Meiksins Wood »als ein Mittel verstanden, um das Volk von der Politik fernzuhalten« und »eine besitzende Oligarchie mit der Unterstützung der Masse der Bevölkerung über Wahlen an der Macht zu halten«. Dazu bedurfte es einer »Neudefinition von Demokratie«, die die Mehrdeutigkeiten eines oligarchischen Ansatzes verschleierte.[66] Die Idee der repräsentativen Demokratie diente also von Anfang an der Demokratieabwehr.[67] Die Bezeichnung »repräsentative Demokratie« war die historische Zauberformel, die es ermöglicht, dem Namen nach eine Demokratie zu haben und zugleich die Herrschaft der Eliten zu sichern und die Eigentumsordnung zu schützen.[68]

Siehe hierzu 137ff.

Die Verfassung der USA wurde zum historischen Modell einer Elitentheorie der Demokratie. Deren bis heute einflussreichste Form geht auf Joseph A. Schumpeter (1883–1950) zurück, einen der bedeutendsten Ökonomen des 20. Jahrhunderts. Schumpeter zufolge müsse sich eine funktionierende Demokratie auf eine Konkurrenzwahl von Funktionseliten beschränken. Gegen eine solche Konzeption von Herrschaft wurde jedoch von einem breiten Spektrum von Demokratietheoretikern, Verfassungsrechtlern und politischen Philosophen eingewandt, dass allein die Gewährleistung einer Prozedur der »Wahl« keine hinreichende Legitimation von Macht und Herrschaft darstellen könne.[69]

Der Holzschneider, politische Künstler und Schöpfer der modernen Piktogramme Gerd Arntz (1900–1988) hat 1932 in seinem Holzschnitt »Wahldrehscheibe« das Problem einer Herrschaftsform, in der sich der demokratische Anteil auf eine Konkurrenzwahl von Funktionseliten beschränkt, dargestellt.

»Wahldrehscheibe«,
Gerd Arntz, 1932

Die Idee einer Legitimierung von Herrschaft durch eine Konkurrenzwahl von Mitgliedern aus hochgradig vorselektierten Elitengruppen lässt sich mit der Leitidee von Demokratie nicht in Einklang bringen. Die Leitidee von Demokratie zielt auf Volkssouveränität. Diese bedeutet das Recht des Volkes, sich jederzeit eine Verfassung nach seinen eigenen

Vorstellungen zu geben, sowie eine Unterwerfung der Staatsapparate unter das demokratische Gesetz. Zudem bedeutet es die Ermöglichung einer angemessenen Teilhabe, also Partizipation, der Bürger am Gemeinwesen. Zentrales Element einer solchen Teilhabe ist eine demokratische Konsensermittlung über alle für das Gemeinwesen relevanten Fragen. Wahlen oder auch ein Losverfahren können brauchbare Instrumente sein. Reduziert man jedoch eine demokratische Teilhabe im Wesentlichen auf Wahlen, so widerspricht dies der Leitidee von Demokratie, wie sie in der Zeit der Aufklärung gewonnen wurde.

Wahlen sind also nur ein vergleichsweise nebensächlicher Aspekt der demokratischen Willensbildung. Von den jeweiligen Machteliten werden sie jedoch gerne – unter Vernachlässigung und Missachtung entscheidender Kernelemente der demokratischen Leitidee – in den Vordergrund gestellt, weil sie besonders geeignet sind, im Volk eine Illusion von Demokratie und von Volkssouveränität zu erzeugen. Mit einer solchen Illusion lässt sich der natürliche Widerstand gegen eine gesellschaftliche Fremdbestimmung lahmlegen. In oligarchischen Strukturen, wie sie auch eine Elitendemokratie verkörpert, sind Wahlen nicht Ausdruck einer Volkssouveränität. Vielmehr sind sie ein Instrument der Herrschaftssicherung, das besonders geeignet ist, Veränderungsbedürfnisse zu neutralisieren und in eine gewünschte Richtung zu lenken. Machteliten machen daher, trotz ihres grundsätzlichen Misstrauens dem Volk gegenüber, gerne von Wahlen Gebrauch, um die mit ihnen verbundene gesellschaftliche Befriedungsfunktion zu nutzen. Dies gilt selbst für autokratische und autoritäre Herrschaftsformen. Benito Mussolini hat 1922 eine entsprechende Haltung zu Wahlen besonders unverblümt zum Ausdruck gebracht: »Alle können wählen, bis zur Langeweile, bis zur Verblödung.«[70]

Zu einer Elitendemokratie, wie sie sich in den gegenwärtigen Formen einer repräsentativen Demokratie ausdrückt, gibt es eine Vielzahl von sorgfältig ausgearbeiteten Alternativen, die der Leitidee von Demokratie sehr viel näherkommen. Sie werden – häufig unter Stichworten wie »partizipatorische Demokratie«, »Radikaldemokratie« oder »Rätedemokratie« – in der entsprechenden Literatur seit je intensiv diskutiert. Interessanterweise sind sie jedoch in der öffentlichen Diskussion praktisch nicht präsent und gleichsam unsichtbar. Diese Unsichtbarkeit von ernsthaft demokratischen Alternativen ist selbst wiederum Folge einer jahrzehntelangen Indoktrination, in der die gegenwärtige Form einer »repräsentativen Demokratie«

nicht nur als beste Form von Demokratie vermittelt wird, sondern auch als alternativlos, da sie die einzig praktikable Realisierung der Leitidee von Demokratie sei.[71]

Auch Alternativkonzeptionen, die der Leitidee von Demokratie näherkommen, sind durchaus auf Formen einer Repräsentation und auf Funktionseliten angewiesen. Vorrangig vor solchen spezifischen prozeduralen Fragen sind jedoch die allgemeinen prozeduralen Fragen der gesetzgebenden Souveränität des Volkes und der Unterordnung aller Staatsapparate unter das demokratisch zustande gekommene Gesetz sowie Fragen der Partizipation und der Verantwortlichkeit und Rechenschaftspflicht der gewählten Repräsentanten dem Volk gegenüber.

Durch die Indoktrination einer Alternativlosigkeit von repräsentativer Demokratie haben wir im gesellschaftlichen Gedächtnis die eigentlichen geschichtlichen Triebfedern dieser Form der Elitenherrschaft vergessen und sind gar nicht mehr in der Lage zu erkennen, dass die Idee einer repräsentativen Demokratie gerade zur Abwehr von wirklicher Demokratie entstanden ist.[72]

Um eine Kritik an dieser Form einer Elitenherrschaft in demokratischem Gewande zu blockieren, bedienen sich die Macht- und Funktionseliten wieder gerne der Strategie der Verklammerung mit Denkbereichen, die gesellschaftlich geächtet sind. Dazu eignet sich in diesem Fall besonders ein völkischer und rassistischer Nationalismus. Im Denken der völkischen Rechten wird »Volk« nicht als »Demos« bestimmt – also als prinzipiell heterogenes Volk sehr verschiedener Staatsbürger –, sondern als »Ethnos«, also als eine ethnisch und kulturell homogene Gemeinschaft. Nur wenn ein solcher (fiktiver) »Volkskörper« homogen genug sei, könne dessen (fiktiver) Gemeinwille durch geeignete Eliten zum Ausdruck gebracht und damit politisch wirksam werden. Folglich könne das Volk und sein Gemeinwille durch einen autoritären Führer ebenso gut repräsentiert werden wie durch ein Parlament, so dass in diesem Sinne Demokratie nicht im Gegensatz zur Diktatur stehe. Es ist leicht erkennbar, dass es der völkischen Rechten und dem Rechtspopulismus gerade nicht um die Umsetzung der demokratischen Leitidee geht, sondern um die Abschaffung einer Demokratie im Sinne der Aufklärung. Die aus einer solchen Haltung erfolgende Kritik des Rechtspopulismus an der repräsentativen Demokratie wird von den Eliten in einer Verklammerungsstrategie genutzt, um eine Kritik an repräsentativer Demokratie grundsätzlich zu einem gedanklichen Sperrgebiet zu machen.

Die repräsentative Demokratie muss also für die Machteliten unschätzbare Vorteile bieten, wenn sie sie durch eine intensive Indoktrination als alternativlos darzustellen und zugleich eine Kritik an ihr zu blockieren suchen. Die repräsentative Demokratie war schon ihrem Ursprung nach als Elitenherrschaft gedacht. Gerechtfertigt wurde eine solche Elitenherrschaft mit dem ideologischen Postulat, dass – den amerikanischen Gründervätern Hamilton und Madison 1788 zufolge – die durch Wahl bestimmten Repräsentanten »genügend Weisheit besitzen, um das gemeinsame Wohl für die Gesellschaft zu erkennen, und genügend Tugend, um es zu verfolgen«. Die Realität sieht, wenig überraschend, anders aus: Das Volk, so die Demokratie- und Rechtstheoretikerin Ingeborg Maus, wird »realiter von den bloß Ermächtigten übermächtigt«.[73] Die eigentlichen Zentren der Macht sind und bleiben für das Volk unsichtbar.[74]

»Arm und Reich«, unbekannter flämischer Maler des 17. Jahrhunderts, Museum der Brotkultur Ulm

Im Feudalismus war das Ziel eines Veränderungswillens noch klar erkennbar. Damit hatte auch das politische Handeln ein Ziel, und die sozialen Spannungen konnten sich, oftmals sehr blutig, in Revolutionen entladen. Solange jedoch die eigentlichen Zentren der Macht unsichtbar sind, können sich politische Veränderungsbedürfnisse des Volkes nur auf Ablenkziele richten und müssen somit politisch ins Leere gehen.[75] Die repräsentative Demokratie hat für die eigentlichen Zentren politischer Macht den Vorteil, dass die gesamte Veränderungsenergie des Volkes in der Wahl anderer Repräsentanten aus einem vorgegebenen Spektrum erschöpft wird. Damit fehlen innerhalb der gegenwärtigen Formen repräsentativer Demokratie Mechanismen, durch die ein Veränderungswille politisch wirksam werden kann. Genau dadurch stellt die repräsentative Demokratie für die Machteliten eine nahezu perfekte Herrschaftsform dar; sie ist eine Form der Oligarchie, die jedoch dem Volk als Demokratie erscheint.

»REPRÄSENTATIVE DEMOKRATIE« ALS MITTEL ZUR VERHINDERUNG VON DEMOKRATIE

In der Herdenmetapher bedeutet dies, dass die repräsentative Demokratie die öffentliche Aufmerksamkeit auf die Hirten lenkt und die Herdenbesitzer gleichsam unsichtbar macht; die Veränderungsenergie des Volkes bleibt darauf beschränkt, andere Hirten aus dem Personal des Herdenbesitzers zu wählen.[76] Dieses Problem wurde früh erkannt, und der amerikanische Karikaturist Joseph Keppler hat bereits 1889 in seiner Zeichnung »The Bosses of the Senate« bildlich verdichtet dargestellt.

Es ist selbst als ein Erfolg jahrzehntelanger Indoktrination anzusehen, wenn wir den Eindruck haben sollten, diese Karikatur sei eine groteske Überzeichnung des Repräsentationsproblems. Überspitzt ist sie nur in den künstlerischen Mitteln; in der Sache stellt sie die wirklichen Machtverhältnisse der damaligen Zeit recht zutreffend dar. Seitdem haben sich die Verhältnisse noch einmal massiv zugunsten oligarchischer und plutokratischer Strukturen verschoben. Zudem wurde von den Macht- und Funktionseliten das »Unsichtbarmachen« der tatsächlichen Zentren politischer Macht – unter intensiver Erforschung nutzbarer Schwachstellen des menschlichen Geistes – in zunehmend systematischer Weise perfektioniert.

Die systematische Entleerung der repräsentativen Demokratie von demokratischen Elementen und ihre autoritäre Transformation sind bereits vor Beginn der neoliberalen Revolution vielfach aufgezeigt worden. Der Politikwissenschaftler Johannes Agnoli (1967) unterzog diesen Prozess der »Transformation der Demokratie« zu einem »autoritären Staat rechtsstaatlichen Typus« einer luziden Analyse.

»The Bosses of the Senate«, Joseph Keppler, 1889, Library of Congress, FSA/OWI Collection

Der Historiker Sebastian Haffner bemerkte in seiner Besprechung des Agnoli-Buchs: »Nominell leben wir in einer Demokratie. Das heißt: Das Volk regiert sich selbst. Tatsächlich hat, wie jeder weiß, das Volk nicht den geringsten Einfluss auf die Regierung, weder in der großen Politik noch auch nur in solchen administrativen Alltagsfragen wie Mehrwertsteuer und Fahrpreiserhöhungen. [...] Das entmachtete Volk hat seine Entmachtung nicht nur hingenommen – es hat sie geradezu liebgewonnen.«

Der Philosoph Karl Jaspers beklagte 1967 in seiner Antwort an die Kritiker seiner Schrift »Wohin treibt die Bundesrepublik«: »Paradox könnte man sagen: Wir stehen in dem Zerfall einer Demokratie, die bei uns eigentlich noch gar nicht da war. Wir verrotten, ohne dass eine Substanz verrottete, die gewesen wäre.«

Der französische Sozialphilosoph André Gorz stellte fest: »In Westeuropa und auf dem amerikanischen Kontinent gibt es kein Land mehr, in dem die gewählten Versammlungen noch eine demokratisch entwickelte Konzeption der Gesellschaft und des Allgemeininteresses vertreten, die wichtigen Entscheidungen nicht von Expertenausschüssen fernab jeder Öffentlichkeit getroffen werden und die parlamentarischen Debatten nicht zu bedeutungslosen Zeremonien herabgesunken sind.« Und er wies darauf hin, dass »die repräsentative Demokratie notwendig eine mystifizierte

Demokratie ist und immer schon war«. Ihrer eigenen kapitalistischen Ideologie zufolge entziehen sich zentrale Aspekte der Gesellschaft ihrem Einfluss: »[...] die Art und die Ausrichtung der Produktion entsprechend den Bedürfnissen der Masse, die technische und gesellschaftliche Arbeitsteilung, die Investitionsentscheidungen der privaten Monopole und des Staates, die Verwendung der wirtschaftlichen Überschüsse [...]« Soweit nur einige Beispiele, die aufzeigen, dass die neoliberale Revolution lediglich einen Zerstörungsprozess der Demokratie vollendete, der bereits lange zuvor begonnen hatte.

Neoliberalismus und die Schaffung eines Systems der organisierten Verantwortungslosigkeit

Diese Entwicklungen des Unsichtbarmachens der tatsächlichen Zentren politischer Macht haben im Neoliberalismus, als einer Extremform des Kapitalismus, einen weiteren Höhepunkt erreicht. Zum einen hat der Neoliberalismus eine Ideologie geschaffen, welche die bewussten Entscheidungen der Eliten als bloße Konsequenzen rationaler Naturgesetzlichkeiten eines (fiktiven) freien Marktes deklariert und sie damit jeder Verantwortlichkeit entzieht. Zum anderen wurden im Gefolge des Neoliberalismus neue und wirkmächtige Arten politischer Akteure geschaffen: Großkonzerne. Diese wurden im Zuge einer vorgeblich gleichsam naturgesetzlichen Entwicklung, der sogenannten Globalisierung, mit Rechten ausgestattet, die sie einer demokratischen Kontrolle und Rechenschaftspflicht[77] vollkommen entziehen und sie zu den perfektesten totalitären Strukturen machen, die je in der Kulturentwicklung geschaffen wurden.

Siehe hierzu 115ff.

Siehe hierzu 167.

Dieser Prozess stellt im Effekt nichts anderes dar als eine systematische Verrechtlichung der organisierten Kriminalität der besitzenden Klasse. In seinem Rahmen wurden und werden systematisch Mechanismen geschaffen, durch die sich ökonomische Macht in politische Macht transformieren lässt (und umgekehrt politische Macht wieder in ökonomische). Auf diese Weise ist es zu einer gigantischen Machtverschiebung von Regierungen hin zu Großkonzernen gekommen, so dass die tatsächlichen Zentren der Macht nun noch viel schwerer erkennbar sind als je zuvor.[78]

Eine besonders folgenschwere Form einer Verrechtlichung organisierter Kriminalität der besitzenden Klasse ist das sich gegenüber demokratischen Rechtsstaaten verselbständigende System internationalen Handelsrechts und die Etablierung einer Paralleljustiz in Form von Schiedsgerichten. Diese Entwicklungen stellen eine Form der Refeudalisierung dar, bei der das Recht vom demokratischen Prozess entkoppelt und reprivatisiert wird, so dass sich ökonomisch starke Akteure vom demokratischen Recht befreien und ihre Interessen über ein von ihnen selbst ausgehandeltes transnationales Recht durchsetzen können. Ingeborg Maus stellt dazu fest: »Die extremste Form der Refeudalisierung, die mit diesem Prozess [der Entstehung eines transnationalen Handelsrechts] verbunden ist, besteht in der Zurücknahme der Ausdifferenzierung zwischen ökonomischer und politischer Macht, welche das Kennzeichen der Moderne war [...]. Im Schatten gegenwärtiger Globalisierung ist es großen ökonomischen Akteuren möglich, sich Rechtsanforderungen grundsätzlich zu entziehen. [...] dass große ökonomische Akteure zu Selbstversorgern hinsichtlich der sie betreffenden (und ausschließlich ihren Interessen folgenden) Rechts avancieren. Die mächtigsten globalen gesellschaftlichen Interessen werden so *autark*. [...] Die hier entstehenden Normen entspringen den Selbstgesprächen der Interessenten und haben sich dem Verallgemeinerungstest eines demokratisch kontrollierten Gesetzgebungsverfahrens nicht zu stellen. – Das Problem der Rechtfertigung der heute sich entwickelnden *lex mercatoria* besteht darum vor allem in deren privatvertraglicher Hervorbringung, die sich von jeder gesetzlichen Vorgabe befreit.«

Als *lex mercatoria* bezeichnet man in der Rechtswissenschaft ein im Mittelalter entstandenes Gewohnheitsrecht der Handelsleute, das auf grenzüberschreitende Rechtsgeschäfte angewandt wurde, z. B. zur Zeit der deutschen Hanse vom 13. bis 17. Jahrhundert. Darüber hinaus bezeichnet es in neuerer Zeit (auch als *new law merchant*) die Gesamtheit der internationalen Handelsbräuche. Ob die *lex mercatoria* als eigenständiges Recht der Rechtswahl fähig ist und welche Rechtsnatur sie hat, ist im internationalen Privatrecht lebhaft umstritten. Mit der Realität und Wirkungsweise der neuen *lex mercatoria*, deren Anwendbarkeit neben nationalem Recht, insbesondere im Rahmen der internationalen Schiedsgerichtsbarkeit, hat sich zunehmend auch die Rechtssoziologie beschäftigt.

Bei dieser privatvertraglichen Hervorbringung eines ihren Interessen genehmen Rechts bedienen sich mächtige ökonomische Akteure häufig einer Strategie des »kreativen Vertrags-Shoppings« (»creative treaty shopping«); bei dieser Strategie suchen sie sich durch geeignete geschäftliche Transaktionen Staaten aus, in denen sie modellhaft einen Schutz gegen eigentums- und gewinnbeeinträchtigende demokratische Entscheidungen erreichen können, auf dessen Basis sie dann neue und weitergehende Investitionsschutzabkommen aushandeln.[79]

Diese Entwicklungen eines durch und für Konzerne gemachten internationalen Rechtes wären durch politische Entscheidungen, selbst wenn es dazu auf einzelstaatlicher Ebene einen politischen Willen gäbe, höchstens noch in Teilen wieder rückgängig zu machen.

Sie schränken den regulatorischen Spielraum demokratischer Rechtsstaaten in einer zuvor für unvorstellbar gehaltenen Weise ein und haben kaum noch überschaubare Konsequenzen für die konkreten Lebensverhältnisse ihrer Bürger. Trotz ihrer immensen Bedeutung für die Zukunft der Demokratie und für eine Einhegung illegitimer ökonomischer Macht finden sich, wenig überraschend, unter den Journalisten der Systemmedien und in der hier besonders geforderten »Juristenelite« kaum Vermittler, die sich bemühten, eine Beschreibung dieser hochkomplexen Entwicklungen und ihrer Konsequenzen für die Öffentlichkeit so aufzubereiten und transparent zu machen, dass sie zum Gegenstand eines angemessenen demokratischen Widerstandes werden könnten.

Das in den vergangenen fünf Jahrzehnten durchgeführte neoliberale Projekt beschränkt sich nicht nur auf den Bereich der Wirtschaft, sondern umfasst das gesamte gesellschaftliche Leben und zielt auf die Schaffung eines neuen Menschen, eines auf eine Konsumentenrolle reduzierten Menschen, der seine freiwillige Knechtschaft als höchstes Glück ansieht.[80] Angetrieben wurde dieses Projekt von Beginn an durch den Wunsch auf eine radikale Umverteilung, und es resultiert mittlerweile in der – nach dem europäischen Kolonialismus – größten Umverteilung der Geschichte, einer Umverteilung von unten nach oben, von Süd nach Nord und von der öffentlichen in die private Hand. Zur privaten Vermögensverteilung stellvertretend nur zwei Beispiele: Die reichsten 10 Prozent der Haushalte im Euroraum besitzen mehr als die Hälfte des gesamten Vermögens. Und die acht reichsten Personen der Welt – Bill Gates, Amancio Ortega, Warren Buffett, Carlos Slim Helú, Jeff Bezos, Mark Zuckerberg, Larry Ellison, Michael Bloomberg – verfügen über ein größeres Vermögen als die in der Vermögensverteilung unteren 50 Prozent der Weltbevölkerung.[81]

Neoliberalismus als totalitäre Ideologie

Im Neoliberalismus lassen sich leicht typische Merkmale von Totalitarismus identifizieren, also Merkmale autoritärer Formen von Herrschaft, die alle sozialen Lebensverhältnisse durchdringen.

Als Prototyp des Totalitarismus ist der Faschismus anzusehen. Obwohl sowohl Faschismus als auch Neoliberalismus einen totalitären Charakter aufweisen, unterscheiden sie sich wesentlich in Zielsetzung und Charakter – beispielsweise ist der Neoliberalismus auf Globalisierung angewiesen, der Faschismus auf einen nationalen Rahmen. Gleichwohl lassen sich strukturell einige Gemeinsamkeiten identifizieren.

Eine vergleichende Betrachtung kann dazu beitragen, besser zu verstehen, warum sich gerade Vertreter des Neoliberalismus bisweilen von den Möglichkeiten totalitärer Herrschaftsformen fasziniert zeigen.[82]

MERKMALE DES NEOLIBERALISMUS	**MERKMALE DES FASCHISMUS**
Historischer Ursprung: **Hass auf »1789«**: »Sozialismus« und »egalitäre Demokratie« - verkörpert durch Gewerkschaften, Sozialstaat, …	*Historischer Ursprung*: **Hass auf »1789«**: »Sozialismus« und »egalitäre Demokratie« - verkörpert durch Gewerkschaften, Sozialstaat, …
Ideologische Basis I: **Sozialdarwinismus**: Glorifizierung des Starken, Verachtung des Schwachen	*Ideologische Basis I:* **Sozialdarwinismus:** Glorifizierung des Starken, Verachtung des Schwachen
Angestrebte gesellschaftliche Organisationsform: **Extrem hierarchische Elitenoligarchie** - Verachtung für »Volk«, zutiefst antidemokratisch	*Angestrebte gesellschaftliche Organisationsform:* **Extrem hierarchische Elitenoligarchie** - Verachtung für »Volk«, zutiefst antidemokratisch
Ideologische Basis II: **Mythos »freier Markt«**	*Ideologische Basis II:* **Mythos »Nation/Rasse«, »ethnisch reiner Volkskörper«**
Rolle des Individuums: - hat sich dem »Markt« vollständig unterzuordnen »Du bist nichts, der Markt ist alles.« - zielt nicht nur auf Teilaspekte der Organisation einer Gesellschaft, sondern auf *totalitäre Formung* von Personen	*Rolle des Individuums:* - hat sich der »Nation« vollständig unterzuordnen »Du bist nichts, dein Volk ist alles.« - zielt nicht nur auf Teilaspekte der Organisation einer Gesellschaft, sondern auf *totalitäre Formung* von Personen

Beide, Neoliberalismus und Faschismus, verbindet der Hass auf »1789«, das heißt auf die sozialen und politischen Errungenschaften der Aufklärung. In diesem Jahr wurden durch die französische Nationalversammlung die Bürger- und Menschenrechte erklärt. Aus der Perspektive des Neoliberalismus und des Faschismus steht dieses Jahr für Sozialstaat und egalitäre Demokratie. Beide verbindet ein Sozialdarwinismus mit seiner Glorifizierung der Starken und seiner Verachtung der Schwachen. Beide sind elitär und teilen eine Verachtung des Volkes. Beide verlangen eine Anpassung und vollständige Unterordnung unter eine Fiktion, den freien Markt auf der einen Seite, das ethnisch homogene »Volk« auf der anderen Seite.

1789 und die Errungenschaften der Aufklärung

Worum handelte es sich bei den durch die Jahreszahl 1789 symbolisierten Positionen, die Neoliberalismus und Faschismus zu ihrem Hauptgegner gemacht haben?

Die *Erklärung der Menschen- und Bürgerrechte*, die 1789 von der französischen Nationalversammlung beschlossen wurde, formuliert in ihren siebzehn Artikeln grundlegende Bestimmungen über natürliche und unveräußerliche Rechte von Menschen und über die Beziehung von Menschen und Staat. In der Präambel legen »die Vertreter des französischen Volkes, als Nationalversammlung konstituiert« dar, dass sie »unter der Berücksichtigung, dass das Vergessen oder Verachten der Menschenrechte die alleinigen Ursachen des öffentlichen Unglücks und der Verderbtheit der Regierungen sind«, eine Erklärung über die natürlichen und unveräußerlichen Rechte der Menschen beschließen. Hierzu gehören:

> **Artikel 1:** Die Menschen werden frei und gleich an Rechten geboren und bleiben es. Gesellschaftliche Unterschiede dürfen nur im allgemeinen Nutzen begründet sein.
>
> **Artikel 2:** Der Zweck jeder politischen Vereinigung ist die Erhaltung der natürlichen und unantastbaren Menschenrechte. Das Ziel einer jeden politischen Vereinigung besteht in der Erhaltung der natürlichen und

unantastbaren Menschenrechte. Diese Rechte sind Freiheit, Sicherheit und Widerstand gegen Unterdrückung.

Artikel 3: Der Ursprung jeder Souveränität liegt ihrem Wesen nach beim Volke. Keine Körperschaft und kein Einzelner kann eine Gewalt ausüben, die nicht ausdrücklich von ihm ausgeht.

Artikel 6: Das Gesetz ist der Ausdruck des allgemeinen Willens. Alle Bürger haben das Recht, persönlich oder durch ihre Vertreter an seiner Gestaltung mitzuwirken. Ob es schützt oder straft: es muss für alle gleich sein. Da alle Bürger vor ihm gleich sind, sind sie alle gleichermaßen, ihren Fähigkeiten entsprechend und ohne einen anderen Unterschied als den ihrer Eigenschaften und Begabungen, zu allen öffentlichen Würden, Ämtern und Stellungen zugelassen.

Ebenso wie ihre amerikanischen Vorbilder legt die französische Menschenrechtserklärung eine Universalität der Menschenrechte zugrunde. Dies bedeutet: Sie müssen nicht erst geschaffen und gewährt werden.

Die Erklärung von 1789 formulierte ein radikales und folgenreiches politisches Programm. Denn die naturrechtliche Gleichheit aller Menschen und die sich daraus ergebenden Rechte können nur durch eine konsequente Demokratisierung und radikale soziale Reformen gesellschaftlich umgesetzt werden. Von den Nutznießern der herrschenden Ordnung wurde sie daher ebenso entschieden bekämpft wie von all jenen, die eine tiefe Verachtung des Volkes hegen und eine Elitenherrschaft für die einzig »vernünftige« Herrschaftsform halten. Das lässt den Hass verstehen, den gleichermaßen Neoliberalismus wie Faschismus gegen das durch die Jahreszahl 1789 symbolisierte Denken hegen.

Im Kern der Aufklärung steht das Ziel, den menschlichen Geist aus den Fesseln seiner Vorurteile zu befreien und aus vernunftfähigen Menschen mündige Bürger, zu machen. Aus dem Denken der radikalen Aufklärung lassen sich eine Reihe zentraler Prinzipien herausarbeiten. Das wichtigste Prinzip lässt sich als humanitärer Universalismus bezeichnen, nämlich die Anerkennung einer prinzipiellen Gleichwertigkeit aller Menschen. Der Mensch hat, Kant zufolge, »nicht bloß einen relativen Wert, d. i. einen Preis, sondern einen innern Wert, d. i. Würde«. Er kann daher keinen

»Marktpreis« haben, weil er als »Person«, das heißt als autonomes vernunftbegabtes Wesen, »Zweck an sich selbst« ist und niemals als bloßes Mittel für die Interessen anderer verzweckt werden darf.

Ein universeller Humanismus schließt alle Ideen einer Vorrangstellung der eigenen biologischen, sozialen, kulturellen, religiösen oder nationalen Gruppe aus, insbesondere Rassismus, Nationalismus oder Exzeptionalismus.

In enger Beziehung damit steht ein weiteres Prinzip, nämlich das Recht auf politische Selbstbestimmung. Jeder Bürger soll einen angemessenen Anteil an allen Entscheidungen haben, die das eigene gesellschaftliche Leben betreffen. Alle Bürger haben somit ein Recht auf umfassende demokratische Mitwirkung an allen relevanten gesellschaftlichen Aspekten. Zentrale Bereiche einer Gesellschaft, insbesondere die Wirtschaft, dürfen nicht von einer demokratischen Legitimation und Kontrolle ausgeklammert werden. Alle Machtstrukturen haben ihre Existenzberechtigung nachzuweisen und sich der Öffentlichkeit gegenüber zu rechtfertigen, sonst sind sie illegitim und daher zu beseitigen. Siehe hierzu 209 ff.

Ein weiteres wichtiges Prinzip lässt sich als »moralischer Universalismus« bezeichnen: Moralische Kriterien, nach denen wir die Handlungen anderer bewerten, müssen wir auch zur Bewertung unserer eigenen Handlungen heranziehen.

Gegen diese Prinzipien gab es von Anfang an gewaltige Widerstände in verschiedenen Strömungen der sogenannten Gegenaufklärung. Diese ist gerade durch ein Negieren jener Prinzipien gekennzeichnet, insbesondere durch Haltungen, die eine prinzipielle Vorrangstellung der eigenen biologischen, sozialen, kulturellen, religiösen oder nationalen Gruppe zum Ausdruck bringen. Neoliberalismus und Rechtspopulismus bilden, aus unterschiedlichen Perspektiven, heute wesentliche ideologische Zentren einer Gegenaufklärung.

Die Prinzipien und Ideen der radikalen Aufklärung reichen in ihrem Kern weit in die Ideengeschichte zurück. In der Zeit der Aufklärung wurden sie indes besonders prägnant formuliert. Seitdem wurden sie kontinuierlich verfeinert und in viele Richtungen weiterentwickelt.[83] Sie stellen die wohl größten gesellschaftlichen Errungenschaften dar, die wir in dem jahrtausendelangen Kampf für eine menschenwürdigere Gesellschaft gewonnen haben. Heute, in der Zeit einer radikalen Gegenaufklärung, sind sie im öffentlichen Diskussionsraum praktisch vergessen worden, sie wurden ihrer Radikalität beraubt und sind zu bloßer

Aufklärungs-Rhetorik politischer Sonntagsreden verkommen. Dadurch stehen sie uns als Leitideen, mit denen wir unsere Erfahrungen gedanklich organisieren und unsere Veränderungsenergie kollektiv bündeln und wirksam machen können, praktisch nicht mehr zur Verfügung. Wir sind nicht nur sozial fragmentiert, wir sind entpolitisiert, wir sind weitgehend in politische Apathie und Resignation getrieben, und wir sind vom Besten unserer sozialen Ideengeschichte entwurzelt worden. Warum? Damit wir politisch orientierungslos bleiben und vergessen, wofür es sich zu kämpfen lohnt.

Das sind keine Folgen zufälliger Entwicklungen, sondern Erfolge einer jahrzehntelangen systematischen Indoktrination durch die herrschenden Eliten. Mehr als fünfzig Jahre Elitendemokratie haben uns gezeigt, wohin dieser Weg führt. Es ist der Weg der Zerstörung. Der Zerstörung von Gemeinschaft, der Zerstörung der Idee von Gemeinschaft, der millionenfachen Zerstörung von Leben, der Zerstörung von kultureller und zivilisatorischer Substanz – vor allem in der Dritten Welt – und der Zerstörung unserer ökologischen Grundlagen. Die Nutznießer dieser Zerstörung sehen keinen Grund, ihren Weg zu ändern. Die dazu notwendige Veränderungsenergie kann nur von unten kommen – von uns. Das ist unsere Aufgabe und das ist unsere Verantwortung.

1 Hans Kelsen (1881–1973), einer der bedeutendsten Staatsrechtler des 20. Jahrhunderts, spricht davon, dass in der »Idee der Demokratie« ein »Urinstinkt« nach »Befriedung« dränge: ein »Protest gegen den fremden Willen«, gegen die »Qual der Heteronomie«, das heißt der Fremdbestimmtheit. »Es ist die Natur selbst, die sich in der Forderung der Freiheit gegen die Gesellschaft aufbäumt.« Kelsen (1920, S. 4)

2 Siehe zum Beispiel Hitchens (2001).

3 Zur Ideengeschichte dieses Konzepts siehe zum Beispiel Thiele (2008)

4 Bei dem Konzept der »Volkssouveränität« ist es – wie Ingeborg Maus (2011) sorgfältig aufzeigt – wichtig zu beachten, dass das »Volk« der Volkssouveränität nicht positiv, sondern nur noch negativ definiert werden kann. »Volk« ist eine rein verfassungsrechtliche Kategorie, die nicht mit einer soziologischen oder anders inhaltlich bestimmten Kategorie verwechselt werden darf. Ein solcher Volksbegriff kennt »keinerlei ethnische, kulturelle oder soziologische Kriterien, die Zugehörigkeiten oder Ausschlüsse begründen könnten«. Insbesondere bedeutet »Volkssouveränität«, dass nur den Nicht-Funktionären, keinesfalls aber den Amtswaltern die Souveränität der Gesetzgebung zukommt. Für eine erhellende ideengeschichtliche Einführung in demokratietheoretische Grundkonzepte siehe Thiel (2008).

5 Siehe hierzu zum Beispiel Finley (1973).

6 Beispiele für solche Rationalitätsbegrenzungen bei Entscheidungen finden sich im Wikipedia-Eintrag »List of cognitive biases«.

7 Siehe hierzu Simpson (1994).

8 Lynd (1949).

9 Damit das Volk bereit ist, eine solche Unterscheidung als sinnvoll und begründet anzusehen, müssen historische Ereignisse entsprechend umgedeutet werden. Ingeborg Maus weist darauf hin, dass entgegen derartigen Umdeutungen »die historischen Erfahrungen mit politischen Funktionseliten sehr viel negativer sind, als die herrschende Verachtung der Basisdemokratie unterstellt« und dass in der Regel Volksentscheide »keineswegs eine politische Dummheit zu Tage gefördert [haben], die diejenige der politischen Funktionseliten erreicht oder gar übertroffen hätte«.

10 Der wertende Elitebegriff, wie er dieser kategorialen Unterscheidung von »Volk« und »Eliten« zugrunde liegt, ist von den deskriptiven soziologischen Begriffen der »Funktionseliten« oder »Machteliten« zu unterscheiden; beispielsweise lassen sich »Machteliten« nach C. Wright Mills operational bestimmen als diejenigen Gruppierungen, die über die Machtmittel verfügen, zugunsten ihrer Interessen politische Entscheidungen durchzusetzen, die nationale oder internationale Auswirkungen haben.

11 Adler (2007).

12 Siehe hierzu Mearsheimer (2003).

13 Arendt (1951, Kap. 13).

14 Michels (1911).

15 Strauss (1995).

16 »There must be no ambiguity about whom the public is to hate.« Lasswell (1927, S. 47)

17 Die Bedeutung einer Überflutung mit Nichtigkeiten für die Frage, wie man Menschen dazu bringen kann, ihre Knechtschaft hinzunehmen, wurde auch von Aldous Huxley erkannt. Huxley schrieb 1958, dass man früher der Auffassung gewesen sei, bei der Identifikation von Propaganda ginge es bloß um die Frage, ob eine Nachricht wahr oder falsch sei. Eine solche Auffassung ginge jedoch völlig an dem vorbei, was tatsächlich »in unseren kapitalistischen Demokratien« passiert ist, nämlich »die Entwicklung einer Medienindustrie, der es nicht um richtig oder falsch geht, sondern die sich mit mehr oder weniger völlig irrelevanten Dingen beschäftigt. In

anderen Worten: Die frühen Vorstellungen über Propaganda haben versäumt, den fast unersättlichen Drang des Menschen nach Ablenkung durch Nichtigkeiten zu berücksichtigen.« Hier bleibt die tiefergehende Frage, welche gesellschaftlichen und psychologischen Faktoren erst psychische Entwicklungen wie einen »Drang zu Nichtigkeiten« (und zu *trash* und *junk*) entstehen lassen. Siehe Huxley (1958).

18 Diese Techniken sind daher ein wesentliches Element von Methoden der sozialen »Befriedung« und der Erzeugung von Duldung und Zustimmung; siehe Fraser (2015) zu den entsprechenden historischen Entwicklungen in den USA.

19 Friedman (2012).

20 Siehe hierzu zum Beispiel McCrisken (2002, 2003).

21 »[The USA] are the only ones in modern history who are convinced that by bringing their political and economic system to others, they are doing God's work.« Kinzer (2006)

22 »A new international order is emerging, but it is being crafted to suit American imperial objectives. The empire signs on to those pieces of the transnational legal order that suit its purposes (the WTO, for example), while ignoring or even sabotaging those parts (the International Criminal Court, the Kyoto Protocol, the ABM Treaty) that do not.« Ignatieff (2002). Siehe hierzu auch Koskenniemi (2004), Coates (2016).

23 Bei der Bewertung völkerrechtlicher Regelwerke und Normen stellt sich die Frage, inwieweit ihre Entwicklung nicht selbst schon überwiegend durch Interessen von Kolonial- und Hegemonialmächten geprägt ist: »If ... one sees extant problems of global instability – ongoing wars, ecological disintegration, and the growing disparities in income or social well-being – as incapable of being resolved by the current international regime, perhaps even as caused by the policies and practices of ›civilized‹ states, a different story will have to be told, and lived by, that challenges both the contemporary framework of international law and the precepts of American exceptionalism.« Saito (2010, S. 228)

24 »If certain acts and violations of treaties are crimes, they are crimes whether the United States does them or whether Germany does them. We are not prepared to lay down a rule of criminal conduct against others which we would not be willing to have invoked against us.« Robert H. Jackson zitiert in Taylor (1993).

25 Zu Fragen einer »Siegerjustiz« und von Doppelstandards bei der Entwicklung eines internationalen Strafrechts siehe z.B. Mégret (2002), Schabas (2012).

26 Die USA haben sich seit dem Zweiten Weltkrieg unzähliger Kriegsverbrechen schuldig gemacht und zugleich eine »culture of impunity« entwickelt, die internationales Recht zu einem Recht des Stärkeren hat verkommen lassen.
»If the most powerful country in the world – a country that still, decades after the end of the Soviet Union, calls itself ›the leader of the free world‹ – can violate international laws of war and human rights with complete impunity, then why should any other nation be constrained?« Gordon (2016, S. 8)

27 Zu Merkmalen und Erscheinungsformen des gegenwärtigen »populistischen Zeitgeistes« siehe z.B. Mudde (2004). Abts und Rummens (2007).

28 Siehe hierzu zum Beispiel Mudde (2007).

29 www.bpb.de/gesellschaft/medien/krieg-in-den-medien/130697/was-ist-propaganda

30 Ludwig (1988, S. 265).

31 Russell (1922).

32 Schon bevor im Gefolge der neoliberalen Revolution auch der Bildungssektor konsequent ökonomischen Zwängen unterworfen wurde, stellte Ivan Illich 1971 fest: Das Schulwesen »ist zugleich Hort des gesell-

schaftlichen Mythos, die Institutionalisierung der Widersprüche dieses Mythos und der Ort des Rituals, das die Dissonanzen zwischen Mythos und Wirklichkeit reproduziert und verschleiert. ... Keine andere Institution könnte ihren Teilnehmern die tiefe Diskrepanz zwischen sozialen Grundsätzen und sozialer Wirklichkeit in der Welt von heute wirksamer verschleiern.« Siehe Illich (1971/2003).

33 Shoup (2015).

34 Markel (1949).

35 Siehe z. B. Huntington (1999): »The United States, of course, is the sole state with preeminence in every domain of power – economic, military, diplomatic, ideological, technological, and cultural – with the reach and capabilities to promote its interests in virtually every part of the world. There is now only one superpower.« Oder Karl Rove, der zu den wichtigsten Beratern von George W. Bush gehörte: »Wir sind jetzt ein Imperium, und wenn wir handeln, schaffen wir unsere eigene Realität.« – »We're an empire now, and when we act, we create our own reality. And while you're studying that reality – judiciously, as you will – we'll act again, creating other new realities, which you can study too, and that's how things will sort out. We're history's actors ... and you, all of you, will be left to just study what we do.« www.nytimes.com/2004/10/17/magazine/faith-certainty-and-the-presidency-of-george-w-bush.html

36 Krauthammer spricht, wie andere Mitglieder der US-Eliten, zu Recht von einem »Imperium«. Die Frage, »whether it makes sense to call the United States an empire or a hegemon«, wird auch untersucht von Maier (2006). Der Unterschied liegt ihm zufolge darin, »that an empire will punish defectors from its control, while a hegemon will do no more than rely on common interests and moral suasion« (S. 64). In diesem Sinne seien die USA als Imperium und nicht einfach als Hegemonialmacht anzusehen.

37 Der bedeutende US-amerikanische Ideengeschichtler Richard Hofstadter schreibt, bereits in den historischen Anfängen »it had been our fate as a nation not to have ideologies but to be one.« Hofstadter (1963, S. 43).

38 Der US-Historiker Ronald Steel ließ sich in seinem 1967 erschienenen einflussreichen Buch *Pax Americana* auch durch den Vietnamkrieg nicht von seiner Auffassung eines »benevolent imperialism of Pax Americana« abbringen, ein Imperialismus, der charakterisiert sei durch »empire-building for noble ends rather than for such base motives as profit and influence«.

39 Zu einem solchen Vergleich siehe zum Beispiel Parchami (2009).

40 Siehe als typisches Beispiel etwa Condoleezza Rice (Januar 2000): »America's military power must be secure because the United States is the only guarantor of global peace and stability.«

41 George F. Kennan, *Memo PPS23* vom 28. Februar 1948, freigegeben am 17. Juni 1974.

42 Eine solche realpolitische Analyse tatsächlicher Triebfedern imperialistischer Bestrebungen ist natürlich dem Volk nicht zuzumuten. Wegen unserer natürlichen moralischen Sensitivitäten könnte sie Anlass zu Empörung geben. Daher bleibt man gegenüber dem Volk lieber bei der ideologischen Rahmenerzählung eines »wohlwollenden Imperiums«, z. B.: Barack Obama: »That's part of what makes us special as Americans. Unlike the old empires, we don't make these sacrifices for territory or for resources. We do it because it's right. There can be no fuller expression of America's support for self-determination than our leaving Iraq to its people. That says something about who we are.« www.whitehouse.gov/the-press-office/2011/12/14/remarks-president-and-first-lady-end-war-iraq
Charles S. Maier stellte in *Among Empires* zutreffend fest: »Hypocrisy is the tribute imperialism pays to democracy.«

43 Wie ein solcher Verzicht auf »Sentimentalitäten« in der Realität aussieht, wird dargestellt u.a. in Chomsky (2017), Nugent (2008), Blum (2004), McClintock (1992).

44 William (1980).

45 www.wwf.de/living-planet-report/

46 Innerhalb der Macht- und Funktionseliten gilt es mehr oder weniger als Selbstverständlichkeit, dass zur Sicherung »freier Handelswege und der Rohstoffversorgung« auch Wirtschaftskriege in der sogenannten Dritten Welt – in der Tradition der Kanonenbootpolitik kolonialer Mächte – erforderlich sein können.
Vgl. *Verteidigungspolitsche Richtlinien 2011.* www.bmvg.de/portal/a/bmvg/start/sicherheitspolitik/angebote/dokumente/verteidigungspolitische_richtlinien
Der damalige SPD-Verteidigungsminister Peter Struck stellte 2002 klar: »Die Sicherheit der Bundesrepublik Deutschland wird heute auch am Hindukusch verteidigt.« Und 2010 pflichtete ihm der damalige Bundespräsident Horst Köhler mit der Einschätzung bei, dass »im Notfall auch militärischer Einsatz notwendig ist, um unsere Interessen zu wahren«. So viel Offenheit war natürlich dem Volk nicht zuzumuten, da es daraus angemessene Schlussfolgerungen hätte ziehen können, und führte zu Köhlers Rücktritt.

47 Wie in dem vom US-Verteidigungsministerium am 30. Mai 2000 veröffentlichten Strategiepapier *Joint Vision 2020* formuliert. archive.defense.gov/news/newsarticle.aspx?id=45289

48 www.nytimes.com/2014/10/15/us/politics/cia-study-says-arming-rebels-seldom-works.html
Siehe auch z.B. Valentine (2017), Johnson (2004).

49 www.truth-out.org/news/item/27201-the-leading-terrorist-state

50 George Friedman (Stratfor), 5. April 2015, *Chicago Council on Global Affairs.*

51 en.wikipedia.org/wiki/List_of_Russian_military_bases_abroad

52 Zu US-Militärbasen siehe Vine (2015), Nick Turse (2017). »Special Ops, Shadow Wars, and the Golden Age of the Gray Zone.« www.tomdispatch.com/post/176227
David Vine (2015). »The United States Probably Has More Foreign Military Bases Than Any Other People, Nation, or Empire in History«, *The Nation*, 14. September www.thenation.com/article/the-united-states-probably-has-more-foreign-military-bases-than-any-other-people-nation-or-empire-in-history

53 Boris Jelzin, 1991 bis 1999 erster Präsident Russlands, öffnete das Land, mit den bekannten Folgen, einem Raubtierkapitalismus und einer Plünderung durch Oligarchen und westliche Konzerne. Ein solcher »Reformkurs« entsprach genau den Vorstellungen der USA und der EU von »Demokratisierung«. Jelzins Wiederwahl 1996 wurde daher maßgeblich durch die USA organisiert. Wie *Der Spiegel* (15.7.1996) berichtete: »Amerikaner hatten Boris Jelzins Wahlfeldzug organisiert. Erst nach seinem Sieg präsentierte das US-Magazin *Time* alle Details des fremden Eingriffs in Russlands innere Angelegenheiten.«

54 Arno Schmidt (1958).

55 www.deutschlandfunk.de/michail-gorbatschow-im-jahr-2009-die-deutsche-presse-ist.694.de.html?dram:article_id=67142

56 Im Gegensatz zu diesen gibt es natürlich unzählige NGOs, die wichtige Instrumente für eine »Globalisierung von unten« darstellen. Siehe dazu z.B. Altvater und Brunnengräber (2002).

57 Siehe hierzu zum Beispiel Roelofs (2003).

58 Roy (2003).

59 Diese »Soft-Power«-Techniken zur Herbeiführung eines »system change« in Russland stehen in Kontinuität zu den während des Kalten Kriegs entwickelten Techniken

einer »Western cultural infiltration« (Hixson) der Sowjetunion. Siehe Hixson (1998), Schwartz (2009).

60 »[...] to expand democracy, good governance, and anti-corruption programs in the Russian Federation in order to promote and strengthen democratic government and civil society and independent media in that country.«
www.congress.gov/bill/107th-congress/house-bill/2121/text/enr

61 Diese Form der »Demokratieförderung« durch die USA in Form massiver Beeinflussung von Wahlen beschränkte und beschränkt sich nicht nur auf »gegnerische« Staaten, wie Russland. Die USA mischten und mischen sich in verdeckten Operationen auch massiv in die Wahlen »befreundeter« Länder ein. Besonders in Griechenland, Italien, Frankreich und Deutschland wurde in der Nachkriegszeit immer wieder dafür gesorgt, dass die Wahlresultate die Anforderungen einer »amerikanischen Demokratie« erfüllten. Siehe hierzu z.B. Chomsky (1992), Levin (2016).

62 Zum allgemeinen ideengeschichtlichen Hintergrund von Demokratiekonzeptionen siehe beispielsweise Saage (2005).

63 Zur Idee und Praxis der Demokratie im Griechenland der Antike siehe beispielsweise Nippel (2008), Finley (1973).
Der Unterschied der antiken Demokratiekonzeption zu der modernen, in der Aufklärung gewonnenen Demokratiekonzeption liegt in der Idee einer strikten funktionellen Gewaltenteilung zwischen Legislative, Exekutive und Judikative. In der antiken Konzeption kam dem Volk neben der Souveränität der Gesetzgebung zugleich auch die der Gesetzesanwendung zu. In der radikaldemokratischen und zugleich rechtsstaatlichen Konzeption der Aufklärung kommt dem Volk die ungeteilte Souveränität der Gesetzgebung zu, nicht jedoch die der Gesetzesanwendung. Zugleich werden alle Staatsapparate auf die bloße Ausführung der demokratisch zustande gekommenen Gesetze beschränkt.

64 Siehe hierzu zum Beispiel Roberts (1994).

65 Siehe hierzu Nedelsky (1990), Rittstiege (1975). Daher war auch, wie Gerstenberger (2017, S. 92) in Erinnerung ruft, die Sklavenbefreiung niemals ein Ziel der Amerikanischen Revolution. »Nicht nur die Sklaverei, sondern auch ihr Verbot widersprach den Grundlagen der amerikanischen Verfassung. Denn diese war – darauf ist oben verwiesen worden – nur zustande gekommen, weil die Gründungsväter übereingekommen waren, auch das Privateigentum an Menschen als rechtmäßig zu akzeptieren.«

66 Wood (2010).

67 »Representation, at least as a political idea and practice, emerged only in the early modern period and had nothing at all to do with democracy.« Pitkin (2004)

68 Wie Klarman (2016) feststellt: »The convention's predominant bent was not only nationalist but also striking antidemocratic – even by the standards of the time.« Bouton (2007, S. 261/263) schreibt: »Make no mistake: the founding elite constricted the meaning and practice of democracy in fundamental ways that continue to shape our government and society today. [...] By transforming democracy into a concept that encouraged uninhibited wealth accumulation rather than wealth equality, the founding elite (and subsequent generations of elites) tamed what they could not defeat.« Engels (2015) sieht in den Konzeptionen der Föderalisten, insbesondere in der von ihnen entwickelten Form der »repräsentativen Demokratie« eine neue Variante der antiken »Misodemie«, des Hasses auf die Demokratie: »*The Federalist* updated and fundamentally altered these ancient *misodemic* discourses, casting aside the more traditional vocabulary of the few and the many and, instead, medicalizing *misodemia*, marking democracy as an incubator of the ›diseases‹ typical of ›public bodies‹.« Siehe auch Horne (2014), Engels (2010).

69 Siehe beispielsweise Arendt (1963), Manin (2007), Maus (2011).

70 »Ma voti! Votiamo tutti fino alla noia e fino alla imbecillità!« Zitiert nach Tasca (1938).

71 Eine ernsthafte Beschäftigung mit der Leitidee von Demokratie führt zwangsläufig auf sehr schwierige und tiefgehende Fragen, wie sie im Bereich der Demokratietheorie diskutiert werden. Hierzu gibt es eine reiche Spezialliteratur. Die darin gewonnenen Einsichten bedürfen jedoch geeigneter intellektueller Vermittler, damit sie im öffentlichen Diskussionsraum verfügbar und somit gesellschaftlich wirksam werden können. Hier nur drei Beispiele für Bücher, die, mit unterschiedlichen Anliegen, eine solche Vermittlung leisten: Daniela Dahn, renommierte Essayistin und 1989 Mitbegründerin der DDR-Oppositionsgruppe »Demokratischer Aufbruch«, verteidigt in ihrer glänzend und engagiert geschriebenen Streitschrift von 2013 *Wir sind der Staat. Warum Volk sein nicht genügt* eine radikale Konzeption von Demokratie; in der Tradition der großen Volksaufklärer des 18. Jahrhunderts legt sie Kernprobleme der Demokratietheorie in klarer und verständlicher Weise dar und setzt sie zu unserer politisch-gesellschaftlichen Gegenwart in Beziehung.
Das Buch der prominenten marxistischen Sozialhistorikerin Ellen Meiksins Wood (2010) *Demokratie contra Kapitalismus* zeichnet im Kontext einer umfassenden Kapitalismuskritik die konzeptionellen Wandlungen des Demokratieverständnisses von der Antike zur Moderne nach.
Sheldon Wolin, einer der bedeutendsten Demokratietheoretiker und politischen Philosophen der Gegenwart, gibt in seinem Buch von 2004 *Politics and Vision: Continuity and Innovation in Western Political Thought* einen engagiert geschriebenen Überblick über die große geistige Landkarte der Entwicklung von Demokratiekonzeptionen.

72 »Wir haben uns an die Formel der ›repräsentativen Demokratie‹ so gewöhnt, dass wir zumeist vergessen, dass diese US-amerikanische Idee ein Novum war. In ihrer föderalistischen Ausformung bedeutete sie jedenfalls, dass das, was bis dahin als *Antithese* zur demokratischen Selbstbestimmung begriffen wurde, nun nicht nur vereinbar mit, sondern konstituierend für die Demokratie war: nicht die Ausübung der politischen Macht, sondern der *Verzicht* auf sie, ihre *Übertragung* auf andere, d. h. die *Entfremdung* von ihr.« Wood (2010, S. 219)

73 Maus (2011, S. 19). Dies wird u.a. darin erkennbar, dass die Entscheidungen der vom Volk durch Wahlen Ermächtigten im Wesentlichen durch die Präferenzen des oberen 1 Prozent der Einkommensverteilung bestimmt sind, während die Präferenzen der unteren 50 Prozent praktisch keinen Einfluss auf gesellschaftlich relevante politische Entscheidungen haben, wie für die USA in der empirischen Studie von Gilens und Page (2014) aufgezeigt wurde.

74 Max Weber drückte schon 1919 seine Sorge aus, dass das Verhältniswahlrecht mit seinen Listenwahlen das Parlament zu einer Körperschaft machen werde, innerhalb derer solche Persönlichkeiten den Ton angeben, die »unter einem ›imperativen‹ Mandat von ökonomischen Interessenten handeln«. Weber (1988, S. 502)

75 Die dadurch erzeugten Gefühle einer tiefgehenden politischen Ohnmacht können in den Wählern eine erhöhte Bereitschaft zu einer Identifikation mit dem als Retter phantasierten »Starken« entstehen lassen; hierzu bieten sich insbesondere charismatische »Hoffnungsträger« und autoritäre, meist nationalistisch gesinnte Führergestalten an.

76 Unter diesen Bedingungen kann – in den Worten von Karl Marx – die Wahl nur darüber entscheiden, »welches Mitglied der herrschenden Klasse das Volk im Parlament ver- und zertreten soll«.

77 Ingeborg Maus spricht allgemein von einer »Refeudalisierung des gesamten Rechtssystems«.
In der Umweltpolitik beispielsweise werden Umweltkonflikte der politischen Sphäre entzogen und auf die Gerichte verlagert; damit wird »die Aufmerksamkeit der protestierenden Bevölkerung auf diesen Ne-

benschauplatz« der Justiz abgelenkt, der jedoch grundsätzlich politisch machtlos ist, eine grundlegende Richtungsänderung der gegenwärtigen Entwicklung einzuleiten. Im Rahmen dieser Verlagerung gesellschaftlicher Fragen aus der politischen Sphäre in den Bereich juristischen Entscheidens errichtet »die lediglich gerichtsförmige Einzelfallbearbeitung von Umweltschädigungen für die millionenfachen Täter wahrhaft feudale Privilegien, die den Universalismus des modernen Rechts ganz grundsätzlich außer Kraft setzen«. Maus (1991)
Für ein prominentes Beispiel einer »gerichtsförmigen Einzelfallbearbeitung von Umweltschädigungen« siehe den Fall »Kiobel vs. Shell« vor dem US-amerikanische Supreme Court:
www.institut-fuer-menschenrechte.de/aktuell/news/meldung/article/rechtsstreit-kiobel-versus-shell-verpasste-chance-zur-staerkung-zivilgerichtlicher-hilfe-bei-schw/
Siehe auch Grear und Weston (2015).

78 Dem einflussreichen Ökonomen Jeffrey D. Sachs, Direktor des »UN Sustainable Development Solutions Network«, zufolge werden die Entscheidungen des politischen Apparates der USA durch nur vier Wirtschaftslobbys dominiert: »the military-industrial complex, the Wall Street-Washington complex, the Big Oil-transport-military complex, and the health care industry«. Sachs (2011)
Für weitere empirische Analysen und Befunde zu den eigentlichen Zentren der Macht in den USA siehe z.B. Domhoff (1990, 2013, 2014). Lofgren (2016).
www.alternet.org/news-amp-politics/dc-insider-theres-shadow-govt-running-country-and-its-not-re-election

79 »Through creative treaty shopping, corporations can attain international legal protection for their contracts with foreign sovereigns (*state contracts*). Under this aegis, their contracts become international legal instruments with priority over later-in-time conflicting national law, including public law and regulation.« (Arato, 2015, S. 231)
Arato zeigt aus rechtswissenschaftlicher Sicht und anhand konkreter internationaler Rechtsfälle die »Pathologien« dieser Rechtsentwicklung einer »emergence of corporations as largely autonomous lawmakers« (S. 284) auf. Die Schiedsgerichtspraxis basiere auf einer Maximalkonzeption einer »primacy of property rights over other domestic values unimaginable in most modern societies«. Die durch Konzerne betriebenen Entwicklungen des internationalen Rechts würden diesen in nie zuvor bekanntem Ausmaß Rechte einräumen, ohne sie jedoch zugleich einer rechtlichen Verantwortlichkeit zu unterwerfen: »International law does not even have rules for attributing acts to corporations, let alone for assigning them civil or criminal responsibility. [...] Global firms can reshape the domestic law of their contracting partners in their own image – with tangible effects for the host state's populace. At the same time, their emergent power has no counterweight at the international level, in the form of international legal responsibility or other accountability mechanisms.« (S. 291f.)
Durkee (2017) zeigt, dass sich Konzern- und Finanzakteure dabei systematisch *Astroturf*-Techniken bedienen, »whereby business entities gain access to international lawmakers through front groups that obscure the identity of the profit-seeking enterprise that is really the relevant actor. This happens most starkly when business organizations capture an existing NGO or form their own NGO with nonprofit status and a mission statement that obscures the company's true interests.« (S. 232)

80 Die für diese Entwicklungen notwendige Formung des öffentlichen Bewusstseins bedurfte jahrzehntelanger umfassender Tiefenindoktrinationen durch Medien, »corporate propaganda«, Schulen und Universitäten. Siehe hierzu Chomsky (1989), Fones-Wolf (1994), Carey (1997).

81 www.bbc.co.uk/news/business-38613488

82 Am deutlichsten hat dies Ludwig von Mises zum Ausdruck gebracht: »Es kann nicht geleugnet werden, dass der Faschismus voll von besten Absichten war, das Verdienst, das sich der Faschismus da-

mit erworben hat, wird in der Geschichte ewig fortleben.« Mises (1927)
Polanyi (1935, S. 392) bemerkte in seinem Essay *The Essence of Fascism* zu den »liberals of the Mises school«: »Fascism is condoned as the safeguard of Liberal economics.«
Friedrich von Hayek sprach sich zwar deutlich gegen eine Diktatur als dauerhafte Staatsform aus, brachte jedoch 1981 zum Ausdruck, dass in »Übergangsphasen« – dabei bezog er sich insbesondere auf die Pinochet-Diktatur in Chile – eine Diktatur notwendig sein könne und dass er eine neoliberale Diktatur einer nicht-neoliberalen Demokratie vorzöge.
Für Diskussionen und Hintergrundinformationen siehe z. B. Meadowcroft und Ruger (2014), Farrant und McPhail (2014).

83 Zu den bedeutendsten Beiträgen einer solchen Weiterentwicklung gesellschaftspolitischer Ideen der Aufklärung gehören die Arbeiten von Ingeborg Maus. Maus hat das Kernprinzip der Demokratie, nämlich die Verbindung von Volkssouveränität, Menschenrechten und Rechtsstaat, sorgfältig aus den Ideen der radikalen Aufklärung rekonstruiert und nimmt es in seinen radikalen Implikationen für eine Demokratietheorie ernst.

Die neoliberale Indoktrination

Gespräch mit den NachDenkSeiten

Der Neoliberalismus ist als Gesellschaftsideologie ein Phänomen. Nicht nur macht er den Armen und Schwachen weis, sie wären an ihrem Elend selbst schuld. Er schafft es auch, dafür zu sorgen, dass das wahre Ausmaß der gesellschaftlichen Armut kaum je an die Öffentlichkeit dringt; dass das Gesundheitssystem trotz immer höherer Ausgaben immer inhumaner wird; dass die Soziale Arbeit erodiert und kaum jemand etwas dagegen unternimmt; dass mittels Stiftungen ein regelrechter »Refeudalisierungsboom« im Lande tobt und Investoren inzwischen auf die Privatisierung des öffentlichen Bildungssystems abzielen. Zur Frage, wie den Menschen mittels geeigneter Psychotechniken der Geist vernebelt wird, um Widerstand gegen diese unmenschliche Ideologie weitestgehend unmöglich zu machen, sprachen die *NachDenkSeiten* mit dem Wahrnehmungs- und Kognitionsforscher Rainer Mausfeld.

NDS *Herr Mausfeld, Sie haben als Wahrnehmungs- und Kognitionsforscher vor kurzem unerwartet so etwas wie ein wenig Berühmtheit erlangt, als ein Vortrag von Ihnen zur Frage »Warum schweigen die Lämmer?« auf YouTube plötzlich auf immense Nachfrage stieß. Fast 200.000 Menschen haben ihn inzwischen gesehen und es werden nach wie vor mehr. Wie erklären Sie sich die immense Nachfrage?*

RM Die Resonanz hat mich überrascht. Denn in der Form ist der Vortrag recht trocken und bisweilen auch akademisch. Inhaltlich versuche ich lediglich, einige Fakten aus einer bestimmten Perspektive in eine innere geistige Ordnung zu bringen. Vielleicht wird dies ja als hilfreich empfunden, da in der Flut fragmentierter Informationen, mit der wir gerade im gesellschaftlich-politischen Bereich konfrontiert sind, die Sinnzusammenhänge mehr und mehr verlorengehen und uns dadurch die Möglichkeit zu einer eigenständigen Meinungsbildung erschwert oder gar genommen wird.

NDS *Wie kam es denn zu diesem Vortrag?*

RM Der Vortrag, der einige Themen aufgreift, die ich auch in Veranstaltungen des Psychologiestudiums anspreche, war nur für einen kleinen Kreis von Studenten und Freunden gedacht. Thematisch gehört der Vortrag ja nicht zu meinem Arbeitsbereich, der Wahrnehmungs- und Kognitionsforschung.

Die Gemeinsamkeiten meines Arbeitsbereichs und des gesellschaftspolitischen Themas des Vortrags liegen denn auch weniger auf einer inhaltlichen als auf einer denkmethodologischen Ebene. Denn in der Grundlagenforschung wie im Bereich des Gesellschaftlich-Politischen können wir uns nur dann ein Stück Autonomie gegenüber dem jeweiligen Zeitgeist bewahren, wenn wir bei jedem Thema zunächst fragen, aus welchem ideengeschichtlichen und historisch-gesellschaftlichen Hintergrund es sich entwickelt hat und welche stillschweigenden Prämissen und welche verborgenen Vorurteile bereits in der Formulierung eines Themas oder einer Frage enthalten sind.

Zu einem solchen »Hinterfragen« sind wir alle von Natur aus befähigt, man muss sich nur entschließen, von dieser Befähigung auch Gebrauch zu machen – das war ja gerade die Leitidee der Aufklärung. Das ist oft mühsam und bedarf der Übung, doch empfinden wir häufig ein Gefühl der Befriedigung, wenn wir den Sinnzusammenhang der Dinge besser verstehen.

NDS *Und Übung braucht übrigens auch wieder Zeit, wodurch verständlich wird, warum es bezüglich der Fähigkeiten, Lügen und Manipulationen zu durchschauen, große gesellschaftliche Disparitäten gibt.*

RM Genau. Gerade in dieser Hinsicht haben Wissenschaftler eine besondere gesellschaftliche Verpflichtung. Sie sind geübt in der Beschaffung von Informationen und im Umgang mit Informationen. Sie verstehen zumeist, ihr Wissen in Rede und Schrift zu vermitteln. Und sie sind, oder sollten eigentlich, schon aus beruflichem Ethos der Wahrheit verpflichtet sein. Daraus ergibt sich eine gesellschaftliche Verantwortung, sich nicht zu scheuen, sich nötigenfalls auch mit der Macht und den ihr dienenden Ideologien anzulegen.

Die Realität sieht leider anders aus. Das liegt natürlich auch – nicht nur an den Universitäten – an den Karrieremechanismen. Verständlicherweise stoßen gerade im gesellschaftspolitischen Bereich ein Aussprechen der Wahrheit und die Konsequenzen unserer natürlichen Neugierde und Freude an Autonomie nicht bei allen auf Begeisterung. Wenn wir nämlich die Dinge besser verstehen, könnte es ja passieren, dass wir beginnen, Fragen zu stellen, die den Status des jeweiligen Establishments gefährden könnten.

Daher hat in jeder Gesellschaft und in jedem Bereich einer Gesellschaft das Establishment ein Interesse daran, dass Ausbildungsinstitutionen und Medien die Möglichkeiten eines Erkennens von Sinnzusammenhängen in geeigneten Grenzen halten. Fragmentierung – ob durch bildungsbürgerliches Wissen, durch eine PISA-orientierte Schulausbildung, durch ein »kompetenzorientiertes« Studium oder durch Medien – ist also in diesem Sinne keineswegs Zufall, sondern ein beabsichtigter Prozess, eine Art Herrschaftsinstrument.

NDS *Hat die Bologna-Reform an den Hochschulen dieses Problem womöglich noch weiter verschärft? Wir hatten vor einigen Jahren einmal auf den NachDenk-Seiten argumentiert, die aktuellen Reformen seien wohl selbst als Herrschaftsinstrument beziehungsweise Etablierung neuer Herrschaftsmechanismen im Bildungsbereich zu verstehen.*

RM Ja, das hat sie, und zwar in einem Umfang und mit einer Systematik, wie wohl kein anderes Ereignis in der Geschichte der Bildung und Ausbildung. Im Gefolge der neoliberalen »Revolution von oben« wurde auch das gesamte Bildungssystem ökonomischen Kategorien unterworfen. Die Aufgabe der Universität besteht nun in der marktkonformen Produktion von »Humankapital«.

Dazu korrespondierend besteht die Aufgabe der Studierenden darin, ihre »Fremdverwertbarkeitskompetenz« zu optimieren, um so flexibel auf dem Arbeitsmarkt verwertbar zu sein. Die Verinnerlichung einer solchen Haltung und die Unterwerfung unter sie werden dann als »Selbstverwirklichung« bezeichnet. Eine solche Pervertierung der Idee einer Entfaltung eigener Neigungen und Fähigkeiten führt zwangsläufig zu geistiger und psychischer Fragmentierung der Studierenden und auch zu großen Zukunftsängsten. Beides beeinträchtigt aus naheliegenden Gründen die Möglichkeit und die Bereitschaft, Dinge zu hinterfragen und führt zu Entpolitisierung, ja, politischer Lethargie.

NDS *Das Gefühl von politischer Ohnmacht, oft verbunden mit latenter Verzweiflung oder gar Wut, scheint allerdings nicht nur unter Studierenden weit verbreitet zu sein, sondern aktuell geradezu zu grassieren; in fast jedem Milieu.*

RM Ja, und das ist auch kein Wunder. Denn das Ausbildungssystem ist nur ein Aspekt der sehr viel weitreichenderen und tiefergehenden aktuellen Indoktrinationssysteme. Da diese im Wortsinne inhuman sind, also Zielen dienen, die der Natur unseres Geistes und somit der Natur des Menschen zuwiderlaufen, gehen sie fast zwangsläufig mit gewaltigen psychischen Folgekosten einher.

Diese Indoktrinationssysteme könnte man als neoliberale Indoktrinationssysteme bezeichnen. Der Neoliberalismus zielt ja gerade darauf, Konsumenten zu produzieren, die in einer sozial atomisierten Gesellschaft nur noch als Konsumenten eine soziale Identität finden. Im pervertierten Freiheitsbegriff des Neoliberalismus bezieht sich die »Freiheit« einer Person darauf, dass sie sich den Kräften des »freien Marktes« zu unterwerfen hat, also von allen gesellschaftlichen und sozialen Banden »befreit« und somit sozial und gesellschaftlich entwurzelt ist. Scheitert sie auf dem »Markt«, so darf sie dafür nicht gesellschaftliche Verhältnisse verantwortlich machen, sondern muss dies ihrem individuellen Versagen zuschreiben. Eine solche Haltung kann sie jedoch nur um den Preis psychischer Deformationen, insbesondere sozialer Ängste und Depressionen, einnehmen.

Durch entsprechende Indoktrinationssysteme kann man Menschen auch ohne Knebel zum Schweigen und zum Verstummen bringen, sie ihrer »gesunden« Gegenwehr gegen krankmachende Verhältnisse weitestgehend berauben.

NDS *Wie Bert Brecht einmal sagte: »Es gibt viele Arten zu töten. Man kann einem ein Messer in den Bauch stechen, einem das Brot entziehen, einen von einer Krankheit nicht heilen, einen in eine schlechte Wohnung stecken, einen durch Arbeit zu Tode schinden, einen zum Suizid treiben, einen in den Krieg führen usw. Nur weniges davon ist in unserem Staat verboten.«*

RM Nicht nur das. Man kann einen Menschen auch auf verschiedene Arten beeinflussen, ängstigen, manipulieren, verschrecken und dazu bringen, sich Einflüssen zu unterwerfen, die seinen vitalen Interessen diametral entgegenstehen. Nur, dass das eben nicht folgenlos bleibt.

Es wurde ja schon früher aufgezeigt, dass der Kapitalismus ein besonders hohes Maß psychischer Störungen mit sich bringt. Für die Gegenwart haben Richard Wilkinson und Kate Pickett dies in ihrem Buch *Gleichheit ist Glück* noch einmal akribisch anhand einer Fülle quantitativer Daten aufgezeigt. Gesellschaftlich verursachte Störungen wendet der Neoliberalismus aber perverserweise gegen das Individuum selbst, das nun dem Zwang unterworfen wird, sich durch geeignete Maßnahmen selbst besser fremdverwertbar zu »gestalten«. Das gilt für jede

Art von Verhalten, das unverträglich mit der gewünschten Rolle eines Konsumenten ist.

Daher finden wir mit wachsendem Einfluss neoliberalen Denkens auch eine zunehmende Tendenz zu Disziplinierungsinstrumenten, etwa eine Tendenz zum »therapeutischen Staat« und auch ein Anwachsen einer privaten Gefängnisindustrie. Unter allen Nationen weltweit sitzt in den USA der höchste prozentuale Anteil der Bevölkerung im Gefängnis. Die US-Bevölkerung macht 4,4 Prozent der Weltbevölkerung aus, stellt jedoch 22 Prozent aller Gefangenen weltweit.

Da der Neoliberalismus nur in dem Maße wirkmächtig sein kann, wie es ihm gelingt, Menschen ihren eigenen Interessen und ihren sozialen Zugehörigkeiten zu entfremden, benötigt er geeignete Disziplinierungsinstrumente, um die psychischen und sozialen Folgen dieser Entfremdung unter Kontrolle zu halten.

NDS *Lassen Sie uns kurz über die Kategorien Ihrer und unserer Kritik sprechen. Was genau verstehen Sie unter »Neoliberalismus«? Was meint, was beschreibt das für Sie?*

RM Neoliberales Denken entstammt vielen und sehr heterogenen Quellen. Als eine einheitliche ökonomisch-gesellschaftliche Konzeption gibt es »den« Neoliberalismus nicht. Es gibt jedoch den politisch organisierten und wirkmächtigen Neoliberalismus, also den real existierenden Neoliberalismus.

Dessen ideologische Konzeption lässt sich relativ leicht als das charakterisieren, was von den Eliten in den Medien – unterstützt durch propagandistische Think-Tanks wie die Bertelsmann Stiftung, die Initiative Neue Soziale Marktwirtschaft, das Institut der deutschen Wirtschaft und andere – und durch die wirtschaftswissenschaftlichen Fakultäten verbreitet wird. Die Codewörter hierfür sind hinreichend bekannt; typische Beispiele für den neoliberalen »Neusprech« sind: »Liberalisierung«, »Reformen weitertreiben«, »Bürokratie abbauen« oder »Austerität«.

Dieser Ideologie sucht man einen wissenschaftlichen Anstrich zu geben durch geeignete »ökonomische Theorien«, wie sie in den Seminarräumen wirtschaftswissenschaftlicher Fakultäten dargeboten werden. Diese Theorien beruhen aber auf theoretischen Absurditäten, auf Gebilden einer letztlich durch Umverteilungsbedürfnisse getriebenen intellektuellen

Phantasie. Nämlich der Phantasie eines sich rational selbstregulierenden, »freien Marktes«, auf dem das fiktive Wesen Homo oeconomicus agiert – also der rationale und nutzenmaximierende Mensch, der über Kenntnisse aller denkbaren Entscheidungsoptionen verfügt und zugleich alle Konsequenzen seines Handelns überschauen kann.

Da die fundamentale Unangemessenheit einer solchen Konzeption des menschlichen Geistes jedem, dessen Blick nicht ideologisch getrübt ist, sofort erkennbar ist, deklariert man diese Konzeption als ein idealisiertes mathematisches Modell, das dann den Vorteil hat, alle offenkundigen Diskrepanzen zur Realität mit der Geschmeidigkeit scholastischer Denkgebäude durch geeignete Zusatzannahmen in sich aufnehmen zu können.

Als ökonomische Theorie weist der Neoliberalismus so viele interne Widersprüche und Inkonsistenzen auf, dass er längst daran hätte zugrunde gehen müssen – er ist eine Art intellektueller Pathologie. Das wurde von ökonomischen Experten wieder und wieder aufgezeigt. Jüngst haben Philip Mirowski – in seinem Buch *Untote leben länger: Warum der Neoliberalismus nach der Krise noch stärker ist* – und Wendy Brown – in *Die schleichende Revolution: Wie der Neoliberalismus die Demokratie zerstört* – dies noch einmal rekapituliert und aus unterschiedlichen Perspektiven aufbereitet. Aber auch hier wird wohl der Effekt wieder nahe bei null liegen, denn der Neoliberalismus ist völlig immun gegen Argumente, ihm genügt es, dass er politisch wirkmächtig ist.

Da hat die Wissenschaft, zumindest in diesem Bereich, ja offenbar die Rolle übernommen, die früher von der Kirche ausgeübt wurde: Wissenschaft als Religionsersatz. Im Dienste der jeweils materiell herrschenden Macht und deren ideologischer Legitimation. Können Sie für die genannten Widersprüche bitte ein konkretes Beispiel ausführen? Was meinen Sie genau? NDS

Nun, der fundamentale Widerspruch, zumindest im real existierenden Neoliberalismus, ist der zwischen dem in der neoliberalen Rhetorik so vielbesungenen »freien Markt« und der Tatsache, dass der Neoliberalismus vor nichts eine größere Angst hat als vor einem wirklich freien Markt. Der »freie Markt« ist nur für die ökonomisch Schwachen, ob Personen oder Staaten, gedacht, während die ökonomisch Starken, insbesondere Großkonzerne, durch staatliche Interventionen vor ebendiesen Kräften zu schützen sind. Der Neoliberalismus benötigt also für seine eigentlichen Ziele, nämlich eine RM

Umverteilung und beständige Akkumulation, ganz wesentlich den starken Staat, der die »Marktfreiheit« in seinem Sinne reguliert.

Ein Beispiel mit gravierenden Folgen sind die Agrarsubventionen. Die USA und die EU subventionieren ihre Landwirtschaft mit etwa 1 Milliarde Dollar pro Tag. Würden die reichen Länder diese Eingriffe in den »freien Markt« abbauen, könnten die Entwicklungsländer ihre Agrarexporte um mehr als 20 Prozent und das Einkommen der ländlichen Bevölkerung um etwa 60 Milliarden Dollar pro Jahr erhöhen – ein Betrag, der größer ist als die gesamte Entwicklungshilfe der EU. Hinzu kommen Einfuhrbeschränkungen und andere Hürden, durch die die EU und die USA ihre Märkte gegen Importe aus Entwicklungsländern abschotten. Zugleich wird armen Nationen das Recht genommen, ihre Wirtschaft selbst zu gestalten. Die armen Länder müssen sich der »Marktdisziplin« unterwerfen und ihre Märkte für transnationale Konzerne öffnen, für die sie dann ein Reservoir billiger Arbeitskräfte und Rohstoffe werden, die reichen Länder betreiben Protektionismus. So sieht die Realität des »freien Marktes« aus.

In der Tradition neoliberalen Denkens gibt es jedoch auch Varianten, die die Idee des freien Marktes wirklich ernst nehmen und jede Art staatlicher Intervention ablehnen, etwa Murray Rothbard oder in dessen Gefolge Walter Block und Hans-Hermann Hoppe. Diesen neoliberalen Denkern zufolge stellen auch Kinder nur eine Form von Eigentum dar und dürften somit auf dem freien Markt verkauft werden; zudem dürfe der Staat Eltern beispielsweise keine rechtliche Verpflichtung auferlegen, ihr Kind mit Nahrung zu versorgen.

Diese Denksysteme mögen – sieht man einmal von der Beliebigkeit und Absurdität ihrer Prämissen ab – als intellektuelle Übungsaufgabe eine gewisse innere Konsistenz aufweisen. Sie sind insofern lehrreich, als sie die Idee eines durch keine moralischen »Hemmnisse« begrenzten, radikal freien Marktes zu ihrer logischen, zutiefst inhumanen Konsequenz führen. Nicht einmal die Reichen würden in einer solchen Dystopie einer Gesellschaft leben wollen.

Kurz: Der real existierende Neoliberalismus ist eigentlich seit je intellektuell bankrott. Dennoch ist er – als eine Art »Hausphilosophie« der Reichen und Großkonzerne – politisch äußerst wirkungsmächtig.

Es gibt Neoliberalismus-Kritiker, wie Jamie Peck, die der Auffassung sind, dass der Neoliberalismus sein Gehirn schon lange verloren hat und sich nur seine Glieder noch reflexartig und zunehmend erratisch über den Globus bewegen. Zwangsläufig müsse er dabei immer autokratischere Züge annehmen.

Es gibt ja mittlerweile in dem globalen neoliberalen Feldexperiment reiche Erfahrungsdaten, die zeigen, dass der Neoliberalismus nicht nur die von ihm deklarierten Ziele – wie etwa Wachstum zu erzeugen oder den allgemeinen Wohlstand zu erhöhen – verfehlt. Besonders in der sogenannten Dritten Welt, und zunehmend auch in Europa, sind seine Folgen offenkundig. Jean Ziegler, der ehemalige UN-Sonderberichterstatter für das Recht auf Nahrung, stellt dazu fest: »Der deutsche Faschismus brauchte sechs Kriegsjahre, um 56 Millionen Menschen umzubringen – die neoliberale Wirtschaftsordnung schafft das locker in gut einem Jahr.«

Der Neoliberalismus erzeugt weltweit ein Desaster nach dem anderen. Aus jedem Desaster kommt er jedoch – in scheinbar paradoxer Weise – gestärkt hervor und wird sogleich wieder als »Therapie« empfohlen. Offensichtlich nährt der Neoliberalismus nicht nur Krisen, sondern er nährt sich geradezu von Krisen und schlägt dabei noch aus seinen inneren Widersprüchen und Inkonsistenzen Kapital. Das wirft interessante Fragen nach seinen eigentlichen Zielen auf.

NDS *Da muss ich an David Harvey denken, dessen wunderbare »Kleine Geschichte des Neoliberalismus« folgender Klappentext ziert: »Längst kritisieren auch bekannte Wirtschaftswissenschaftler wie Joseph Stiglitz, ehemaliger Chefökonom der Weltbank, die ›Auswüchse‹ des Neoliberalismus und beklagen die wachsende soziale Ungleichheit als dessen unerwünschtes Nebenprodukt. Falsch, sagt David Harvey: Weshalb kommt diesen Leuten denn ›nie der Gedanke, dass die soziale Ungleichheit womöglich von Anfang an der Zweck der ganzen Übung war‹? Die neoliberale Wende, so Harvey, wurde in den 1970er-Jahren zu dem alleinigen Zweck eingeleitet, die Klassenmacht einer gesellschaftlichen Elite wiederherzustellen, die befürchtete, dass ihre Privilegien nachhaltig beschnitten werden könnten.«*

RM Das ist genau der entscheidende Punkt. Nur wenn wir uns das klarmachen, können wir die politische Wirksamkeit dieser intellektuell bankrotten Ideologie verstehen. Tatsächlich zielt der Neoliberalismus gar nicht auf »freie Märkte«. Er zielt vielmehr auf eine radikale Umverteilung, und zwar von unten nach oben, von der öffentlichen in die private Hand und von Süd nach Nord.

Um das zu erreichen, muss er die ökonomisch Schwachen, seien es Individuen oder Staaten, ohne jeden Schutz den Kräften des »Marktes« überlassen und zugleich dafür sorgen, dass den ökonomisch Starken durch einen starken Staat geeignete Rahmenbedingungen für eine Kapitalvermehrung bereitgestellt werden. Der Neoliberalismus, der immer bereit ist, staatliche Interventionen in die Wirtschaft als sozialistisch geißeln, ist in Wahrheit eine Art Neoliberalsozialismus, ein Sozialismus für die Reichen nämlich, die er durch staatliche Regelungen vor den Marktkräften zu schützen sucht.

Er ist eine Revolution der Reichen gegen die Armen. Da die Armen aber die Mehrheit bilden, ist natürlich besonders in Demokratien eine solche Revolution mit Risiken behaftet. Es hilft daher außerordentlich, wenn man die Bevölkerung atomisiert, alle sozialen Bewegungen fragmentiert und partikularisiert und zugleich als Nutznießer der Umverteilung ein neues Klassenbewusstsein entwickelt.

Genau dies ist in den vergangenen Jahren sehr erfolgreich geschehen. Warren Buffetts diesbezügliche Bemerkung von 2006 – »Es herrscht Klassenkrieg, richtig, aber es ist meine Klasse, die Klasse der Reichen, die Krieg führt, und wir gewinnen« – ist dabei nur in der Offenheit, nicht jedoch in der Sache als Ausrutscher zu verstehen. Das Kampflied in diesem Klassenkampf ist die Mär von den Segnungen eines »freien Marktes«, zu dessen Entfaltung alle staatlichen Interventionen abzubauen seien. Der Neoliberalismus würde natürlich bestreiten, dass er ein Krieg der Reichen gegen die Armen ist; und mit Recht könnte er dabei darauf verweisen, dass er ja schließlich ganz unparteiisch Reichtum und Armut gleichermaßen fördert.

Global kontrollieren die 500 größten Konzerne mittlerweile mehr als 50 Prozent des Weltbruttosozialprodukts. Die 85 reichsten Personen der Welt besitzen, wie Oxfam jüngst mitteilte, mehr als die ärmsten 50 Prozent der Weltpopulation zusammen, also als die ärmsten 3,6 Milliarden Menschen auf dieser Welt. Und bald wird das reichste 1 Prozent mehr als die Hälfte des Gesamtreichtums der Welt besitzen. Auch dies ist, so die neoliberale Mär, ein von niemandem absichtlich herbeigeführter, also auch von niemandem zu verantwortender Effekt der rationalen Naturgesetzlichkeiten des »freien Marktes«.

Wer dies kritisiert, bezeugt damit nur sein völliges Unverständnis dessen, was Naturgesetzlichkeiten sind. Denn auch zu denen gibt es ja keine Alternative.

Der Neoliberalismus ist – nach dem europäischen Kolonialismus – das größte globale Umverteilungsprojekt der Geschichte. Da ist kaum überraschend, dass es beträchtlicher Indoktrinations- und Disziplinierungsanstrengungen bedarf, um die Bevölkerung gegen ihre tatsächlichen Erfahrungen und gegen ihre eigenen Interessen dazu zu bringen, dieses Kampflied hinzunehmen und sogar darin einzustimmen.

Bitte führen Sie das doch ein wenig aus. Von welchen »Indoktrinationsmechanismen« reden wir hier? Was meinen Sie damit? NDS

Nun, in einer Demokratie ist es wichtig, dass das eigentliche Ziel einer Umverteilung von unten nach oben für die Bevölkerung durch eine geeignete Indoktrination verdeckt und unsichtbar gemacht wird. Das ist hier nicht anders als etwa bei hegemonialen und imperialen Interessen, die für die Bevölkerung durch eine Rhetorik von »humanitärer Intervention« oder »Demokratieförderung« verdeckt werden. RM

In Demokratien wäre der Neoliberalismus politisch nicht überlebensfähig, wenn es ihm nicht gelänge, die Köpfe zu erobern und die öffentliche Meinung in seinem Sinne zu formen und zu kontrollieren. Dies kann nur auf der Basis von Indoktrinationssystemen geschehen, die psychologisch äußerst ausgefeilt sind und alle Bereiche unseres Lebens durchziehen.

Die Grundlagen für solche Indoktrinationssysteme werden seit je durch bereitwillige Intellektuelle bereitgestellt, die eher den Interessen der Mächtigen verpflichtet sind als der Wahrheit und die dafür in geeigneter Weise gefördert und belohnt werden. Stiftungen, »Denkfabriken« oder »Think-Tanks« und NGOs kommt dabei eine kaum zu überschätzende Bedeutung zu. Stiftungen und durch sie geförderte NGOs haben im Neoliberalismus eine ganz zentrale Bedeutung, weil wirtschaftliche Eliten steuerbegünstigt privaten Reichtum in politische Macht umwandeln können, die sie dann mit dem Anstrich der Gemeinnützigkeit und Philanthropie veredeln.

Wie läuft das ab, welche konkreten »Mechanismen« gibt es da? Wie manipuliert man uns genau? NDS

Es ist tatsächlich sehr schwer, sich von der Breite und von der Tiefe dieser Indoktrinationssysteme überhaupt eine Vorstellung zu machen. Die Indoktrinationssysteme, die der Neoliberalismus entwickelt hat, RM sind die ausgefeiltesten und wirkungsmächtigsten, mit denen je eine politische Ideologie verbreitet wurde. Sie sind inzwischen so tief in allen Bereichen des gesellschaftlichen und auch privaten Lebens verankert, dass sie uns kaum noch auffallen. Sie stellen ganze Lebensformen und Weltsichten dar, wie sie im Wesentlichen durch US-amerikanische Eliten geprägt wurden und nicht zuletzt durch die Kultur- und Unterhaltungsindustrie als Selbstverständlichkeiten vermittelt werden. Die klassische Propaganda der ersten Hälfte des 20. Jahrhunderts, die bereits sehr wirkmächtig war, wirkt gegen diese neoliberalen Indoktrinationssysteme schlicht und geradezu naiv.

Dabei nutzt der Neoliberalismus das ganze Arsenal von Methoden und Strategien, die im Bereich gesellschaftlicher Manipulationstechniken bereits im klassischen Kapitalismus entwickelt worden sind. Also etwa die Möglichkeit, Fehlidentifikationen zu erzeugen, Konsumismus, Meinungsmanipulation durch Medien etc. Doch sind all diese Techniken enorm verfeinert worden und zumeist kaum noch als Indoktrinationstechniken erkennbar. Sie sind tief in allen Mechanismen der Herstellung von öffentlicher Meinung verankert – nicht nur in Politik, Medien oder politischen Stiftungen, sondern bis in den Erziehungs- und Kulturbereich. Gute Indoktrination, das war schon den Pionieren der Propaganda klar, darf nicht als solche erkennbar sein und muss geradezu als Selbstverständlichkeit oder Ausdruck des gesunden Menschenverstandes erscheinen.

NDS *Können Sie konkrete Beispiele für Verfeinerungen nennen?*

RM Das würde in recht technische Bereiche der Psychologie führen. Unabhängig von solchen konkreten Befunden ist es jedoch grundsätzlich wichtig, sich klarzumachen, dass sich in der Operationsweise unseres Geistes eine Vielzahl von kognitiven, affektiven und sozialen Dispositionen findet, die sich für eine Meinungs-, Gefühls- und Verhaltenssteuerung nutzen lassen.

In einem Manipulationskontext kann man sie also als Schwachstellen ansehen, die gleichsam als »Hintertüren« zu den Mechanismen unseres Geistes wirken, durch die man, ohne dass wir es bemerken, unsere Aufmerksamkeit lenken sowie unser Denken und Fühlen beeinflussen, unsere Empörung auslösen oder auch verstummen lassen kann.

»Die Fragmentierung des neoliberalen Subjekts setzt ein, sobald das Subjekt realisiert, dass es nicht nur Angestellter oder Student, sondern auch ein zu verkaufendes Produkt ist, ein wandelndes Werbeplakat, ein Manager seines Lebenslaufs, ein Biograf seiner Motive, ein Unternehmer der eigenen Möglichkeiten. Es muss ihm irgendwie gelingen, zugleich Subjekt, Objekt und Zuschauer zu sein. Es bleibt ihm verwehrt zu erfahren, wer es wirklich ist; stattdessen kauft es provisorisch die Person, die es bald werden muss. Es ist zugleich das Unternehmen, das Rohmaterial, das Produkt sowie der Kunde des eigenen Lebens. Es bildet ein Bündel von Vermögenswerten, die es zu investieren, zu pflegen, zu verwalten und zu vergrößern gilt, aber auch von Verbindlichkeiten, die reduziert, ausgelagert, überbrückt und gegen Schwankungen abgesichert werden müssen. Es ist der Star und das verzückte Publikum des eigenen Auftritts in einem. Das sind keine Rollen, in die man mühelos hineinschlüpft – sie erfordern permanente Festigung und Reglementierung. Wie Foucault bemerkte, löst das neoliberale Selbst die Unterscheidung zwischen Produzent und Konsument auf. Zwischen den verschiedenen Rollen besteht auch keine festgelegte Hierarchie; die Besetzung ändert sich je nach den momentanen Erfordernissen. Das höchste Gut des modernen Subjekts heißt absolute Flexibilität in jedweder Hinsicht.«

— PHILIP MIROWSKI

Manipulationstechniken sitzen also gleichsam parasitär auf Schwachstellen unseres Geistes auf. Sie sind stets so beschaffen, dass sie das Scheinwerferlicht unseres Bewusstseins unterlaufen, also von uns praktisch nicht bemerkt werden, so dass es uns schwerfällt, uns gegen sie zu schützen.

All das ist in der Wissenschaft – und damit im Effekt auch den herrschenden Eliten – bekannt, kaum jedoch in der Öffentlichkeit. Diese folgenschwere Asymmetrie des Wissens um Manipulationsschwachstellen unseres Geistes muss dringend beseitigt werden. Wir haben nur dann eine Chance, uns gegen derartige Manipulationen zur Wehr zu setzen, wenn wir uns bewusst werden, auf welche unserer Schwachstellen solche Manipulationen zielen.

> *»Es ist hohe Zeit, nicht nur von den großen Kriegen zu sprechen, sondern auch von dem kleinen Krieg, der den Alltag verwüstet und der keinen Waffenstillstand kennt: von dem Krieg im Frieden, seinen Waffen, Folterinstrumenten und Verbrechen, der uns langsam dazu bringt, Gewalt und Grausamkeit als Normalzustand zu akzeptieren. Krankenhäuser, Gefängnisse, Irrenhäuser, Fabriken und Schulen sind die bevorzugten Orte, an denen dieser Krieg geführt wird, wo seine lautlosen Massaker stattfinden, seine Strategien sich fortpflanzen – im Namen der Ordnung. Das große Schlachtfeld ist der gesellschaftliche Alltag. Was heißt das? Krankenhäuser und Pharmazeutika-Betriebe sind Quellen der Zerstörung.«*
>
> — FRANCO BASAGLIA

NDS *Auch wenn das in Summe sicher zu sehr in Details führen würde, aber können Sie vielleicht ein konkretes Beispiel für eine solche Schwachstelle für Manipulationen, für den Ablauf und die Wirkung derselben, skizzieren?*

RM In den vergangenen Jahrzehnten haben sich die politischen Eliten verstärkt darum bemüht, entsprechende Einsichten und Befunde psychologischer Forschung für ihre Zwecke politisch nutzbar zu machen, indem man »sanfte« Herrschaftstechniken zu entwickeln sucht, mit denen man Menschen gleichsam einen »Schubs« in die gewünschte Richtung geben kann.

Ich will versuchen, ein Beispiel zu nennen, das sich im Kern relativ einfach beschreiben lässt, nämlich unsere natürliche Disposition zu Verzerrungen unserer Urteile über die jeweils gegebene gesellschaftliche Situation. Diese Verzerrungen werden in der wissenschaftlichen Literatur als »status quo bias« bezeichnet. Sie sind in der Psychologie gut untersucht, sind von hoher gesellschaftlicher Relevanz und lassen sich über eine Reihe von Variablen modifizieren und steuern, also manipulieren. Sie beziehen sich auf unsere natürliche Neigung, den jeweiligen Zustand der Gesellschaft, in der wir leben, als gut, gerecht, moralisch legitim, erstrebenswert usw. anzusehen.

Wir neigen dazu, den gesellschaftlichen Status quo allen Alternativen vorzuziehen, und zwar auch dann, wenn diese objektiv besser sind. Wir sind unserer Natur nach Anhänger des Status quo. Das gilt natürlich nicht für jede einzelne Person, doch ist es in der Tendenz ein stabiles Phänomen, das sich in allen Gesellschaften nachweisen lässt. Eine solche psychische Disposition ist in der Regel – und solange sie nicht von außen manipuliert wird – eine durchaus wünschenswerte Eigenschaft für die Organisation unseres Zusammenlebens. Sie geht, wie viele psychologische Studien gezeigt haben, mit weiteren psychologischen Tendenzen einher, die ebenfalls hohe gesellschaftliche Relevanz haben. Beispielsweise sind wir immer bereit, die Nachteile des Status quo kleinzureden und Geschichten zu erfinden, die seine Nachteile in einem günstigeren Licht erscheinen lassen. Damit einhergehend haben wir eine Neigung, den gesellschaftlichen Opfern des Status quo selbst die Schuld für ihre Situation zu geben. Zugleich neigen wir dazu, diejenigen eher negativ einzuschätzen, die den Status quo verändern wollen.

Wie stark diese Neigung zur Verteidigung des Status quo ausgeprägt ist, hängt von einer Vielzahl von kognitiven, affektiven und sozialen Variablen ab. Beispielsweise wird sie erhöht durch Ängste und das Gefühl von Unsicherheit und Bedrohung. Ebenso wird sie erhöht, wenn man von einem bewussten Nachdenken systematisch abgelenkt wird – sei es durch Zeitdruck oder Darbietung irrelevanter Themen – oder wenn stereotype und schlichte Begrifflichkeit für eine kognitive Einordnung der gesellschaftlichen Verhältnisse vorgegeben wird. Ebenso erhöht sich tendenziell diese Neigung, wenn eine Situation als unausweichlich empfunden wird. All diese Variablen lassen sich relativ einfach von außen manipulieren, ohne dass uns diese Manipulationen überhaupt bewusst werden. Dadurch bieten derartige Variablen ein sehr wirkungsvolles Einfallstor, um die Status-quo-Neigung der Bevölkerung im gewünschten Sinne zu manipulieren.

In dieser Hinsicht bietet der Neoliberalismus eine für seine Ziele sehr vorteilhafte Kombination derartiger Einflussvariablen: Kognitiv basiert er auf einer sehr schlichten Begrifflichkeit – »Märkte öffnen«, »Strukturreformen durchführen, »Bürokratie abbauen« etc. – und nutzt zugleich eine geradezu überwältigende Fülle von Möglichkeiten, durch die sich Personen von einem tieferen Nachdenken über gesellschaftliche Verhältnisse ablenken lassen. Die meisten Themen in den Massenmedien dienen genau hierzu. Und affektiv geht er einher mit einem durch die Lebensverhältnisse bedingten hohen Maß an Zeitdruck, Stress und sozialen Ängsten sowie mit einem Gefühl der Unausweichlichkeit; denn in seiner Naturgewalten-Metaphorik kann es natürlich zu den »Naturgesetzlichkeiten« des Marktes keine Alternativen geben. Diese Determinanten lassen sich, wenn man in die Details einzelner Variablen geht, noch sehr viel feiner gestalten und ihre Effekte optimieren. Über all dies lassen sich die nachteiligen gesellschaftlichen Folgen des Status quo kognitiv »unsichtbar machen«, so dass der Status quo stabilisiert wird und das Bedürfnis nach Alternativen verkümmert.

NDS *Und welche Rolle spielen die Medien im Kontext dieser Indoktrination?*

RM Naheliegenderweise eine ganz zentrale. Sie sind im Wortsinne das Medium der Indoktrination. Das ist wieder und wieder in aller Breite und Tiefe untersucht werden. Noam Chomsky hat ja bei der Beschreibung und Analyse von Indoktrinationssystemen und der Rolle der Medien Pionierarbeit geleistet. Die Leitmedien sind wiederum personell wie ideologisch eng mit Think-Tanks, Stiftungen und »relevanten« politischen und ökonomischen Kreisen verbunden, so dass sich das neoliberale Indoktrinationssystem gleichsam durch sich selbst stabilisiert.

Die neoliberale Indoktrination wird dadurch erleichtert, dass der real existierende Neoliberalismus eine besonders radikale Möglichkeit einer Komplexitätsreduktion anbietet. Man kann sich sein Mantra ideologisch rasch aneignen. Wenn man erst den neoliberalen Jargon beherrscht – »Bürokratie abbauen«, »Reformen weitertreiben« etc. -, benötigt man für eine hohe Meinungskonfidenz keinen besonderen ökonomischen Sachverstand mehr. Das macht den real existierenden Neoliberalismus für Journalisten und andere aus dem meinungsbildenden Gewerbe so attraktiv. Mit ihm kann man sich in gleichsam vorauseilendem Opportunismus den Herrschenden andienen und so zumindest symbolisch ein Stückchen an der Macht partizipieren.

Dieser Opportunismus ist vorauseilend, weil er nicht nur konkret geäußerte Erwartungen der herrschenden Eliten erfüllt, sondern sich zudem vorstellt, welche Erwartungen die Eliten darüber hinaus noch haben könnten. Er sucht also zu erfühlen und auszuformulieren, was die herrschenden Eliten eher instinktiv fühlen als denken.

NDS *Wenn diese Indoktrinationsmechanismen so wirkungsvoll sind und so gut in allen meinungsbildenden Institutionen verankert sind, müssten doch eigentlich offen autoritäre Strukturen überflüssig sein. Warum wird dann immer wieder davor gewarnt, dass der Neoliberalismus zu einer offen autoritären Herrschaftsform zu werden droht?*

RM

Die Warnung ist berechtigt, denn eine solche Gefahr ergibt sich zwangsläufig aus dem Wesen und den Zielen des Neoliberalismus. Solange er jedoch seine Ziele innerhalb von Strukturen erreichen kann, die formal als demokratisch angesehen werden können, also innerhalb einer »marktkonformen Demokratie«, ist dies günstiger. Und innerhalb dieses Rahmens gibt es noch viel Spielraum bei der Entwicklung verdeckt autoritärer Strukturen.

Besonders wirksam ist dabei eine über undemokratische Mechanismen erfolgte Verrechtlichung von Umverteilungsmechanismen. Das Recht ist ja seit je ein sehr wirkungsvolles Instrument, um gesellschaftliches Unrecht gegen eine Kritik durch die Bevölkerung zu immunisieren. Schon der europäische Kolonialismus hat mit einem Kolonialrecht seine genozidalen Formen der Umverteilung verrechtlicht.

Siehe hierzu 100ff.

Der Neoliberalismus ist, will er auf den demokratischen Anschein nicht verzichten, also geradezu darauf angewiesen, dass die Umverteilungsmechanismen von unten nach oben und von der öffentlichen in die private Hand auf allen Ebenen – von der EU bis zu den Kommunen – zunehmend verrechtlicht werden. Besonders die Schaffung eines geeigneten internationalen Rechts ist dabei erfolgversprechend. Daher bemüht sich eine transatlantische Nomenklatura um die Entwicklung geeigneter internationaler Rechtsnormen wie eben TTIP, TISA, CETA etc. und um deren Umsetzung durch machtvolle neoliberale Institutionen wie den Internationalen Währungsfonds.

Eine Verrechtlichung von gesellschaftlichem Unrecht muss, aus naheliegenden Gründen, unter Ausschluss der Öffentlichkeit, auch der parlamentarischen, erfolgen und jeder Art von demokratischer Kontrolle entzogen sein. Zusätzlich zu einer Verrechtlichung schafft der Neoliberalismus Mechanismen, durch die sich die von ihm geschützten Marktteilnehmer, also vor allem die Großkonzerne, bestehenden Rechtsnormen entziehen können. Die Maxime »too big to fail« hat ja einen tieferen Kern. Nämlich, dass es Verbrechen gibt, deren Wurzeln zu tief mit Grundlagen unserer herrschenden Ordnung verwoben sind und die zu monströs sind, als dass sie innerhalb der jeweiligen Rechtsordnung überhaupt justitiabel sein könnten. Daher gilt die sogenannte Finanzkrise eben als »Krise« und nicht als das, was sie tatsächlich ist, nämlich im Wortsinne ein »Kapitalverbrechen«.

Es ist also möglich, den Anschein autokratischer Strukturen dadurch zu vermeiden, dass die Ergebnisse der schleichenden Erosion demokratischer Strukturen in geeigneter Weise so verrechtlicht werden, dass die formale Hülse einer Demokratie für die Bevölkerung intakt erscheint. Diese Art von »sanfter« und vordergründig demokratisch legitimierter Autokratie des Kapitals schwebt neoliberalen Denkern vermutlich als ideale Form einer gesellschaftlichen »Konfliktlösung« vor. Die Verrechtlichung neoliberaler Strukturen stellt eine Art Samthandschuh unter den Herrschaftstechniken dar, durch den sich offen autokratische Formen erst einmal vermeiden lassen.

NDS *Das beantwortet aber noch nicht die Frage, warum viele die Sorge haben, dass der Neoliberalismus eine offen autoritäre Form annehmen, also zur eisernen Faust werden könnte.*

RM Das ist richtig. Zunächst zeigt uns ja die Geschichte, von Chile bis Griechenland, dass der Neoliberalismus, wenn alle »sanften« Indoktrinations- und Disziplinierungsmechanismen nicht greifen, auch vor autoritären Maßnahmen nicht zurückschreckt. Sein erstes Feldexperiment war schließlich Chile unter Pinochet. Angesichts der brutalen gesellschaftlichen Folgen des Umverteilungsprozesses muss der Neoliberalismus Reaktionen der Bevölkerung erwarten, die zur Sicherung seiner Stabilität offen autoritäre Maßnahmen erforderlich machen könnten. Er ist also darauf angewiesen, die Verfolgung seiner Ziele durch die Entwicklung geeigneter Disziplinierungsinstrumente bis hin zum Aufbau eines autoritären Sicherheitsstaates zu flankieren. Dazu bedient er sich gerne jeder Art von Bedrohungsszenarien, um in der Bevölkerung die Bereitschaft zu erhöhen, demokratische Substanz abzuschaffen.

Die Fundamente für einen autoritären Sicherheitsstaat werden ja bereits geschaffen, rechtlich wie auch technisch durch den Überwachungsapparat, durch die Vorbereitung eines Bundeswehreinsatzes im Innern, durch das Schleifen der strikten Trennung der Aufgaben von Polizei, Militär und Geheimdiensten, durch die hartnäckigen Vorbereitungsarbeiten namhafter Verfassungs- und Strafrechtler an einem »Feindstrafrecht« etc. pp.

Renommierte Verfassungs- und Strafrechtler arbeiten bereits seit langem an den Grundlagen eines Sicherheitsstaates und der Entwicklung eines Feindstrafrechtes. Mit einem solchen Feindstrafrecht können Bürger, die als »unsichere Kantonisten« und als »aktuelle Unpersonen« anzusehen sind, »kaltgestellt« werden. Zudem soll in besonderen Situationen zur Gefahrenabwehr auch eine »Rettungsfolter« erlaubt sein.

Prominenter Befürworter der Entwicklung eines Feindstrafrechtes ist der Verfassungsrechtler Otto Depenheuer, der auch Ideenlieferant für Wolfgang Schäuble ist. Es ist aufschlussreich und nicht zufällig, dass wir sowohl in der Geschichte des Neoliberalismus wie auch in der des autoritären Sicherheitsstaates immer wieder auf die Einflüsse von Carl Schmitt, des »Kronjuristen des Dritten Reiches«, stoßen, so auch hier, bei Depenheuer. In der Person von Wolfgang Schäuble laufen die beiden Stränge »Neoliberalismus« und »Sicherheitsstaat« dann in klar erkennbarer Weise zusammen.

Die rechtlichen Hülsen sind also vorbereitet; sie lassen sich leicht nutzen, wenn die herrschenden Eliten einmal der Auffassung sein sollten, dass bestehende demokratische Strukturen den »Notwendigkeiten« des Marktes und den zu seiner Sicherung nötigen internationalen »Vereinheitlichungen« im Wege stehen.

Und wie können wir dem etwas entgegensetzen? Was ist gegen eine solche Entwicklung zu tun? NDS

Abgesehen von einigen Selbstverständlichkeiten kann es, denke ich, darauf keine einfachen Antworten geben. Die Selbstverständlichkeiten beziehen sich vor allem darauf, dass wir alle Blockaden entfernen müssen, die uns darin hindern, einfache, grundlegende Fakten zu erkennen und anzuerkennen. Sodann müssen wir bereit sein, unseren Willen und unsere Entschlossenheit zu artikulieren, inhumane gesellschaftliche Zustände und Strukturen zu ändern. RM

Das sind, wie gesagt, eigentlich Selbstverständlichkeiten, doch wäre schon viel erreicht, wenn sie beachtet würden. Eine darüber hinausgehende, allgemeine Antwort zu Methoden und Zielen kann es nach meiner Überzeugung nicht geben. Das ist ein Prozess, in dem im Kontext der jeweiligen gesellschaftlichen Situation Antworten gleichsam von unten gefunden werden müssen. Wie immer diese Antworten aussehen mögen: Sie haben keine Chance, politisch wirkmächtig zu werden, wenn es nicht gelingt, die tiefgehende Fragmentierung sozialer Beziehungen zu überwinden und eine gemeinsame Basis für einen politisch kraftvollen Zusammenschluss sozialer Bewegungen zu finden.

> *»Die Intellektuellen dienen der herrschenden Klasse als ›Angestellte‹. Sie sind für die Vielzahl subalterner Aufgaben der gesellschaftlichen Hegemonie und der politischen Regierung zuständig, das heißt 1. für die ›spontane‹ Zustimmung der großen Masse der Bevölkerung zum gesellschaftlichen Leben der herrschenden Hauptgruppe, eine Zustimmung, die sich ›historisch‹ aus dem Prestige (...) ableitet, das der herrschenden Gruppe aufgrund ihrer Position und Funktion im Produktionsbereich zufällt; und 2. für den staatlichen Zwangsapparat, der ›gesetzlich‹ die Disziplinierung der Gruppen sicherstellt, die aktiv oder passiv ›die Zustimmung verweigern‹ – dieser Apparat ist aber für die gesamte Gesellschaft geschaffen, in Voraussicht von Herrschafts- und Führungskrisen, in denen die ›spontane‹ Zustimmung nachlässt.«*
>
> — ANTONIO GRAMSCI

Für diese Aufgabe bleibt uns wohl nicht mehr viel Zeit. Die alte Strategie, die gewaltigen sozialen und ökologischen Folgekosten des Kapitalismus, besonders seiner neoliberalen Extremform, späteren Generationen aufzubürden, kommt an ihre natürlichen Grenzen. Es bleiben uns wohl nur zwei Möglichkeiten: Wir befreien uns, so mühsam es sein wird, aus den Fesseln neoliberaler Indoktrinationssysteme, stellen uns den Fakten und suchen gemeinsam nach Möglichkeiten von Änderungen – die freilich angesichts des ökologischen Zeitdrucks nur radikal sein können. Oder wir machen weiter wie bisher, schweigen und überlassen es nachfolgenden Generationen über die Gründe unseres Nicht-Handelns und unseres Schweigens nachzudenken.

NDS *Noch ein letztes Wort?*

RM Ja, eine Gefahr für diesen Prozess, Empörung und Unbehagen über gesellschaftliche Verhältnisse in politisch wirksamer Weise Ausdruck zu verleihen, möchte ich noch ansprechen. Nämlich die Gefahr, sie dadurch politisch weitgehend wirkungslos zu machen, dass sie sich nicht auf strukturelle Aspekte, sondern allein auf »die da oben«, also auf personelle Aspekte richten. Bei gesellschaftlichen und politischen Themen ist ja die Perspektive weit verbreitet, den Blick auf »die da oben« zu beschränken und sich darüber zu empören, wie man von diesen betrogen, hintergangen und ausgebeutet wird: »Die da oben« sind moralisch verkommen, verlogen und schamlos auf ihren Vorteil bedacht, sie sind die Täter; wir hingegen sind nur ihre Opfer.

Das ist eine psychologisch nachvollziehbare und politisch durchaus berechtigte Perspektive. Da sie von der überwiegenden Mehrzahl der Bevölkerung in der einen oder anderen Weise geteilt wird, ohne dass sich dies in entsprechender Weise in den Ergebnissen von Wahlen niederschlägt, sollten wir aber darüber nachdenken, ob nicht die politische Wirkungskraft einer solchen Perspektive sehr begrenzt ist.

In jedem Fall geht eine Beschränkung des Blicks auf »die da oben« vorbei an der Natur des tatsächlichen Problems, um das es geht, nämlich an den strukturellen und institutionellen Ursachen einer zerstörerischen und inhumanen Wirtschafts- und Gesellschaftsform.

Daher ist es aus Sicht der herrschenden Eliten sogar gewollt und erwünscht, dass sich die Bevölkerung über die Gier von Bankern, die Verlogenheit von Politikern, die intellektuelle Korruptheit von Journalisten oder die Grausamkeit oder den Sadismus von Folterexperten ereifert – also über Eigenschaften von Personen, die gerade das Produkt tieferliegender, struktureller Bedingungen sind und in deren Kontext geradezu Qualifikationsmerkmale darstellen – und dabei die strukturellen und institutionellen Ursachen und somit die eigentlichen Zentren der Macht aus dem Blick verliert!

Unsere vordringliche Aufgabe ist es daher, Einsichten in diese strukturellen Bedingungen zu gewinnen.

Dazu gehört auch, das Wesen und die eigentlichen Ziele des Neoliberalismus zu verstehen. Dann aber müssen wir den Blick auch auf uns selbst richten und uns fragen, warum wir auf ein totalitäres Denksystem mit so zerstörerischen Folgen nicht mit einer angemessenen moralischen Empörung und entsprechenden Handlungskonsequenzen reagieren. Solange die herrschenden Eliten über sehr viel mehr Wissen über uns, über unsere natürlichen Bedürfnisse, Neigungen und unsere Schwachstellen für eine Manipulierbarkeit verfügen als wir selbst, solange werden sie über uns eine Form der unsichtbaren Herrschaft ausüben können, gegen die wir uns kaum wehren können. Den Blick auf uns selbst zu richten, bedeutet zugleich zu erkennen – und das ist ganz im Sinne der Aufklärung –, dass wir es sind, die für unser Handeln und Nicht-Handeln und für die Gesellschaft, in der wir leben, verantwortlich sind.

NachDenkSeiten, 18. Januar 2016

»Wer das Land besitzt, der soll es auch regieren«

Repräsentative Demokratie als Mittel der Demokratievermeidung

»WER DAS LAND BESITZT, DER SOLL ES AUCH REGIEREN«

Parlamentswahlen spielen offenkundig in kapitalistischen Demokratien für alle grundlegenden politischen Entscheidungen keine Rolle mehr, und die großen politischen Entscheidungen werden zunehmend von Instanzen und Akteuren bestimmt, die nicht der Kontrolle der Wähler unterliegen. Während also die Hülse einer repräsentativen Demokratie weitgehend formal intakt erscheint, wurde sie ihres demokratischen Kerns nahezu vollständig beraubt, so dass Demokratie für die eigentlichen Zentren der Macht keine Risiken mehr birgt. Diese Entwicklung war bereits in der Erfindung der repräsentativen Demokratie angelegt und wurde seitdem strukturell, prozedural und ideologisch konsequent und systematisch vorangetrieben; sie findet in den vergangenen Jahrzehnten ihren Abschluss im Rahmen der neoliberalen Extremform des Kapitalismus. Die hier entstandenen Organisationsformen eines autoritären Kapitalismus haben sich des Staates, der verbliebenen Hülsen einer repräsentativen Demokratie und aller relevanten Entscheidungsmechanismen des Gemeinwesens in totalitärer Weise bemächtigt. Da die relevanten politischen Entscheidungen nicht durch demokratisch legitimierte Instanzen bestimmt werden, sondern durch öffentlich nicht sichtbare Akteure, werden die mit einer solchen Herrschaftsform verbundenen Phänomene gelegentlich als Tiefen Staat bezeichnet. Eine solche Bezeichnung ist als Beschreibung von Erscheinungsformen der Organisation von politischer Macht verständlich; sie kann jedoch dazu beitragen, ein tiefergehendes Verständnis der Natur dieser neuartigen Organisationsformen der Macht zu verstellen und somit die Entwicklung geeigneter Formen eines politischen Widerstandes zu blockieren.

Im Rahmen der Erarbeitung einer amerikanischen Verfassung führte Alexander Hamilton 1777 erstmals den Ausdruck »representative democracy« ein.

Die Entwicklung einer »Demokratie ohne Demokratie«

Die Idee der Demokratie hat eine recht eigenartige Geschichte. Zweimal im Lauf der Geschichte, im antiken Athen und in der Zeit der Aufklärung, entfaltete und materialisierte sie sich kurzzeitig als historisch singuläre Erscheinung inmitten einer Kontinuität oligarchischer und autoritärer Herrschaftsformen und einer Kontinuität einer maßlosen Verachtung, die die jeweilige »Eliten« gegen das gemeine Volk und die Massen hegten. Ihren Überzeugungen nach sei »das Volk« überwiegend unfähig, sich am

Gemeinwohl zu orientieren, so dass eine Demokratie nahezu zwangsläufig in eine Pöbelherrschaft ausarte, was insbesondere daran erkennbar sei, dass die Mehrzahl der Nichtbesitzenden die Eigentumsverteilung zu ihren Gunsten zu korrigieren suche. Die Herrschaftsform einer Demokratie sei also ihrem Wesen nach nicht geeignet, eine dem Gemeinwohl dienende gesellschaftliche Ordnung zu garantieren. Darüber hinaus sei die Stabilität der herrschenden Eigentumsordnung um so gefährdeter, je mehr eine Demokratie die Form einer wirklichen, also partizipatorischen Demokratie annehme. Zu den Kernelementen einer Demokratie gehört, dass das Volk souverän im Sinne der »gesellschaftlichen Kompetenz der Selbstgesetzgebung« ist und alle Staatsapparate dem demokratischen Gesetz untergeordnet sind.[1] Die Sozialgeschichte ebenso wie die Geschichte der Entwicklung politischer Ideen ist seit ihren Anfängen durchzogen von einer tiefen Demokratiefeindlichkeit.[2] Erst in der Mitte des 19. Jahrhunderts trat ein Wandel ein, in dessen Gefolge Demokratie heute in der westlichen Welt als einzig legitimierte Herrschaftsform gilt.

Schon Aristoteles war der Auffassung, dass die Demokratie die Möglichkeit beinhalte, dass »die Armen, weil sie die Mehrheit bildeten, das Vermögen der Reichen unter sich teilten«, was er als Unrecht ansah.

Dieser Wandel ist erstaunlich und erklärungsbedürftig. Der wesentliche Grund liegt, wie in einer Vielzahl von sozialhistorischen und ideengeschichtlichen Studien aufgezeigt wurde, darin, dass man Wege fand, die Faszination, die die Idee der Demokratie für das Volk entfaltete, für Zwecke der politischen Machtausübung zu nutzen. Dazu war es nötig, die Demokratie für die jeweiligen Machteliten risikofrei zu gestalten. Der australische Psychologe Alex Carey zeigte 1997 in seiner klassischen Untersuchung *Taking the Risk out of Democracy* entlang historischer Linien auf, wie sich dies mit wesentlicher Mithilfe der Sozialwissenschaften und der Psychologie bewerkstelligen ließ. Nur unter der Voraussetzung, dass in einer Demokratie der Status herrschender Eliten nicht gefährdet wird, konnte Demokratie zu einer auch von den jeweiligen Zentren der Macht anerkannten Herrschaftsform werden. In einer geeignet konzipierten »Demokratie ohne Demokratie« sollte die Kontrolle über alle relevanten Entscheidungsprozesse weiterhin bei den jeweiligen Machteliten verbleiben. Dazu war es erforderlich, Demokratie in geeigneter Weise umzudefinieren und zudem strukturell, prozedural und ideologisch so abzusichern, dass die Eigentumsordnung nicht gefährdet würde.

Der wesentliche Schritt zu einer Bedeutungsverschiebung von Demokratie zu einer für die herrschenden Eliten risikofreien »Demokratie ohne Demokratie« wurde mit dem Modell einer repräsentativen Demokratie geleistet. Die Erfinder dieses Modells, die Gründerväter der

»WER DAS LAND BESITZT, DER SOLL ES AUCH REGIEREN«

amerikanischen Verfassung, entwickelten mit diesem Konzept einen Demokratiebegriff, der seiner Natur nach das Modell einer wirklichen, also partizipatorischen Demokratie auf der Basis einer ungeteilten souveränen Selbstgesetzgebung des Volkes ausschloss. Für diese Form einer durch freie Wahlen legitimierten Oligarchie wurde die Bezeichnung »Demokratie« beibehalten, um das Bedürfnis des Volkes nach einer Volksherrschaft zu befriedigen – und zwar durch eine Illusion von Demokratie. Die dabei zugrunde gelegte Form von Repräsentation wurde »als ein Mittel verstanden, um das Volk von der Politik fernzuhalten« und »eine besitzende Oligarchie mit der Unterstützung der Masse der Bevölkerung über Wahlen an der Macht zu halten«.[3] Die repräsentative Demokratie wurde zu dem ausdrücklichen Zweck erfunden, dem Volk die Befähigung zu einer Selbstgesetzgebung ebenso abzusprechen wie überhaupt das Recht, ein eigenständiger politischer Akteur zu sein.[4] Die repräsentative Demokratie hat also bereits den Intentionen ihrer Erfinder nach einen verdeckt autoritären Charakter.

Begleitet wurde die Erfindung der repräsentativen Demokratie von einer zunehmend verfeinerten ideologischen Rhetorik, der zufolge repräsentative Demokratie die einzige Form von Demokratie sei, die dem modernen Staat und seinen Komplexitäten angemessen sei, dass also repräsentative Demokratie alternativlos sei. Diese damit einhergehende Indoktrination war ausgesprochen erfolgreich: »Wir haben uns an die Formel der ›repräsentativen Demokratie‹ so gewöhnt, dass wir zumeist vergessen, dass diese US-amerikanische Idee ein Novum war. In ihrer föderalistischen Ausformung bedeutete sie jedenfalls, dass das, was bis dahin als Antithese zur demokratischen Selbstbestimmung begriffen wurde, nun nicht nur vereinbar mit, sondern konstituierend für die Demokratie war: nicht die Ausübung der politischen Macht, sondern der Verzicht auf sie, ihre Übertragung auf andere, das heißt die Entfremdung von ihr.« Die Konzeption einer repräsentativen Demokratie wurde also erfunden, um die Verwirklichung ernsthafter, partizipatorischer Formen von Demokratie zu blockieren.[5]

Als Föderalisten oder *Federalists* werden diejenigen amerikanischen Politiker bezeichnet, die wesentlich an der Erarbeitung der amerikanischen Verfassung beteiligt waren und zwischen 1787 und 1789 die Ratifizierung der Verfassung unterstützten.

Die Art von Repräsentation in der repräsentativen Demokratie verdeckte durch die Illusion, dass das Volk sich selbst regiere, ihren eigentlich autoritären Charakter. Dieser wird jedoch erkennbar in den Gründungsdokumenten der *Federalists*. So machte James Madison (1751–1836) explizit klar, dass es im Rahmen einer dem Gemeinwohl dienenden Politik vorrangig um den Schutz der Eigentumsordnung geht und dass bei der Wahl der politischen Repräsentanten der Meinung der Bürger kein besonderes Gewicht zukommen könne, da die Eliten besser wüssten, was für das Volk gut sei, als das Volk selbst. »Die öffentliche Meinung, die von den Vertretern des Volkes ausgesprochen wird, steht mit dem Gemeinwohl mehr im Einklang als die Meinung des Volkes selbst.« (Madison, 1787, S. 51) Bei den im Wettstreit von Interessengruppen getroffenen politischen Entscheidungen müsse, so Madison, sichergestellt sein, dass die Interessengruppen der Erfolgreichen und Besitzenden einen größeren Einfluss auf die Gestaltung des Gemeinwesens und auch der öffentlichen Meinung haben als die Interessengruppen der Nichtbesitzenden.[6] Mit dem Mechanismus der parlamentarischen Repräsentation lässt sich dies bewerkstelligen, da zwar die parlamentarischen Volksvertreter abgewählt werden, jedoch nur durch andere Mitglieder aus dem Spektrum vorgegebener Elitengruppierungen ersetzt werden können. Diese Form einer repräsentativen Demokratie hat gegenüber offen autoritären Herrschaftsformen, wie etwa dem Feudalismus, den Vorteil, dass sich ein Veränderungswille der Bevölkerung nicht gegen die eigentlichen Zentren der Macht richten kann, sondern nur gegen ihre vordergründigen Erscheinungsformen in Form parlamentarischer Repräsentanten und Regierungen. Hier ist bereits im Kern ein Auseinanderfallen der vorgeblichen und der eigentlichen Zentren der Macht angelegt: die öffentlich sichtbaren demokratisch legitimierten staatlichen Apparate einerseits und die alle grundlegenden Entscheidungen bestimmenden praktisch nicht abwählbaren Elitengruppierungen andererseits.

Autoritäre Elemente in der kapitalistischen Demokratie

Diese Entwicklung einer »Demokratie ohne Demokratie« setzte sich im 20. Jahrhundert so fort, dass sie den sich ausdifferenzierenden Erfordernissen und Ansprüchen einer kapitalistischen Wirtschafts- und Gesellschaftsordnung genügte. Die bereits etablierten Formen einer repräsentativen Demokratie hatten sich aus Sicht der Machteliten bewährt, bedurften jedoch angemessener Anpassungen, weil sich neue soziale Konfliktgruppierungen etablierten und der Demokratiegedanke in der Bevölkerung immer wieder eine eigenständige Kraft entfaltete.

»WER DAS LAND BESITZT, DER SOLL ES AUCH REGIEREN«

Die wesentlichen neuen Entwicklungen lagen im Bereich dessen, was zunächst als Propaganda, später als Public Relations bezeichnet wurde. Zudem wurde die ideologische Rechtfertigung für die gewünschte Form einer kapitalistischen Demokratie beziehungsweise einer Elitendemokratie, weiter ausgearbeitet und über Medien und Erziehungswesen kulturell verankert. Besonders einflussreich waren die Beiträge von Walter Lippmann, der in seinem Klassiker *Public Opinion* von 1922 die ideologischen Grundlagen einer verdeckt autoritären Elitendemokratie weiter ausarbeitete, wie sie von vielen Intellektuellen – besonders einflussreich war der Ökonom Joseph Schumpeter (1883–1950) – weitergeführt und zum Standardmodell einer kapitalistischen Demokratie wurden. In diesem Standardmodell wird den Bürgern eine politische Rolle zugewiesen, die analog der von Konsumenten ist. Der »mündige Bürger« gehört ebenso zur bloßen ideologischen Rechtfertigungsrhetorik wie der »rationale Konsument« in der Ökonomie: Beide sind tatsächlich gerade nicht erwünscht, sondern Bürger wie Konsumenten sind in ihren Einstellungen, Meinungen und Präferenzen so zu formen, dass diese kompatibel mit den Interessen der jeweiligen Eliten sind. Daher entwickelten sich politische Propaganda und Techniken des Meinungsmanagements Hand in Hand mit Techniken der Hervorbringung und Formung von Konsumenten.

Siehe hierzu 180ff.

Über diese Techniken der Meinungsmanipulation hinaus wurden weitere Mechanismen geschaffen und vorhandene verstärkt, die einen wachsenden Einfluss wirtschaftlicher Interessengruppen auf staatliche Institutionen und das Parteienwesen ermöglichen. Das gelang mit beträchtlichem Erfolg, da sich die repräsentative Demokratie als besonders geeignet für die Einführung verdeckt autoritärer Einflussmechanismen erwies. Schon 1912 hatte der frühere US-Präsident Theodore Roosevelt festgestellt: »Hinter dem, was wir für die Regierung halten, thront im Verborgenen eine Regierung ohne jede Bindung an und ohne jede Verantwortung für das Volk. Die Vernichtung dieser unsichtbaren Regierung und Zerschlagung der unheiligen Allianz von korrupter Wirtschaft und korrupter Politik ist die entscheidende politische Herausforderung dieser Zeit.« Edward Bernays sprach 1928 in seiner klassischen Abhandlung *Propaganda* ganz selbstverständlich von einem »invisible government« als der »true ruling power of our country«.

Siehe hierzu 197ff.

In der Nachkriegszeit schienen vordergründig Kapitalismus und repräsentative Demokratie eine weniger autoritäre Allianz einzugehen. Die repräsentative Demokratie erwies sich für den Kapitalismus als ein besonders effektives Mittel zur sozialen Pazifizierung: Sie ließ scheinbar einen »Klassenkompromiss« zu, der im Austausch gegen sozialstaatliche Verbesserungen »die Hinnahme kapitalistischer Produktionsverhältnisse durch die nichtkapitalistische Mehrheit der Bevölkerung ermöglichen sollte«. Durch einen solchen Klassenkompromiss konnte die repräsentative Demokratie zu einer gewaltigen kapitalistischen Produktivkraft werden, wodurch sich für drei Jahrzehnte »unter dem Einfluss demokratischer Politik und gewerkschaftlicher Organisierung der Kapitalismus aus einem gesellschaftlichen Klassenverhältnis in eine staatlich administrierte Prosperitätsmaschine« verwandelte. Der Kapitalismus freundete sich eine Zeitlang mit der repräsentativen Demokratie an, weil die von den sogenannten Volksparteien vertretenen Positionen strikt innerhalb des Spektrums von Interessenunterschieden der Eliten gehalten werden konnten. Dadurch konnten die Volksparteien pazifizierend wirken, weil sie die Illusion einer demokratischen Kontrolle aufrechterhielten und zugleich die Stabilität der herrschenden Ordnung gewährleisten.

Vordergründig lockerten sich also autoritäre Zugriffe des Kapitalismus auf die Demokratie. Unter dieser Oberfläche entwickelten sich jedoch vielfältige autoritäre Strukturen und Mechanismen, die bei passenden historischen Konstellationen genutzt werden konnten, um ernsthafte demokratische Entwicklungen zu blockieren.

Solange die gesellschaftlichen und ökonomischen Konstellationen dergestalt waren, dass der Kapitalismus eine »demokratische Politik« für seine Belange und Anliegen nutzen konnte, waren weitere autoritäre Mittel zur Einhegung demokratischer Bestrebungen weitgehend unnötig. Natürlich waren sich die Eliten dieser grundsätzlichen Gefährdung stets bewusst und warnten immer wieder davor, die Demokratie »zu weit« zu treiben. Eigentlich fühlten sie sich bereits durch die etablierten und hochgradig »entschärften« Formen von Demokratie bedroht und warnten daher in den 1970er-Jahren vor einer Krise der Demokratie. Mit einer solchen Krise meinten sie, wie der Bericht *The Crisis of Democracy* von 1975 aufzeigt, der im Auftrag des von David Rockefeller initiierten Think-Tanks Trilaterale Kommission erstellt worden war, ein »Übermaß an Demokratie« (»excess of democracy«). Für eine den wirtschaftlichen Sachzwängen angemessene effiziente Handhabung einer Demokratie sei es, wie der Bericht feststellt, erforderlich, dass die Bevölkerung weitgehend entpolitisiert sei und politische Entscheidungen den Eliten überlasse.

Um der Demokratie, das heißt der Herrschaft »verantwortungsvoller Eliten«, eine hinreichende »Stabilität« zu verschaffen, wurde eine Vielzahl von Entwicklungen gefördert oder initiiert. Hierzu gehörte vor allem die Förderung und die Verstärkung des Einflusses von wesentlich autoritär organisierten Strukturen innerhalb einer Gesellschaft. Vor allem der gesamte Bereich der Wirtschaft ist im Kapitalismus in prototypischer Weise autoritär, wenn nicht gar totalitär organisiert. Er bildet in kapitalistischen Demokratien geradezu die Basiszelle antidemokratischer Haltungen und Organisationsformen. Durch eine Erhöhung der Durchlässigkeit zentraler politischer Instanzen für Einflüsse aus dem privatwirtschaftlichen Bereich lassen sich autoritäre Elemente in öffentlich kaum sichtbarer Weise in den politischen Bereich einbringen. Andere Kernzellen genuin antidemokratischer, autoritärer organisierter Systeme sind der militärische Bereich, die Geheimdienste, Think-Tanks und Stiftungen. Die Geheimdienste zeigten seit je eine natürliche Tendenz, sich gegenüber einer parlamentarischen Kontrolle zu verselbständigen und bildeten teilweise systematische Verflechtungen mit dem organisierten Verbrechen aus. Prominentestes, weil vergleichsweise gut untersuchtes Beispiel ist die CIA.[7] Schon in den 1950er-Jahren bildeten Ölkartelle, Wall Street und CIA ein enges Geflecht von Machtstrukturen, das sich einer Kontrolle durch die Regierung weitgehend entzog. Heute verfügen die USA über 17 Geheim- und Sicherheitsdienste mit einem offiziellen Budget von im Jahr 2016 53 Milliarden Dollar. Die zentralen Behörden sind: CIA, NSA, NRO, NGA, DIA und FBI; allein die NSA hat etwa 40.000 Angestellte.[8]

Hinzu kommt eine sich bürokratisch verselbständigende und sich demokratischer Kontrolle entziehende Sicherheitsbürokratie und Sicherheitsindustrie: In den USA sind 1.271 staatliche Organisationen und 1.931 private Firmen mit insgesamt fast einer Million beschäftigter Personen in Programme eingebunden, die unter dem Banner »counterterrorism« und »homeland security« weitgehend eigenständige und autoritär organisierte Strukturen bilden.[9]

Auch die ursprünglich in der Mitte der Gesellschaft verankerten Volksparteien verbanden sich im Rahmen ihres Prozesses einer Oligarchisierung und Korrumpierung, wie er schon 1911 von dem bedeutenden deutschen Soziologe Robert Michels beschrieben worden war, immer enger mit wirtschaftlichen Interessengruppen und integrierten sich personell wie ideologisch in staatliche und wirtschaftliche Machtstrukturen. Durch ein großes Arsenal von Mechanismen, die bis in die Gesetzgebung reichen, wurde ein Spektrum offener und verdeckter Formen politischer Korruption etabliert und zunehmend institutionalisiert. Um ein jüngeres Beispiel zu nennen: Eine empirische Studie des Roosevelt Institute untersuchte »den Einfluss des Geldes auf Stimmabgaben zur Finanzregulation« sowie im Telekomsektor »die Verbindung von Industriespenden und Kongress-Stimmabgaben« mit dem Ergebnis: »Eine beträchtliche Anzahl von Vertretern der Legislative verkauft das öffentliche Interesse im Austausch für politisches Geld.«[10] So entstanden innerhalb einer vordergründig demokratischen Gesellschaft autoritär organisierte »Stabilitätskerne« für die tatsächlichen Zentren der Macht.

Diese Entwicklungen beschleunigten und verstärkten sich in zuvor nicht gekannter Weise mit der Entfaltung des Neoliberalismus und dem mit ihm verbundenen Übergang vom »demokratischen Kapitalismus« der Nachkriegszeit zur »marktkonformen Demokratie« in einem zunehmend totalitären Spätkapitalismus.[11] Die Demokratie erschien dem globalisierten Kapital nun nicht mehr als nützliches Mittel zur sozialen Befriedung und Produktivitätssteigerung, sondern als grundsätzlich hinderlich. Der Neoliberalismus verzichtete zunehmend auf eine demokratische Rhetorik und ging dazu über, jede Form von Demokratie als Behinderung eines freien Marktes zu bekämpfen. Mit dieser wesentlich durch Think-Tanks vorangetriebenen Entfaltung neoliberaler Ideologie fand ein Übergang des Kapitalismus von einer autoritären zu einer zunehmend totalitären Organisationsform statt, die alle Bereiche des gesellschaftlichen Lebens nach dem neoliberalen Modell zu organisieren suchte. Demokratie wurde darauf reduziert, rationale Problemlösungen im Sinne einer Anpassung an die »Naturgesetzlichkeiten« globalisierter Märkte zu produzieren. Begleitet von ideologischen Kampfbegriffen wie »Strukturreformen« oder »Bürokratieabbau« wurden über Steuergesetzgebung und andere Mechanismen Kapital, Konzerne und Reiche zunehmend von Beiträgen zu Gemeinschaftsaufgaben entlastet. Auf diese Weise wurde der Staat in seiner sozialen Handlungsfähigkeit ausgetrocknet und durch eine Austeritätspolitik in eine Schuldenabhängigkeit von den Finanzmärkten getrieben. Der so erzeugte und den Finanzmärkten preisgegebene Schuldenstaat wurde in diesem Prozess weitgehend zu einem Umverteilungs- und Subventionsstaat für die ökonomisch Starken und zu einem Überwachungsstaat für die ökonomisch Schwachen umgebaut. Durch die sogenannte Globalisierung, die das Kapital über nationale Grenzen hinweg noch mobiler und flexibler machte, während die Mechanismen seiner demokratischen Einhegung national gebunden blieben, verschoben sich die tatsächlichen politischen Machtverhältnisse in einer für die Öffentlichkeit kaum noch zu ermessenden Weise zugunsten autoritär organisierter und öffentlich nahezu unsichtbarer Zentren der Macht.[12]

Damit wird die von den Erfindern der repräsentativen Demokratie aufgestellte Forderung »Wer das Land besitzt, der soll es auch regieren«[13] unter den neoliberalen Bedingungen globalisierter Finanzmärkte in einer so radikalen Weise erfüllt, dass wohl keiner der Väter der amerikanischen Verfassung das resultierende totalitäre Machtgebilde auch nur in die Nähe des Begriffs »Demokratie« bringen würde. Für diejenigen indes, die als Politiker im Rahmen der gegenwärtig vorgegebenen Machtkoordinaten operieren, ist die damit einhergehende vollständige Aushebelung der Demokratie eine ganz selbstverständliche Arbeitsgrundlage. Schon Hans Tietmeyer, Staatssekretär und Chefunterhändler der Regierung Kohl bei den Weltwirtschaftsgipfeln, hatte sie am 3. Februar 1996 beim Weltwirtschaftsforum in Davos klar zum Ausdruck gebracht: »Ich habe bisweilen den Eindruck, dass sich die meisten Politiker immer noch nicht darüber im Klaren sind, wie sehr sie bereits heute unter der Kontrolle der Finanzmärkte stehen und sogar von diesen beherrscht werden.« Und auch der damalige bayerische Ministerpräsident Horst Seehofer hatte das eigentlich Selbstverständliche ganz beiläufig ausgesprochen: »Diejenigen, die entscheiden, sind nicht gewählt, und diejenigen, die gewählt werden, haben nichts zu entscheiden.« (20. Mai 2010)

Die postdemokratische Demokratie hat also längst ein autoritäres Gesicht. Die eigentlichen Zentren der Macht sind für die Bevölkerung weitgehend unsichtbar, demokratisch nicht abwählbar, unterliegen keiner öffentlichen Rechenschaftspflicht und sind in extremer Weise autoritär organisiert.

Die Frage nach der tatsächlichen Herrschaftsform gegenwärtiger westlicher kapitalistischer Demokratien lässt sich also nicht einfach mit Verweis auf die Bezeichnung »Demokratie« erledigen. Vielmehr ist es eine empirische Aufgabe, durch geeignete Analysen der tatsächlichen Machtverhältnisse herauszufinden, wie hier Herrschaft organisiert ist. Auf diesen wichtigen Punkt weist auch die Bundeszentrale für politische Bildung hin, wenn sie feststellt: »Eine Herrschaftsform bezeichnet die Art und Weise, wie Herrschaft in einem Staat ausgeübt wird. [...] Bei der Frage nach der Herrschaftsform geht es nicht darum, wie sich ein Staat bezeichnet oder wie er nach seinen Gesetzen organisiert sein sollte. Entscheidend ist, wer tatsächlich die Herrschaft ausübt.«[14]

Es geht also um die empirisch zu beantwortende Frage, ob die tatsächliche politische Macht bei den in demokratischen Wahlen gewählten Regierungen liegt oder ob sie außerhalb des Bereichs demokratisch legitimierter Herrschaft zu finden ist. Hierzu gibt es mittlerweile eine Fülle wissenschaftlicher Literatur und umfangreiche empirische Untersuchungen.[15] Die vorliegenden Analysen, wie sie insbesondere in dem Bereich der Machtstrukturanalyse[16] durchgeführt wurden, zeigen, dass die tatsächlichen Zentren politischer Macht weit außerhalb jeder demokratischen Kontrolle liegen und zugleich praktisch alle grundlegenden politischen Entscheidungen bestimmen. Obwohl sie im Binnenverhältnis ganz unterschiedliche Interessen aufweisen können, die sich gelegentlich in – für die Öffentlichkeit nur sehr indirekt sichtbaren – Konflikten entladen, sind sie in den grundsätzlichen Zielen recht homogen und verfolgen eine gemeinsame Agenda. Sie stellen die wesentlichen Akteure der neoliberalen Revolution dar, deren Ziel eine Umverteilung von unten nach oben, von Süd nach Nord und von der öffentlichen in die private Hand ist. Für diese Agenda sind sie auf die Etablierung autoritärer Strukturen angewiesen, durch die sie jede Form einer öffentlichen Kontrolle und Rechenschaftspflicht verhindern können. Folglich sehen sie jede Form wirklicher Demokratie als ihren Hauptfeind an.

Siehe hierzu 100ff.

Ihre zentralen Knotenpunkte liegen, empirischen Studien zufolge, in der Finanzindustrie und in einer Reihe spezifischer wirtschaftlicher Komplexe (die auch das Silicon Valley einschließen), die überwiegend US-basiert sind. Sie sind eng verflochten mit den bereits erwähnten Geheimdiensten, der Überwachungs- und Sicherheitsindustrie, dem militärischen Bereich, privaten Medien sowie einem gigantischen Netzwerk von Think-Tanks und NGOs. Ihre Binnenstruktur ist hochgradig verteilt in Form von komplexen Netzwerken organisiert – vergleichbar mit der Architektur des Internet –, so dass sie in der jeweils geforderten politischen Machtausübung über ein hohes Maß an strategischer Flexibilität verfügen und politisch wenig »störanfällig« sind.[17] Durch Think-Tanks, Medien und eine Reihe anderer Kanäle und Mechanismen haben sie sich mit einer Kultur der rechtlichen und gesellschaftlichen Verantwortungslosigkeit umgeben und abgesichert.[18] Zudem haben sie

»WER DAS LAND BESITZT, DER SOLL ES AUCH REGIEREN«

durch politische Etablierung von Mechanismen der Transformation ökonomischer Macht in politische Macht und einen direkten Einfluss auf die Gesetzgebung ihren politischen Einfluss in einer historisch nie gekannten Weise vergrößert: beispielsweise die Steuergesetzgebung, die internationale Gesetzgebung zum »Freihandel«, eine Verrechtlichung institutionalisierter Formen von Korruption und eine rechtliche Gleichstellung von Konzernen mit natürlichen Personen (»corporate personhood«).

Siehe hierzu 100ff.

Die sich mittlerweile als Standardform westlicher kapitalistischer Demokratien etablierte Herrschaftsform stellt, wie eine Fülle empirischer Befunde und Analysen zur Machtstrukturanalyse zeigen, eine hochgradig verteilte Art der Organisation von politischer Macht dar, die vollständig einer demokratischen Kontrolle entzogen ist und die in ihrer spezifischen Organisationsform einzigartig in der bisherigen Geschichte ist. Wenn man also das von der Bundeszentrale für politische Bildung empfohlene Beurteilungskriterium dafür, ob eine Herrschaftsform als Demokratie zu bezeichnen sei, zugrunde legt, erlauben die vorliegenden empirischen Analysen nur den Schluss, dass westliche kapitalistische Demokratien tatsächlich eine neuartige Form totalitärer Herrschaft darstellen.

Der Begriff »Tiefer Staat« beschrieb ursprünglich Phänomene in der Entstehungsgeschichte der modernen Türkei, nämlich eine konspirative Vernetzung von Teilen des Militärs, der Geheimdienste, der Verwaltung und des organisierten Verbrechens zu einem »Staat im Staat«, der Teile des Staates und der Politik kontrollierte und verdeckte illegale Operationen durchführte.

Es ist eine empirische Aufgabe, auf der Basis geeigneter theoretischer Konzepte ein genaueres Verständnis der spezifischen Eigenschaften und Funktionsweisen dieser neuartigen Organisationsweise von politischer Macht zu gewinnen. Die traditionellen Konzepte und Kategorien der Analyse von Machtstrukturen sind vermutlich hierfür nicht ausreichend und müssen daher in geeigneter Weise angepasst und erweitert werden.

Das Konzept des »Tiefen Staates« ist für eine solche Analyse wenig geeignet, weil es ursprünglich mit bestimmten Machtkonstellationen in der Türkei verbunden war, die mit den Machtstrukturen, um die es hier geht, nur oberflächliche Gemeinsamkeiten haben. Zudem birgt es durch natürliche Dispositionen unseres Geistes eine Reihe von Gefahren, die ein wirkliches Verständnis der Machtstrukturen, um die es geht, beeinträchtigen können. Wir neigen nämlich durch die Beschaffenheit unseres Geistes dazu, Machtstrukturen in personalen Kategorien zu denken. Personale Kategorien sind jedoch ungeeignet für ein Verständnis abstrakter Organisationsformen von Macht. Dazu gehört Macht, die in Form komplexer Netzwerkstrukturen organisiert ist. Die Eigenschaften derartiger Formen von Macht lassen sich auf der Basis einer Fokussierung auf konkrete Personen nicht in angemessener Weise erfassen und verstehen. Der Begriff »Tiefer Staat« verführt jedoch dazu, komplexe abstrakte Machtkonstellationen zu personalisieren und dadurch einer Illusion des Verstehens zu erliegen.[19]

Man kann den Begriff »Tiefer Staat« natürlich metaphorisch verwenden, um die öffentliche Aufmerksamkeit auf den Sachverhalt zu lenken, dass die Zentren der politischen Macht nicht bei den Parlamenten und Regierungen liegen, sondern bei Akteuren, die weitgehend einer öffentlichen Sichtbarkeit entzogen sind. Der Begriff stellt dann kein theoretisches Erklärungskonzept innerhalb einer Machtstrukturanalyse dar, sondern lediglich eine Beschreibung der Erscheinungsweise politischer Macht: nämlich die Erscheinungsweise der Macht im autoritären und zunehmend totalitären Spätkapitalismus, der sich der Hülse der repräsentativen Demokratie nur noch bedient, um die eigentlichen Zentren politischer Macht für die Öffentlichkeit unsichtbar zu machen. Mehr noch: Die Öffentlichkeit soll möglichst nicht einmal wissen, dass diese überhaupt existieren – ein Ziel, das mit bedingungsloser Unterstützung der (Massen-)Medien in einem beunruhigenden Maße erreicht wurde. Politische Veränderungsbedürfnisse der Bevölkerung können sich dadurch eben nicht mehr auf die Zentren der Macht richten, sondern nur noch auf Ablenkziele, womit sie politisch ins Leere gehen.

erschienen in:
Jens Wernicke und Ullrich Mies (Hrsg.) *Fassadendemokratie und Tiefer Staat.* Promedia (2017)

1 Die athenische Demokratie, in der »die Regierung im ganz buchstäblichen Sinn eine ›Regierung durch das Volk‹« (Finley, 1973, S. 23) war, war durch eine Herrschaft des Gesetzes und eine Teilhabe am Entscheidungsprozess gekennzeichnet. Jedoch fehlte – neben einer strikten Gewaltenteilung – eine rechtliche Sicherung der Eigentumsordnung, wie sie kennzeichnend für »liberale« Demokratiekonzeptionen ist. Erst mit der Konzeption der»liberalen Demokratie« wurden die Begriffe Freiheit und Eigentum aneinander gebunden. Partizipatorische Demokratiekonzeptionen, die die Grundgedanken der athenischen Demokratie durch Konzepte einer Gewaltenteilung weiterzuentwickeln suchten, wurden und werden daher von der Antike bis heute von den Besitzenden und von allen, die in der jeweiligen Gesellschaft einen höheren Status innehaben, ebenso bekämpft wie von der Mehrzahl der führenden Intellektuellen.

2 Siehe zum Beispiel Roberts (1994).

3 Wood (2010, S. 217)

4 »It is important to recognise that the modern state was constructed, painstakingly and purposefully [...] for the express purpose of denying that any given population, any people, had either the capacity or the right to act together for themselves, either independently of, or against their sovereign. [...] the idea of the modern state was invented precisely to repudiate the possible coherence of democratic claims to rule, or even take genuinely political action [...] representative democracy is democracy made safe for the modern state.« Dunn (1992, S. 247)

5 In den Worten von Hanna Fenichel Pitkin, der wohl bedeutendsten Repräsentationstheoretikerin: »Representation, at least as a political idea and practice, emerged only in the early modern period and had nothing at all to do with democracy.« (Pitkin, 2004) Die Entwicklung der »repräsentativen Demokratie« diente also von Beginn an gerade der Abwehr von Demokratie (siehe beispielsweise Klarman, 2016).

6 Madison (1787, S. 51). Siehe Nedelsky (1990).

7 Siehe zum Beispiel Scott (2014, 2017), Valentine (2017).

8 Siehe zum Beispiel Tom Engelhardt (2014). Why Does the United States Have 17 Different Intelligence Agencies?
www.thenation.com/article/fourth-branch-us-government
Donald L. Barlett und James B. Steele (2007). Washington's $8 Billion Shadow.
www.vanityfair.com/news/2007/03/spyagency200703

9 Siehe hierzu zum Beispiel Priest und Arkin (2011, S. 179) sowie
projects.washingtonpost.com/top-secret-america/articles

10 Siehe Ferguson et al., 2017.

11 Wolin (2010) bezeichnet diese neue Form eines Totalitarismus als »inverted totalitarism«.

12 Mike Lofgren zufolge gibt es mittlerweile »two governments: the one its citizens were familiar with, operated more or less in the open: the other a parallel top secret government whose parts had mushroomed in less than a decade into a gigantic, sprawling universe of its own, visible to only a carefully vetted cadre – and its entirety [...] visible only to God.«
Mike Lofgren (2014). Anatomy of the Deep State.
billmoyers.com/2014/02/21/anatomy-of-the-deep-state

13 »People who own the country ought to govern it.« John Jay (1745–1829), einer der Gründerväter der Vereinigten Staaten, zitiert nach Monaghan (1935, S. 323).

14 www.bpb.de/nachschlagen/lexika/das-junge-politik-lexikon/198396/herrschaftsform

15 Um nur einige einflussreiche Studien mit unterschiedlichen Zugangsweisen zu nennen: Domhoff (2014), Gilens und Page (2014), Vitali, Glattfelder und Battiston (2011), Heemskerk und Takes (2016).

16 Siehe hierzu beispielsweise G. William Domhoff (2005). Power Structure Research and the Hope for Democracy. whorulesamerica.ucsc.edu/methods/power_structure_research.html sowie de.wikipedia.org/wiki/Power_Structure_Research.

17 Die daraus resultierende Machtstruktur ist, Mike Lofgren zufolge, »so heavily entrenched, so well protected by surveillance, firepower, money and its ability to co-opt resistance that it is almost impervious to change.« Mike Lofgren (2014). Anatomy of the Deep State. billmoyers.com/2014/02/21/anatomy-of-the-deep-state

18 Bereits C. Wright Mills (1956, S. 343) beschäftigte sich mit »the organized irresponsibility that is today the most important characteristic of the American system of corporate power.« Pearce (2002, S. 46; s. a. 1993) sprach von »structural irresponsibility«, und Tombs und Whyte (2015, S. 100 ff.) behandeln ausführlich »the corporation as structured irresponsibility.« Auch Mike Lofgren (2014) stellt fest: »The executives of the financial giants even have de facto criminal immunity.«

19 Mike Lofgren, der in seinem wichtigen Buch *The Deep State: The Fall of the Constitution and the Rise of a Shadow Government* (2016) einen detaillierten Bericht aus dem US-amerikanischen »Maschinenraum« der Macht gibt und dem Begriff »Tiefer Staat« eine gewisse Popularität verschafft hat, ist sich der psychologischen Gefahren dieses Begriffs sehr bewusst und spricht mit ihm verbundene Missverständnisse und Fehlkonzeptionen explizit an.

Massenmediale Indoktrination

Gespräch mit Jens Wernicke

JW *Herr Mausfeld, die Deutschen trauen ihren Medien nicht mehr. Die einen sprechen von journalistischen Fehlleistungen, die Einzelfälle seien; andere nehmen umgehend Worte wie »Propaganda« und »Lüge« in den Mund. Was erleben wir hier? Und was sind, ganz allgemein gesagt, Rolle und Funktion der Medien in unserem Land?*

RM Das Misstrauen in Medien, vor allem in sogenannten Leitmedien, hat tatsächlich in den vergangenen Jahren enorm zugenommen. Beispielsweise hatten 2015 einer repräsentativen Umfrage der *Zeit* zufolge 60 Prozent der Befragten wenig oder kein Vertrauen in die Medien. Ähnliche Befunde zeigten sich in anderen Umfragen. Dafür gibt es gute Gründe, die vielfach analysiert und dargelegt wurden. Interessanter scheint mir aber der komplementäre Aspekt. Denn der Indoktrinationscharakter der Leitmedien wurde ja mittlerweile auch in zahlreichen empirischen Studien zu konkreten Themen – Stichworte: Kosovo, Irak, Afghanistan, Griechenland, Ukraine oder Syrien – wieder und wieder nachgewiesen. Damit stellt sich die Frage, warum noch immer so viele Menschen Vertrauen in die Medien haben. Immerhin halten – einer WDR Infratest-Umfrage vom Dezember 2016 zufolge – 72 Prozent das öffentlich-rechtliche Fernsehen für glaubwürdig und 65 Prozent die Tageszeitungen für glaubwürdig. Nur 20 Prozent sind der Überzeugung, dass in Tageszeitungen gelogen, also absichtlich die Unwahrheit gesagt wird, und nur 30 Prozent glauben, dass im öffentlich-rechtlichen Fernsehen gelogen wird. Ähnliche Befunde erbrachte eine repräsentative Umfrage der Universität Mainz, der zufolge 40 Prozent der Deutschen der Ansicht sind, man könne den Medien »in wichtigen Fragen eher oder voll und ganz vertrauen«. So viel Vertrauen in die Medien ist angesichts der grotesken und eigentlich offenkundigen Verzerrungen ihrer Berichterstattung über relevante politische Ereignisse überraschend und erklärungsbedürftig. Die Vermutung drängt sich auf, dass die immer noch hohen Glaubwürdigkeitswerte keineswegs eine Eigenschaft der Medien widerspiegeln, sondern vielmehr überwiegend eine Eigenschaft der Mediennutzer, nämlich den Grad ihrer Indoktrination. Es wäre also interessant, die Frage nach der Glaubwürdigkeit der Medien umzukehren und zu fragen, warum immer noch so viele Deutsche den Medien vertrauen. Und es wäre lohnend und politisch wichtig, systematisch zu untersuchen, worin die tieferen Ursachen für eine solche verzerrte Wahrnehmung der Medien liegen.

Zugleich ist es jedoch richtig, dass das Misstrauen in Medien in den vergangenen Jahren kontinuierlich gewachsen ist: 2008 waren 9 Prozent der Überzeugung, dass man den Medien in wichtigen Fragen eher nicht oder überhaupt nicht vertrauen könne, 2016 – der Umfrage der Universität Mainz zufolge – bereits 25 Prozent. Ein wachsender Teil der Bevölkerung wird sich also des Indoktrinationscharakters der Medien zunehmend bewusst. Damit ist insgesamt hinsichtlich der Beurteilung der Medien eine wachsende Polarisierung der Bevölkerung zu beobachten.

Wenn man den Indoktrinationscharakter der Medien besser verstehen will, muss man zunächst ihre politischen und ökonomischen Funktionen in der gegenwärtigen Gesellschaftsordnung untersuchen. Dazu ist es wichtig, normative Aspekte der Rolle von Medien in einer Demokratie zu unterscheiden von deskriptiven Aspekten ihrer tatsächlichen Funktionsweise in kapitalistischen westlichen Demokratien. Beide Aspekte lassen sich, unabhängig von notwendigen Nuancierungen, im Kern recht einfach beschreiben.

Was den normativen Aspekt betrifft, so kommt in einer wirklichen Demokratie Medien – ebenso wie dem Bildungswesen – eine ganz besondere Funktion zu. Denn eine Demokratie stellt in vielerlei Hinsicht psychisch und kognitiv höhere Anforderungen an jeden Einzelnen als andere Staatsformen. Sie muss den E inzelnen zu einer solidarischen aktiven Teilhabe am Gemeinwesen befähigen. Sie setzt mündige Bürger voraus – also über alle relevanten Belange des Gemeinwesens informierte Bürger, die sich eigenständig und sozialverantwortlich ein angemessenes Urteil zu bilden vermögen. Da dieses Gemeinwesen weit über den jeweils individuellen Erfahrungsbereich hinausreicht, werden Medien benötigt, um einen kollektiven Erfahrungsraum herzustellen und dadurch ein bewusstes Erleben und Verstehen von Gesellschaft zu ermöglichen. Medien dienen also dazu, uns indirekte, nämlich medial vermittelte Erfahrungen über sozial relevante Aspekte der Welt und der Gesellschaft bereitzustellen, durch die erst unser Bild von der gesellschaftlichen und politischen Realität erzeugt und geformt wird. Auf diese Weise sollen sie einen wesentlichen Beitrag dazu leisten, uns zu einer solidarischen Teilhabe an allen politisch relevanten Aspekten des Gemeinwesens zu befähigen. Eine wirkliche Demokratie stellt also höhere Anforderungen an die Qualität ihrer Medien und ihres Bildungswesens als andere Staatsformen.

Um diese normative Funktion erfüllen zu können, darf das durch die Medien vermittelte Bild der politischen Realität nicht in systematischer Weise zugunsten bestimmter Interessengruppen verzerrt sein. Da Medien den öffentlichen Diskussionsraum erst schaffen, müssen sie allen gesellschaftlichen Gruppen ein Sprachrohr bieten, mit dem sich diese gleichberechtigt in den öffentlichen Diskussionsraum einbringen können.

Es gibt in einer Demokratie, die diesen Namen verdient, noch viele weitere normative Funktionen von Medien, doch die genannten Aspekte genügen bereits, um angesichts unserer gesellschaftlichen Realität den illusorischen Charakter solcher Forderungen und Bedingungen zu verdeutlichen. Das liegt im Wesentlichen daran, dass schon die Prämisse nicht stimmt, dass wir nämlich in einer wirklichen Demokratie lebten. Die gegenwärtigen Formen einer »repräsentativen Demokratie« sind »Elitendemokratien«, also de facto »Wahloligarchien«. Seit ihren historischen Anfängen wurde die Idee einer »repräsentativen Demokratie« mit der Absicht entwickelt, das als irrational, infantil und launenhaft angesehene »dumme Volk« von politischer Macht und Einfluss fernzuhalten. Die Etablierung einer »repräsentativen Demokratie« war also explizit dazu gedacht, eine wirkliche Demokratie im Sinne der Ermöglichung einer angemessenen Teilhabe, also Partizipation, der Bürger am Gemeinwesen und eine Volkssouveränität zu verhindern. Worum sollten Machteliten auch ein Interesse an wirklicher Demokratie haben, wo eine solche doch ihren Status gefährdete? Das ist ein schwieriger Punkt, den man sorgfältig historisch nachzeichnen müsste.

Die deskriptiven Aspekte der tatsächlichen Funktionsweise der Medien innerhalb der Herrschafts- und Machtbeziehungen in kapitalistischen westlichen Demokratien sind seit mehr als hundert Jahren vielfältig untersucht worden, und es gibt zu diesem Thema reiches empirisches Material. Es belegt in geradezu überwältigender Weise, dass die Medien vorrangig dazu dienen, den gesellschaftlichen und ökonomischen Status derer zu stabilisieren, in deren Besitz sie sind oder von denen sie ökonomisch abhängig sind. Das impliziert insbesondere, dass sie die politische Weltsicht der jeweils herrschenden ökonomischen und politischen Eliten vermitteln, so dass natürlich auch die Auswahl und Interpretation von Fakten hierdurch bestimmt ist.

John Dewey, der einflussreiche liberale amerikanische politische Philosoph und Pädagoge, hat den Kern des skizzierten Problems bereits im Jahr 1935 in seinem Aufsatz »Our un-free press« auf den Punkt gebracht:

Es gehe nicht darum, »wie viele spezifische Missbräuche es gibt und wie sie behoben werden können«, sondern darum, dass man die »notwendige Wirkung des vorliegenden Wirtschaftssystems auf das gesamte System der Öffentlichkeit« untersuchen und fragen müsse, »wie weit echte geistige Freiheit und soziale Verantwortung in irgendeinem größerem Umfang unter den Bedingungen der bestehenden Wirtschaftsordnung überhaupt möglich sind«. Das ist die eigentliche Kernfrage. Denn unter den gegenwärtigen Bedingungen arbeiten private Massenmedien zwangsläufig gegen den Prozess einer Demokratisierung gesellschaftlicher Verhältnisse. Es ist aufschlussreich, dass sich der gegenwärtige Diskussionsraum der als »vernünftig« angesehenen Frage so verengt hat, dass Deweys Frage offensichtlich heute als außerhalb des Bereichs akzeptabler Fragen liegend angesehen wird.

Unter den, wie Dewey schreibt, »Bedingungen der bestehenden Wirtschaftsordnung« sind Medien bereits durch die Besitzverhältnisse in ökonomische Machtstrukturen eingebunden. Schon Noam Chomsky und Edward Herman haben in ihrer klassischen Analyse – die sie in Form ihres »Propagandamodells« zusammengefasst haben – aufgezeigt, dass dies gewaltige Konsequenzen hat. Durch ihre Einbindung in ökonomische Machtstrukturen werden Medien nahezu zwangsläufig zu einem höchst wirksamen Instrument mächtiger ökonomischer Lobbygruppen, die sich auf diese Weise verdeckt in den öffentlichen Diskussionsraum einbringen und das Meinungsklima für ihre Belange günstig stimmen können. Folglich spiegeln Medien bestsehende Machtstrukturen nicht nur wider, sondern werden zunehmend selbst zu politischen Akteuren zur Stabilisierung und Erweiterung dieser Machtstrukturen. Entgegen ihrer Selbstidealisierung als »vierte Gewalt« üben sie durch ihre politischen und ökonomischen Verflechtungen mit den herrschenden Eliten gegenüber den politischen Zentren keine wirksame Kontrollfunktion aus; sie sind keine Wachhunde des öffentlichen Interesses gegenüber den Zentren der Macht, sondern vielmehr ihre Schutzhunde. Sie fungieren durch die Art der Nachrichtenselektion und Nachrichteninterpretation als Torwächter und Weichensteller bei der Formung des öffentlichen Diskussionsraumes.

Siehe hierzu 189ff.

Dazu bedarf es keiner Verschwörung der Medien mit den Zentren der Macht. Da wir von Natur aus dazu neigen, bei Erklärungen gesellschaftlicher Phänomene Ursachenzuschreibungen lieber in personalen Kategorien als in abstrakten strukturellen Wirkfaktoren zu denken, ist es aus psychologischer

Sicht verständlich, dass viele den hohen Grad medialer Synchronisierungen und medialer Verzerrungen der politischen Realität personaler Wirkfaktoren, also beispielsweise Absprachen und Verschwörungen, zuschreiben. Dies spiegelt sich beispielsweise darin wider, dass 44 Prozent der Bundesbürger nach einer repräsentativen FORSA-Umfrage von 2015 der Aussage zustimmen, dass Medien »von oben gesteuert« werden. Doch geht eine solche personelle Interpretation an den tatsächlichen Wirkfaktoren vorbei, die überwiegend struktureller Natur sind. Das gesamte Mediensystem ist in seiner ökonomischen und organisatorischen Struktur so aufgebaut, dass es gar keiner gezielten personellen Steuerung bedarf. Seine Konformität zur herrschenden Ideologie ergibt sich bereits aus Filtermechanismen, die eine direkte Folge der strukturellen ökonomischen Machtbeziehungen sind, in die die Medien eingebettet sind. Diese Filtermechanismen beziehen sich zum einen auf die Auswahl von Nachrichten: Nur wenige große kommerzielle Agenturen dominieren die Bereitstellung des Nachrichten-Ausgangsmaterials, aus dem sich die Medien bedienen. Bereits durch diese Art der Filterung lassen sich die öffentliche Aufmerksamkeit und die gewünschten Interpretationsrahmen sehr wirkungsvoll lenken. Zum anderen beziehen sich diese Filtermechanismen auch auf die Auswahl von Journalisten. Die Filtermechanismen für eine journalistische Karriere, also für eine Auswahl und Förderung von Redakteuren, die »richtig« denken, sind ebenso vielfältig wie komplex. Sie spiegeln stillschweigende ideologische Grundannahmen und gemeinsame politische Weltsichten der Medienbetreiber wider und sorgen wirksam für eine ideologische Stabilität eines Medienunternehmens. Zu diesen beiden Filterfaktoren kommen andere hinzu, die sich aus strukturellen Mechanismen einer Anpassung an die aus Eigentumsverhältnissen und ökonomischen und politischen Gegebenheiten resultierenden Zwänge ergeben. Die Struktur des Mediensystems ist durch seine Einbindung in Machtstrukturen so beschaffen, dass personelle Absprachen und »Verschwörungen« im traditionellen Sinne weitgehend überflüssig sind.

JW *Warum konkret verlieren die Nutzer gerade jetzt das Vertrauen in den Wahrheitsgehalt der alltäglichen Indoktrination?*

RM Dafür lassen sich, wie mir scheint, vor allem drei Wirkfaktoren verantwortlich machen. Alle drei sind eigentlich recht naheliegend und wurden auch bereits umfassend analysiert.

Zum einen ist da der Grad der Meinungshomogenität innerhalb des Spektrums unterschiedlicher Gruppierungen ökonomischer und politischer Eliten. Die Spannbreite der Interessenunterschiede zwischen unterschiedlichen Elitengruppierungen hat sich in den letzten Jahren enorm verringert – vor allem durch den Siegeszug des Neoliberalismus und durch die Dominanz transatlantischer hegemonialer Interessen nach dem Zerfall der Sowjetunion.

Siehe hierzu 191 ff.

In diesem Prozess sind politisches, ökonomisches und publizistisches Establishment in ihren Perspektiven weitgehend deckungsgleich geworden. Im Zuge dieses Prozesses ist auch der notwendige Grad einer Pluralität der Medien nicht mehr gegeben. Dadurch hat sich ein Grad der Homogenisierung und ideologischen Uniformität ergeben, der wohl auch im historischen Maßstab seinesgleichen sucht. Gegenwärtig haben die Leitmedien in ihrer Bereitschaft und Willfährigkeit, das Weltbild transatlantischer neoliberaler Eliten zu vermitteln, ganz offensichtlich jedes Maß verloren. Das hat zur Folge, dass die Medien Fakten, die nicht in dieses Weltbild passen, immer hemmungsloser verschweigen oder verzerren. So erschaffen sie medial eine gesellschaftliche und soziale Realität, in der die wichtigsten Fragen gar nicht erst vorkommen und die tatsächlichen Konflikte vernebelt und verschleiert werden.

JW *Und das spüren die Menschen natürlich, der eine mehr, der andere weniger konkret: »Irgendetwas stimmt da absolut nicht mehr in und mit unseren Medien! Nur was ...?«*

RM Selbst der damalige *FAZ*-Herausgeber Frank Schirrmacher warnte in Anbetracht dieser Entwicklungen im Jahr 2009 – bezogen auf die öffentlich-rechtlichen Medien – vor den Gefahren einer »staatlich kontrollierten Bewusstseinsindustrie«. Mir allerdings scheint der von Enzensberger geprägte Begriff der »Bewusstseinsindustrie« – und auch der ihm vorausgehende Adornosche Begriff der »Kulturindustrie« – inzwischen fast verharmlosend zu sein. Denn es geht ja nicht einfach um eine abgrenzbare Sparte im Bereich kapitalistischer Warenproduktion, die »Bewusstsein« zu einer Ware gemacht hat.

Vielmehr ist der gesamte Bereich der öffentlichen Meinung – von den Medien hin zu Schulen und Universitäten – längst so tief und flächendeckend von Mechanismen der Ideologievermittlung durchzogen, dass sich die eigentliche Tiefenindoktrination nunmehr selbstreferentiell und autonom aus der bestehenden sozialen Ordnung selbst zu nähren vermag. Wir alle sind unbewusst mehr oder weniger zu ihrem Träger geworden und stützen und verbreiten sie täglich.

JW *Das bedeutet?*

RM Wir schwimmen in der herrschenden Ideologie wie Fische im Wasser und bemerken sie daher gar nicht mehr. Die ideologischen Rahmenerzählungen sind mittlerweile so tief in unserer Kultur verankert, dass wir sie als ideologische Elemente gar nicht mehr bemerken. Beispielsweise die meritokratische Ideologie einer »Leistungsgesellschaft«, in der der soziale Status eines Menschen durch seine individuell erbrachten Leistungen bestimmt werde. Denn unsere Gesellschaft ist, dieser Ideologie zufolge, gerecht, denn sie offeriere ja »Chancengerechtigkeit«. Der meritokratische Zirkelschluss der Erfolgszuschreibung lautet: Wer »oben« ist, ist zu Recht oben, denn sonst wäre er ja nicht oben. Wer »unten« ist, ist zu Recht unten, denn hätte er sich wirklich angestrengt, wäre er ja weiter oben, da er dies aber nicht ist, hat er sich also sein Los ganz offenkundig selbst zuzuschreiben. Das ist die Basisideologie unserer Gesellschaft. Durch sie werden die durch unsere Wirtschaftsordnung hervorgebrachten Verlierer gleichsam ein zweites Mal bestraft, indem man sie der sozialen Verachtung und Geringschätzung preisgibt. Weitere Beispiele der vielen ideologischen Elemente, die unsere Gesellschaft durchziehen und die wir kaum mehr als Ideologien bemerken, sind die neoliberale Ideologie eines »freien Marktes« oder die neoimperialistische Ideologie einer »westlichen Wertegemeinschaft«, deren Taten von wohlwollenden und hehren Idealen geleitet seien. Für all diese Dinge gilt Wittgensteins Bemerkung, dass wir es gar nicht sehen können, weil wir es immer vor Augen haben. Diese Ideologien sind in unserer Gesellschaft zu kaum mehr hinterfragbaren Selbstverständlichkeiten geworden.

Bei einigen aktuellen Ereignissen können bisweilen die Fakten jedoch so offenkundig den offiziellen Rahmenerzählungen widersprechen, dass größere Teile der Bevölkerung sich des ideologischen Charakters der durch die Medien vermittelten »Interpretationen« stärker bewusst werden. Eklatante jüngere Beispiele sind die Berichterstattungen über die gezielt herbeigeführten Krisen in Griechenland, der Ukraine oder in Syrien, die Dämonisierung Putins und die Russlandhetze, die voreingenommenen und oft hämischen Berichte über Corbyn oder Sanders sowie die Verschleierung der Folgen der gravierend gewachsenen sozialen Ungleichheit. In derartigen Fällen einer mehr oder weniger offenkundigen Diskrepanz zwischen Mediendarstellung und Fakten sind häufig größere propagandistische Anstrengungen nötig, damit die Bevölkerung wieder das denkt und das will, was sie denken und wollen soll. Für die Planung und Ausführung solcher »Korrekturen« an der öffentlichen Meinung gibt es tatsächlich eine Art von gesteuerter »Industrie« in Form von global agierenden PR-Agenturen, Think-Tanks, transatlantischen Netzwerken und geeigneten NGOs – eine »Industrie« zur Kontrolle der öffentlichen Meinung, die über Jahrzehnte systematisch auf- und ausgebaut wurde. Auch dies ist in vielen Studien von Sozialhistorikern, Soziologen und anderen sorgfältig dokumentiert und analysiert worden. Enzensbergers Einsicht, dass die »Bewusstseinsindustrie« gerade dazu dient, das Bewusstsein von Armut und Ausbeutung unmöglich zu machen und auf diese Weise deren Bekämpfung zu erschweren oder gar unmöglich zu machen, ist also aktueller denn je.

JW *Seit Enzensbergers Essay hat sich ja nicht nur die »Bewusstseinsindustrie« zu einem gigantischen und enorm ausgefeilten Bereich von Soft-Power-Techniken entwickelt, deren wissenschaftliche Raffinesse den Bürgern kaum bekannt ist, sondern erreichen auch Armut und Ausbeutung im Neoliberalismus einen neuen Höhepunkt. Warum scheint dies, den Wahlergebnissen nach, die Bevölkerung nicht sonderlich zu stören, die doch das neoliberale Programm einfach abwählen könnte?*

RM Das ist eine der interessantesten Fragen zur Funktionsweise unserer westlichen Demokratien. Wie kann es zu einem solchen Ausmaß der Duldung und Zustimmung kommen, obwohl die Mehrheit der Bevölkerung seit Jahrzehnten gerade die Leitragenden der grundlegenden politischen Entscheidungen sind?

Denn natürlich stört es die Mehrheit der Bevölkerung, dass sie einen immer geringer werdenden Anteil an den von der Bevölkerung erwirtschafteten Gewinnen hat. Sie spürt dies, auch wenn sie es oftmals nicht verstehend erfassen und begreifen kann. Denn die entsprechenden Fakten werden durch die Medien systematisch verschleiert oder interpretativ verzerrt und verrauscht. Beispielsweise die exzessiv angewachsenen Ungleichheiten in der Verteilung der Vermögen und Einkommen und die Tatsache, dass immer breitere Bevölkerungsschichten verarmen und zugleich die Reichen mehr und mehr von Beiträgen zur Gemeinschaft »entlastet« werden. Beispielsweise, dass fast ein Viertel aller Beschäftigten zum »Niedriglohnsektor« gehört und dass es sich dabei nicht nur um Geringqualifizierte, sondern weit überwiegend um Menschen mit abgeschlossener Berufsausbildung handelt. Beispielsweise, dass die Realeinkommen der oberen 10 Prozent in der Verteilung der privaten Haushaltseinkommen in den vergangenen zwei Jahrzehnten um fast 27 Prozent gestiegen sind, während sie bei den untersten 10 Prozent preisbereinigt sogar gefallen sind. Beispielsweise, dass das Armutsrisiko älterer Menschen seit Jahren kontinuierlich steigt. Die Medien tragen wesentlich dazu bei, dass derartige Fakten für die Betroffenen nicht mehr verstehbar sind und aus ihnen keine politischen Schlussfolgerungen gezogen werden können. Gleichwohl sind diese Fakten in der eigenen sozialen Existenz der Betroffenen spürbar. Da die Medien sie jedoch als Wirkungen undurchschaubarer und mit gesetzhafter Notwendigkeit operierender »Marktkräfte« darstellen, kann natürlich niemand für sie politische Verantwortung tragen. Individuelle Not hat dann keine strukturellen gesellschaftlichen Ursachen mehr und niemand ist für sie verantwortlich außer dem Individuum selbst. »Marktkräfte« kann man nun einmal nicht abwählen, man kann sich ihnen nur anpassen und unterwerfen. Das ist gerade der wesentliche ideologische Trick der neoliberalen Indoktrination, durch den sich die neoliberale Revolution von oben mit ihrer radikalen Umverteilung von unten nach oben erst vollziehen ließ.

Das wirkungsmächtigste Instrument dieser Revolution waren die Medien. Noch immer wird die Rolle, die sie dabei spielten und weiterhin spielen, gravierend unterschätzt. Die Medien haben – im Gleichklang mit der Mehrzahl der Intellektuellen – die ohnehin kärglichen Reste ihrer normativen Selbstideale preisgegeben und sich geradezu leidenschaftlich in den Dienst ökonomischer Eliten gestellt. So wurden sie propagandistische Massenvernichtungswaffen zur systematischen Zerstörung sozialstaatlicher Errungenschaften und zugleich der Ideen von Gemeinschaft, Solidarität und sozialer Gerechtigkeit.

Eine solche planmäßige Zerstörung des Sozialstaates wäre in einer Demokratie ohne eine planmäßige Vergiftung der Sprache und des Denkens nicht möglich gewesen. Servile Intellektuelle, Journalisten und Professoren wetteifern mit Politikern darum, sich in den Dienst der totalitären Ideologie des »Marktes« zu stellen und ihr durch eine Eroberung des Denkraumes eine vermeintliche Rechtfertigungsgrundlage zu liefern. Dazu konnten sie sich nahezu unbeschränkt der Medien bedienen und auf diese Weise eine orwellsche neoliberale Neubestimmung ursprünglich positiv besetzter Begriffe – wie »Freiheit«, »Reform«, »Bürokratieabbau«, »Flexibilität« oder »Globalisierung« – in den Köpfen verankern. Das erforderliche neoliberale Indoktrinationsvokabular wurde und wird von Think-Tanks und Stiftungen wie der »gemeinnützigen« Bertelsmann Stiftung, sorgfältig entwickelt und kontinuierlich evaluiert und verfeinert. Seit mehreren Jahrzehnten überziehen die Medien tagtäglich die Bevölkerung mit den Worthülsen des neoliberalen Jargons. Die Journalisten der Leitmedien wurden bereitwillig zu Meinungstechnikern des Neoliberalismus: Sie hinterfragen seine Begriffe nicht, sie beleuchten nicht seine Hintergründe oder seine Wurzeln, sie untersuchen nicht seine Konsequenzen und Auswirkungen. Da sie neoliberales Denken geradezu als unhinterfragbare Selbstverständlichkeit ansehen, übersetzen sie alle gesellschaftlichen Probleme in seine Kategorien und bieten für alle Fragen schablonenhaft vorgefertigte marktkonforme Antworten. Das kann natürlich nicht ohne Wirkung auf die Bevölkerung bleiben. Denn allein die Tatsache, dass Scharen neoliberaler Wortverkäufer in endlosen Wiederholungen die immergleichen Worthülsen von sich geben, verstärkt den Eindruck, dass ein so hohes Maß an Übereinstimmung nur als Ausdruck der Wahrheit verstanden werden könne. Der Neoliberalismus ist eine Ideologie, die es über die Medien geschafft hat, den gesamten öffentlichen Denkraum zu dominieren und sich auf diese Weise gewissermaßen selbst »wahr« zu machen.

Da der Neoliberalismus somit im öffentlichen Bewusstsein gar nicht mehr als Ideologie erkennbar ist, erscheint auch die von ihm planmäßig erzeugte Armut und Prekarität lediglich als eine bedauernswerte, aber unvermeidliche Nebenwirkung einer Anpassung an die »Gesetzmäßigkeiten des Marktes«. Der Markt erzwinge nun einmal »Flexibilisierung«. Mit einer solchen begrifflichen Vergiftung des Denkens ist für die Bevölkerung nicht mehr erkennbar, dass der Neoliberalismus gerade darauf angewiesen ist, soziale und ökonomische Unsicherheit zu einem Dauerzustand zu machen und das hervorzubringen, was der Armutsforscher Christoph Butterwegge »Prekarisierung der Lohnarbeit« nennt. Durch die auf diese Weise erzeugten Abstiegsängste lässt sich zugleich auch die Mittelschicht disziplinieren.

Armut – nach welchen Kriterien auch immer – ist also nicht nur eine natürliche Folge der mehr als vier Jahrzehnte andauernden Umverteilung von unten nach oben. Armut ist zugleich ein von den Nutznießern dieser

Umverteilung geradezu erwünschter Effekt. Denn sie verhindert Partizipation, erzeugt Lethargie und diszipliniert gerade diejenigen gesellschaftlichen Gruppen, die eigentlich das größte Interesse an einer Änderung haben sollten. Armut und Armutsängste sind der beste Garant der gewünschten politischen Lethargie der Bevölkerung: Wenn ein Fünftel der Gesellschaft keine politische Stimme hat, keine Organisationsform, keine mediale Repräsentanz, keine Lobbyisten für eine Vertretung ihrer Interessen, in weiten Teilen hochgradig überwacht und diszipliniert ist, erhöht das natürlich die Stabilität des Status herrschender Eliten.

Das sich bis in die Mitte der Gesellschaft ausdehnende Ausmaß an ökonomischer Unsicherheit, Angst und Armut erzeugt zwangsläufig eine gesellschaftliche Spannungssituation. Der Neoliberalismus muss nun diese Spannungen neutralisieren, damit sie sich nicht als politisches Veränderungsbedürfnis artikulieren. Dabei erweist sich eine weitere mit ihm verbundene ideologische Komponente als hilfreich, nämlich sein Sozialdarwinismus. In seiner meritokratischen Haltung teilt der Neoliberalismus nämlich die sozialdarwinistische Verachtung der Schwachen. Eine solche zutiefst inhumane Ideologie erzeugt gerade bei den Schwachen Scham über ihre eigene Situation und eine verstärkte Neigung, sich mit den Erfolgreichen und Mächtigen zu identifizieren. Infolge einer solchen sozialdarwinistischen Ideologie verbünden sich perverserweise die Starken und die Schwachen in dem Wunsch, das Thema Armut – mit oftmals stillschweigender Billigung der Medienkonsumenten – aus den Medien herauszuhalten. Armut – wenn es nicht gerade Kinderarmut ist – wird damit etwas rein Privates, sie wird auf das Individuum projiziert, das selbst daran schuld sei.

Angesicht der zentralen Rolle der Medien im neoliberalen Klassenkampf von oben ist es also nicht überraschend, dass die Verlierer dieses Klassenkampfes in den Medien praktisch nicht vorkommen, es sei denn als bloße Statistiken. Diese Teile der Bevölkerung werden in mehrfacher Hinsicht nicht mehr repräsentiert – weder politisch von den Repräsentanten des Volkes, noch medial. Sie sind ihres Sprachrohres beraubt. Sie stellen lediglich möglichst effizient zu verwaltende Objekte des Mitleids und Almosenempfangs dar, keinesfalls jedoch eigenständige Subjekte der politischen Mitgestaltung von Gemeinschaft.

Im ersten Entwurf des 5. Armuts- und Reichtumsberichtes der Bundesregierung wurde daher zu Recht noch vor einer entsprechenden »Krise der Repräsentation« gewarnt: »Personen mit geringerem Einkommen verzichten auf politische Partizipation, weil sie Erfahrungen machen, dass sich die Politik in ihren Entscheidungen weniger an ihnen orientiert.« Die politischen Repräsentanten halten es verständlicherweise nicht für opportun, diese eigentlich ganz offenkundige Tatsache deutlich auszusprechen. Daher wurde dieser Passus im Endbericht ebenso gestrichen wie der Hinweis der vom Bundesministerium für Arbeit beauftragten Forschergruppe, dass in Deutschland »eine klare Schieflage in den politischen Entscheidungen zulasten der Armen« bestehe. Die Studie dieser Forschergruppe hatte aufgezeigt, dass »politische Entscheidungen mit höherer Wahrscheinlichkeit mit den Einstellungen höherer Einkommensgruppen übereinstimmen, wohingegen für einkommensarme Gruppen entweder keine systematische Übereinstimmung festzustellen ist oder sogar ein negativer Zusammenhang«. Kurz: Die relevanten politischen Entscheidungen werden überwiegend durch die Interessen der Reichen bestimmt und die Anliegen sozial benachteiligter Gruppen finden politisch kein Gehör mehr. Eine solche »Krise der Repräsentation« lässt sich nicht einfach als eine mehr oder weniger zufällige Fehlentwicklung betrachten, die sich mit etwas gutem politischen Willen korrigieren ließe. Denn sie ist tief in der Struktur der »repräsentativen Demokratie« angelegt, die historisch gerade mit der Intention hervorgebracht wurde, den Einfluss ökonomischer Eliten, also der besitzenden Klasse, vor den Interessen der Mehrheit der Bevölkerung zu schützen. Da sich in den gegenwärtigen Formen einer »repräsentativen Demokratie« die Veränderungsenergie des Staatsvolkes in der Wahl anderer Repräsentanten aus einem vorgegebenen und hochgradig vorselektierten Spektrum erschöpft, kann auch durch Wahlen ein Veränderungswille der Mehrheit der Armen politisch nicht wirksam werden. Folglich ist auch das neoliberale Programm nicht einfach abwählbar.

JW *Zugleich sind die genannten Punkte aber, wie mir scheint, auch eben jene, an denen die ideologische Matrix am brüchigsten ist. An denen das reale Erleben eines Einzelnen zu entstehen vermag, dass hier »etwas absolut und überhaupt nicht mehr stimmt«. Massenarmut und ein Hartz-IV-Zwangsregime, das bereits einen Großteil der Bevölkerung »beglücken« durfte, als nicht vorhanden, gerecht oder nur zur notwendigen Sanktionierung »der Millionen an Faulen« zu vermitteln – ist das nicht einer der vielen Punkte, an denen das System auch aufknackbar ist; eben überall dort, wo das reale Erleben den Lügen der Macht absolut entgegensteht?*

Für einen großen und wachsenden Teil der Bevölkerung steht das reale Erleben den offiziellen »Wahrheiten« der Mächtigen und der Medien seit langem in so eklatanter Weise gegenüber, dass sich – wie schon im Feudalismus – die Frage stellt, warum nicht die Mehrheit der Nichtbesitzenden die Minderheit der Vielbesitzenden zu einer gerechteren Umverteilung zwingt. Tatsächlich ist ja, wie vielfach aufgezeigt wurde, in den vergangenen Jahrzehnten eine gewaltige Re-Feudalisierung der Gesellschaft erfolgt, in deren Folge Reichtum ebenso wie Armut und Aufstiegschancen innerhalb abgegrenzter sozialer Gruppen gleichsam »vererbt« werden. Warum gibt es dennoch keinen angemessenen politischen Druck von unten, eine solche Entwicklung zu korrigieren? Was von unten betrachtet als Lösungsweg erscheint, ist von oben betrachtet gerade eine existentielle Bedrohung des errungenen Status, die es zu neutralisieren gilt. Die besitzende Klasse ist sich also der Gefahren sehr bewusst, die gerade in einer Demokratie mit der rigorosen und skrupellosen Umverteilung und Erzeugung von Armut und Prekarität einhergehen. Denn hierdurch werden soziale Spannungsverhältnisse und Veränderungsbedürfnisse erzeugt, die auf Ablenkziele umzulenken oder gänzlich zu neutralisieren sind, damit sich die politische Veränderungsenergie nicht in radikaler oder gar gewalttätiger Weise gegen die vermeintlichen oder tatsächlichen Zentren der Macht entlädt. Damit also das System nicht an seinen eigenen Widersprüchen zerbricht, musste eine Vielzahl geeigneter Strategien der sozialen »Befriedung« entwickelt werden.

Ziel dieser Bemühungen um eine soziale »Befriedung« ist und war seit je, Klassengegensätze zu verschleiern und eine stillschweigende Zustimmung der Mehrheit der Bevölkerung zu einer Politik zu erreichen, durch die Gemeinvermögen in großem Umfang einer kleinen Schicht ökonomischer Eliten zugeschanzt wird. Die komplexen Strategien, durch die dies historisch bewerkstelligt wurde, wurden bereits in einigen sorgfältigen Studien identifiziert, jüngst von dem bedeutenden Sozialhistoriker Steven Fraser in seinem Buch *The Age of Acquiescence*, das sich mit den Entstehungsbedingungen unseres »Zeitalters der Duldung und Zustimmung« beschäftigt.

Diese Strategien setzen auf zwei Ebenen an: auf struktureller Ebene der politischen Organisation und auf ideologisch-psychologischer Ebene. Auf struktureller Ebene geht es vor allem darum, bei Aufrechterhaltung der Illusion von Demokratie demokratische Elemente auszuschalten und zu unterlaufen. Zwar hatte sich der Kapitalismus eine Zeitlang mit der »repräsentativen Demokratie« angefreundet, weil sie die politischen Wahloptionen auf Parteien zu beschränken vermag, die das Spektrum von Interessenunterschieden innerhalb der Eliten repräsentieren, und deswegen durch die Illusion einer demokratischen Kontrolle eine »befriedende« Wirkung entfalten kann. Nun wird jedoch im Neoliberalismus, als einer Extremform des Kapitalismus, diese Mesalliance eigentlich unverträglicher Gesellschaftsvorstellungen mehr und mehr aufgebrochen und die autoritären Züge und Vorlieben des Kapitalismus kommen wieder stärker zum Vorschein.

Die gegenwärtigen Formen »repräsentativer Demokratie« eignen sich besonders gut für eine unsichtbare Ausschaltung demokratischer Elemente, da sie mächtigen Lobbygruppen einen direkten Zugriff auf die »politische Repräsentation«erlauben. Dies hat eine Vielzahl von Mechanismen entstehen lassen, durch die sich in einer Art selbsterhaltender Rückkopplungsschleife ökonomische Macht in politische und diese wiederum in ökonomische Macht transformieren lässt. Der »Markt« mit seinen Akteuren und der Staat haben sich im Gefolge der neoliberalen Revolution mehr und mehr miteinander verschränkt; ökonomische und politische Macht stützen sich wechselseitig, wodurch zunehmend alle relevanten staatlichen Institutionen einer Kontrolle durch das Kapital und somit autokratischer Kontrolle unterworfen werden. Durch die immer enger werdende Verflechtung von Wirtschaft und Politik, von mächtigen Lobbygruppen, Strukturen des Meinungs- und Demokratiemanagements (Think-Tanks, Netzwerke, Medien) und von zunehmend mächtiger und eigenständiger werdenden Apparaten eines Sicherheitsstaates sind die Zentren ökonomischer und politischer Macht mittlerweile so sehr verschmolzen, dass sie für die Öffentlichkeit nicht mehr als demokratisch legitimierte Instanzen sichtbar sind und somit einer demokratischen Verantwortlichkeit entzogen sind. Die politische Korruption ist also längst aus der Lobby des Parlaments in die Zentren der politischen Institutionen gewandert und bis in deren Wurzeln hinein systemisch geworden. Zu den strukturellen Elementen einer Verdeckung von Klassengegensätzen gehören auch all die dem Blick der Öffentlichkeit weitestgehend entzogenen Strategien nationaler und internationaler Gesetzgebung, wie zum Beispiel. Steuergesetze oder Freihandelsabkommen, durch die sich, wie schon im Feudalismus, die organisierte Kriminalität der besitzenden Klasse verrechtlichen lässt.

Siehe hierzu 100ff.

Auf ideologisch-psychologischer Ebene liegt das vorrangige Ziel des Neoliberalismus darin, eine radikal entpolitisierte und sozial atomisierte Gesellschaft zu erzeugen. Damit gar nicht erst die Idee eines gemeinsamen Interesses und somit Handlungsoptionen einer kollektiven Bündelung von Veränderungsbedürfnissen entstehen können, ist es erforderlich, dass das Individuum seine soziale Situation einzig seiner Anpassungskompetenz an die »Erfordernisse« des »Marktes« zuschreibt. Sofern überhaupt Vorstellungen einer kollektiven Identität entstehen, sollen sie sich auf Aspekte des Konsumbereichs oder des Bereichs individueller Lifestyles beziehen. Die so erreichte Entpolitisierung hat eine Reihe von machtpolitisch erwünschten Konsequenzen: Sie wirkt entsolidarisierend, entwurzelt das Individuum von der sozialen Erfahrungsgeschichte seiner eigenen sozialen Klasse und lässt es, hoffnunglos auf sich selbst gestellt, mit Gefühlen der Hilflosigkeit und Resignation zurück. Das sozial entwurzelte Individuum lässt sich in seinem Denken und Handeln ohne größeren Widerstand zum Objekt von geeigneten Techniken des Meinungsmanagements und der Disziplinierung und Überwachung machen, also genau zu der Art von politischem Objekt, das gerade in Demokratien der Traum der besitzenden Klasse ist. Eine solchermaßen radikale Entpolitisierung der Gesellschaft bedarf einer flächendeckenden Unterstützung durch die Medien. Zudem kann sie langfristig nur stabilisiert werden, wenn sich auch alle Sozialisations- und Bildungsinstanzen in ihren Dienst stellen. Genau dies ist in den vergangenen Jahrzehnten geschehen: Die Perfektion der neoliberalen Herrschaft über das gesamte Bildungssystem ist in nahezu totalitärer Weise vollkommen, und es gibt mittlerweile praktisch keine Konzeption mehr von Bildung als einem emanzipatorischen Unterfangen.

Eine der folgenschwersten Konsequenzen der systematisch betriebenen radikalen Entpolitisierung der Gesellschaft ist die Fragmentierung und Zersetzung emanzipatorischer und sozialer Bewegungen und der politischen Linken allgemein. Das bezieht sich nicht nur auf die neoliberale Unterwerfung der in Parteien organisierten politischen Linken, deren Vertreter, wie die Agenda 2010 zeigt, das neoliberale Programm am konsequentesten vorangetrieben haben. Es bezieht sich auf den überwiegenden Teil des emanzipatorischen Potentials der Gesellschaft, das im Prozess dieser Entpolitisierung gleichsam privatisiert wurde. In dem Maße, wie sich sozialer Protest auf Identitäts- und Anerkennungsinteressen partikularer Gruppen beschränkte, wandelte sich das vormals kritische Potential zu dem, was Nancy Fraser »progressiven Neoliberalismus« nennt. So trugen, bewusst oder duldend, gerade kritische und linke Gruppierungen, auf die sich früher die Hoffnung auf eine gesellschaftliche Veränderung gründete, zur Stabilisierung neoliberaler Gesellschaft bei. Das ehemals linke und sich heute zumindest noch »progressiv« fühlende Milieu kämpft nicht mehr gegen Ungleichheit, sondern gegen eine Diskriminierung seiner eigenen Partikulargruppen und hat sich ansonsten recht behaglich im Status quo eingerichtet.

Im Gefolge der neoliberalen Entpolitisierung der Gesellschaft verschwand auch weitgehend die Figur des politisch aktiven öffentlichen Intellektuellen, der die politische Situation kritisch und mit emanzipatorischem Engagement öffentlich reflektiert. So haben postmoderne Intellektuelle ebenso wie linke Salonintellektuelle mit der ihnen eigenen politischen Abstinenz die Verlierer der herrschenden Ordnung verraten und damit einer Vereinnahmung durch rechtsnationalistische und rechtspopulistische Bewegungen überlassen. Die im Neoliberalismus noch verbliebenen linken Intellektuellen verzichten überwiegend darauf, die Interessen der gesellschaftlichen Verlierer zu vertreten. Linke Salonintellektuelle und postmoderne Intellektuelle teilen zudem mit den Machteliten die intellektuelle Verachtung für das Volk, das ohnehin nicht in der Lage sei, ihre gesellschaftlichen Analysen zu verstehen und die Tiefe ihrer Gedanken zu ermessen.

So ist, wie insbesondere Noam Chomsky oder Pierre Bourdieu beklagten, der Typ des emanzipatorisch aktiven Intellektuellen weitgehend aus der Öffentlichkeit verschwunden. Damit fehlen gerade diejenigen, die bereit und in der Lage sind, dem neoliberalen Totalitarismus Gegenentwürfe gegenüberzustellen, durch die sich dem Veränderungsbedürfnis wieder ein emanzipatorisches Ziel für politisches Handeln geben lässt, und die in Erinnerung rufen, wofür es sich zu kämpfen lohnt. Der Neoliberalismus war also ausgesprochen erfolgreich in seinem Bemühen, emanzipatorisches Potential zu zersetzen und den gesellschaftlichen Vermittlungsprozess, durch den sich erst das Substrat linker Gesellschaftskritik und historisch gewonnener Einsichten sozialer Bewegungen politisch wirksam machen lässt, zu blockieren.

JW *Welche Folgen hat all das für den Kampf um wirkliche Demokratie, eine menschlichere und sozialere Welt? Und was wären die in Ihren Augen aktuell wichtigsten und sinnvollsten Aktionen im Kampf um wahrhaftige Medien und wirkliche Demokratie? Welche Schritte könnten, sollten, müssen vom Einzelnen oder von vielen beschritten werden – die auch sinnvoll, weil zielführend sind?*

RM Jede Form des politischen Handelns muss natürlich geleitet sein von angemessenen Einsichten in die relevanten Eigenschaften des politischen Systems, um das es geht. In komplexen gesellschaftlichen Situationen kann Handeln nicht einfach Selbstzweck sein. Vor dem Handeln hat stets eine auf entsprechenden Einsichten basierende Handlungsplanung zu stehen. Eine aussichtsreiche Handlungsplanung darf sich zudem nicht auf Oberflächenphänomene beschränken, sondern muss im ökonomischen wie im ideologischen Bereich auf die Wurzeln verantwortlicher Machtbeziehungen zielen. Kaum einer hat diese strategischen Aspekte besser verstanden als Hayek, und in dieser Hinsicht können emanzipatorische Bewegungen viel aus den Strategien lernen, auf denen der Erfolg des Neoliberalismus basiert.

Der Neoliberalismus konnte nur in dem Maße erfolgreich werden, wie es ihm gelang, die Gesellschaft zu entpolitisieren. Daraus ergibt sich umgekehrt, dass der Kampf gegen den Neoliberalismus nur in dem Maße erfolgreich sein kann, wie es gelingt, eine umfassende Re-Politisierung auf allen Ebenen der Gesellschaft zu erreichen. Dafür kann es keine einfachen Rezepte geben. Alle können in den Bereichen, in denen sie gesellschaftlich wirken können, etwas zu einer solchen Re-Politisierung beitragen und so ihr politisches Handeln an die spezifischen Möglichkeiten der jeweiligen Situation anpassen. Dennoch lassen sich über eine solche Situationsspezifität hinaus auch allgemeinere Anregungen für wirksame Strategien und Taktiken gewinnen, nämlich aus der Geschichte sozialer Bewegungen und aus dem in gesellschaftlichen Kämpfen gewonnenen Werkzeugkasten des sozialen Widerstandes – Instrumente, die es dann anzupassen und zu verfeinern gilt. Dazu müssen wir natürlich erst einmal die soziale Fragmentierung und die ideengeschichtliche Entwurzelung überwinden, um all das zuvor bereits Gewonnene fruchtbar machen zu können. Dies wiederum ist nur arbeitsteilig möglich und bedarf der Unterstützung intellektueller Vermittler, die politisches Handeln wieder in die historische Perspektive sozialer Kämpfe und in die ideengeschichtliche Kontinuität emanzipatorischen Denkens einbetten.

Ein bewährtes mächtiges Werkzeug besteht darin, kontinuierlich die inneren Widersprüche der bestehenden Verhältnisse aufzuzeigen, um daraus Möglichkeiten konkreter politischer Arbeit zu entwickeln. Ebenso kontinuierlich und flexibel müssen situationsgerecht Techniken und Strategien entwickelt werden, durch die sich jede Art von illegitimer Macht identifizieren, begrenzen oder beseitigen lässt. Es geht also darum, einen Prozess in Gang zu setzen, und nicht darum, ein starr vorgegebenes Ziel zu erreichen. Denn wirkliche Demokratie ist nicht einfach eine gleichsam statische Norm, für deren Erreichung man nur einen Transformationsprozess ausfindig machen muss, durch den man von den bestehenden Verhältnissen zu diesem vorgegebenen Zielpunkt gelangen könnte. Demokratie ist vielmehr ein kontinuierlicher Prozess der Bändigung und Einhegung von Macht durch die ebenso kontinuierliche Schaffung von Organisationsformen, in denen Menschen ohne Macht – also die Mehrheit der Bevölkerung – zueinanderfinden und ihre Interessen in den öffentlichen Raum einbringen können.

Bei diesen Bemühungen um eine kontinuierliche Herstellung demokratischer Organisationsformen und damit einer menschenwürdigeren Gesellschaft kann uns die Einsicht helfen, dass die gegenwärtige soziale Realität durch menschliche Entscheidungen herbeigeführt wurde und nicht, wie uns die neoliberale Indoktrination glauben machen will, durch irgendwelche naturgesetzlichen Entwicklungen. Folglich können diese systematisch herbeigeführten Zustände auch wieder durch menschliche Entscheidungen rückgängig gemacht und beseitigt werden. Das ist jedoch durch die mittlerweile extreme Verschmelzung und rechtliche Stabilisierung unterschiedlicher Machtstrukturen eine sehr schwierige und nur längerfristig zu bewältigende Aufgabe, zumal es angesichts des totalitären Charakters des Neoliberalismus besonders mühsam sein wird, überhaupt erst wieder einen gedanklichen Spielraum für Alternativen zu gewinnen.

Noch ein letztes Wort? JW

Die Rolle und Funktionsweise der Medien lässt sich – wie schon John Dewey betonte und insbesondere Noam Chomsky sorgfältig aufzeigte – nicht verstehen, wenn man dieses Thema auf Fragen spezifischer Missstände und ihrer Behebung beschränkt und somit isoliert von Fragen gesellschaftlicher Macht- und Herrschaftsbeziehungen behandelt. Das gilt RM in besonderem Maße für Demokratien. Medien sind ein unverzichtbares Instrument bei der Herstellung von Gemeinschaft. Da sie unser Bild von der politischen Realität erst schaffen, hängt die Errichtung einer menschenwürdigeren Gesellschaft wesentlich davon ab, inwieweit es uns gelingt, einen Bedingungsrahmen für Medien zu schaffen, durch den alle gesellschaftlichen Gruppen die Möglichkeit haben, sich gleichberechtigt in den öffentlichen Diskussionsraum einzubringen. In der gegenwärtigen Gesellschaftsordnung sind Medien jedoch tief in Machtbeziehungen eingebunden, durch die sie Instrumente der Interessen ökonomischer Eliten sind. Daher wird ihre Funktionsweise überwiegend durch Faktoren bestimmt, die außerhalb des öffentlichen Diskussionsraumes liegen und die für die Öffentlichkeit nahezu unsichtbar sind. Wenn wir also eine wirkliche Demokratie schaffen wollen, müssen wir das gesamte Medienwesen – vor allem hinsichtlich seiner ökonomischen Struktur und seiner symbiotischen Vernetzung mit den ökonomischen und politischen Zentren der Macht – radikal reformieren, um eine umfassende demokratische Kontrolle der Medien zu erreichen. Da sich naturgemäß die Zentren der Macht der Entwicklung einer wirklichen Demokratie widersetzen, wird sich dies nicht ohne radikale demokratische Reformen der Gesellschaft insgesamt erreichen lassen.

erschienen in:
Jens Wernicke,
Lügen die Medien? Propaganda, Rudeljournalismus und der Kampf um die öffentliche Meinung.
Westend Verlag (2017)

Wie sich die »verwirrte Herde« auf Kurs halten lässt

Die Einschränkung des öffentlichen Debattenraumes und die Ächtung von Dissens

Die Demokratie ist mit einer Paradoxie behaftet. Keine Herrschaftsform begrenzt für die Herrschenden die Ausübung politischer Macht so stark wie die Demokratie. Aus der Perspektive derjenigen, die über Macht verfügen, muss sie also zwangsläufig wenig attraktiv erscheinen. Zugleich hat die Demokratie seit der Mitte des 19. Jahrhunderts einen beispiellosen Siegeszug angetreten und gilt heute als einzig legitimierte Herrschaftsform. Das ist eine paradoxe und somit erklärungsbedürftige Situation. Nun ist kaum anzunehmen, dass diejenigen, die über große demokratisch nicht rechenschaftspflichtige Macht verfügen, zu der Einsicht gekommen sein könnten, dass eine solche Macht stets die Gefahr in sich birgt, mit schwersten Zerstörungen einherzugehen, und dass somit als Konsequenz aus den Blutspuren der Geschichte eine Selbstbegrenzung von Macht durch ihre Unterwerfung unter demokratische Kontrolle geboten sei. Es gehört nämlich gerade zum Wesen von Macht, das sie sich nicht selbst begrenzt, sondern nach mehr Macht drängt. Die Gründe für den Siegeszug der Demokratie müssen also an anderer Stelle zu suchen sein.

Auf uns übt die Idee einer politischen Selbstbestimmung des Volkes eine besondere Faszination aus. Denn wir haben einen natürlichen Widerwillen dagegen, einem fremden Willen unterworfen zu sein, und wollen die Bedingungen unseres gesellschaftlichen Lebens gerne mitbestimmen. Schon die Bezeichnung »Demokratie« trägt ein emanzipatorisches Versprechen in sich. Sie vermag, Wünsche nach politischer Freiheit und Selbstbestimmung zu wecken und zu verstärken und gesellschaftliche Energien freizusetzen, die auf die Einlösung eines solchen Versprechens drängen. Das im Wort »Demokratie« angelegte emanzipatorische Versprechen erfüllt also grundlegende Bedürfnisse der Machtunterworfenen. Eben dadurch gefährdet es jedoch die Stabilitätsbedürfnisse der Machtausübenden. Die Machtunterworfenen streben nach politischer Selbstbestimmung, die Machtausübenden streben nach Stabilität und Ausweitung ihrer Macht. Das ist einer der grundlegenden Antagonismen gesellschaftlicher Organisation.

Da die Machtunterworfenen in der Mehrzahl sind und die Machtausübenden in der Minderheit, ist, wie schon David Hume bemerkte, »nichts überraschender als die Leichtigkeit, mit der die Vielen von den Wenigen regiert werden«.[1] Abgesehen von brutaler Unterdrückung bleibt den Herrschenden, wie Hume erkannte, nur eine Möglichkeit, durch die sich ihre Herrschaft sichern lässt, nämlich die Kontrolle der Meinung. Hierfür verfügen sie über ein umfassendes Arsenal von Techniken, wie es vor allem in den USA mit großem Aufwand und unter massiver Beteiligung der Sozialwissenschaften systematisch entwickelt wurde und wird. Zu diesen gehören vor allem geeignete Bedeutungsverschiebungen vertrauter und positiv besetzter Begriffe wie »Freiheit«, »Gerechtigkeit«, »Liberalisierung«, »Reformen« – und eben auch »Demokratie«. Der mit großen emanzipatorischen Versprechen aufgeladene Begriff der Demokratie erfordert aus der Perspektive der Herrschenden besondere Anstrengungen, um den durch ihn hervorgerufenen Eindruck politischer Selbstbestimmung zu erhalten und zugleich das mit ihm verbundene Risiko für die Stabilität von Machtverhältnissen wirksam zu entschärfen. Wenn es sich also durch geeignete orwellsche Begriffsmanipulationen bewerkstelligen ließe, die ursprüngliche Bedeutung des Begriffs »Demokratie« in einer für die Öffentlichkeit kaum bemerkbaren Weise so zu verschieben, dass »Demokratie« gerade nicht mehr eine politische Selbstbestimmung des Volkes bedeutet, sondern eine Fremdbestimmung durch politisch-ökonomische Eliten, so ließe sich der Begriff »Demokratie« sogar als ein ausgesprochen nützliches Herrschaftsinstrument nutzen. Denn ein solcher Begriff von »Demokratie« suggeriert, dass dem Freiheitsbedürfnis der Machtunterworfenen Rechnung getragen wurde und dass die existierenden gesellschaftlichen Verhältnisse gerade Ausdruck des Willens des Volkes seien. Es lässt sich kaum eine wirksamere Form der Revolutionsprophylaxe denken als die Illusion der politischen Selbstbestimmung.

Genau eine solche Bedeutungsverschiebung des Wortes »Demokratie« ist in den vergangenen mehr als hundert Jahren in so durchschlagender Weise gelungen, dass die heutigen Formen westlicher kapitalistischer Demokratien für die herrschenden Machtverhältnisse völlig risikofrei sind. Demokratische Prozeduren konnten unter Wahrung kapitalistischer Macht- und Gewaltverhältnisse so in die Strukturen der Machtausübung eingebaut werden, dass sie die Grundlagen von Machtverhältnissen nicht einmal berühren und zugleich den Machtunterworfenen die Illusion einer politischen Selbstbestimmung vermitteln. Mit einer solchen Bedeutungsverschiebung erweist sich das Wort »Demokratie« als besonders geeignet, tatsächliche Herrschaftsverhältnisse zu verschleiern.

Damit entsteht in kapitalistischen Elitendemokratien – die gegenwärtig das Standardmodell westlicher Demokratien darstellen – ein Spannungsverhältnis zwischen emanzipatorischem Versprechen und den tatsächlichen Machtverhältnissen. Dieses Spannungsverhältnis ist für die Bevölkerung täglich erfahrbar. Damit es sich nicht in einem Empörungs- und Veränderungspotential entlädt, muss es aus Sicht der Machtausübenden kontinuierlich durch ein geeignetes Demokratiemanagement entschärft werden. Ein wirksames Demokratiemanagement, mit dem sich der autoritäre und antidemokratische Charakter gegenwärtiger Formen kapitalistischer Elitendemokratien für die Bevölkerung weitgehend unsichtbar machen lässt, ist also darauf angewiesen, das Bewusstsein der Bürger so zu manipulieren, dass sie unfähig sind, angemessene Schlüsse aus ihrer politischen Erfahrungsrealität zu ziehen. Zu dieser Erfahrungsrealität gehört insbesondere die Tatsache, dass die Bürger an sämtlichen relevanten politischen Entscheidungen keinen Anteil haben.[2]

Dazu gibt es für die jeweils Mächtigen vielfältige Wege: Man kann Gefühle der Ohnmacht und Angst erzeugen, wodurch man die Neigung erhöht, den Status quo zu bewahren. Man kann durch Konsumismus, mediale Überflutung mit Nichtigkeiten und Infantilisierung die politische Apathie verstärken.[3] Man kann mit klassischen Techniken der Indoktrination ein »falsches Bewusstsein« und »Falsch-Identitäten«[4] erzeugen, durch welche die Erfahrungsrealität der Bürger in geeigneter Weise umgestaltet wird. Man kann grundlegender ansetzen und durch konsequente »Umformung« der Bürger zu bloßen Konsumenten insgesamt die Befähigung blockieren, überhaupt politische Überzeugungen auszubilden. Man kann durch ein geeignetes Empörungsmanagement das Veränderungsbedürfnis der Bürger auf Scheinziele ablenken. Die zu diesen Möglichkeiten eines Demokratiemanagements erforderlichen Methoden sind recht schlicht und seit mehr als einem Jahrhundert vielfältig erforscht und verfeinert worden.

Eine äußerst wirksame und gut erprobte Methode des Demokratiemanagements hat in jüngerer Zeit wieder besondere Bedeutung gewonnen. Noam Chomsky beschreibt sie so:

»Der intelligente Weg, Menschen passiv und fügsam zu halten, besteht darin, das Spektrum akzeptabler Meinungen strikt zu begrenzen, aber eine sehr lebhafte Debatte innerhalb dieses Spektrums zu ermöglichen – und sogar kritischere und abweichende Ansichten zu fördern. Das gibt den Menschen das Gefühl, dass freies Denken stattfindet, während die Voraussetzungen des Systems immer wieder durch die Grenzen des zulässigen Bereichs der Debatte verfestigt werden.«[5]

Bei dieser Methode geht es nicht einfach darum, Menschen bestimmte ideologische Meinungen einzutrichtern oder eine ideologische Rahmenerzählung durchzusetzen, sondern gleichsam komplementär darum, ganze Denkmöglichkeiten für die Öffentlichkeit unsichtbar zu machen. Je besser dies gelingt, desto stärker wird die herrschende Ideologie als alternativlos empfunden. Es geht also darum, den öffentlichen Debattenraum so einzuschränken, dass Konzeptionen, welche die herrschende Ideologie und die herrschenden Machtverhältnisse gefährden könnten, als Alternativen gar nicht mehr sichtbar sind. Das gilt nicht nur für konkrete Konzeptionen gesellschaftlicher Organisation, sondern insbesondere auch für allgemeine Leitvorstellungen oder Utopien, wie sie seit jeher der Motor der Zivilisationsentwicklung waren und sind. Wird der öffentliche Debattenraum durch eine Eingrenzung auf Denkmöglichkeiten eingeschränkt, die mit der herrschenden Ideologie verträglich sind, so wird damit auch der Leitidee des »mündigen Bürgers« das Fundament entzogen – und damit der Leitidee von Demokratie selbst. Denn eine wirkliche Demokratie ist mit dem grundlegenden Problem behaftet, dass sie auf Voraussetzungen beruht, die sie selbst erst schaffen muss. Sie beruht auf dem Leitideal des mündigen Bürgers. Mit ihm steht oder fällt die Idee von Demokratie.

Mündigkeit im politisch-gesellschaftlichen Bereich bezeichnet die Befähigung zur Selbstbestimmung – also zu einer Unabhängigkeit von einer Bevormundung durch andere. Das Projekt der Aufklärung gründet auf der Hoffnung, dass es Wege gibt, die Bürger – wenn nicht notwendig als einzelne, jedoch als Bürgerschaft – zu einer politischen Mündigkeit zu führen. Zugleich wurden jedoch seit jeher die großen Widerstände erkannt, mit denen ein solches Projekt zu kämpfen hat.

Demokratie bedeutet – in den Worten von Ingeborg Maus, der wohl bedeutendsten Demokratietheoretikerin der Gegenwart – die »Vergesellschaftung von Herrschaft«[6] – auf der Basis des egalitären Prinzips der »Anerkennung aller als Freier und Gleicher, ungeachtet ihrer faktischen Differenzen«[7] – und die Unterwerfung aller Staatsapparate unter das demokratische Gesetz, also unter den gesetzgebenden Willen der Bürger. Ingeborg Maus zeigt auf, dass sich Freiheit und Menschenrechte nur durch eine ungeteilte Selbstgesetzgebung der Gesetzesunterworfenen verbunden mit einer strikten Gesetzesbindung der gesetzanwendenden Instanzen gewährleisten lassen.

Ein solches Leitideal hat jedoch nur dann Chancen auf eine zumindest näherungsweise Realisierung, wenn die Bürger die gesellschaftliche Welt zumindest so weit verstehen, dass sie sich über die Folgen ihrer Selbstgesetzgebung im Klaren sind. Doch ist die Komplexität der modernen Gesellschaft nicht so groß geworden, dass die Vorstellung, die Bürgerschaft sei in der Lage, diese Komplexität zu erfassen und die Folgen gesetzgeberischer Gestaltungsversuche zu überschauen, hoffnungslos unangemessen und naiv erscheinen muss?

Das Leitideal der Demokratie ist also gegen den Einwand zu verteidigen, es sei eine reine Wunschvorstellung, ein Phantasieprodukt unseres Geistes, das sich mit der Komplexität und den Anforderungen unserer Gesellschaft nicht in Einklang bringen lasse. Da diesem Einwand zufolge die Leitidee einer mündigen Bürgerschaft eine bloße Wunschvorstellung sei, Demokratie als Selbstgesetzgebung des Volkes jedoch auf einer solchen Leitidee gründe, sei auch der Leitvorstellung von Demokratie die Grundlage entzogen.

DEMOKRATIE als Vergesellschaftung von Herrschaft durch **SOUVERÄNE SELBSTGESETZGEBUNG** des Volkes

↓

→ *Alle* Machtstrukturen haben ihre Existenzberechtigung nachzuweisen und sich der Öffentlichkeit gegenüber zu rechtfertigen, sonst sind sie illegitim und somit zu beseitigen.

→ Jeder Bürger soll **einen angemessenen Anteil** an allen Entscheidungen haben, die das eigene gesellschaftliche Leben betreffen.

→ Zentrale Bereiche einer Gesellschaft, insbesondere die Wirtschaft, dürfen nicht von einer demokratischen Legitimation und Kontrolle ausgeklammert werden.

Es gibt indes gute Gründe, gerade unter den gegenwärtigen Bedingungen an der Leitidee von Demokratie festzuhalten. Denn diese stellt nicht lediglich einen Selbstzweck politischer Selbstbestimmung dar. Demokratie ist zum einen eine Form der Gesellschaftsorganisation, die unseren natürlichen Freiheitsbedürfnissen Rechnung trägt. Zum anderen resultiert sie aus den Bemühungen, Konsequenzen aus den unermesslichen Blutspuren zu ziehen, die der Mensch in der Zivilisationsgeschichte hinterlassen hat. Es ging in ihrer Entstehungsgeschichte wesentlich auch um Friedenssicherung – um die Sicherung des inneren Friedens und um die Sicherung des Friedens zwischen den Völkern. Demokratie zielt darauf, Wege zu finden, wie sich Macht so einhegen lässt, dass nicht einfach der Starke über den Schwachen herrschen kann.[8] Gegen die Exzesse der Macht bedarf es zivilisatorischer Schutzbalken, um die Macht der Starken zu begrenzen und die Schwachen vor Gewaltexzessen zu schützen. Diesen Bemühungen, institutionalisierte Schutzbalken gegen eine Herrschaft der Gewalt zu errichten, lag und liegt stets eine Art egalitärer Vision zugrunde, die den Starken nicht mehr oder andere Rechte einräumt als den Schwachen – also die »Anerkennung aller als Freier und Gleicher, ungeachtet ihrer faktischen Differenzen«. Es ist gerade diese egalitäre Vision, die bei der Gesellschaftsorganisation zur Demokratie, bei der Regelung zwischen Staaten zum Völkerrecht führt.[9]

WARUM DEMOKRATIE?

ZIEL: Organisation einer menschenwürdigen Gesellschaft

↙ ↘

Politische Selbstbestimmung als Ausdruck unseres natürlichen Freiheitsbedürfnisses

Konsequenzen aus den unermesslichen Blutspuren der Geschichte
→ Einhegung von Macht
→ Friedenssicherung

GRUNDLAGE: **EGALITÄRES GRUNDPRINZIP**
»Anerkennung aller als Freier und Gleicher, ungeachtet ihrer faktischen Differenzen«

↓

Prozedurale gesellschaftliche Schutzbalken gegen illegitime Macht

↓

DEMOKRATIE = alleinige Kompetenz der Gesetzesunterworfenen zur Verfassungs- und Gesetzgebung und strikte Bindung aller Staatsapparate an das demokratische Gesetz

Ebenso, wie es gute Gründe gibt, am Leitideal der Demokratie festzuhalten, gibt es gute Gründe, am Leitideal einer mündigen Bürgerschaft festzuhalten.

Diese Gründe lassen sich gleichsam prototypisch am Beispiel einer der großen politischen Kontroversen des vergangenen Jahrhunderts aufzeigen, nämlich der zwischen Walter Lippmann und John Dewey, zwei der bedeutendsten politischen Intellektuellen der USA. Auf der einen Seite stand der damals einflussreichste Journalist der USA, auf der anderen der damals einflussreichste Philosoph der USA. Auch für heutige Debatten zur Berechtigung und Tauglichkeit von Demokratie bleiben ihre Positionen und Argumente im Kern aktuell.

Hat sich das Leitideal des »mündigen Bürgers« überlebt? *Die Lippmann-Dewey-Kontroverse*

Der Journalist Walter Lippmann[10] stieß in der ersten Hälfte des vergangenen Jahrhunderts eine Reihe von Debatten an, die auch heute noch von Interesse sind.

Lippmann suchte eine Form der »Demokratie«, die den Komplexitäten einer hochindustrialisierten modernen Gesellschaft gerecht wird.[11] Die Lösung sah er in der Form einer »Elitendemokratie«, bei der die Bürger periodisch politische Repräsentanten aus einem vorgegebenen Elitenspektrum wählen können.[12] Eine Elitenherrschaft, die sich periodisch durch Wahlen legitimieren lässt, hat auch für die Machtausübenden den Vorteil, dass sie gewalttätige Konflikte zwischen Elitengruppierungen zu vermeiden hilft.

Lippmann beschäftigte sich zudem intensiv mit der Rolle der Massenmedien in einer solchen Elitendemokratie und wies Think-Tanks[13] darin eine besondere Rolle zu. In seinen späteren Arbeiten war Lippmann zudem einer der Vordenker von Strömungen, die sich später zum Neoliberalismus verdichten sollten. In seinen glänzend und geistreich geschriebenen Büchern *Public Opinion* von 1922[14] und *The Phantom Public* von 1925 formulierte er eine vernichtende Kritik der Leitidee des mündigen Bürgers und entwarf die Konturen der Organisation einer Elitendemokratie.[15]

Dies veranlasste den liberalen Philosophen John Dewey zu einer scharfen und tiefgehenden Kritik sowohl der Prämissen wie auch Folgerungen Lippmanns. Dewey kam aus einer gänzlich anderen Gedankenwelt. Er stand in der Tradition der Aufklärung, war Sozialreformer, Pädagoge und vor allem glühender Verfechter demokratischer Lebensformen. In seinem Buch *The Public and its Problems* von 1927 sezierte er scharfsinnig Lippmanns Thesen und Prämissen und suchte insbesondere die spezifischen Voraussetzungen zu bestimmen, unter denen mündige Bürger – und damit eine ernsthaft demokratische Gesellschaftsordnung – möglich sind.

Obwohl Dewey viele Aspekte von Lippmanns psychologischer Analyse von Individuen im Umgang mit gesellschaftlich-politischen Fragen teilte, musste eine Verständigung zwischen den beiden letztlich aussichtlos bleiben. Denn beide verfolgten diametral entgegengesetzte politische Ziele: Lippmann fragte, wie sich Macht in einer modernen Gesellschaft effizient organisieren lässt. Dewey hingegen fragte, wie sich politische Macht wirksam einhegen lässt, stellte sich also genau die Art von Fragen, die im Fokus der Aufklärung standen.

Im Zentrum von Lippmanns Betrachtungen stand eine schonungslos nüchterne Kritik an der Idee der mündigen Bürger. Sein Menschenbild, das in dieser Kritik seinen Ausdruck fand, führte ihn dazu, Demokratie als ein abwegiges und irregeleitetes Ideal zu betrachten.[16] Seine Kritik formulierte er unter Verwendung der theoretischen Begrifflichkeit der wissenschaftlichen Psychologie seiner Zeit – Lippmann hatte in Harvard auch Psychologie bei William James studiert.

Lippmann war der Auffassung, dass Bürger weder politisches Wissen noch Interessen hätten, dass sie durch Ignoranz, Apathie und Vorurteile gekennzeichnet seien und es ihnen an Denk- und Handlungsfähigkeit mangele. Durch Stereotype geleitet, kennten sie die politische Welt nicht direkt und unmittelbar, sondern nur als »Bild in ihren Köpfen«, also als etwas, das durch ihre Gefühle, Vorurteile, Gewohnheiten und Werte gefiltert ist.[17] Folglich sprächen sie emotional und intellektuell – gleich den Bewohnern der Höhle in Platons Höhlengleichnis – in ihren politischen Meinungen nur auf eine Scheinwelt in ihren Köpfen an; Lippmanns sprach von »Pseudoumwelt«. So würden sie alles personalisieren, was sie betrachten, seien bei politischen Problemen schwer wachzurütteln, leicht abzulenken, interessierten sich nur für Ereignisse, die sich als Konflikte dramatisieren ließen, und seien darüber hinaus auch noch unfähig, öffentliche Missstände zu antizipieren und Lehren aus vergangenen Krisen zu ziehen. Insgesamt seien sie in der komplexen modernen Gesellschaft unfähig, politische Probleme in angemessener Weise zu erfassen und intellektuell zu meistern. Die breite Öffentlichkeit bestehe aus »unwissenden und lästigen Außenstehenden«, deren Rolle in einer Demokratie die der »Zuschauer« sein müsse, nicht aber die von »Mitwirkenden«. Bürger dürften lediglich periodisch ihre Stimme einem der »verantwortlichen Männer« verleihen und sollten sich ansonsten wieder auf ihre kleine überschaubare Privatwelt beschränken. »Die Öffentlichkeit«, so Lippmann, »muss an ihren Platz verwiesen werden, damit wir durch das Getrampel und Geschrei der verwirrten Herde nicht beeinträchtigt werden.«[18]

Wenige Jahre vor seinem geringschätzigen Resümee über die politischen Kompetenzen der Bürger in *Public Opinion* hatte Lippmann die offenkundigen Probleme der Demokratie noch überwiegend den Medien zur Last gelegt. In seinem 1920 erschienenen Buch *Liberty and the News* beklagte er, dass die gegenwärtige Krise der Demokratie eine Krise des Journalismus sei, und fragte, wie die Demokratie überleben könne, wenn die systematische Herstellung von Zustimmung ein unreguliertes Gewerbe sei (»the manufacture of consent is an unregulated private enterprise«). Auch besorgte ihn, dass die repräsentative Demokratie zunehmend zu einem »government by newspaper« geworden sei.[19] Später sah er das Problem vor allem auf psychologischer Ebene in der grundlegenden politischen Inkompetenz der Bürger, an der weder Medien noch Schulen etwas ändern könnten. Denn Medien seien aus grundsätzlichen Gründen nicht in der Lage, ein objektives und unverzerrtes Bild der gesellschaftlichen Realität zu vermitteln und vermöchten daher nicht, die politische Inkompetenz der Bürger auszugleichen.[20]

Das tatsächliche Problem liegt Lippmann zufolge also tiefer als nur in Problemen der Medien.

Die Probleme der Demokratie lägen vielmehr in der Unfähigkeit der Bürger, ihr Halbwissen und ihre Vorurteile zu überwinden. Dies könne nur durch »verantwortliche Experten« und »Insider« geleistet werden, die mit allen relevanten Aspekten eines Problems vertraut und in »intelligence bureaus« organisiert seien. Dadurch seien sie in der Lage, ein zuverlässiges Bild der gesellschaftlichen Realität als Handlungsbasis bereitzustellen. Nur auf diese Weise ließe sich ein Gegengewicht schaffen gegen »die augenfälligeren Schwächen der Demokratie, gegen starke

Voreingenommenheiten, Apathie, Bevorzugung des Seltsam-Trivialen wie gegen das Stumpfsinnig-Wichtige, den Hunger nach platter Unterhaltung und dreibeinigen Kälbern«.[21]

Für Lippmann stellte Demokratie in erster Linie ein Verwaltungsproblem dar, das so effizient wie möglich durch Experten gelöst werden müsse, so dass sich die Bevölkerung weiterhin den individuellen Zielen ihrer kleinen Privatwelt widmen könne.

Auch wenn Lippmann auf die Verwendung des Wortes »Demokratie« nicht verzichten wollte – seine Vorstellungen würde der Begriff einer Wahlelitenoligarchie beschrieben –, lassen seine letztlich antidemokratischen Vorstellungen erkennen, dass er zu der Auffassung gelangt war, dass Demokratie nur funktionieren könne, wenn sie keine ist.[22]

Dewey hingegen sah gerade in der Verwirklichung einer echten Demokratie und in der mit ihr verbundenen Zielsetzung einer Einhegung von illegitimer politischer Macht das einzige Mittel, das uns gegen die blutigen und zerstörerischen Erfahrungen unserer Geschichte schützen kann. Mit Lippmanns Diagnose über die Krise der Demokratie und die politische Inkompetenz der Bürger stimmte Deweys Auffassung weitgehend überein. Doch sah er weder das pessimistische Menschenbild, das Lippmanns Diagnosen zugrunde lag, noch Lippmanns politische Schlussfolgerungen aus seinen psychologischen Bestandsaufnahmen als begründbar an. Vielmehr glaubte er, gute Gründe anführen zu können, die ihn trotz einer ähnlichen Diagnose zu gegenteiligen gesellschaftspolitischen Schlussfolgerungen und Konsequenzen führten.[23]

Bereits in Lippmanns Prämisse einer Fokussierung auf die politische Kompetenz einzelner Bürger lag für Dewey ein gravierender konzeptueller Fehler. Für Dewey kommt das Attribut »politische Kompetenz« nicht einem einzelnen von der Beschaffenheit seines Gemeinwesen isolierten Bürger zu, sondern ist vielmehr ein Attribut eines Kollektives, das sich aus den Möglichkeiten einer freien, gleichberechtigten und wohlinformierten Diskussion einer Gemeinschaft ergibt.[24] Dewey stellte fest: »Solange bei der Unterrichtung der Öffentlichkeit Geheimhaltung, Parteilichkeit, Vorurteile, Falschdarstellungen, Propaganda und schiere Ignoranz überwiegen, gibt es keine Möglichkeit, die politische Intelligenz der Massen zu beurteilen.«[25] Schon zuvor hatte er beklagt: »Die Formung der öffentlichen Meinung ist zu einem eigenständigen Wirtschaftszweig geworden.«

Solange also der Bevölkerung nicht alle politisch relevanten Informationen in unverzerrter Weise verfügbar sind, solange der öffentliche Debattenraum nicht allen in gleichberechtigter Weise offen steht und solange dieser durch einzelne Machtgruppierungen dominiert und systematisch eingeschränkt wird, gibt es keine Möglichkeit, ein Urteil über die politische Kompetenz der Bürger abzugeben. Folglich sei es unsinnig, sich über Probleme der Demokratie zu beklagen, ohne zugleich die Ursachen und Gründe zu analysieren und zu benennen, die hierfür verantwortlich sind.

Die entscheidende Grundlage der Demokratie sei, dass der öffentliche Debattenraum intakt ist und nicht durch mächtige politische und ökonomische Interessengruppen verzerrt oder eingeschränkt wird.[26] Da der öffentliche Debattenraum erst durch die Medien konstituiert wird, lasse sich die Rolle der Medien nicht ohne eine Berücksichtigung der ökonomischen und politischen Interessen, in die sie eingebettet sind, verstehen. Man müsse also, so Dewey in seinem Aufsatz »Our un-free press« von 1935, die »notwendige Wirkung des vorliegenden Wirtschaftssystems auf das gesamte System der Öffentlichkeit« untersuchen und fragen, »wie weit echte geistige Freiheit und soziale Verantwortung in irgendeinem größerem Umfang unter den Bedingungen der bestehenden Wirtschaftsordnung überhaupt möglich sind.«[27]

Für Dewey lag die angemessene Folgerung aus den von Lippmann festgestellten Defiziten in der politischen Kompetenz der Bürger darin, die demokratische Leitidee wirklich ernst zu nehmen und mehr Demokratie zu wagen.[28] Demokratie könne nur funktionieren, wenn alle Bereiche der Gesellschaft, einschließlich der Wirtschaft, demokratisch organisiert sind[29] und wenn Politik nicht lediglich »der Schatten ist, den die Großindustrie auf die Gesellschaft wirft«.[30]

Damit ergibt sich aus der Frage nach der Mündigkeit der Bürger und der Bürgerschaft direkt die Frage, in welchem Umfang Medien demokratisch organisiert sind und ob sie die Bürger in freier, umfassender und unverzerrter Weise informieren.

Lippmann hielt den Bürger in politischen Dingen für unfähig und – außer, es geht um seinen eigenen Vorteil – letztlich desinteressiert. Zugleich war er überzeugt, dass Experten einen sehr viel höheren Grad an »Rationalität« aufweisen, der sie dazu befähigt, sich für das Allgemeinwohl einzusetzen. Lippmann war der Auffassung, dass Medien grundsätzlich nicht in der Lage seien, in objektiver Weise über die gesellschaftliche Wirklichkeit zu berichten und dass folglich die angemessenen Grundlagen für politische Entscheidungen nur durch wohlinformierte Experten bereitgestellt werden könnten.[31]

Dewey hingegen bezweifelte Lippmanns Prämisse einer kategorialen Unterscheidung von Experten und »normalen« Bürgern – sowohl hinsichtlich ihrer politischen Kompetenz, als auch hinsichtlich ihrer Bereitschaft, das Allgemeinwohl über Eigeninteressen zu stellen. Für ihn war Lippmanns Idee von »verantwortlichen Experten«, die unabhängig und neutral dem Gemeinwohl verpflichtet seien, sich in »intelligence bureaus« organisierten und auf diese Weise politischen Entscheidungsträgern ein angemessenes und klares Bild der gesellschaftlichen Realität liefern, eine naive Fiktion.[32]

Damit sind die Positionen dieser Kontroverse umrissen.[33] Sie drehte sich um Fragen, die als grundlegend für die Möglichkeit von Demokratie angesehen wurden, nämlich Fragen der politischen Rationalität[34] der Bürger und ihrer Befähigung zur Gemeinwohlorientierung. Lippmann behandelte diese Fragen aus der Perspektive isolierter Individuen, Dewey näherte sich ihnen aus der Perspektive des Kollektivs einer Gemeinschaft. Lippmann führte in seinen Werken *Public Opinion* und *The Phantom Public* aus, dass sich die damit verbundenen Probleme lösen ließen, wenn politischen Entscheidungsträgern die Grundlagen ihrer Entscheidungen durch Experten und »Insider« bereitgestellt würden. Dewey war hingegen der Auffassung, dass sich die von Lippmann identifizierten Probleme nur lösen ließen, wenn alle Teile der Gesellschaft, einschließlich Wirtschaft und Medien, demokratisch organisiert seien.

Zur »Rationalität« von Bürgern und politischen Funktionseliten

Die Kontroverse zwischen Lippmann und Dewey bezieht sich – abgesehen von grundsätzlichen Unterschieden in politischen Zielen und Haltungen – wesentlich auch auf Aspekte, die sich empirisch untersuchen lassen: nämlich auf die Frage, ob Experten und »Insider« bei Entscheidungen über politische Fragen tatsächlich einen höheren Grad von »Rationalität« aufweisen als »normale« Bürger, und auf die Frage, wie »irrational« oder unangemessen politische Urteile und Meinungen von Bürgern tatsächlich sind.

Eigentlich bedürfte die Frage einer besonderen »Rationalität« politischer Funktionseliten keiner besonderen empirischen Untersuchungen, denn die Geschichte stellt im Übermaß Beispiele politischer Entscheidungen der Funktionseliten bereit, die genau an einer solchen Rationalität zweifeln lassen. Vergleicht man für die jeweiligen historischen Beispiele die Entscheidungen der Politiker mit den durch Umfragen erfassten Meinungen in der Bevölkerung, so wird schnell offenkundig, dass die Bürger zumeist keineswegs den Grad politischer Dummheit aufweisen, der dem der politischen Funktionseliten auch nur annähernd gleichkäme.[35]

Bestehen bleibt jedoch die grundsätzliche allgemeine Frage nach den Charakteristika des menschlichen Urteils- und Entscheidungsverhalten in komplexen Situationen. Hierzu wurde in den vergangenen Jahrzehnten eine kaum noch überschaubare Fülle empirischer Studien, auf psychologischer wie auf soziologischer Analyseebene, durchgeführt. Man untersuchte, insbesondere in der Kognitionsforschung und im Bereich der Verhaltensökonomik, unter anderem, in welcher Weise menschliches Urteils- und Entscheidungsverhalten mit unterschiedlichen Arten von Rationalitätskriterien konform geht. Die Ergebnisse dieser Studien führten zur Identifikation einer großen Zahl sogenannter kognitiver Verzerrungen (»cognitive biases«), die deutlich machen, dass die menschliche Rationalität gleichsam aus Designgründen unseres Geistes massiven Beschränkungen unterliegt und unser Urteils- und Entscheidungsverhalten seinen eigenen Gesetzmäßigkeiten unterworfen ist.

Diese Gesetzmäßigkeiten sind universelle Charakteristika der menschlichen Gattung. Es gibt folglich keinen Grund für die Annahme, dass Experten diese Beschränkungen der menschlichen Gattung transzendierten und den natürlichen kognitiven Gesetzmäßigkeiten nicht unterlägen. Hinzu kommt, dass diese Beschränkungen der menschlichen Rationalität auch durch Erfahrung und Training nur in sehr engen Grenzen kompensiert werden können, da die verantwortlichen Prozesse der internen Informationsverarbeitung unbewusst und automatisch erfolgen und weitgehend robust gegen intellektuelle Einsichten in ihre Funktionsweise sind.

Die spezifischen empirischen Befunde variieren stark mit der Auswahl des Gegenstandsbereichs, der genauen Fragestellung und der gewählten Methodologie, was aber angesichts der Komplexität des

Untersuchungsbereichs wenig überraschend ist. Gleichwohl lassen sich einige allgemeine Einsichten gewinnen, die im Zusammenhang mit der Lippmann-Dewey-Kontroverse von Interesse sind.

Zunächst ist noch einmal festzuhalten, dass Lippmanns These einer höheren politischen »Rationalität« von Experten kein Fundament in der Realität hat.[36]

Zudem zeigte sich, dass die im Kontext von Betrachtungen der kognitiven Voraussetzungen einer Demokratie relevanten empirischen Untersuchungen der politischen Kompetenz des Kollektivs der Bürger grundlegend andere Befunde liefern als die Untersuchung der politischen Kompetenz einzelner Individuen.

In ihrer einflussreichen Studie *The Rational Public*[37] zeigten die Politologen Benjamin Page und Robert Shapiro, dass auch bei individuellen Defiziten in der politischen Kompetenz der einzelnen Bürger die politische Kompetenz ihres Kollektivs in vernünftiger, kohärenter und stabiler Weise auf den besten verfügbaren Informationen basiert und in diesem Sinne rational sein kann. Sie schlossen aus ihren empirischen Befunden: »Die öffentliche Meinung und das Verhalten der Wähler sind bezogen auf die ihnen zur Verfügung gestellten Informationen verständlich und vertretbar – und somit in diesem Sinne ›rational‹.«[38] Eine solche kollektive politische Kompetenz basiert jedoch, wie Page und Shapiro feststellten, auf der entscheidenden Voraussetzung, dass alle relevanten Informationen vollständig und in unverzerrter Weise zur Verfügung stehen.[39]

Es gibt eine Vielzahl jüngerer Studien – oft unter dem Stichwort »kollektive Intelligenz« –, die zeigen, dass in komplexen Problemsituationen und unter gewissen, sehr spezifischen Voraussetzungen Gruppen in ihrer Gesamtheit eine sehr viel höhere Problemlösekompetenz aufweisen können als ihre individuellen Mitglieder. Zu diesen spezifischen Voraussetzungen gehört, dass die eingebrachten Meinungen gleichberechtigt und unabhängig sind und eine möglichst große Vielfalt aufweisen.

Während die politische Kompetenz eines jeden Einzelnen in der komplexen modernen Gesellschaft natürlicherweise begrenzt ist, können die Bürger als Gesamtheit durchaus ein hohes Maß an Rationalität bei der Bewältigung politischer Probleme aufweisen. Durch eine Vielfalt und Heterogenität der in den öffentlichen Debattenraum unabhängig und gleichberechtigt eingebrachten Perspektiven und Argumente erhöht sich nämlich tendenziell die Qualität von Entscheidungen. Es sind gerade Heterogenität und Pluralität der Meinungen, die eine solche politische Problemlösekompetenz ermöglichen. Die kollektive Rationalität der Bürger hängt davon ab, dass der öffentliche Debattenraum nicht durch ökonomische und politische Interessengruppen eingeschränkt oder verzerrt wird.[40]

Damit bestätigen empirische Befunde Deweys Position, dass die Bürgerschaft zur Mündigkeit befähigt ist, sofern die Medien ein unverfälschtes Bild der politischen Realität bereitstellen und der öffentliche Debattenraum frei und unbeschränkt ist. Somit verschiebt sich die Frage nach der Mündigkeit der Bürger hin zur Frage der Intaktheit des öffentlichen Debattenraumes.

Dieser wird jedoch bereits durch *strukturelle* Faktoren der ökonomisch-politischen Organisation der Massenmedien bei der Selektion und Filterung von Nachrichten massiv verzerrt. Denn Konzernmedien ebenso wie öffentlich-rechtliche Medien sind in einen ökonomischen und politischen Machtkontext eingebunden. »Jede Zeitung ist«, wie Walter Lippmann richtig bemerkte, » wenn sie den Leser erreicht, das Ergebnis einer ganzen Serie von Selektionen.« Edward Herman und Noam Chomsky haben die Art und Funktionsweise dieser Filter im Detail untersucht und formulierten auf dieser empirischen Basis ihr sogenanntes Propagandamodell.[41]

Diese Selektionen schränken den öffentlichen Debattenraum systematisch ein und führen bereits durch die Art der Auswahl von Fakten zu Verzerrungen. Solange jedoch die politischen und ökonomischen Interessen, die hierbei wirksam werden, ein hinreichendes Maß der Heterogenität aufweisen, lassen sich die gesellschaftlichen Effekte solcher Verzerrungen über andere Informationspfade in gewissen Grenzen ausgleichen. Doch je homogener die ökonomisch-politischen Interessen sind, die sich in den Selektionsfiltern niederschlagen, umso gravierender sind die Beschädigungen des öffentlichen Debattenraumes.

Historische Beispiele zeigen, dass Kriege oder zumindest die Erzeugung einer kriegsbegünstigenden öffentlichen Stimmung stets zu einer verstärkten ideologischen Homogenisierung unterschiedlicher ökonomischer und politischer Eliten führen und damit zu massiven Beschränkungen und Verzerrungen des öffentlichen Debattenraumes. Diese Prozesse werden zudem dadurch verschärft, dass »gegenwärtige

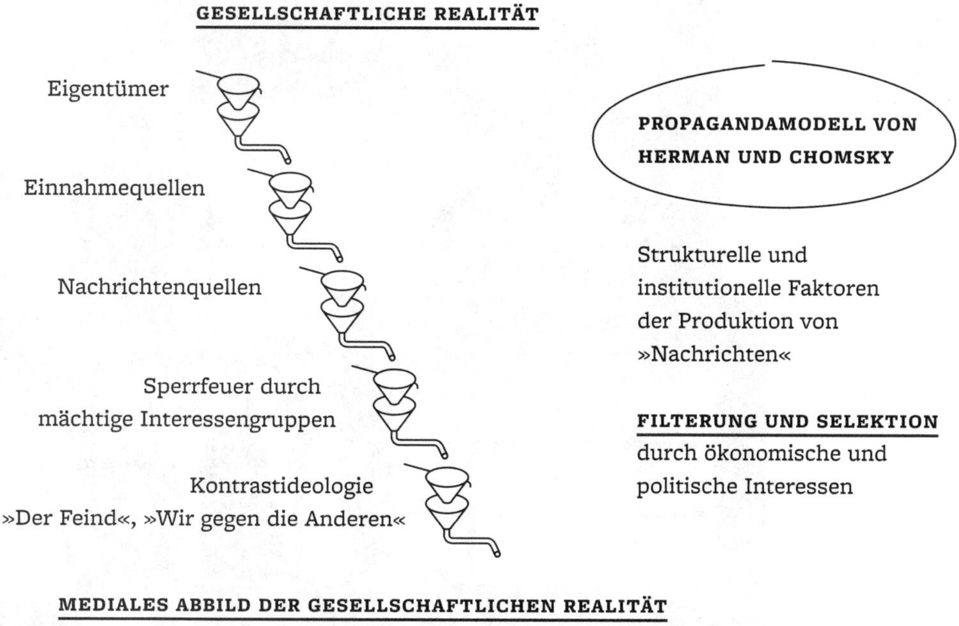

Gesellschaften in aller Welt nur noch Anhängsel ihrer militärisch-industriellen Komplexe« bilden.[42]

Um einen instruktiven historischen Fall, der zudem eng mit der Entstehungsgeschichte von Techniken systematischer Propaganda verbunden ist, handelt es sich bei dem 1917 gegründeten Committee on Public Information, nach dem Vorsitzenden auch Creel-Kommission genannt, in der auch Edward Bernays Mitglied war. Diese Kommission hatte den Auftrag, die Zustimmung der Bevölkerung für den Eintritt der USA in den Ersten Weltkrieg ab 1917 zu gewinnen. Das amerikanische Volk war damals ausgesprochen kriegsunwillig, und Woodrow Wilson hatte die Präsidentschaftswahl 1916 mit einer »Friedensplattform« und dem Versprechen sozialdemokratischer Arbeitsgesetze sowie strikter Neutralität zum europäischen Krieg gewonnen. Nachdem der uneingeschränkte U-Boot-Krieg des Deutschen Reiches von den USA zum Anlass genommen worden war, 1917 in den Krieg einzutreten (»the war to end all wars«), sollte die Bevölkerung in möglichst kurzer Zeit für eine Kriegsunterstützung gewonnen werden. Das war für die damals erst in den Anfängen ihrer systematischen Entwicklung stehende mediale Propagandamaschinerie eine große Herausforderung. Ein zentraler Aspekt zur

»Fürs Vaterland«,
Gerd Arntz, 1938

Lösung des Problems wurde durch den Politikwissenschaftler und Kommunikationstheoretiker Harold Lasswell so auf den Punkt gebracht: »Die psychologischen Widerstände gegen Krieg sind in modernen Nationen so groß, dass jeder Krieg als ein Verteidigungskrieg gegen einen bedrohlichen, mörderischen Aggressor erscheinen muss. Es darf keine Zweifel darüber geben, wen die Öffentlichkeit zu hassen hat.«[43]

Die von der Creel-Kommission entworfene und orchestrierte Kampagne erwies sich durch Einsatz von flächendeckender Propaganda und Falschnachrichten zur Erzeugung von Hass, extremem Nationalismus und Patriotismus sowie durch massive Produktion von Falschnachrichten als ausgesprochen effektiv. Zugleich versicherte die Kommission, dass ihre Aktivitäten keineswegs Propaganda seien, sondern »simple, straightforward presentation of facts«.[44]

Innerhalb kürzester Zeit ließ sich die zuvor kriegsunwillige Bevölkerung in begeisterte Kriegsunterstützer verwandeln und zeigte zudem eine große Bereitschaft, jede Art von Friedensaktivitäten zu diffamieren

und zu diskreditieren. Parallelen zum gegenwärtigen transatlantisch orchestrierten Aufbau eines Feindbildes Russland durch Politik und Medien sind offenkundig.

Die ideologische Homogenisierung ökonomischer und politischer Eliten im Neoliberalismus

In den vergangenen Jahrzehnten kam es, wie vielfach aufgezeigt wurde, zu einer schleichenden, aber äußerst tiefgreifenden Einschränkung des öffentlichen Debattenraumes, die weitgehend durch die Medien hervorgebracht wurde. Sie war eine Folge der neoliberalen Ideologie, die zu einer massiven ideologischen Homogenisierung ökonomischer und politischer Eliten führte und damit einhergehend auch der Massenmedien.[45] Dies spiegelt sich auch in unseren täglichen Erfahrungen wider: Bei sämtlichen Themen, die vitale Interessen der ökonomischen und politischen Zentren der Macht berühren – sei es Syrien, Iran, Israel, Ukraine, Russland oder Venezuela –, weisen die Auswahl von Fakten und ihre Einbettung in ein politisches Narrativ in den Systemmedien praktisch keine erwähnenswerten Variationen auf.

Diese massive Einschränkung des öffentlichen Debattenraumes unterminiert grundlegend die Bedingungen der Möglichkeit von Demokratie. Eine demokratische Gesellschaft beruht wesentlich auf den Möglichkeiten der Bürger, in geeigneten Gruppierungen und sozialen Organisationsformen zusammenzukommen und ihre unterschiedlichen Interessen zu artikulieren, zu formulieren und zu diskutieren, um damit eine kollektive Basis für einen Interessenausgleich und für ein politisches Handeln zu finden. Ist der auf diese Weise entstehende öffentliche Diskussionsraum in systematischer Weise eingeschränkt, so wird damit das Fundament der Demokratie zerstört.

Demokratie im Sinne der Aufklärung bedeutet, auf der Basis der »Anerkennung aller als Freier und Gleicher, ungeachtet ihrer faktischen Differenzen«, die Vergesellschaftung von Herrschaft durch eine ungeteilte Souveränität der Selbstgesetzgebung des Volkes bei strikter vertikaler Gewaltenteilung. In der Demokratiekonzeption der Aufklärung wird das Volk weder ethnisch noch kulturell oder soziologisch bestimmt, sondern rein verfassungsrechtlich.[46] Es konstituiert sich erst durch eine Entscheidung zwischen Freien und Gleichen als Produkt des Gesellschaftsvertrags: Es ist eine Rechtsgemeinschaft und keine Volksgemeinschaft. Die faktisch vorhandene soziale Heterogenität schließt keineswegs die Möglichkeit einer spezifisch politischen Homogenität aus. Die sich aus einer Pluralität und Heterogenität von Werten und Interessen ergebenden Spannungsbeziehungen müssen für ein politisches Handeln miteinander in Einklang gebracht, also kompatibilisiert werden.[47] Eine Demokratie, die nicht einfach eine Diktatur der Mehrheit ist, ist auf Prozeduren zur Kompatibilisierung partikularer Interessen angewiesen.[48] Der Austausch zwischen unterschiedlichen Partikularinteressen erfolgt über den öffentlichen Debattenraum. Indem er Beteiligten mit unterschiedlichen Interessen eine Möglichkeit zur Konsensfindung gibt und sie verpflichtet, argumentative Anstrengungen zur Objektivierung ihrer subjektiven Interessen zu unternehmen, ist der öffentliche Debattenraum das Herzstück der Demokratie.[49] Demokratie und Debattenraum hängen somit derart eng aneinander, dass die Intaktheit des öffentlichen Debattenraums überhaupt erst die Bedingung der Möglichkeit von Demokratie ist.

Da die jeweils Mächtigen zwangsläufig ein Interesse daran hatten und haben, die für sie mit der Demokratie verbundenen Risiken zu minimieren, war und ist der öffentliche Debattenraumes stets massiven Angriffen ausgesetzt.

Das gilt insbesondere für den Kapitalismus. Der Grund hierfür ist, dass Demokratie und Kapitalismus in ihrem Wesenskern miteinander unvereinbar sind, wie in der Literatur vielfach aufgezeigt wurde.[50] Besonders Noam Chomsky hat – im Einklang mit John Dewey – immer wieder auf diese Unvereinbarkeit hingewiesen: »Der Begriff ›kapitalistische Demokratie‹ ist gleichsam ein Widerspruch in sich, wenn wir darunter ein System verstehen, in dem normale Leute ausreichende Mittel besitzen, an den Entscheidungen teilzunehmen, die ihr Leben und das Wohl ihrer Gemeinschaft betreffen.«[51] »Wirkliche Demokratie kann nur durchgesetzt werden, wenn das gesamte, radikal antidemokratische System des Konzernkapitalismus vollständig abgeschafft ist.«[52]

Das Spannungsverhältnis von Kapitalismus und Demokratie liegt also im Wesenskern des Kapitalismus begründet. Es überrascht daher nicht, dass der Kapitalismus unfähig ist, sich aus sich selbst heraus durch Wahlen eine demokratische Legitimation zu verschaffen. Denn Kapitalismus bedeutet stets eine Unterwerfung unter die Verwertungsbedingungen des Akkumulationsprozesses, also eines Prozesses, bei dem ein erzielter Profit immer wieder neu investiert wird, um ein weiteres Kapitalwachstum zu erreichen. Kapitalismus bedeutet also eine Unterwerfung unter die Machtverhältnisse, die eine Minderheit von Besitzenden über eine Mehrheit von Nichtbesitzenden ausübt. Eine kapitalistische Eigentumsordnung verpflichtet alle, die eigentumslos sind, für fremdes Eigentum zu arbeiten. Der Anschein von Demokratie konnte und kann also nur in dem Maße aufrechterhalten werden, wie es gelingt, das aus einem solchen Antagonismus resultierende Spannungsverhältnis sozial abzufedern oder aber für die Bevölkerung weniger sichtbar zu machen. Demokratie wurde und wird von den jeweiligen Zentren der Macht nur geduldet, wenn sie in einer »risikofreien« Weise organisiert werden kann. Wie Noam Chomsky feststellte: »Nur wenn die Gefahr einer Beteiligung des Volkes überwunden ist, können demokratische Formen ohne Risiko in Erwägung gezogen werden.«[53]

Mit dem Anwachsen und den Erfolgen sozialer emanzipatorischer Bewegungen am Ende des 19. und Anfang des 20. Jahrhunderts verschärften sich für die Zentren der Macht massiv die Probleme, Demokratie risikofrei zu gestalten. Neben offen autoritären Maßnahmen wie der gewaltsamen Auflösung von Streiks, der Zerschlagung von Gewerkschaften und der Zersetzung emanzipatorischer Bewegungen ließ sich die Gestaltung einer risikofreien Demokratie vor allem auf zwei Wegen bewerkstelligen. Der erste Weg bestand in einer geeigneten systematischen Bedeutungstransformation des Wortes »Demokratie«[54] (und ihrer konkreten Organisation), durch die der ursprüngliche Sinn des Begriffs, wie er in der Aufklärung gewonnen wurde, verloren geht. Demokratie im Sinne der radikaldemokratischen Konzeption der Aufklärung bedeutet ungeteilte Volkssouveränität der Gesetzgebung, strikte vertikale Gewaltenteilung und somit Unterwerfung aller Staatsapparate unter den Willen des Volkes.[55] Nach der nun erfolgten Bedeutungsverschiebung bedeutet »Demokratie« jedoch nicht mehr Volksherrschaft, sondern – im Gegenteil – Elitenherrschaft und Wahlelitenoligarchie.[56] Die radikalsten Konzeptionen, wie sich unter dem Mantel von »Demokratie« das Volk von der Macht fernhalten lässt, sind die Konzeptionen von Lippmann, Hayek oder Schumpeter[57] sowie daran anschließend das gegenwärtige Standardmodell einer »marktkonformen Demokratie«.

Bestand in den kapitalistischen »Demokratien« der Nachkriegszeit immerhin noch die prinzipielle Möglichkeit, die verbliebenen Reste demokratischer Strukturelemente für eine Demokratisierung der Demokratie zu nutzen, so schwindet unter den Bedingungen eines globalisierten Kapitalismus zunehmend auch diese kärgliche Möglichkeit, da es kein globales »Volk« gibt, das Träger einer gesetzgeberischen Volkssouveränität sein könnte. Auch kann es auf der Ebene der Weltgemeinschaft keinen globalen öffentlichen Debattenraum geben, in dem unterschiedliche Partikularinteressen für ein politisches Handeln miteinander in Einklang gebracht werden könnten. Folglich gibt es auch keine Prozeduren demokratischer Konsensfindung auf globaler Ebene.[58] Die Idee einer demokratischen Selbststeuerung eines politischen Gemeinwesens wird zwangsläufig völlig inhaltsleer, wenn private wirtschaftliche Macht faktisch so organisiert ist, dass sie durch keine Form von Gemeinwesen mehr kontrolliert und gezügelt werden kann.[59] Demokratie – und mit ihr Errungenschaften wie der Sozialstaat – ist auf organisatorische Einheiten angewiesen, die eine Souveränität der Selbstgesetzgebung und eine demokratische Kontrolle aller Macht ausübenden ermöglichen. Demokratische Legitimationskreisläufe sind auf globaler Organisationsebene unmöglich.[60]

Der zweite Weg, wie sich für die Zentren der Macht, »Demokratie« risikofrei gestalten lässt, zielt darauf, den öffentlichen Debattenraum so weit zu kontrollieren und zu manipulieren, dass die periodischen Wahlen die Stabilität der tatsächlichen Zentren der Macht nicht gefährden können. Die Entfaltung einer »kapitalistischen Demokratie« und die Entwicklung von geeigneten Techniken der Meinungsmanipulation gingen historisch Hand in Hand.[61] Die Kontrolle über den öffentlichen Debattenraum stand und steht also seit jeher im Zentrum eines geeigneten Demokratiemanagements.[62]

Damit stellt sich die naheliegende Frage, warum die Zentren der Macht es überhaupt für sinnvoll erachten, die Bezeichnung »Demokratie« beizubehalten.[63] Die Antwort liegt in der Faszination, die die Idee der Demokratie seit der Zeit der Aufklärung in der Bevölkerung entfaltet hat. Diese Faszination ließ sich nicht mehr rückgängig machen. Es blieb demnach nur die Möglichkeit, das ihr innewohnende revolutionäre Potential zu entschärfen, indem man sie auf möglichst unmerkliche Weise durch die Illusion von Demokratie ersetzte.[64] Die Beibehaltung des Wortes »Demokratie« dient letztlich einer Art Revolutionsprophylaxe. Mit dem Wort lässt sich das Veränderungspotential der Bürger neutralisieren und die Veränderungsenergie von den eigentlichen Zentren der Macht ablenken.[65]

Als besonders wirksame Form, dem Kampf gegen eine Volkssouveränität den Anstrich einer rational begründbaren und notwendigen Weiterentwicklung von Demokratie zu geben, sollte sich die neoliberale Ideologie erweisen, wie sie sich besonders unter dem Einfluss von Friedrich von Hayek und später in nochmals radikalisierter Form von James Buchanan aus sehr unterschiedlichen politisch-ökonomischen Strömungen herauskristallisierte.[66]

Im Zentrum dieser Ideologie steht die geradezu metaphysische und zudem inkohärente Fiktion eines »freien Marktes«, der angesichts der Komplexität der modernen Gesellschaft die einzig rationale und effiziente Form gesellschaftlicher Problemlösungen verkörpere.[67] Um das Wirken der »Rationalität« des »freien Marktes« nicht zu gefährden, könne und müsse man auf die traditionellen Formen demokratischer Konsensfindung verzichten.[68] Dadurch, dass sich die radikal antidemokratische neoliberale Ideologie als reine Rationalität ausgab, gelang es ihr zunehmend, sich als Ideologie nahezu unsichtbar zu machen.[69] Trotz ihrer ökonomischen Absurditäten ist die neoliberale Ideologie besonders dazu geeignet, autoritäre Strukturen zu etablieren und diese als »rationale Notwendigkeiten« auszugeben.

Hayek war sich sehr bewusst, dass seine Ideen zur damaligen Zeit weder in der Politik noch in der Ökonomie Resonanz finden würden, und wählte daher gezielt den Umweg über den Aufbau von Netzwerken aus »second hand dealers in ideas«. Er suchte seine Ideologie durch eine elitenbasierte Strategie der Formung der öffentlichen Meinung durchzusetzen und zunächst Kulturträger, Journalisten und politische Experten über ein transatlantisches Netzwerk von Think-Tanks zu gewinnen.[70] Durch diese Netzwerke sollten seine Auffassungen gleichsam schleichend die Medien und den öffentlichen Debattenraum infiltrieren, so dass sie schließlich als ganz selbstverständliche Vorstellungen des gesunden Menschenverstandes erscheinen. Historische Beispiele erfolgreicher Indoktrinationen hatten ihn gelehrt, dass die erfolgreichste Technik der Indoktrination darin liegt, »die alten Worte beizubehalten, aber ihren Sinn zu ändern«.[71] Von Beginn an beruhte der Erfolg der neoliberalen Ideologie wesentlich darauf, vertrauten, positiv besetzten Wörtern – wie »Freiheit«, »freier Markt«, »Liberalisierung«, »Reformen« oder »Bürokratieabbau« – einen neuen Sinn zu geben, der ihrem ursprünglichen Gehalt nahezu entgegengesetzt ist. Da die neoliberale Ideologie an der Oberfläche intuitiv eine scheinbare Plausibilität aufweist und sich ihr Kernvokabular und ihre rhetorischen Argumentationsstrukturen leicht erlernen lassen, konnte sie sich, nachdem es ihr gelungen war, in einigen Machtstrukturen Fuß zu fassen, rasch in meinungsbildenden Schichten verbreiten.

Die neoliberale Ideologie des »effizienten Marktes« wurde lange und sorgfältig ausgearbeitet, ohne zunächst in der Ökonomie und in relevanten politischen Kreisen besondere Anerkennung zu finden. Erst mit der wirtschaftlichen Krise der 1970er-Jahre gelang es ihr, auch politisch wirksam zu werden und Stück für Stück alle staatlichen Institutionen zu erobern.

Bis dahin war die Nachkriegszeit durch eine Art Klassenkompromiss gekennzeichnet, der das grundlegende Spannungsverhältnis von

Kapitalismus und Demokratie einige Zeit verdecken konnte. Möglich war dies vor allem durch eine massive Erhöhung der Arbeitsproduktivität infolge der Automatisierung von Produktionsprozessen. Der Anstieg der Arbeitsproduktivität ermöglichte Lohnsteigerungen und Massenkonsum, so dass eine Kapitalvermehrung durch ein Wachstum der Realwirtschaft erzielt werden konnte. Somit gingen Lohnsteigerungen nicht mehr zulasten der Rentabilität des Kapitals.[72] Der scheinbare Klassenkompromiss ermöglichte eine zeitweise gesellschaftliche Einbettung der Marktkräfte, die damit in ihrer Reichweite eingehegt waren. Durch Regierungen, die in gewissen Grenzen einen Ausgleich zwischen den Interessen der lohnabhängigen Mehrheit und der Minderheit der Kapitalbesitzer anstrebten, konnte sogar eine der Kapitalakkumulation entgegenwirkende moderate Umverteilung von oben nach unten institutionalisiert werden. Unter diesen Bedingungen konnte auch unter kapitalistischen Produktionsverhältnissen die Demokratie für eine kurze Zeit zu einem Motor des wirtschaftlichen Aufschwungs und der Wohlstandssteigerung werden.

Anfang der 1970er-Jahre zerbrach jedoch das besondere Gefüge, das einen solchen Klassenkompromiss möglich gemacht hatte. Die Wirkfaktoren hierfür sind vielfältig und werden in ihrer Bedeutung in der Fachliteratur kontrovers diskutiert. Zu ihnen gehören die Kosten des Vietnamkrieges, steigende US-Leistungsbilanzdefizite, eine weltweite Inflation, der Zusammenbruch des Bretton-Woods-Systems und die beiden Ölpreisschocks.[73] Durch die Rezession und die entstandene Massenarbeitslosigkeit hatte das Kapital in der produzierenden Realwirtschaft kaum noch lukrative Möglichkeiten zur Kapitalvermehrung. Da sich in den nationalen Realwirtschaften die gewünschte Rentabilität des Kapitals nicht mehr erreichen ließ, verlagerte sich die Kapitalakkumulation in den Bereich des global mobil gemachten Finanzkapitals.[74] Dadurch zerbrach der scheinbare Klassenkompromiss, und die Verteilungskonflikte brachen wieder auf.[75]

Diese historische Konstellation war geradezu maßgeschneidert für die neoliberale Ideologie, die nach langer Vorbereitung in den Hinterzimmern der Think-Tanks von nun an die politische Bühne zunehmend zu erobern vermochte. Die neoliberale Ideologie ist in ihrer theoretischen Substanz eine kognitiv überaus flache Ideologie: Sie weist keine komplexe theoretische Struktur auf und lässt sich auf der Basis eines sehr beschränkten und intuitiv scheinbar plausiblen Vokabulars leicht erlernen. Daher eignete sie sich besonders gut für eine Verbreitung in der besitzenden Klasse und den sie stützenden meinungsbildenden Schichten. So wurde die neoliberale Ideologie rasch zur ökonomischen Hausphilosophie der Besitzenden. Sie gab ihnen ein neues Klassenbewusstsein, das sich durch eine massive Verschmelzung und die oben bereits genannte ideologische Homogenisierung ökonomischer und politischer Eliten noch verstärkte.[76] Mit dem Übergang zum globalisierten Finanzkapitalismus[77] ging also eine massive ideologische Homogenisierung einher, die sich auch in den Medien widerspiegelt.

Die neoliberale Ideologie erweist sich als sehr wirkmächtige Rahmenerzählung, die der sich immer massiver entfaltenden Umverteilung von unten nach oben, von Süd nach Nord und von der öffentlichen in die private Hand den Schein einer rationalen Zwangsläufigkeit und Alternativlosigkeit verleiht.[78] Dadurch vermochte sie in der Bevölkerung eine Bereitschaft zu »Reformen« zu erzeugen, obwohl diese als radikale Umverteilung von unten nach oben für die große Mehrheit der Bevölkerung nachteilig sind und ohne Erzeugung von Angst nicht demokratisch durchsetzbar wären.

Die neoliberale Ideologie behauptet eine »reine Rationalität« und kann daher mit der Forderung nach Effizienz und Anpassung an die Gesetzmäßigkeiten des »freien Marktes« besonders wirksam alle Formen demokratischer Strukturen erodieren und zerstören. Da die für politische Entscheidungen geforderte »Rationalität« nur von geeigneten Experten aufgebracht werden könne, müssten alle Verfahren einer Gesetzgebung und exekutiver Verordnungen durch Vorgaben geeigneter Experten und nicht durch Präferenzen der Bürger geleitet sein. Folglich zeigt sich auf allen politischen Ebenen eine expertokratische Entmündigung und Entmachtung der Bürger und ihrer politischen Vertreter.

Mit der neoliberalen Revolution von oben geht eine Reihe weiterer charakteristischer Entwicklungen einher, die demokratische Strukturen in grundlegender Weise unterminieren und in nur schwer reversibler Weise zerstören. Hierzu gehören insbesondere die in den letzten Jahrzehnten vorangetriebene nahezu vollständige Entmachtung der Legislative durch die Exekutive[79] und die Preisgabe der Exekutive an die jeweils mächtigsten wirtschaftlichen Interessengruppen. Damit geht ein neoliberaler Konstitutionalismus einher,[80] durch den neoliberale

Akkumulationsbedingungen auf internationaler Ebene verrechtlicht werden. So wird auf allen Ebenen zunehmend ein direkter Zugriff ökonomischer Machtgruppen auf die Erstellung von Gesetzen und Vorschriften ermöglicht und rechtlich verankert.

Zugleich wurden Mechanismen geschaffen und verrechtlicht, durch die sich ökonomische Macht in politische Macht transformieren lässt. Auf diese Weise konnten immer umfassendere Teile der organisierten Kriminalität der besitzenden Klasse verrechtlicht werden. Diese Entwicklungen führten dazu, dass Lobbyismus und Korruption durch Institutionalisierung zunehmend unsichtbar gemacht werden.[81]

Das Schrumpfen des öffentlichen Debattenraumes, die Phantom-Mitte und die zunehmende Ächtung von Dissens

Im Zuge der neoliberalen Revolution haben sich auch die traditionellen Volksparteien grundlegend gewandelt, weil ihre gesellschaftliche Verankerung in dem Maße schwand, wie sie sich in den Dienst der neoliberalen Revolution stellten. Sie haben sich daher zur Selbsterhaltung zunehmend in die staatlichen Machtapparate, von deren Finanzierung sie abhängig sind, integriert und in den Parteispitzen untereinander verflochten, so dass sie weitgehend austauschbar geworden sind.[82] Dieser Wandel ist empirisch gut studiert. Die Parteienforscher Richard S. Katz und Peter Mair prägten für diesen neu entstandenen Typus politischer Großparteien den Begriff »Kartellpartei«.[83] Die Kartellparteien dienen staatlichen Apparaten als Wahlmaschinen zur Legitimitätssicherung und als Dienstleistungsbetriebe für eine mediale Inszenierung von Positionsdifferenzen. Zudem dienen sie der Organisation der Ämterbesetzung. In enger Verbindung mit der Medienindustrie organisieren sie politische »Produktwerbung« in dem Wettbewerb um Wählerstimmen. Die Mitwirkung der Parteien bei der politischen Willensbildung reduziert sich auf ein mit staatlichen Mitteln und mit industriellen Großspenden finanziertes Produkt-Marketing medial inszenierter politischer »Positionen«. Diese sind tatsächlich jedoch nur noch leere Hülsen und haben kaum noch etwas mit irgendwelchen relevanten Inhalten zu tun. Die Parteibasis darf sich weitgehend auf eine Rolle als Cheerleader und Plakatkleber in den periodisch inszenierten Wahlspektakeln beschränken.

Die Kartellparteien deklarierten sich alle als »politische Mitte« – eine Phantom-Mitte, die gerade dadurch gekennzeichnet ist, dass der öffentliche Raum politisch entleert ist. Wie Peter Mair feststellt, geht die damit einhergehende Verengung des Debattenraumes mit einem hohen Preis einher: »Der immer stärker eingeschränkte Spielraum für Opposition innerhalb des Systems ist einer der Gründe, warum der politische Bereich zu einem so starken Nährboden für Populismus geworden ist.«[84] Die Entstehung der »alternativlosen« neoliberalen Phantom-Mitte und die Entstehung des Rechtspopulismus gehen Hand in Hand. Das gegenwärtige Anwachsen des Rechtspopulismus ist eine Konsequenz der radikalen Entleerung des politischen Raumes durch die neoliberalen Kartellparteien. Ist es verwunderlich, wenn in einer solchen Situation der Rechtspopulismus blüht? Er verspricht Alternativen, wo die neoliberale Ideologie gerade ihre Möglichkeit leugnet. Er verspricht natürliche, gewachsene Gemeinschaft, wohingegen die neoliberale Ideologie Gemeinschaft zerstört und ihre Möglichkeit leugnet. In dem Maße, wie ein Konsens der Alternativlosigkeit erzwungen werden konnte, wurde das von den Mächtigen gewünschte Ziel erreicht, dass sich Unbehagen, Unzufriedenheit, Empörung und Wut nicht mehr gegen die Zentren der Macht richten. Für diesen strategischen Erfolg zahlt die Gesellschaft über die neoliberalen sozialen Zerstörungen hinaus einen zusätzlichen Preis. Als Konsequenz der Ideologie der Alternativlosigkeit entladen sich Unbehagen, Empörung und Wut gegen die sozial Wehrlosen, auf die sich die Ursachen gesellschaftlicher Ängste am leichtesten verschieben lassen. Vor allem die Machtlosesten zahlen den Preis für die Strategie der Mächtigen, ihre Macht für alternativlos zu erklären. Rechtspopulismus und neoliberale Ideologie stehen beide in der Tradition der radikalen Gegenaufklärung, sie teilen letztlich eine sozialdarwinistische Grundhaltung und gründen beide auf einem Menschenbild, das die dunklen und hässlichen Seiten des Menschen, also gerade jene Seiten, gegen welche die Aufklärung zivilisatorische Schutzbalken zu errichten suchte, verabsolutiert und zur natürlichen Grundlage der sozialen Ordnung erklärt.

Der Einfluss des Rechtspopulismus wird nur dadurch einzuhegen sein, dass man den das gesamte öffentliche politische Leben erstickenden Würgegriff der neoliberalen Ideologie beseitigt und einen öffentlichen Debattenraum schafft, in dem sich alle gleichberechtigt über ihre unterschiedlichen Interessen austauschen können.

Die Überwindung der neoliberalen Ideologie bereitet vor allem deswegen besondere Schwierigkeiten, weil sie es im Gegensatz zu anderen totalitären Ideologien geschafft hat, sich als Ideologie gleichsam unsichtbar zu machen, indem sie sich als bloße Widerspiegelung der Rationalität eines »effizienten freien Marktes« maskiert. Auf diese Weise konnte sie sich zu einer Ideologie steigern, die gleichzeitig in der Lage war, vollends das »Ende der Ideologie« auszurufen. Alle Ideologien hätten nun endgültig ausgedient, weil die ehernen »Naturgesetzlichkeiten« des »freien Marktes« bestimmten, was vernünftig ist – und was vernünftig ist, das muss natürlich auch wirklich werden. Es gäbe keine grundlegenden sozialen Antagonismen mehr und keinen Interessengegensatz von Unternehmer und Lohnabhängigem. Auch ein Lohnabhängiger sei letztlich ein Unternehmer seiner Selbst, eine »Ich-AG«, die sich flexibel für seine Fremdverwertbarkeit auf dem »Markt« optimieren müsse. Damit sei auch die traditionelle politische Unterscheidung von »links« und »rechts« ein ideologisches Überbleibsel und somit historisch obsolet geworden. In Zukunft ginge es nur noch um Vernunft oder Unvernunft, um gute oder schlechte Wirtschaftspolitik, um unbequeme Wahrheiten oder populistische Verführung.

Durch die sich auf eine vorgeblich alternativlose neoliberale »Vernunft« berufende Phantom-Mitte kam es zu einer Neubestimmung des historischen Konzeptes einer politischen »Mitte«. Dieses war zwar seit jeher programmatisch weitgehend inhaltsleer,[85] aber dennoch – oder gerade deswegen – überwiegend positiv besetzt. Mit der neoliberalen Neubestimmung des Begriffs der »Mitte« wird diese aber nun zu einer extremistischen Position. Denn den sich mit diesem Begriff tarnenden politischen Gruppierungen ging und geht es darum, das gesamte Gemeinwesen den Finanzmärkten auszuliefern. Dazu müssen zunächst alle Formen demokratischer Strukturen auf möglichst unsichtbare Weise unterminiert und neutralisiert werden. Die sich in dem Ziel der Einbettung der gesamten Gesellschaft in die Wirtschaft ausdrückende extremistische Position einer radikal antidemokratischen Haltung durchzieht mittlerweile alle Ebenen des politischen Handelns und zeigt sich insbesondere in der weitgehenden Entmachtung des Parlaments durch die Exekutive.[86] Gelegentlich wird eine solche Haltung explizit artikuliert, wie beispielsweise 2005 durch Angela Merkel in ihrer Rede zum 60-jährigen Bestehen der CDU: »Wir haben wahrlich keinen Rechtsanspruch auf Demokratie und soziale Marktwirtschaft auf alle Ewigkeit.« Extremistisch ist die neoliberale Phantom-Mitte zudem in ihrer Verachtung für alle Ideen einer solidarischen Gemeinschaft. Fundamentalistisch ist sie in ihrem Ausschließlichkeitsanspruch, mit dem sie darauf besteht, ideologische Ziele kompromisslos und mit intoleranten und oft menschenverachtenden Mitteln durchzusetzen.

Trotz massivster Indoktrinationsbemühungen werden die katastrophalen Folgen der neoliberalen Zerstörung von Gemeinschaft und Umwelt für immer breitere Teile der Bevölkerung spürbar und erkennbar. Neben Gefühlen der Ohnmacht und der politischen Apathie erzeugen diese Folgen ein wachsendes Empörungspotential und Veränderungsbedürfnis. Dieses Veränderungsbedürfnis muss durch geeignete Strategien so neutralisiert oder auf andere Ziele gelenkt werden, dass auch Wahlen den neoliberalen Konsens der Parteien und damit die Stabilität der neoliberalen Machtverhältnisse nicht gefährden können. Dazu ist es erforderlich, den als »zulässig« deklarierten öffentlichen Debattenraum in geeigneter Weise so zu begrenzen, dass Positionen, die an die Wurzeln der neoliberalen Ideologie gehen, als »unverantwortlich«, »irrational«, »extremistisch« oder »populistisch« erklärt werden.

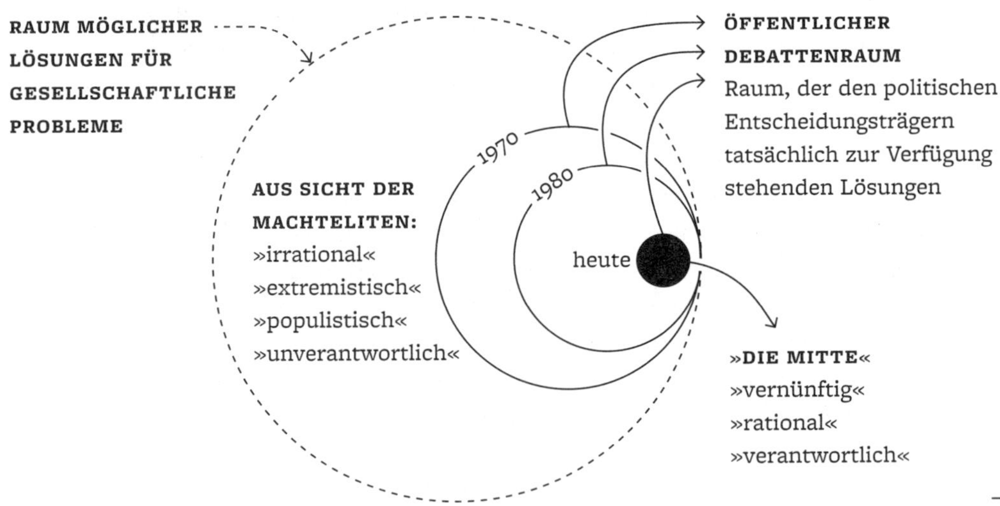

Die Abbildung stellt den öffentlichen Debattenraum dar. Die Geschichte und Ideengeschichte zeigen, dass der menschliche Denk- und Möglichkeitsraum für den Entwurf gesellschaftlicher Organisationsweisen und für eine Lösung gesellschaftlicher Probleme nahezu unbeschränkt groß ist. Dies gerade spiegelt das kreative Potential unseres Geistes wider.

Dieser Möglichkeitsraum für Entwürfe einer menschenwürdigen Gesellschaft ist also im Prinzip offen und unbeschränkt. In der Graphik wird er daher durch offene gestrichelte Linien dargestellt.

Innerhalb dieses Bereichs liegt der Raum von Lösungen, die von den Gestaltern der öffentlichen Meinung als »zulässig«, »verantwortlich« oder »rational« deklariert werden.

Dieser »zulässige« Debattenraum wurde im Gefolge der neoliberalen Revolution zunehmend verengt bis hin zum gegenwärtigen Schrumpfraum der neoliberalen »Mitte«. Durch eine solche Einschränkung lassen sich alle Positionen, die einen grundlegenden Dissens zur neoliberalen Ideologie artikulieren oder auf andere Weise die Stabilität der gegenwärtigen Zentren der Macht gefährden könnten, für die Öffentlichkeit gleichsam unsichtbar machen oder, falls sich ihre öffentliche Sichtbarkeit durch Verschweigen und Unterschlagen nicht verhindern lässt, als »unverantwortlich« oder »extremistisch« diffamieren.

Wenn überhaupt in den Medien über solche Positionen berichtet wird, so in verzerrter und entstellter Form, wobei sie zugleich als »unvernünftig«, »populistisch« oder Ähnliches markiert werden, um sie aus einem »vernünftigen« öffentlichen Debattenraum auszugrenzen.[87] Das Markieren einer Grenze zwischen »vernünftigen« und »unvernünftigen« Positionen und die damit verbundene Einschränkung des öffentlichen Debattenraumes erfolgt auf eine indirekte und kaum sichtbare Weise.[88] Mit dem Siegeszug der neoliberalen Revolution wird diese Ächtung von Dissens immer rabiater betrieben. Zugleich wurden die Methoden verfeinert, mit denen sich die systematische Einengung des öffentlichen Debattenraumes für die Öffentlichkeit weitgehend unsichtbar machen lässt.

Intellektuelle und Journalisten als Bannwarte der Macht

Naturgemäß wird der öffentliche Debattenraum gerade durch diejenigen konstituiert, die über Möglichkeiten verfügen, ihre Haltungen und Positionen für die Öffentlichkeit sichtbar zu machen, also vorwiegend Funktionseliten, Journalisten und Intellektuelle mit privilegiertem Zugang zu Konzernmedien und öffentlich-rechtlichen Medien.

Die Grenzziehung zwischen den als »vernünftig«, also »zulässig«, und den als »unverantwortlich« und »extremistisch« deklarierten Positionen erfolgt wesentlich durch Medien (in denen sich die Interessen ökonomischer und politischer Machtgruppierungen widerspiegeln) und durch eine große Schar bereitwilliger Intellektueller. Um als Intellektueller seine Stimme in den öffentlichen Debattenraum einbringen zu können, muss man all die komplexen Filter passieren, die den Zugang zu Massenmedien und öffentlich-rechtlichen Medien regulieren. Das gelingt umso leichter, je weniger man in Gefahr ist, als außerhalb des als »vernünftig« markierten Bereichs zu stehen.

In der Geschichte finden sich vielfältige Beispiele, die belegen, dass diejenigen, welche die gesellschaftlichen Sozialisationsinstanzen am längsten durchlaufen und somit die herrschende Ideologie tendenziell am tiefsten verinnerlicht haben, auch am ehesten dazu neigen, sich in den Dienst politischer und ökonomischer Machteliten stellen. Da sie auf ihrem langen Sozialisationsweg zugleich die strukturellen Mechanismen internalisiert haben, über die sich gesellschaftliche Anerkennung gewinnen lässt, bedarf dieser Prozess einer Ausrichtung an den Kraftfeldern der Macht zumeist keiner besonderen Steuerung mehr. In einigen Bereichen – im universitären Bereich insbesondere in Ökonomie und Politologie sowie im politischen Journalismus der Konzernmedien und auf den Leitungsebenen öffentlich-rechtlicher Medien – weisen diese Mechanismen eine nahezu perfekte Ausprägung auf, so dass sie von einer systematischen Steuerung von außen im Ergebnis nicht zu unterscheiden sind. Die in die Karrieremechanismen eingebauten Filter sorgen, vor allem in den genannten Bereichen, gleichsam automatisch dafür, dass die »Richtigen« in die mit Anerkennung und gesellschaftlicher Wirksamkeit verbundenen sozialen Positionen gelangen. Folglich sind in jedem ideologischen System die Zentren der Macht gesellschaftlich weiträumig von intellektuellen System-Apologeten umgeben, die sich wie Eisenspäne in den Kraftfeldern der Macht ausrichten und damit zugleich ihren eigenen privilegierten Status sichern. Bei denjenigen Gruppierungen, die sich gerne zu kulturellen und geistigen Eliten erklären, war und ist seit jeher das Bedürfnis besonders ausgeprägt, die Anerkennung der jeweils Mächtigen zu erlangen und somit zumindest symbolisch an deren Macht zu partizipieren. Für ein Verständnis der Mechanismen, durch die sich eine Stabilität von Machtstrukturen sichern lässt, ist es daher erforderlich, auch die Art und Weise zu untersuchen, wie sich in spezifischen Machtstrukturen Intellektuelle in den Dienst der jeweils herrschenden Ideologie stellen.[89]

Bertolt Brecht hat viele Jahre den Typus des affirmativen Intellektuellen, den er in einer Silbenumstellung von »Tellekt-Uell-In«, kurz Tui nannte, studiert und in seinem überwiegend Fragment gebliebenen Tui-Roman beschrieben. »Der Tui ist der Intellektuelle dieser Zeit der Märkte und Waren. Der Vermieter des Intellekts.«[90] Die Tuis sind die Träger und Vermarkter der Freiheitsillusion, sie sind die »Weißwäscher, Ausredner und Kopflanger« der Mächtigen und »in großer Anzahl über das Land verbreitet und zwar als Beamte, Schriftsteller, Ärzte, Techniker und Gelehrte vieler Fächer«. Die Tuis werden in Tui-Schulen gezüchtet. Ihre Funktion ist es, die Wahrnehmung der Realität interessengeleitet zu verformen und das öffentliche Bewusstsein so umzuformen, dass es die Kraftfelder der Macht nicht stört.

Der Typ des Tui hat in der Gegenwart stark an Bedeutung gewonnen. Da der Bevölkerung die Diskrepanz zwischen Ideologie und Realität immer offenkundiger wird, bedarf es immer größerer Anstrengungen, diese Brüche zu verdecken. Dazu bieten sich – wie immer in der Geschichte – Scharen bereitwilliger Intellektueller und Journalisten an – eben Tuis.

Erfreulicherweise lässt sich recht leicht ein Gespür zur Identifizierung von Tuis ausbilden. Denn Tuis lassen sich oft bereits an der Wahl ihrer Themen, mit denen sie sich öffentlich zu Wort melden, und besonders an ihrer Sprache erkennen. Vorzugsweise beschäftigen sie sich mit Themen, die geeignet sind, herrschende Ideologien zu stabilisieren, und verwenden charakteristische rhetorische Argumentationsfiguren und ein geeignetes Vokabular, mit denen sich bestehende Machtstrukturen rechtfertigen und Kritiker der herrschenden Ideologie ausgrenzen und diffamieren lassen.

Zu den Wesensmerkmalen des Tui gehört ein geradezu hemmungsloses Bemühen um die wohlwollende Aufmerksamkeit der Mächtigen in Politik und Medien. Dabei scheinen sie bisweilen geradezu darum zu wetteifern, durch großzügige Verwendung staatlich anerkannten Diffamierungsvokabulars – besonders beliebt sind Wörter wie »Verschwörungstheoretiker«, »Querfront«[91] und, als sozusagen nukleare Option, die Verwendung des Ausdrucks »Antisemit« als Diffamierungsattribut[92] – den Mächtigen zu demonstrieren, dass sie deren Erwartungen zuverlässig zu erfüllen bereit sind und die herrschende Ideologie zutiefst verinnerlicht haben. Dafür werden sie – besonders im journalistischen und akademischen Bereich – mit entsprechenden Karrierechancen belohnt.

Es gibt eine Reihe anderer Merkmale, an denen man Tuis recht zuverlässig erkennen kann. Beispielsweise laufen sie, wenn es darum geht, Ideologiekritik politisch unwirksam zu machen, zu einer Höchstform scholastischer Spitzfindigkeit auf. Sie mahnen dann sehr selektiv begriffliche Differenzierungen an und erklären, eine solche Kritik lasse »notwendige« Unterscheidungen vermissen. Heinrich Böll nannte sie daher einmal die »Hyper-diffs« – sie mahnen gegenüber einer Systemkritik so lange Differenzierungen an, bis sich die gesamte Diskussion im akademischen Nebel verflüchtigt hat und die Systemkritik in der Öffentlichkeit keine Wirkung mehr entfalten kann. Zugleich können sie bei Bedarf virtuos die erforderlichen begrifflichen und gedanklichen Unschärfen erzeugen, die zur Stabilisierung von Machtverhältnissen nützlich sind.[93]

Auch auf Seiten der systemkompatiblen Linken finden sich zahlreiche Tuis, die jede auf die Wurzeln gegenwärtiger Macht- und Gewaltverhältnisse zielende Systemkritik zu delegitimieren und zu diskreditieren suchen und auf diese Weise ihren Beitrag zu einer Stabilisierung der bestehenden Verhältnisse leisten. Hier sind besondere Formen von Tuis beheimatet, die über ein feines Gespür dafür verfügen, mit welchen Themen sie ihr Image eines »kritischen« Intellektuellen fördern und zugleich die Anerkennung des kulturellen und politischen Establishments gewinnen können.

Hat die Links-rechts-Unterscheidung in einer »marktkonformen Demokratie« ihre Gültigkeit verloren?

Paradoxerweise haben die neoliberalen Parteien der »Mitte« die von ihnen eigentlich als obsolet deklarierte Links-rechts-Unterscheidung für ihre Zwecke neu aufgenommen und nutzen sie zur Markierung der Grenzen des verbliebenen Schrumpfraumes »vernünftiger«, also »zulässiger« Meinungen. Auf diese Weise suggerieren sie, dass der als »vernünftig« deklarierte Debattenraum durchaus auch »linke« Positionen einschlösse; diese müssten jedoch »vernünftig«, also systemkompatibel sein. Damit bestimmen die neoliberalen Konsensparteien die gerade noch zulässigen »linken« Positionen durch den von ihnen als »links« deklarierten Rand »vernünftiger«, also systemkompatibler Positionen. Tatsächlich jedoch hat der als »links« deklarierte Rand dieser »Mitte« nicht einmal Berührungspunkte zu dem, was im Gefolge der Aufklärung linke Positionen ausmacht. Das als »zulässig« deklarierte Links-rechts-Spektrum wird somit auf das reduzierte Spektrum begrenzt, das sich innerhalb der neoliberalen Konsensparteien finden lässt.

Nun haben die neoliberalen Konsensparteien, insbesondere CDU und CSU, mit dem rechten Rand traditionell ohnehin kaum Probleme.[94] Die AfD und die Union teilen nicht nur den neoliberalen Konsens und das Streben nach einer autoritären Innenpolitik, sondern auch einen, mal offenen, mal gut kaschierten, Nationalismus und Kulturrassismus, bis hin zur Vorstellung eines deutschen »Volkskörpers«, den es vor Fremdeinflüssen zu schützen gilt.

Schon Franz Josef Strauß erklärte, dass es rechts von der CSU nur die Wand gäbe. Edmund Stoiber sprach 1988 von der »durchmischten und durchrassten Gesellschaft«. In der »Leitkulturdebatte« von 2000 warnte die CDU vor »Kulturkonflikten« durch Überfremdung und mahnte, Deutschland müsse seine »nationale Identität« bewahren. Auch die Hetze von Wolfgang Schäuble gegen Flüchtlinge zu Beginn der 1990er-Jahre und die massive Mobilisierung von Rassismus und Nationalismus durch die Kartellparteien im Kontext des sogenannten Asylkompromisses von 1993 belegen, wie fließend und flexibel hier die Übergänge zu rechtem und kulturrassistischem Gedankengut sind. In diesem Sinne waren und sind Parteien wie die AfD für CDU/CSU und FDP eher Konkurrenten als Gegner.

Die Kartellparteien haben also jenseits rhetorischer Bekundungen keine wirkliche Angst vor Rechtspopulismus und übersteigertem Nationalismus; beides haben sie selbst immer wieder recht erfolgreich genutzt und integriert. Wirklich bedrohlich hingegen wäre für sie ein gesellschaftlicher Wandel, der an die Wurzeln gegenwärtiger Machtverhältnisse ginge, denn dadurch würden auch die Kartellparteien ihre Existenz verlieren. Daher sehen die neoliberalen Kartellparteien ihren eigentlichen Feind in gesellschaftlichen Gruppierungen und Positionen, die einen fundamentalen Dissens zum neoliberalen Programm artikulieren. Dazu gehören insbesondere Positionen, die in der radikaldemokratischen Tradition der Aufklärung stehen.

Um derartige Positionen aus dem »zulässigen« öffentlichen Debattenraum auszuschließen, erweisen sich Diffamierungsstrategien auf der Basis einer Verklammerungslogik von linken mit rechten Positionen als ausgesprochen erfolgreich.[95] Über den Diffamierungsbegriff des Populismus lassen sich linke und rechte Positionen so verklammern, dass sie als gleichermaßen »unverantwortlich« und »gefährlich« deklariert werden können.[96] Gleiches gilt für eine linke Kritik an den demokratischen Defiziten der EU[97] oder an antidemokratischen Komponenten gegenwärtiger Formen von »repräsentativer Demokratie«. So lassen sich von den neoliberalen Konsensparteien rechtsextreme Haltungen als Mittel der Angsterzeugung nutzen, um eine linke Fundamentalopposition zum neoliberalen Programm zu diffamieren und aus dem Bereich des »zulässigen« Meinungsspektrums auszugrenzen. Für den Neoliberalismus stand und steht seit seinen historischen Anfängen, der eigentliche Feind stets links. Für die Stabilität des neoliberalen Programms ist es daher von zentraler Bedeutung, eine fundamentale Kritik am Neoliberalismus als einer Extremform des Kapitalismus und am Kapitalismus allgemein aus dem »zulässigen« öffentlichen Debattenraum auszuschließen und die äußerste Grenze »vernünftiger« linker Positionen auf eine »vernünftige«, also systemkompatible »Linke« zu begrenzen[98] – im Einklang mit der neoliberalen Strategie, vertrauten Begriffen eine neue Bedeutung zu geben, die ihrer ursprünglichen geradezu entgegengesetzt ist.

Die Vorgehensweise, die historische Links-rechts-Unterscheidung für obsolet zu erklären, sie aber gleichzeitig zu nutzen, um grundlegenden Dissens zu delegitimieren, lässt sich nur dann als Teil der neoliberalen Indoktrination entlarven, wenn man sich die ursprüngliche Bedeutung dieser Unterscheidung in Erinnerung ruft.

Eine erste Annäherung liefert eine Art Minimaldefinition, wie sie in den 1950er-Jahren von renommierten Soziologen gegeben wurde: »Mit ›links‹ wollen wir ein Eintreten für einen sozialen Wandel in Richtung größerer Gleichheit – politisch, wirtschaftlich oder sozial – bezeichnen. Mit ›rechts‹ wollen wir die Unterstützung einer mehr oder weniger hierarchischen Gesellschaftsordnung und eine Gegnerschaft zu Veränderungen in Richtung Gleichheit bezeichnen.«[99]

Diese von der neoliberalen »Mitte« als obsolet deklarierte Dimension eines Eintretens für einen sozialen Wandel in Richtung größerer Gleichheit hat wohl kaum ihre politische Bedeutung verloren, auch wenn sie als eindimensionales Attribut für viele Belange unzureichend ist. Um den tatsächlichen Kern der Links-rechts-Unterscheidung besser zu verstehen, ist es hilfreich, in die Zeit der Aufklärung zurückzugehen. Aus den damaligen Kontroversen, insbesondere der sogenannten radikalen Aufklärung[100], lassen sich zentrale Merkmale herausarbeiten, die sich in ihrem Kern so zusammenfassen lassen:

> **Rechts** ist, wer die jeweiligen Zentren der Macht (zum Beispiel die Monarchie oder ökonomische Eliten) und die Strukturen, auf denen diese Macht basiert (wie Kirche, Kolonialismus, Sklaverei oder Konzernkapitalismus) zu stabilisieren und zu erhalten sucht
> **Links** ist, wer sich für die Anerkennung der Gleichwertigkeit aller Menschen (»universeller Humanismus«) und für eine demokratische Einhegung von Macht einsetzt.

Das normative Postulat einer Gleichwertigkeit aller Menschen, also eines universellen Humanismus, und die mit ihm verbundene Ablehnung von jeder Art von Chauvinismus, Nationalismus, Rassismus oder Exzeptionalismus impliziert eine Reihe wichtiger Folgerungen. Dazu gehört vor allem demokratische Selbstbestimmung: Alle Machtstrukturen haben ihre Existenzberechtigung nachzuweisen und sich der Öffentlichkeit gegenüber zu rechtfertigen, sonst sind sie illegitim und zu beseitigen. Zudem soll jeder Bürger einen angemessenen Anteil an allen Entscheidungen haben, die das eigene gesellschaftliche Leben betreffen.[101] Dies wiederum impliziert, dass zentrale Bereiche einer Gesellschaft, insbesondere die Wirtschaft, nicht von einer demokratischen Legitimation und Kontrolle ausgeklammert werden dürfen.[102]

Siehe hierzu 103 ff.

Die Links-rechts-Unterscheidung ist und bleibt ganz fundamental für den gesamten politischen Bereich, weil sie sich auf den Umgang mit den grundlegenden Antagonismen zwischen Machtausübenden und Machtunterworfenen sowie zwischen Besitzenden und Nichtbesitzenden bezieht. Dennoch liegen heute die Leitideale der Aufklärung ebenso wie die durch die Aufklärung bereitgestellten denkmethodologischen Verfahren einer Ideologiekritik weit außerhalb der Grenzen des als »vernünftig« deklarierten öffentlichen Debattenraumes und stehen der Bevölkerung zur gedanklichen Organisation ihrer gesellschaftlichen Erfahrungen und insbesondere politischen Entscheidungsträgern de facto nicht mehr zur Verfügung.[103]

Traditionell geht die Bezeichnung »links« mit der Hoffnung auf eine menschenwürdigere, solidarische Gemeinschaft einher sowie mit emanzipatorischen Bemühungen, sie zu verwirklichen. Das Projekt der Aufklärung, in dem sich der historische Ursprung und der inhaltliche Kern des Attributs »links« verorten lässt, verkörpert in besonderer Weise den zivilisatorischen Traum der Organisation einer humaneren Gesellschaft, der institutionalisierten Einhegung von Macht und der Sicherung sowohl des inneren Friedens wie auch des Friedens zwischen den Völkern. Dieser Traum hat nichts von seiner Bedeutung eingebüßt. Im Gegenteil: Angesichts der gegenwärtigen Zerstörungen unserer sozialen und ökologischen Lebensgrundlagen hängt eine Zukunft der menschlichen Zivilisation mehr denn je von unseren Bemühungen um seine Verwirklichung ab. Dieser auf dem egalitären Leitideal der Anerkennung aller Menschen als Freie und Gleiche gründende Vorstellung wird gegenwärtig kaum noch mit dem Attribut »links« in Beziehung gebracht. In der Bevölkerung hat das Attribut »links« stark an seinem ursprünglichen emanzipatorischen Glanz eingebüßt. Dafür gibt es verschiedene Gründe. Gerade weil das Attribut »links« ursprünglich überwiegend positiv besetzt war, wurde und wird es immer wieder zum Zwecke der Machterreichung oder Machtstabilisierung spezifischer Gruppierungen benutzt. So wurde die Bezeichnung »links« historisch vielfach autoritär und totalitär missbraucht und dadurch mit etwas kontaminiert, das mit der ursprünglichen Bedeutung »links« im Sinne der radikaldemokratischen Aufklärung nichts mehr zu tun hat.

Zu den historisch folgenschwersten Beispielen gehört der Bolschewismus. Lenin übernahm weitgehend die gegenaufklärerische autoritäre Ideologie von Elite und Masse und deutete sie revolutionär um. Diese Umgestaltung ist jedoch nicht vereinbar mit den egalitären, antiautoritären, also radikaldemokratischen Kernelementen linker Leitideale, wie schon früh etwa Rosa Luxemburg[104] oder der große Theoretiker einer Rätedemokratie Anton Pannekoek[105] aufgezeigt hatten. Auch in der Gegenwart gibt es zahlreiche Entwicklungen, die dazu beitragen, dass in der Öffentlichkeit die Bezeichnung »links« kaum noch eine Faszination als emanzipatorische Rahmenerzählung zur Integration sozialer Bewegungen entfaltet. Einflussreiche Gruppierungen haben sich zugunsten einer »Identitätspolitik« und zugunsten emanzipatorischer Anerkennungsinteressen gesellschaftlicher Partialgruppen von den egalitären und universalistischen Leitidealen abgewandt. Zudem droht parteipolitisch die Bezeichnung »links« zunehmend zu einer Marketinghülse linker Rhetorik zu verkommen, mit der eine systemkompatible »Linke« zur Erreichung ihrer Teilhabe an der Macht emanzipatorisches Wählerpotential abzuschöpfen sucht.

Nicht nur die Bezeichnung »links«, auch der Universalismus der Aufklärung wurde und wird in vielfältiger Weise für Machtzwecke missbraucht. Schon zur Zeit der Aufklärung wurde er als ein Mittel erkannt, mit dem sich, wenn man ihn nur in geeignet selektiver Weise anwendet, Machtansprüche ideologisch rechtfertigen lassen.[106] Eine solche Haltung durchzieht die Geschichte der »westlichen Wertegemeinschaft« von den Kreuzzügen über den Kolonialismus und Imperialismus bis zu den sogenannten »humanitären Interventionen«.[107] Der »zivilisatorischen Mission« des »Westens« liegt die Ideologie zugrunde, dass gerade der Universalismus das überlegene Zivilisierungsniveaus des Westens bezeuge und diesem dadurch geradezu eine moralische Verpflichtung zukomme, den Rest der Welt auf dieses Zivilisierungsniveau zu führen. Dieser Universalismus des Westens ist also ein Partikular-Universalismus (was natürlich ein Widerspruch in sich ist), nämlich ein Universalismus der Mächtigen, die in ihm ein besonders wirksames ideologisches Instrument zur Verfolgung ihrer Machtinteressen sehen. Immanuel Wallerstein bezeichnet diese Form eines »Universalismus« – der in Wirklichkeit eine Negation des Universalismus der Aufklärung darstellt – als »Europäischen Universalismus«.[108] Er geht zudem der Frage nach, inwieweit sich der Europäische Universalismus als »eine der kapitalistischen Weltwirtschaft besonders angemessene Ideologie«[109] ansehen lässt; denn der Europäische Universalismus stellt ein sehr wirkmächtiges Instrument dar, mit dem sich der Kapitalismus in

Auch der Wahlspruch der Französischen Revolution *Liberté, Egalité, Fraternité* war noch stark durch Interessen der Bourgeoisie eingefärbt, so dass Marx hierzu sarkastisch bemerkte: »[…] ein wahres Eden der angebornen Menschenrechte. Was allein hier herrscht, ist Freiheit, Gleichheit, Eigentum und Bentham.« Mit dem Bezug auf Jeremy Bentham zielte Marx auf die Nützlichkeitskonzeption als Handlungsnorm, die im Kapitalismus eine bloße Apologie des Bestehenden sei. Bentham gilt als Begründer des Utilitarismus, dem zufolge der Eigennutz die entscheidende Triebfeder menschlichen Handelns sei und die konsequente Verfolgung des individuellen Eigennutzes letztlich »das größte Glück der größten Zahl« mit sich bringe und somit dem Gemeinwohl diene. Über dieses Nutzenprinzip hinaus gebe es, Bentham zufolge, keine moralischen Bewertungsmaßstäbe. Bentham bezeichnete daher die Menschenrechtserklärung von 1789 als »Unsinn auf Stelzen«.

höchst flexibler Weise eine kulturelle Entwertung und Dehumanisierung der »Anderen« für die Ziele kapitalistischer Akkumulation zunutze machen kann.

Der »Europäische Universalismus« ist also in Wirklichkeit eine Form des Exzeptionalismus. Der Exzeptionalismus der »westlichen Wertegemeinschaft« ist ein wahrlich exzeptioneller Exzeptionalismus. Er ist exzeptionell in seiner außergewöhnlichen historischen Kontinuität. Er ist exzeptionell in der Vielfalt der Gewänder, in denen er auftreten kann. Und er ist exzeptionell in seiner einzigartigen Flexibilität, nahezu beliebige Unterscheidungsmerkmale zu nutzen oder erst hervorzubringen, mit denen der Europäische Universalismus die Überlegenheit des Westens über die »rückständigen Anderen« rechtfertigen zu können glaubt.[110]

Sowohl das Attribut »links« wie auch das ihm zugrunde liegende Kernelement eines Universalismus wurden und werden also vielfach missbraucht. Damit stellt sich die Frage, welche Bedeutung die Bezeichnung »links« heute in sozialen Bewegungen noch haben kann.

Soziale Bewegungen sind dort am erfolgreichsten, wo sie auf konkrete und operational bestimmbare Ziele fokussieren.[111] Für solche Erfolge gab und gibt es weltweit unzählige Beispiele, aus denen wir Hoffnung für die Zukunft schöpfen können. Die lokale Stärke sozialer emanzipatorischer Bewegungen ist zugleich ihre Schwäche, was Änderungen grundlegender Machtverhältnisse betrifft. Um grundlegende Systemänderungen zu erreichen, müssen sie sich miteinander verbinden, ihre Energien bündeln und sich durch Einbettung in einen übergeordneten Rahmen Beständigkeit und Kontinuität geben. Eine solche Integration benötigt gemeinsame Ziele und gemeinsame historische Erfahrungen, wie sie eine übergreifende Rahmenerzählung verkörpert, die über lokale Anliegen hinausgeht und auf grundlegende Änderungsaspekte zielt. Dieser Rahmen hat also mehrere Funktionen. Er muss historisch gewonnene Erfahrungen und Einsichten bündeln und für Probleme der Gegenwart bereitstellen. Er darf nicht Oberflächenphänomenen verhaftet bleiben, sondern muss auf die Wurzeln gegenwärtiger Machtverhältnisse zielen. Er muss zudem erreichbare übergreifende Ziele formulieren, die so attraktiv sind, dass sie geeignet sind, in der Breite der Bevölkerung wieder utopische Energien freizusetzen, wie sie seit jeher Motor zivilisatorisch-emanzipativer Fortschritte waren.

Wir müssen also nicht nur im Kleinen wissen, wofür es sich zu kämpfen lohnt. Die radikaldemokratischen Vorstellungen einer gesellschaftlichen Einhegung von Macht, wie sie in der Aufklärung gewonnen wurden, liefern für eine solche integrierende Rahmenerzählung einen vielversprechenden Ausgangspunkt. Sie sind durch historische Handlungsmodelle gestützt, intellektuell in der Tiefe fundiert und geeignet, positive affektive Energien freizusetzen. Unsere Aufgabe ist es, dieses großartige historische Erbe für unsere gegenwärtigen Belange zu nutzen und weiterzuführen. Eine solche, unterschiedliche emanzipatorische Belange integrierende Rahmenerzählung könnte dem Anliegen sozialer Kämpfe für eine menschenwürdigere Gesellschaft einen neuen Glanz verleihen. Gegenüber ihren inhaltlichen Zielen ist es dann zweitrangig, unter welchen sprachlichen Bezeichnungen sie firmiert, sei es »links«, »sozialistisch«, »rätedemokratisch« oder »radikaldemokratisch«. Wobei wir uns allerdings unserer natürlichen Neigung zu einem Wortaberglauben bewusst sein müssen, das heißt unserer Überzeugung, dass jedem Wort auch ein Sachverhalt in der Welt entsprechen müsse und dass somit unterschiedliche Wörter auch reale Differenzen widerspiegeln. Insofern kann bereits die Möglichkeit, eine in der Sache kohärente integrierende gemeinsame Rahmenerzählung sprachlich mit unterschiedlichen Attributen zu belegen, den Keim einer Spaltung sozialer Bewegungen in sich tragen oder die sich durch unterschiedliche Perspektiven und Gewichtungen ohnehin ergebenden Spaltungsneigungen verstärken. Doch ohne eine gemeinsame emanzipatorische Rahmenerzählung, die auf die Wurzeln von Machtverhältnissen zielt, laufen alle sozialen Bewegungen Gefahr, ephemer und flüchtig zu bleiben.

Die zerstörerischen Konsequenzen einer Entgrenzung ökonomischer und politischer Macht und einer Elitendominanz über den öffentlichen Debattenraum

Wenn wir uns die radikaldemokratischen Leitideale der Aufklärung in Erinnerung rufen, wird besonders deutlich, wie sehr der öffentliche Debattenraum in den vergangenen Jahrzehnten eingeschränkt wurde. Diese Einschränkungen, die einen zunehmend autoritärer agierenden globalisierten Kapitalismus vor demokratischen Bedrohungen schützen sollen, haben folgenschwere Konsequenzen.

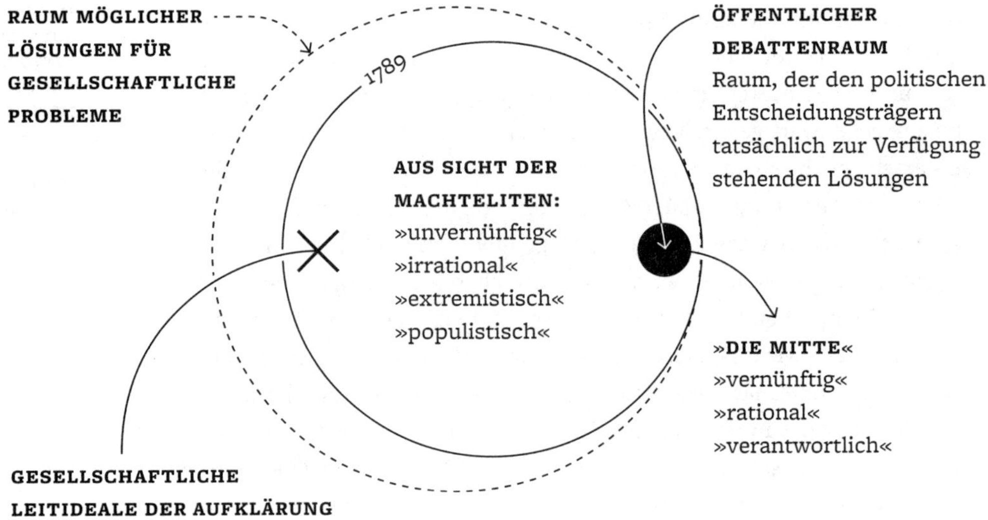

Die in der Aufklärung artikulierten Positionen zur Einhegung von Macht und zur Begrenzung ihrer Exzesse stellen den kollektiv mühsam gewonnenen Ertrag dar, aus den historischen Erfahrungen mit Macht- und Gewaltverhältnissen angemessene Konsequenzen zu ziehen und sich auf elementare normative Prinzipien zu einigen, durch die sich derartige Geschehnisse am wirkungsvollsten verhindern lassen. Da diese Prinzipien auf eine massive Einhegung von politischer Macht hinauslaufen, sind sie seit jeher von den jeweils Mächtigen und den intellektuellen Verteidigern des Status quo aufs Schärfste bekämpft worden. Immer wieder finden sich in der Geschichte Phasen, die in besonderer Weise durch Strömungen einer Gegenaufklärung geprägt sind.[111] Die letzten mehr als 100 Jahre stellen eine Periode radikaler Gegenaufklärung dar. Ihre gegenwärtig aggressivste und folgenreichste Form ist die neoliberale Ideologie, die sich schon in ihren Anfängen explizit als Gegenaufklärung und als elitistischer Gegenentwurf zu den egalitären Prinzipien der Aufklärung verstand.

In dem Maße wie nun demokratische Mechanismen der Einhegung von Macht fehlen oder wieder verschwunden sind, sind parallel auch Mechanismen entfallen, die gegen die dem Kapitalismus zwangsläufig innewohnenden destruktiven Exzesse als Korrektive wirken könnten. Mit dem von jeder demokratischen Kontrolle befreiten Kapitalismus sind wir in einem zivilisatorischen Regress wieder zu einer gesellschaftlichen

Machtordnung zurückgekehrt, in der sich Macht durch sich selbst legitimieren zu können glaubt. Der globale Kapitalismus hat sich jeder Legitimation oder Konsensbeschaffung durch die Bevölkerung ebenso entzogen wie einer öffentlichen Rechenschaftspflicht. Damit trägt die auf dem globalen Kapitalismus gründende Macht- und Weltgewaltordnung, wie die Geschichte in ewiger Wiederholung zeigt, den Keim der Selbstzerstörung in sich.[113] Die Folgen dieser Zerstörungsspirale werden auch der Öffentlichkeit zunehmend fühlbar und erkennbar.

DIE ZERSTÖRERISCHEN KONSEQUENZEN EINER ENTGRENZUNG ÖKONOMISCHER UND POLITISCHER MACHT UND EINER ELITENDOMINANZ ÜBER DEN ÖFFENTLICHEN DEBATTENRAUM

Die ideologischen Grundlagen einer »Elitendemokratie« treten mit der voranschreitenden »Elitenverwahrlosung«[114] deutlicher denn je zutage. Bereits John Dewey hatte die einer Elitendemokratie zugrunde liegende Vorstellung Lippmanns von »verantwortlichen Experten«, die unabhängig und neutral dem Gemeinwohl verpflichtet seien, als naive Fiktion enthüllt. Tatsächlich jedoch handelt es sich nicht lediglich um eine naive Fiktion, sondern vielmehr um eine vorsätzliche Verblendung im Dienste einer ideologischen Machtsicherung. Die Ideologie einer zur Herrschaft moralisch und intellektuell besonders befähigten »Elite«, die durch ihre politische Kompetenz und ihr moralisches Gefühl einer Verpflichtung und Verantwortlichkeit gegenüber dem Allgemeinwohl dazu berufen sei, unter dem Banner der Demokratie der »verwirrten Herde« den richtigen Kurs zu weisen, lässt ihr eigentliches Anliegen immer deutlicher offen zutage treten. Die demokratische Maske ist längst gefallen. Die politischen und ökonomischen Eliten sehen ihre Macht im globalisierten Kapitalismus als so »einbruchssicher gegenüber demokratischen Eingriffsversuchen abgedichtet«[115], dass sie zunehmend überzeugt sind, auf eine Demokratierhetorik verzichten und ihr autoritäres Gesicht offen zeigen zu können. Sie lassen sich dabei auch von den gewaltigen destruktiven Folgen ihres politischen Handelns nicht irritieren, so dass die weitere Prognose eines von jeder demokratischen Kontrolle befreiten Kapitalismus für die Menschheit als Ganzes recht ungünstig ist: Nach der »Plünderung der öffentlichen Sphäre« wechseln die plutokratischen Eliten zunehmend in den »Endspielmodus«: »abkassieren, alles versilbern, die Brücken hinter sich abfackeln und nichts zurücklassen als verbrannte Erde«.[116]

Siehe hierzu 131 ff. sowie 141 ff.

Es ist angesichts der immensen sozialen und ökologischen Zerstörungen, welche die neoliberalen Elitendemokratien in den vergangenen Jahrzehnten hinterlassen haben, nicht zu erwarten, dass die politischen und ökonomischen Eliten zu Alternativen, die für Lösungen der drängendsten Probleme der Gegenwart erforderlich sind, bereit wären oder solche Alternativen auch nur denken könnten. Im Gegenteil: Sie reagieren zunehmend unberechenbar und scheinen vor den von ihnen angerichteten Problemen selbst kapituliert zu haben – sei es der immer destruktiver und unkontrollierbarer werdende Finanzkapitalismus, seien es die nicht mehr reversiblen ökologischen Schäden, seien es die soziale Zersetzung von solidarischer Gemeinschaft und die mit ihnr einhergehenden psychischen Verwüstungen und Verformungen, sei es die immer autoritärer werdende Verwaltung der politisch »Irrelevanten«, die nur noch als Konsumenten benötigt werden, und die Disziplinierung der ökonomisch »Überflüssigen«, die nicht einmal mehr als Konsumenten benötigt werden.

Denkalternativen zur Lösung gegenwärtiger Probleme müssen also deutlich viel tiefer ansetzen und, wie dies seinerzeit die Aufklärung geleistet hat, die Wurzeln derartiger desaströser Folgen demokratisch nicht mehr eingehegter Macht erkennen und die erforderlichen Konsequenzen daraus ziehen. Die dazu nötigen Denk- und Handlungsalternativen können nur gemeinsam und unter Verwendung des reichen Erfahrungsschatzes emanzipatorischer Bewegungen »von unten« entwickelt werden. Dazu müssen wir die immer noch verbliebenen demokratischen Residualstrukturen nutzen, um auf ihrer Grundlage überhaupt erst wieder Spielräume für eine Re-Politisierung und Re-Demokratisierung der Gesellschaft zu erhalten.

Die gesellschaftlichen Lösungsmöglichkeiten, die die Menschheit nach den Erfahrungen schlimmster zivilisatorischer Katastrophen in einem mühsamen kollektiven Prozess gewonnen hat, also die Leitideale der Aufklärung, liegen nach den massiven Einschränkungen des öffentlichen Debattenraumes der letzten Jahrzehnte weit außerhalb des als »vernünftig« oder »zulässig« deklarierten Debattenraumes. Solange dies der Fall ist, werden wir keine Chance haben, die drängenden Probleme der Gegenwart zu lösen und uns vor weiteren und vermutlich schlimmeren Katastrophen zu schützen. Daher gehört es zu unseren vordringlichen Aufgaben, diese systematisch herbeigeführte Degeneration des öffentlichen Debattenraumes zu überwinden.[117] Nur dadurch können wir wieder die notwendigen Denk- und Handlungsalternativen gewinnen.

Unsere Zukunft als Menschheit wird angesichts der sozialen und ökologischen Zerstörungen durch die gegenwärtige Wirtschafts- und Weltgewaltordnung mehr denn je davon abhängen, ob wir bereit sind, den zivilisatorischen Traum einer Anerkennung aller als Freier und Gleicher und das Leitideal einer Demokratie endlich ernst zu nehmen. Viel Zeit steht uns dafür nicht mehr zur Verfügung.

1 »Nothing appears more surprizing to those, who consider human affairs with a philosophical eye, than the easiness with which the many are governed by the few; and the implicit submission, with which men resign their own sentiments and passions to those of their rulers. When we enquire by what means this wonder is effected, we shall find, that, as FORCE is always on the side of the governed, the governors have nothing to support them but opinion. It is therefore, on opinion only that government is founded.« David Hume, On the First Principles of Government, 1741.

2 Die liberalen Politologen Gilens und Page stellen auf der Basis ihrer umfangreichen empirischen Studien fest, »the best evidence indicates that the wishes of ordinary Americans actually have had little or no impact on the making of federal government policy. Wealthy individuals and organized interest groups - especially business corporations - have had much more political clout. When they are taken into account, it becomes apparent that the general public has been virtually powerless.« Gilens und Page (2017)
Der Historiker Ronald Formisamo (2017) spricht von einer demokratisch nicht mehr abwählbaren »permanent political class«, deren Selbstüberhöhung und Selbstverherrlichung unter anderem zu einer Kultur der Korruption geführt habe, die die gesamte Gesellschaft befallen hat (»its self-aggrandizement creates a culture of corruption that infects the entire society«).
Steve Fraser (2015, S. 412) stellt fest: »The system seems transparently to have become an arena for gaming the system. Cycles of corruption and insiderism repeat with numbing frequency and in a nonpartisan distribution, verging on kleptocracy.«

3 Die systematische Erzeugung von politischer Apathie wurde von Anfang an in häufig expliziter Weise - etwa von Lippmann, Schumpeter oder Leo Strauss - als eine notwendige Voraussetzung angesehen, ohne die »Demokratie« - wobei natürlich »Elitendemokratie« gemeint ist - nicht funktionieren könne. Die dazu nötigen Methoden waren schon recht früh ausgesprochen erfolgreich, so dass C. Wright Mills bereits 1958 in seinem Buch *The Causes of World War Three* feststellte: »Die vorherrschende Gleichgültigkeit der Massen ist sicherlich einer der wichtigsten politischen Faktoren in den heutigen westlichen Ländern.« (Mills, 1959, S. 110)

4 Steve Fraser (2015, S. 305): »The all-consuming selves we take for granted today are ›merely empty receptacles of desire.‹ Infinitely plastic and decentered, the modern citizen of the republic of consumption lives on slippery terrain, journeying to nowhere in particular. So too, nothing could be more corrosive of the kinds of social sympathy and connectedness that constitute the emotional substructure of collective resistance and rebellion. Instead, consumer culture cultivates a politics of style and identity focused on the rights and inner psychic freedom of the individual, one not comfortable with an older ethos of social rather than individual liberation. On the contrary, it tends to infantilize, encouraging insatiable cravings for more and more novel forms of a faux self-expression. The individuality it promises is a kind of perpetual tease, nowadays generating, for example, an ever-expanding galaxy of internet apps leaving in their wake a residue of chronic anticipation. Hibernating inside this ›material girl‹ quest for more stuff and self-improvement is a sacramental quest for transcendence, reveries of what might be, a ›transubstantiation of goods, using products and gear to create a magical realm in which all is harmony, happiness, and contentment [...] in which their best and most admirable self will emerge at last.‹ The privatization of utopia!«

5 »The smart way to keep people passive and obedient is to strictly limit the spectrum of acceptable opinion, but allow very lively debate within that spectrum - even encourage the more critical and dissident views. That gives people the sense that there's free thinking going on, while all the time the presuppositions of the system are being reinforced by the limits put on the range of the debate.« (Chomsky, 1998)

6 Maus (1994, S. 64).

7 Maus (1994, S. 249).

8 Neoliberalismus, Faschismus sowie rassistischen und exzeptionalistischen Ideologien liegt wesentlich die Haltung einer Glorifizierung der Starken und einer Verachtung der Schwachen zugrunde. Sie teilen eine Zurückweisung und Verächtlichmachung zentraler Prämissen, auf denen Demokratie, Völkerrecht und universelle Menschenrechte beruhen; diese seien nicht mehr als ein »Brief an den Nikolaus«, wie die damalige amerikanische UN-Botschafterin Jeane Kirkpatrick 1981 die amerikanische Haltung zur Allgemeinen Erklärung der Menschenrechte auf den realpolitischen Punkt brachte.
Es sei eben, wie die Geschichte als »schlichte Wahrheit« aufzeige, das Recht des Stärkeren, seinen Willen durchzusetzen. Im übrigen mache es offensichtlich, wie der von der *Süddeutschen Zeitung* (17.5.2010) zu den »Hasspredigern« gerechnete Journalist Henryk Broder 2005 feststellte, »mehr Spaß, Täter als Opfer zu sein« (*Jüdische Allgemeine*, 17. März 2005, S. 3, Freispruch für Israel), allein schon deswegen, weil Täter eine höhere Lebenserwartung als ihre Opfer haben. (Das mag vordergründig einleuchtend erscheinen, doch setzt es eine defizitäre moralische Entwicklung voraus, mit einer solchen affektiven Haltung identifiziert zu sein.)
Der israelische Premierminister Benjamin Netanjahu stellte am 29. August 2018 fest, es sei eine »schlichte Wahrheit« (»simple truth«) der Geschichte, dass es in ihr keinen Platz für die Schwachen gebe; die Schwachen würden zerbröckeln, würden niedergemacht und aus der Geschichte gelöscht, während die Starken überlebten und respektiert würden. (»There is no place for the weak. The weak crumble, are slaughtered and are erased from history while the strong, for good or for ill, survive. The strong are respected, and alliances are made with the strong, and in the end peace is made with the strong.«) www.pmo.gov.il/English/MediaCenter/Events/Pages/event_peres290818.aspx
Die Hymne auf diese »schlichte Wahrheit« ist aus den Echoräumen der Geschichte wohlbekannt, und das Erschrecken über die Ursachen und die Auswirkungen eines solchen Denkens sollte uns noch im kollektiven Gedächtnis sein: »Stets hat vor Gott und der Welt der Stärkere das Recht, seinen Willen durchzusetzen. Die Geschichte beweist: Wer nicht die Kraft hat, dem nutzt ›das Recht an sich‹ gar nichts! Die ganze Natur ist ein gewaltiges Ringen zwischen Kraft und Schwäche, ein ewiger Sieg des Starken über den Schwachen. Nichts als Fäulnis wäre in der gesamten Natur, wenn es anders wäre. Verfaulen würden die Staaten, die gegen dieses Elementargesetz sündigen [...].« (Adolf Hitler, 13. April 1923, zit. nach Lautemann und Schlenke, 1961, S. 285)
Zu allen Zeiten wurde und wird die »schlichte Wahrheit« des Rechtes der Starken – und dies ist die tatsächliche schlichte Wahrheit der Geschichte – gerne von »Herrenmenschen« verkündet, um die von ihnen beim Hinmetzeln und Austilgen alles »Schwachen« errichteten Leichenberge zu rechtfertigen. Nach diesen Auffassungen kann es in der Geschichte zwangsläufig keinen Platz für Völkerrecht und Demokratie geben. Mit der Bekräftigung dieser »schlichten Wahrheit« werden die in vielen Jahrhunderten mühsam gewonnenen zivilisatorischen Errungenschaften zunichtegemacht, nämlich, dass Macht sich nicht einfach durch das Recht des Stärkeren legitimieren kann, also durch das schon in der Antike formulierte Recht, dass der Starke tue, was er könne, und der Schwache erleide, was er müsse. Heute ist in einem schleichenden und folgenschweren zivilisatorischen Regress das Recht des Stärkeren, in innerstaatlicher ebenso wie in zwischenstaatlicher Politik, wieder zu einer kaum noch bemerkten Selbstverständlichkeit des ideologischen Zeitgeistes geworden.

9 Ein solches egalitäres Grundprinzip demokratischer Autonomie liegt auf einer anderen Ebene als die Handlungsanforderungen der ethischen Autonomie des kategorischen Imperativs von Kant: »Beruht ethische Autonomie auf der in jedem einzelnen Willen geprüften Universalisierbarkeit der Maxime des Handelns, so ist demokratische Autonomie in der faktischen Universalisierung der Gesetzgebungsverfahren durch Beteiligung aller begründet.« (Maus, 1994, S. 173)

10 Zum allgemeinen Hintergrund von Lippmann und zur Lippmann-Dewey-Kontroverse siehe Steel (1981, insbes. S. 211ff.).

11 In *Liberty and the News* von 1920 stellte Lippmann fest: »The world about which each man is supposed to have opinions has become so complicated as to defy his powers of understanding.« (S. 22)

12 Das ist im Wesentlichen die gegenwärtige Standardkonzeption einer kapitalistischen Demokratie, wie sie insbesondere auch von Joseph Schumpeter vertreten wurde. Auch Elmer Eric Schattschneider verstand in seinem Klassiker *The Semisovereign People: A Realist's View of Democracy in America* von 1960 unter Demokratie »a competitive political system in which competing leaders and organizations define the alternatives of public policy in such a way that the public can participate in the decisionmaking process« (S. 138). Schattschneider räumte jedoch zugleich mit der Illusion einer pluralistischen Demokratie auf und stellte fest, dass die Zahl der tatsächlichen Einflusszentren politischer Macht außerordentlich klein ist: »The range of organized, identifiable, known groups is amazingly narrow; there is nothing remotely universal about it [...] business or upper-class bias of the pressure system shows up everywhere.« (S. 35) Diese Situation hat sich mit dem Siegeszug des real existierenden Neoliberalismus noch einmal massiv verschärft.

13 Lippmann gehörte zu den Gründern des Council on Foreign Relations (CFR), dem einflussreichsten privaten Think-Tank der Welt. Siehe Shoup (2015).

14 Lippmann (1922/2018).

15 John Dewey bezeichnete in seiner Besprechung von *Public Opinion* Lippmanns Kritik als »perhaps the most effective indictment of democracy as currently conceived ever penned«.

16 Lippmann bemerkte 1925: »My own mind has been getting steadily anti-democratic.« (Steel, 1981, S. 211)

17 »Democracy in its original form never seriously faced the problem which arises because the pictures in our heads do not automatically correspond with the world outside.« (Lippmann, 1922, S. 22)

18 »The public must be put in its place [...] so that each of us may live free of the trampling and the roar of a bewildered herd.« (Lippmann, 1925, S. 145)

19 Noch 1920 beklagte Lippmann, dass die Presse, deren Aufgabe darin liege, die Wahrheit zu sagen, zu einem Träger von Propaganda geworden sei: »The most destructive form of untruth is sophistry and propaganda by those who profession is to report the news. The news columns are common carriers. When those who control them arrogate to themselves the right to determine by their own consciences what shall be reported and for what purpose, democracy is unworkable. Public opinion is blockaded. For when a people can no longer confidently repair ›to the best fountains for their information,‹ then anyone's guess and anyone's rumor, each man's hopes and each man's whim becomes the basis of government.« (Lippmann, 1920, S. 5f.)
Damit seien die Grundlagen der Demokratie gefährdet: »This touches the core of democracy, for without reliable and disinterested news, representative democracy is a farce.« (Lippmann und Merz, 1920, S. 33)

20 Lippmann betonte: »News and truth are not the same thing, and must be clearly distinguished.« (Lippmann, 1922, S. 358) Medien seien grundsätzlich nicht in der Lage, »to bring to light the hidden facts, to set them into relation with each other, and make a picture of reality on which men can act«. (Lippmann, 1922, Kap. 24) Die Medien würden daher selbst im idealen Fall nicht die Grundlagen bereitstellen können, die zum Funktionieren der Demokratie nötig seien: »The press is not constituted to furnish the amount of knowledge which the democratic theory of public opinion demands.« (Lippmann, 1922, S. 165)

21 »[…] The more obvious failings of democracy, against violent prejudice, apathy, preference for the curious trivial as against the dull important, and the hunger for sideshows and three legged calves.« (Lippmann, 1922, S. 230)

22 Eine antidemokratische Haltung war seinerzeit und ist auch heute noch tief im Denken kultureller Eliten verankert. Siehe beispielsweise Carey (1992), Struve (2015).

23 John Dewey (1929/2012). Siehe auch Westbrook (1991, insbes. S. 275 ff.).

24 »The notion that intelligence is a personal endowment or personal attainment is the great conceit of the intellectual class.« (Dewey, 1929, S. 211); siehe dazu Westbrook (1991, S. 313).

25 »Until secrecy, prejudice, bias, misrepresentation, and propaganda as well as sheer ignorance are replaced by inquiry and publicity, we have no way of telling how apt for judgment of social policies the existing intelligence of the masses may be.« (Dewey 1929, S. 366)

26 »The smoothest road to control political conduct is by control of opinion. As long as interests of pecuniary profit are powerful, and a public has not located and identified itself, those who have this interest will have an unresisted motive for tampering with the springs of political action in all that affects them.« (Dewey, 1927, S. 182)

27 »The only really fundamental approach to the problem is to inquire concerning the necessary effect of the present economic system upon the whole system of publicity; upon the judgment of what news is, upon the selection and elimination of matter that is published, upon the treatment of news in both editorial and news columns.« Wir müssen fragen, »how far genuine intellectual freedom and social responsibility are possible on any large scale under the existing economic regime«. (Dewey, 1935)

28 Dewey (1927, S. 146) war der Auffassung, dass die »cure for the ailments of democracy is more democracy«.

29 »In order to restore democracy, one thing and one thing only is essential. The people will rule when they have power, and they will have power in the degree they own and control the land, banks, the producing and distributing agencies of the nation.« (Dewey, 1934, S. 76)

30 »As long as politics is the shadow cast on society by big business […].« (Dewey, 1931, *The need for a new party*) Zitiert nach Westbrook (1991, S. 440).

31 Politiker verweisen gerne darauf, dass die komplexen Fragen, um die es in der Politik gehe, sich nicht auf Ja-Nein-Entscheidungen reduzieren ließen und sie sich folglich nicht für Wahlentscheidungen eigneten. Damit sind sie offensichtlich der Auffassung, dass es bei Parlamentswahlen nicht um komplexe politische Fragen geht und sie somit für die wichtigen politischen Entscheidungen weitgehend irrelevant sind.

32 »In dem Maße, in dem sie eine spezialisierte Klasse werden, sind sie vom Wissen über die Bedürfnisse, denen sie dienen sollten abgeschnitten […]. Eine Klasse von Experten ist den gemeinsamen Interessen unvermeidlich so entrückt, dass sie zu einer Klasse mit Privatinteressen und Privatwissen wird, welches in sozialen Angelegenheiten überhaupt kein Wissen ist.« (Dewey, 1927/1996, S. 172)

33 Zu jüngeren Kontroversen über die Interpretation dieser Kontroverse siehe zum Beispiel Rakow (2018).

34 Hier ist natürlich entscheidend, welche Kriterien für eine »Rationalität« zugrunde gelegt werden. Denn in einem ökonomisch-utilitaristischen Sinne kann für einen Einzelnen ein Desinteresse an gesellschaftlich-politischen Fragen durchaus »rational« sein: Für den einzelnen Bürger, dem die Bewältigung von Alltagsproblemen bereits genügend Entscheidungen abverlangt, ist es recht aufwendig, relevante politische Infor-

mationen zu suchen und zu bewerten. Da sein Einfluss auf politische Entscheidungen ohnehin vernachlässigbar klein ist, steht also der mögliche Ertrag politischer Informationssuche in keinem Verhältnis zum Aufwand, so dass eine politische Apathie in diesem Sinne rational sein kann.

35 Siehe Maus (2011, S. 83).

36 Siehe beispielsweise Tetlock (2005).

37 Page und Shapiro (1992), Page und Shapiro (1999).

38 »Public opinion and the behavior of voters are understandable, explicable, defensible, given the information that is available to the public – and thus ›rational‹ in this sense.«

39 »[...] in an environment where accurate information is available [...] the public, as a collectivity, has the capacity to govern.«

40 Die entsprechenden Debatten werden in der Literatur in überaus kontroverser Weise weitergeführt. Nur einige Beispiel zur Stützung von Deweys Position aus der kaum noch überschaubaren Literatur: Lupia und McCubbins (1998), Landemore (2012), Lupia (2016), Sniderman (2017).

41 Herman und Chomsky (1988), Chomsky (2003, S. 191ff.), Mullen (2010).

42 Maus (1994, S. 223). Siehe hierzu auch Turse (2008). Roelofs (2018) zeigt auf, wie tief sich der industriell-militärische Komplex bereits über verschiedene Wege in gemeinnützige Institutionen und Strukturen der Zivilgesellschaft eingewoben hat, etwa in den Bereichen Umwelt, Erziehung, Gesundheit oder Infrastruktur. Krieg ist vor allem ein großes Geschäft, das größte Geschäft der Zivilisationsgeschichte, und die kapitalistischen Demokratien haben eine ganze Wirtschaftsordnung darauf erbaut. Die stetig wachsende Kriegswirtschaft, die eine Umverteilung von der öffentlichen in die private Hand ist, stellt nicht zuletzt eine Kommodifizierung von systematisch erzeugter Angst und Feindseligkeit dar.

43 »So great are the psychological resistances to war in modern nations that every war must appear to be a war of defence against a menacing, murderous aggressor. There must be no ambiguity about whom the public is to hate.« (Lasswell, 1927, S. 47)

44 Creel (1920, S. 4).

45 Die strukturellen Mechanismen einer solchen ideologischen Homogenisierung sind für die Bevölkerung weitgehend unsichtbar. Diese Mechanismen leisten einen wesentlichen Beitrag zu einer Entwicklung, die der große Demokratietheoretiker Sheldon Wolin »invertierten Totalitarismus« nennt, nämlich in Richtung einer historisch völlig neuen Form des Totalitarismus, der so beschaffen ist, dass er von der Bevölkerung gar nicht als solcher empfunden wird. Wolin (2008) charakterisiert diese neue Form des Totalitarismus durch folgende Eigenschaften:

- Demobilisierung von Bürgern zu passiven Konsumenten durch Herbeiführen von Unsicherheit, Angst und Apathie.
- Staat und Gesellschaft sind der Wirtschaft untergeordnet.
- Gewalt gegen Dissidenten ist weitgehend unsichtbar.
- Einschränkungen des Meinungsspektrums sind weitgehend unsichtbar.

»Our totalizing system, nonetheless, has evolved its own methods and strategies. Its genius lies in wielding total power without appearing to, without establishing concentration camps, or enforcing ideological uniformity, or forcibly suppressing dissident elements so long as they remain ineffectual.« (Wolin, 2008, S. 57)

46 »Das ›Volk‹ konstituierte sich überhaupt erst durch die Bereitschaft, sich selbst eine Verfassung zu geben und unter dieser Verfassung leben zu wollen. Volk war weder durch historisches Schicksal, schon gar nicht durch gemeinsame Abstammung, auch nicht durch das Territorium, nicht durch die Kultur oder die Sprache definiert, sondern durch nichts anderes als den Akt der gemeinsamen Verfassunggebung.« Maus (2015, S. 201)

47 Ein Austausch über die Vielfalt unterschiedlicher Partikularinteressen wird erleichtert, wenn wir bereit sind, unsere eigene Perspektive auf die gesellschaftlichen Verhältnisse gleichsam zu verdoppeln und die Verhältnisse neben unserem Standpunkt eigener Interessen, Affekte und Vorurteile zugleich auch von einem im Sinne der Aufklärung universalisierbaren Standpunkt gemeinsamer sozialer und ökologischer Interessen und einer Sicherung des inneren und äußeren Friedens zu sehen. Eine solche gedankliche Perspektivenverdopplung erfordert von uns eine gewisse intellektuelle und affektive Leistung. Diese Perspektivenverdopplung erzeugt in uns unvermeidbar ein innerpsychisches Spannungsverhältnis eigentlich miteinander unverträglicher Perspektiven. Denn die destruktiven Folgen gegenwärtiger Macht- und Gewaltverhältnisse, die aus einer überpersönlichen Betrachtungsperspektive für uns erkennbar werden, sind tatsächlich erdrückend und daher für uns oftmals affektiv nur schwer zu ertragen.

48 Graeber (2002) erwähnt aus nicht-westlichen Traditionen eine Vielzahl von bewährten Prozeduren demokratischer Konsensfindung, die nicht lediglich auf einer Majoritätsregel basieren: »[...] a rich and growing panoply of organizational instruments – spokescouncils, affinity groups, facilitation tools, break-outs, fishbowls, blocking concerns, vibe-watchers and so on – all aimed at creating forms of democratic process that allow initiatives to rise from below and attain maximum effective solidarity, without stifling dissenting voices, creating leadership positions or compelling anyone to do anything which they have not freely agreed to do.«

49 Siehe Maus (1994, S. 156).

50 Siehe aus historischer Perspektive hierzu zum Beispiel Wood (2010) sowie Gerstenberger (1990/2017, S. 522 ff.; 2016).

51 »The phrase ›capitalist democracy‹ is virtually a contradiction in terms, if by ›democracy‹ we mean a system in which ordinary people have effective means to participate in the decisions that affect their lives and that engage their communities.« (Pateman, 2005, S. 150)

52 »Achieving real democracy will require that the whole system of corporate capitalism be completely dismantled – because it's radically anti-democratic.« (Chomsky, 2002, S. 140)

53 »It is only when the threat of popular participation is overcome that democratic forms can be safely contemplated.« (Chomsky, 1989, S. 69)

54 Diese systematisch betriebene Bedeutungsverschiebung hat einen anderen Charakter als die durch eine Vielfalt sich oft kreuzender ideengeschichtlicher Linien bestimmte Verwendungsgeschichte des Demokratiebegriffs zwischen dem 16. und 19. Jahrhundert. Siehe hierzu Maier (1971).

55 Eine erhellende ideengeschichtliche Einführung in demokratietheoretische Grundkonzepte gibt Thiele (2008).

56 Derartige semantische Verschiebungen, die elitistische und autoritäre Konzeptionen mit einem Demokratiebegriff bemänteln, haben eine lange Tradition. Sie liegen bereits der Erfindung des Begriffs »repräsentative Demokratie« durch die Väter der amerikanischen Verfassung zugrunde. Die einflussreichsten »Demokratie«-Konzeptionen des vergangenen Jahrhunderts stellen de facto Konzeptionen einer Demokratieabwehr dar.

57 Schumpeter (1950/1994) zufolge müsse sich eine »funktionierende« Demokratie auf eine »demokratische« Selektion der Machteliten beschränken. Die »demokratische Methode« sei diejenige Ordnung der Institutionen zur Erreichung politischer Entscheidungen, bei welcher einzelne die Entscheidungsbefugnis vermittels eines Konkurrenzkampfs um die Stimmen des Volkes erwerben. »Die Anerkennung der Führung ist die eigentliche Funktion der Wählerschaft.« (»acceptance of leadership is the true function of the electorate's vote.«, S. 273).

58 Zu den Möglichkeiten einer Weltöffentlichkeit und demokratischer Legitimation und Kontrolle auf transnationaler Ebene siehe zum Beispiel Fraser (2007), Maus (2002, 2015). Wie kann auf transnationaler Ebene eine politische Öffentlichkeit »die politische Macht ansammeln, die notwendig ist, um private Mächte in die Schranken zu weisen und die Handlungen der Amtsträger der Kontrolle der Bürgerinnen und Bürger zu unterwerfen?« (Fraser, 2007, S. 247)

59 Da es auf transnationaler Ebene keine Formen demokratischer Selbstgesetzgebung und Kontrolle geben kann, werden die Formen der Organisation eines globalen Marktes immer autoritärere Formen beim Umbau von Nationalstaaten annehmen. Diese Entwicklungen werden dadurch beschleunigt und verstärkt, dass die wachsende Menge der ökonomisch und damit gesellschaftlich »Überflüssigen« rasant wächst und immer »effizienterer« Methoden einer Verwaltung und Disziplinierung bedarf. Siehe hierzu Wacquant (2009).

60 Verbreiteten Mystifizierungen der Globalisierung, wie sie sich auch auf Seiten einer systemkompatiblen Linken finden (etwa in Gregor Gysis Äußerung auf dem Leipziger Parteitag 2018, dass die soziale Frage durch die Globalisierung zu einer Menschheitsfrage geworden sei, eine Einschätzung, die etablierte oder sich noch etablierende »Philanthropen« wie Bill Gates oder Mark Zuckerberg sicherlich gerne teilen werden), beinhalten also eine stillschweigende Identifikation mit dem Kernanliegen des neoliberalen Projektes, den Kapitalismus auf globaler Ebene ein für allemal gegen demokratische Bedrohungen zu schützen. Derartige Mystifizierungen eines kapitalistischen »Internationalismus« dienen der Stabilisierung gegenwärtiger Machverhältnisse und spiegeln eine zutiefst antidemokratische Haltung wider. (Siehe hierzu S. 194)

61 Die Entwicklung entsprechender »Soft-Power«-Techniken der Manipulation der öffentlichen Meinung, des Aufbrechens von Gefühlen einer Klassenzugehörigkeit, des Erzeugens von Falschidentitäten und der Zersetzung gewerkschaftlicher und emanzipatorischer Bewegungen war eng verbunden mit einem massiven Aufstieg der Sozialwissenschaften.

62 Insbesondere mussten dabei »naive« und »irrationale« Bemühungen unterbunden werden, Begriffe wie »Demokratie« und »Freiheit« im Sinne ihrer ursprünglichen Bedeutung »fehlzuinterpretieren«. Wie Sebastian Haffner schon 1967 in seiner Rezension von Johannes Agnolis Buch *Die Transformation der Demokratie* bemerkte, verfolgen die Zentren der Macht hinter der demokratischen Rhetorik nur die eine Maxime: »Keine Freiheit für den, der von ihr Gebrauch macht.«

63 Eine Anekdote aus einem 1919 geführten Gespräch zwischen Max Weber und Erich Ludendorff, einem zutiefst totalitären Charakter und Erzfaschisten, liefert ein illustratives Beispiel: »Ludendorff fragte Max Weber: Was verstehen Sie dann unter Demokratie? Weber: In der Demokratie wählt das Volk seinen Führer, dem es vertraut. Dann sagt der Gewählte: ›Nun haltet den Mund und pariert.‹ Volk und Parteien dürfen ihm nicht mehr hineinreden. Ludendorff: Solche ›Demokratie‹ kann mir gefallen!« (Weber, 1926, S. 665).

64 Eine nahezu ideale Form der Revolutionsvermeidung stellen demokratische Wahlen dar, bei denen lediglich eine Elitengruppierung durch eine andere ersetzt wird und die ansonsten für alle grundlegenden politischen Fragen folgenlos sind. Der Vorteil derartiger Wahlen liegt auf der Hand. Wie der junge Herbert Wehner 1926 schrieb: »Der Wähler legalisiert die Handlungen, die später gegen ihn unternommen werden.« Die liberalen Politologen Achen und Bartels stellen fest: »Elections that ›throw the bums out‹ typically do not produce genuine policy mandates, even when they are landslides. They simply put a different elite coalition in charge. This bloodless change of government is a great deal better than bloody revolution, but it is not deliberate policy change.« (Achen und Bartels, 2016, S. 312)
Wahlen werden gerade auch im zunehmend autoritärer agierenden Neolibera-

lismus als Instrumente der Revolutionsprophylaxe betrachtet, durch die sich eine grundlegende Politikänderung wirksam verhindern lässt.

65 Gerade die Illusion von Demokratie bleibt beständig durch die Möglichkeit bedroht, dass das Staatsvolk erkennt, dass sein Einfluss auf grundlegende politische Entscheidungen nahe bei null liegt und somit nach anderen Möglichkeiten sucht, seinen Einfluss geltend zu machen. Hannah Arendt schrieb hierzu: »Wieder wird das Volk aus dem Bereich der Öffentlichkeit ausgeschlossen, wieder sind die öffentlichen Angelegenheiten zum Privileg der wenigen geworden [...] die Folge [...] ist, dass das Volk dazu verdammt ist, entweder ›in Lethargie zu versinken, welcher der Tod der öffentlichen Freiheit auf dem Fuß folgt‹, oder ›den Geist des Widerstandes‹ gegen jede von ihnen gewählte Staatsmacht zu bewahren, da die einzig ihnen verbleibende wirkliche Macht die ›in Reserve gehaltene Macht der Revolution‹ ist.« (Arendt, 2011, S. 305)

66 Siehe zum Beispiel Mirowski (2015), MacLean (2017), Slobodian (2018). Buchanan strebte in enger Verbindung mit Milliardären der radikalen Rechten eine Konterrevolution gegen jede Form demokratischer Strukturen in »conspiratorial secrecy« an. Eine Demokratie neige dazu, wie Buchanan 1970 auf dem Münchner Treffen der Mont Pèlerin Society erklärte, »to allow for the existence of parasites«; dies ließe sich durch eine »simple solution« verhindern: Man müsse konsequent »close off the parasitic option« und den Kapitalismus vor der Demokratie schützen.
Zu Buchanan siehe auch:
www.theguardian.com/commentisfree/2017/jul/19/despot-disguise-democracy-james-mcgill-buchanan-totalitarian-capitalism

67 Tatsächlich werden jedoch gerade Großunternehmen vom neoliberalen Subventionsstaat systematisch vor einem »freien Markt« geschützt. Sie unterliegen also nicht dem »freien Markt«, sondern konstituieren den »real existierenden freien Markt« erst. Nur die Lohnabhängigen und die ökonomisch »Überflüssigen« werden vom neoliberalen Repressionsstaat durch den »freien Markt« diszipliniert.

68 Mit dem neoliberalen Projekt sind eine Reihe folgenreicher Missverständnisse verbunden, insbesondere zur Bedeutung »freier Märkte« und von Nationalstaaten. Es ging dem neoliberalen Projekt tatsächlich jedoch gerade nicht darum, Märkte zu schaffen, die sich selbst regulieren, Grenzen zwischen Staaten abzuschaffen oder die Macht von Nationalstaaten zu reduzieren. Es ging und geht vielmehr darum, durch einen Umbau von Nationalstaaten – unter Stichworten wie Flexibilisierung und Deregulierung – geeignete institutionelle Rahmenbedingungen für einen globalen Konzern- und Finanzkapitalismus zu schaffen und einen globalen Kapitalismus gegen jede Form demokratischer Bedrohungen zu schützen. Siehe hierzu zum Beispiel Slobodian (2018).

69 Gerade von seinen Vertretern wird ja immer wieder geleugnet, dass es so etwas wie »Neoliberalismus« überhaupt gebe. Jedoch spricht selbst der Internationale Währungsfonds, der gleichsam die institutionelle Verkörperung des neoliberalen Projektes darstellt, offiziell von der »neoliberalen Agenda« der Deregulierung und Privatisierung und stellt fest, dass sie allein wegen der extrem wachsenden Ungleichheit ihre eigenen – vorgeblichen – Ziele verfehlt habe. »The evidence of the economic damage from inequality suggests that policymakers should be more open to redistribution than they are.« (Ostry, Loungani und Furceri, 2016)

70 »[...] an elite-driven and elite-directed strategy of opinion formation. [...] The strategy was clear: neoliberal thinkers needed to target the wider intelligentsia, journalists, experts, politicians, and policymakers. This was done through a transatlantic network of sympathetic business funders and ideological entrepreneurs who ran think tanks, and through the popularization of neoliberal ideas by journalists and politicians.« (Jones, 1996, S. 4)

71 Friedrich Hayek (1944/2014, S. 139).

72 Siehe hierzu zum Beispiel Hirsch (2005).

73 Siehe hierzu zum Beispiel Kotz (2015).

74 Die neue globalisierte Form des Finanzkapitalismus, durch die global gleiche Kapitalverwertungsbedingungen garantiert werden sollen, brachte eine neue Extremform primitiver Akkumulation mit sich, wie Saskia Sassen feststellte: »The relationship between today's advanced capitalism and more traditional forms of market capitalism can, at the limit, be characterized as one of increasingly primitive accumulation: complexity and technical progress serve causes of brute simplicity.« (Sassen, 2014, S. 214; 2015) Gerstenberger (2017, S. 435ff.) untersucht auf der Basis eines umfangreichen empirischen Materials das, was sie »entgrenzte Ausbeutung« nennt.

75 Joachim Hirsch kommt zu der Schlussfolgerung: »Spätestens seit 1989 ist es offensichtlich, dass die beiden großen, auf Gesellschaftsveränderung zielenden Projekte des 20. Jahrhunderts, nämlich die kommunistische Revolution ebenso wie der sozialdemokratische Versuch einer allmählichen ›Zivilisierung‹ oder gar Überwindung des Kapitalismus durch staatliche Reformpolitik gescheitert sind.« Hirsch (2012, S. 234) Zum Utopismus einer reformistischen Transformation des Kapitalismus hatte schon André Gorz festgestellt: Ein sozialer Kampf, der »nur gegen die Wirkungen der kapitalistischen Entwicklungen« kämpft und der sich beschränkt »auf Forderungen im Bereich des individuellen Konsums und der Freizeit, d.h. der Nicht-Arbeit«, bleibt »innerhalb der kapitalistischen Logik und trägt letztlich »selbst zur Verstärkung des kapitalistischen Systems bei«. Gorz (1968, S. 18f.) Gleichwohl hängt es letztlich von politischen Entscheidungen ab, was Kapitalismus bedeutet und wie er organisiert und eingehegt werden soll. Obwohl die Konstellation, die in der Nachkriegszeit einen zeitweiligen Klassenkompromiss ermöglicht hatte, historisch singulär und somit nicht wiederherstellbar ist, wäre es gleichwohl auch unter den gegenwärtigen ökonomischen Rahmenbedingungen in gewissen Grenzen im Prinzip möglich, die bewusst getroffenen Entscheidungen, die das Entstehen eines entfesselten Finanzkapitalismus gefördert haben, durch bewusste politische Entscheidungen zurückzunehmen oder zu korrigieren. Ohne intakte demokratische Strukturen, die auch die Wirtschaft einschließen, muss jedoch eine solche Option realitätsleere Hoffnung bleiben.

76 Siehe hierzu Sklair (2001), Carroll und Carson (2006), Carroll und Sapinski (2010), Van Der Pijl, Kees (2014), Heemskerk und Takes (2016).
Die mit dem Siegeszug des Neoliberalismus einhergehende massive ideologische Homogenisierung entzieht auch beliebten Rechtfertigungsbemühungen die Grundlage, die mit einem Verweis auf eine Elitenkonkurrenz und eine Elitenkontrolle durch funktionale Elitendifferenzierungen versuchen, die Idee einer »Elitendemokratie« als prinzipiell verträglich mit der Leitidee von Demokratie zu deklarieren. Netzwerkanalysen zur globalen ökonomischen Elite zeigen, dass in der »global corporate elite« durch personelle Verflechtungen zwischen Vorständen (»interlocking directorate«) der tatsächliche Kreis derjenigen, die Einfluss auf die etwa 150 mächtigsten Großkonzerne, Beteiligungsgesellschaften u.ä. der Welt ausüben, ausgesprochen klein ist und dass wenige hundert Individuen »make the most immediate structural contributions to transnational class formation«. (Carroll und Carson, 2006, S. 60ff.)
Der Kreis derjenigen, die die tatsächlichen Zentren globaler politisch-ökonomischer Macht repräsentieren, hat sich im Rahmen der neoliberalen Revolution dramatisch verringert (eine Machtkonzentration, die sich durch die Digitalisierung noch einmal massiv verstärken wird). Zugleich sind diese hochgradig vernetzten Personengruppen für die Öffentlichkeit als Repräsentanten der Zentren der Macht praktisch unsichtbar und jeder Art demokratischer Rechenschaftspflicht entzogen. Ihre durch ein riesiges Netz von Think-Tanks koordi-

nierte ideologische Homogenisierung und ihre streng autoritäre interne Organisationsform geben ihnen einen überwältigenden Einfluss auf alle relevanten politischen Entscheidungen und auf alle relevanten Fragen politischer Planungen. »Social structures such as the network of interlocking directorates – in concert with policy-planning networks, conferences, forums and so on – help to build consensus and conformity and give direction for change.« (Heemskerk und Takes, 2016, S. 93)
Durch diese Entwicklungen in Verbindung mit der Aushöhlung demokratischer Strukturen haben sich die Möglichkeiten demokratischer Änderung grundlegender gesellschaftlicher Organisationsweisen nahezu auf null reduziert.

77 Mit der sogenannten Globalisierung sind häufig eine Reihe tiefgehender Missverständnisse verbunden, da »Globalisierung« und »Internationalisierung« ursprünglich positiv besetzte Begriffe waren, die nun jedoch etwas grundlegend anderes bezeichnen. Darauf wurde in der Literatur vielfach hingewiesen. So stellte Ellen Meiksins Wood klar: »Während der allgemeine Zweck der ökonomischen Nachkriegsordnung inklusive – oder insbesondere – der jüngeren Phase der ›Globalisierung‹ im Wesentlichen gleich geblieben sind, haben sich die spezifischen Regeln der Weltwirtschaft entsprechend den sich verändernden Bedürfnissen des US-Kapitals transformiert. [...] Die real existierende Globalisierung bedeutet also die Öffnung untergeordneter Ökonomien mit ihrer Ungeschütztheit für imperiales Kapital, während die imperiale Ökonomie soweit wie möglich vor den umgekehrten Auswirkungen geschützt wird. Globalisierung hat nichts mit Freihandel zu tun. Im Gegenteil, es geht um die sorgfältige Kontrolle von Handelsbedingungen im Interesse des imperialen Kapitals.« Wood (2016, S. 153). Zur Globalisierung oder »gesellschaftlichen Denationalisierung« siehe beispielsweise auch Zürn (1998).

78 Diese Umverteilung und die daraus resultierende soziale Ungleichheit haben gegenwärtig ein gigantisches Ausmaß angenommen und sind durch eine Eigendynamik gekennzeichnet, die durch politische Eingriffe kaum mehr kontrollierbar ist. Der Stanford-Historiker Walter Scheidel (2017) hat mögliche Faktoren, durch die sich Ungleichheit in substantiellem Maße reduzieren ließe, in einer detaillierten und mehrere Jahrtausende umfassenden Studie untersucht. Scheidel zufolge gibt es nur vier Faktoren, die historisch imstande waren, Ungleichheit signifikant zu reduzieren: Massenmobilisierungskriege, Revolutionen, Seuchen (wie die Pest im späten Mittelalter) oder der Zusammenbruch von Kulturen (wie das Römische Reich oder die Maya). Er kommt zu dem Schluss, dass das gegenwärtige Ausmaß der Ungleichheit so groß ist, dass es sich durch reformistische Strategien nicht nennenswert reduzieren lassen wird. Da also eine friedliche Senkung der Ungleichheit ausscheide – »peaceful policy reform may well prove unequal to the growing challenges ahead« (S. 457) – und die vier in der Geschichte identifizierbaren Faktoren mit noch schlimmeren Konsequenzen als die einer massiven Ungleichheit einhergehen würden, sei mit einer weiteren Verschärfung der Ungleichheit zu rechnen. Für eine solche Diagnose spricht auch, dass die bislang erfolgreichen Methoden zur Sicherung der Kapitalrentabilität zunehmend an ihre natürlichen Grenzen stoßen und sich daher voraussichtlich auf eine Intensivierung der Ausbeutung in Verbindung mit autoritär-repressiven Mitteln verengen werden.

79 Ingeborg Maus (2011, S. 185) spricht vom »faktischen Zusammenbruch der strikten funktionellen Gewaltenteilung in den politischen Systemen der Gegenwart, der auch die Bedingung der Möglichkeit einer partizipatorischen Demokratie zerstörte«. Damit stelle sich die Frage, »inwiefern Rechtsstaat und Demokratie überhaupt noch existieren. Diese Frage muss im Hinblick auf die seit dem 20. Jahrhundert entwickelten juristischen Interpretationsmethoden und den entformalisierten Einbau unbestimmter Rechtsbegriffe in die Gesetze selbst – Vorgänge, die beide die Inhaltsbestimmung der Gesetze in die Situation der Rechtsanwendung verlagern – leider verneint werden.« (S. 194)

80 Siehe beispielsweise Gill (2000), Gill und Cutler (2014).

81 Die gegenwärtige Experten- und Beraterkultur ist nichts anderes als eine institutionalisierte Form der Korruption, mit der der Lobbyismus unsichtbar gemacht wird und mit allen Ebenen der Gesetzgebung und der exekutiven Gesetzesauslegung in nicht mehr auflösbarer Weise verschmolzen wird. Auch die klassische Korruption wird weitgehend unsichtbar, indem mächtige Wirtschaftsbereiche - zum Beispiel die Pharmaindustrie, Energiewirtschaft, Versicherungs- und Finanzwirtschaft, Agrarindustrie, Autoindustrie, Militär- und Sicherheitstechnik - unter dem Mantel des Experten- und Beraterwesens alle Ebenen der Exekutive tief infiltrieren und personell und organisatorisch mit ihnen verschmelzen. Ein instruktives Beispiel ist das Verteidigungsministerium, das den der *Zeit* zufolge »wohl größten Beraterauftrag in der bundesdeutschen Geschichte« vergab, um das Verteidigungsministerium »effizienter« zu machen.
www.zeit.de/politik/deutschland/2016-07/ursula-von-der-leyen-berater-ruestung-ausgaben
Wobei man nicht vergessen sollte, dass die Funktion des Verteidigungsministeriums wesentlich auch darin besteht, die ökonomischen Interessen der Kriegswirtschaft gegen die demokratische Gefahr einer zu wenig kriegsbereiten Bevölkerung zu verteidigen.
Die Schaffung von Mechanismen einer institutionalisierten Korruption gilt für die Ministerien ebenso wie für nachgeordnete Behörden diverser Bundesämter (wie Umweltschutz, Patentamt, kerntechnische Entsorgungssicherheit, Strahlenschutz) und Bundesinstitute (etwa für Arzneimittel und Medizinprodukte, Risikobewertung). Die durch eine solche Verschmelzung entstehende Tiefenkorruption ist durch diverse Mechanismen strukturell im System institutionalisiert und als Korruption nicht mehr justitziabel. Zu allgemeinen Fragen der institutionalisierten Korruption siehe Lessig (2013) und Philp und Dávid-Barrett (2015).

82 Peter Mair (2006, 2013) beschrieb diesen Prozess der »Aushöhlung der westlichen Demokratie«, die zu einer medial inszenierten Zuschauerdemokratie verkommen ist, als »die Leere beherrschen«, da der politische Raum sich entleert hat. »The elites are inclined to withdraw to the institutions as a defence against the uncertainties of the electoral market. Just as state subventions to political parties have compensated for the instability of parties to raise sufficient resources from their own member and supports, so the security of an institutional or procedural role can compensate elites for their vulnerability in dealing with an increasingly disengaged and random electorate.« (Mair, 2013, S. 17ff.)
Mair stellte zu Beginn seiner Analysen fest: »The age of party democracy has passed. Although the parties themselves remain, they have become so disconnected from the wider society, and pursue a form of competition that is so lacking in meaning, that they no longer seem capable of sustaining democracy in its present form.«

83 Katz und Mair (1995, 2009).

84 »[...] the increasingly limited scope for opposition within the system - whether that system be European or national, or both at the same time [...] is also one of the reasons why our polities have now become such fertile breeding grounds for populism.« (Mair, 2013)

85 Siehe zum Beispiel Wallerstein (2012, S. 19ff.).

86 Ingeborg Maus bemerkte hierzu: »Parlamentswahlen sind heute insofern folgenlos, als die Zusammensetzung der Legislative zwar noch Zielvorgaben für die nächsten Gesetze enthält, aber die Gesetze selbst keinen Adressaten mehr in den Apparaten finden. In dieser Situation ist sogar die Differenz zwischen repräsentativer und direkter Demokratie aufgehoben. Auch basisdemokratische Abstimmungen über jedes einzelne Gesetz können an dem Umstand nichts ändern, dass angesichts der Selbstprogrammierung der Staatsapparate nur noch ein egalitäres Staatsvolk

von ›Passivbürgern‹ existiert.« (Maus, 2011, S. 260) Was Maus als beklagenswerte Erosion und letztlich Negation von Demokratie ansieht, dass nämlich Parlamentswahlen folgenlos sind, wird von den Vertretern der »neoliberalen Demokratie« gerade als Glücksfall eines effizienten Demokratiemanagements begrüßt. Wolfgang Schäuble hat dies besonders offen zum Ausdruck gebracht: »Elections cannot be allowed to change an economic programme of a member state!« www.theguardian.com/world/2016/apr/05/yanis-varoufakis-why-we-must-save-the-eu

87 Dies lässt sich besonders erfolgreich über die personelle Ebene bewerkstelligen, indem man Personen, die öffentlich politisch unerwünschte Kritik üben, in der öffentlichen Darstellung mit entsprechenden Markierungen versieht. Eine Personalisierung hat zudem den Vorteil, dass damit inhaltliche Debatten und Argumente weitgehend vermieden werden können. Vor allem Personen, deren Kritik auf grundlegende Aspekte der gegenwärtigen Gesellschafts- und Machtordnung zielen, müssen also zur Markierung des »vernünftigen« Bereichs des öffentlichen Debattenraumes konsequent und in eingängiger Weise mit entsprechenden Attributen belegt werden. Ihnen steht dabei natürlich nicht der Status »Dissident« zu. Denn »Dissidenten« kann es in unser »kapitalistischen Demokratie« – als der »besten aller möglichen Welten« – naturgemäß gar nicht geben. Nur Systemkritikern in Staaten, in denen die USA und ihre Verbündeten einen »Systemwechsel« anstreben, steht die Bezeichnung »Dissident« zu. Bei uns kann es höchstens »irrationale«, »unverantwortliche« oder »umstrittene« Intellektuelle geben.

88 Eine Ausnahme bilden offen rassistische und dehumanisierende Positionen; hier erfolgt die Einschränkung in expliziter und für die Bevölkerung erkennbarer Weise (wenn auch rassistische und dehumanisierende Äußerungen von Politikern etablierter Parteien zumeist mit »Toleranz« behandelt werden). Eine solche Toleranz gibt es nicht für emanzipatorische, also linke Positionen, die von den Zentren der Macht als Fundamentalkritik und somit als stabilitätsgefährdend angesehen werden. Hier wurde und wird seit jeher versucht, solche Positionen aus dem öffentlichen Diskurs auszuschließen und sie konsequent aus dem öffentlichen Debattenraum verschwinden zu lassen.

89 Aus der umfangreichen Literatur nur ein paar prominente Beispiele: Benda (1927/2013), Basaglia (1980), Bourdieu (1996), Said (1997), Chomsky (2008).

90 Brecht (1967, S. 611).

91 Siehe hierzu zum Beispiel Schreyer (2018, S. 160ff.).

92 Hier ist natürlich ein wichtiger Unterschied zwischen Begriffen wie »Verschwörungstheoretiker« einerseits und »Antisemit« andererseits zu beachten. Diffamierungsbegriffe wie »Verschwörungstheoretiker« erschöpfen sich weitgehend in ihrer Diffamierungsfunktion. Über diese hinaus beinhalten sie jenseits deskriptiver Belange kein ernsthaftes intellektuelles Substrat. Ihre Funktion ist also zumeist rein ideologischer Art. Die Bezeichnung »Antisemit« hingegen kann zwei konzeptuell unabhängige, wenn auch bisweilen empirisch korrelierte Funktionen haben. Zum einen bezeichnet sie jemanden, der sich des Antisemitismus, also einer besonderen Form des Rassismus, schuldig macht. Da antisemitische Ressentiments latent in allen Bevölkerungsschichten und im gesamten politischen Spektrum zu finden sind, ist dies ein ernsthaftes und gravierendes Problem, das Gegenstand der Antisemitismusforschung ist. Zum anderen eignet sich der Begriff »Antisemit« gerade wegen seines Bezugs auf einen schwersten Zivilisationsbruch in besonderer Weise für Diffamierungszwecke, da sich mit ihm in politischen Auseinandersetzungen unliebsame Kritiker, auch wenn sie keine antisemitischen Ressentiments hegen, in höchst effizienter und gleichsam argumentloser Weise stigmatisieren und somit ächten lassen (siehe hierzu Zuckermann, 2010). Auf diesem besonderen Ausgrenzungs- und

Ächtungspotential beruht sein inflationärer Missbrauch in politischen Auseinandersetzungen.

93 Beliebte Argumentationsfiguren zur Rechtfertigung des Status quo gegenwärtiger Machtverhältnisse verweisen gerne darauf, dass diese oder jene Alternative zu den gegenwärtigen Machtverhältnissen »utopisch« sei und angesichts der Komplexität der modernen Gesellschaft einem Realitätstest nicht standhalten würde. Da sich Elitendemokratien nun einmal etabliert und sich als vergleichsweise stabil erwiesen hätten, seien sie der »Komplexität« der modernen Gesellschaft angemessen und hätten in diesem Sinne den Realitätstest bestanden. Alternative emanzipatorische Vorschläge einer Gesellschaftsorganisation, wie beispielsweise die radikaldemokratische Konzeption von Ingeborg Maus, hätten indes den Nachweis ihrer Realisierbarkeit nicht erbracht, würden die »Komplexität ihres Gegenstandes drastisch unterbieten« und seien daher »in einem schlechten Sinne utopisch«, so der Strafrechtler und Rechtsphilosoph Michael Pawlik in seiner FAZ-Rezension (vom 12. Juni 2018) des Buches *Justiz als gesellschaftliches Über-Ich* von Ingeborg Maus. Die gegenwärtige Verfassungsgerichtsbarkeit in ihrer Organisationsform einer vom Parlament gewählten, jedoch paternalistischen und expertokratischen »Richterelite« habe ihre Brauchbarkeit bewiesen und sei einer Lösung vorzuziehen, bei der die Justiz strikt dem demokratischen Gesetz unterworfen sei. Eine Volkssouveränität der Gesetzgebung sei in vielerlei Hinsicht dubios, da das Volk, »in der realen politischen Praxis in aller Regel durch verhältnismäßig kleine, medial überproportional durchsetzungsfähige Gruppen repräsentiert wird, deren Unterstützer sich eine durch Dauererregungsbereitschaft gekennzeichnete Lebensform leisten können«.
Dies ist das aus der Geschichte hinreichend vertraute Argument der jeweiligen Eliten, dass Demokratie letztlich auf eine Herrschaft des Pöbels hinauslaufe. Hier zeigt sich der zutiefst reaktionäre Charakter einer solchen Argumentationsfigur. Derartige reaktionäre Argumentationsformen beruhen auf der stillschweigenden Prämisse, dass existierende Machtverhältnisse allein schon durch ihre Existenz nachgewiesen hätten, dass sie der Komplexität gesellschaftlicher Realität angemessen seien. Alles andere sei schlechte Utopie. Denn bereits die Nichtexistenz spezifischer alternativer emanzipatorischer Organisationsformen belege, dass ihre Konzeption irgendwie defizitär sein müsse, unausgefüllte Leerstellen beinhalte und somit unterkomplex sei. Zwar möge der gesellschaftliche Status quo defizitär und in vielen Aspekten beklagenswert sein, gleichwohl sei er unter den möglichen Alternativen immer noch die beste, weil Alternativen nur dann von Wert seien, wenn sie ihre Existenzfähigkeit nachgewiesen hätten. Eine solche Argumentationsfigur erinnert an die des Dr. Pangloss in Voltaires satirischer Novelle *Candide,* der zu versichern pflegte, »dass die Dinge gar nicht anders sein können, als sie sind«. Mit ihr lassen sich alle emanzipatorischen Leitvorstellungen, wie sie die Zivilisationsentwicklung vorangetrieben haben, völlig argumentfrei in die Welt der Phantasterei verweisen und damit aus dem als vernünftig deklarierten Debattenraum ausgrenzen.
Wie bereitwillig im Übrigen sich große Teile der »Richterelite« in die jeweils gegebenen Kraftfelder der Macht einfügen und wie groß ihre Abneigung gegen demokratisch gesetztes Recht ist, lässt sich, auch für die Nachkriegszeit, an einschlägigen Beispielen empirisch gut belegen. Für die Zeit des Nationalsozialismus und für die Nachkriegszeit stellt Ingo Müller (1989) reiches Material bereit, das deutlich erkennen lässt, dass sich sowohl das ideologisch vermittelte Bild einer »Richterelite« wie auch das von dieser artikulierte Selbstbild nicht mit den Fakten in Einklang bringen lässt. Pawliks Argumentation zeichnet sich also »schon in empirischer Hinsicht [...] durch den Mut zur kühnen Verkürzung aus«.

94 Diese Asymmetrie einer systematischen Blindheit und »Toleranz« gegenüber rechtsradikalen Positionen und einer Ächtung und Kriminalisierung linksradikaler Haltungen durchzieht seit Gründung der Bundesrepublik alle Ebenen der Exekutive und, vor allem in den ersten Jahrzehnten, teilweise auch der Judikative. Für eine instruktive Fallstudie siehe Foschepoth (2017), insbesondere S. 83ff., zu dem Gründungsmythos der Bundesrepublik eines »nach rechts und links gleichermaßen wehrhaften Staates«. Auch der sogenannte Radikalenerlass von 1972, mit dem die Beamtenschaft von fundamentaloppositionellen Einstellungen freigehalten werden sollte, richtete sich in seiner Entstehung und in seiner Praxis weit überwiegend gegen linke Einstellungen. Die mit ihm verbundene exekutive Disziplinierungs- und Repressionspraxis während der 1970er-Jahre, mit der offen die Verfolgung Andersdenkender betrieben wurde, wurde vom Bundesverwaltungsgericht und vom Bundesverfassungsgericht ungeachtet ihrer Demokratiefeindlichkeit im Wesentlichen für verfassungskonform gehalten. Erst auf europäischer Ebene erfuhr diese Einschätzung eine Korrektur durch den Europäischen Gerichtshof für Menschenrechte.

95 Diese Diffamierungsstrategien auf der Basis einer Verklammerungslogik scheinen bei oberflächlicher Betrachtung eine Berechtigung in scheinbaren Themenähnlichkeiten zu finden. Zahlreiche Kernthemen der Linken, mit denen sich Resonanz in einer breiteren Öffentlichkeit erzielen lässt, sind von der Neuen Rechten unter gleichsam umgekehrten Vorzeichen und mit gänzlich anderen Intentionen öffentlichkeitswirksam besetzt worden. Dazu gehören insbesondere Kritik der repräsentativen Demokratie, Imperialismuskritik, Medienkritik, Kritik von Demokratiedefiziten der EU bis hin zu Kapitalismus- und Kulturkritik generell. Siehe hierzu sowie allgemein zu Denkwelten der Neuen Rechten und ihren Bezügen zu Denkmustern bürgerlicher Schichten Wagner (2017).

96 Zugleich erweist sich die Bezeichnung »Rechtspopulismus« für jene als nützlich, die vorhandene faschistoide und totalitäre Haltungen zu verharmlosen suchen und sie als wirkliche Bedrohung unsichtbar machen wollen.

97 Die linke Kritik an den Demokratiedefiziten der EU ist jedoch naiv, weil sie verkennt, dass die gegenwärtige Form der Europäischen Union historisch gerade mit dem Ziel einer Demokratieabwehr entstanden ist. »Schon die Vorgängerorganisationen von Währungsunion und Europäischer Union waren dazu gedacht, bestimmte Themen und Entscheidungen aus dem nationalstaatlichen demokratischen Prozess auszugliedern [...]« (Streeck, 2016)
Slavoj Žižek stellt fest: »Die aktuelle EU-Politik ist nur der verzweifelte Versuch, Europa für den neuen globalen Kapitalismus tauglich zu machen. Die übliche linksliberale Kritik – bis auf ihr ›Demokratiedefizit‹ sei die EU im Grunde in Ordnung – verrät dieselbe Art von Naivität wie die Kritiker der ehemals kommunistischen Länder, die diese im Grunde unterstützten und lediglich den Mangel an Demokratie beklagten. In beiden Fällen war und ist das ›Demokratiedefizit‹ ein notwendiger Bestandteil der Gesamtstruktur.« (Žižek, 2018, S. 363)
Wolfgang Streeck sieht in der Europäischen Währungsunion eine »Einrichtung, die als institutionalisiertes Eingeständnis verstanden werden kann, dass der Kapitalismus von heute nicht mehr demokratisch regierbar ist und, wenn er halbwegs funktionieren soll, gegenüber demokratischen Eingriffsversuchen einbruchssicher abgedichtet werden muss.« (Streeck, 2016)
Siehe auch Maus (2005).

98 Dabei lassen sich im historischen Rückblick zu ihren Lebzeiten als »unvernünftig«, weil auf fundamentale Aspekte einer Gesellschaftsordnung zielende Kritiker durchaus zu »vernünftigen« Kritikern »umwandeln« und zur Grenzziehung zwischen »vernünftiger« und »unvernünftiger« linker Kritik nutzen, zumal sie sich nach ihrem Tod nicht mehr gegen ihre missbräuchliche politische Verwertung wehren können.

Man muss nur ihr intellektuelles Erbe in geeigneter Weise von »unvernünftigen« Elementen bereinigen. Prominentes Beispiel ist Martin Luther King, der in seinen letzten Lebensjahren seine politische Perspektive deutlich radikalisierte und kapitalistische Gewalt als wesentliche Wurzel rassistischer Gewalt ansah; 1967 nannte er die USA »the greatest purveyor of violence in the world today« (siehe Harding, 2008). In *A testament of hope* von 1968 setzte er Rassismus, Kapitalismus und Militarismus in eine direkte Beziehung und forderte einen »radikalen Neuaufbau der Gesellschaft selbst«: »[...] the black revolution is much more than a struggle for the rights of Negroes. It is forcing America to face all its interrelated flaws – racism, poverty, militarism and materialism. It is exposing evils that are rooted deeply in the whole structure of our society. It revels systematic rather than superficial flaws and suggests that a radical reconstruction of society itself is the real issue to be faced.« (Washington, 1991, S. 315)

99 »By left we shall mean advocating social change in the direction of greater equality – political, economic or social; by right we shall mean supporting a traditional more or less hierarchical social order, and opposing change toward equality.« Lipset, Lazarsfeld, Barton und Linz (1954)

100 Siehe hierzu insbesondere Israel (2011, 2017).

101 Dies bildet den Kern einer (unterspezifizierten) Minimalbestimmung für Autonomie und Selbstbestimmung von David Held (2006): »Alle Personen sollten frei und gleich sein in allen Abstimmungsprozessen, die über Bedingungen ihres eigenen Lebens entscheiden (›free and equal in the processes of deliberation about the conditions of their own lives‹), solange sie dabei nicht die Rechte anderer verletzen. Dieses Autonomieprinzip ist ein Prinzip für die Eingrenzung der Legitimität von Macht, es drückt das Anliegen einer Bestimmung der Grundlagen demokratischer Übereinstimmung aus.« (S. 282) Eine aus radikaldemokratischen Prinzipien der Aufklärung gewonnene hochspezifische Bestimmung von demokratischer Selbstbestimmung als Volkssouveränität wurde in großer Strenge und Kohärenz von Ingeborg Maus entwickelt.

102 Über diese inhaltliche Bestimmung der in der Aufklärung gewonnenen Leitideale einer gesellschaftlichen Organisation hinaus hat die Aufklärung auch eine reiche Denkmethodologie zur Vorurteilskritik und zum Umgang mit Autoritäten bereitgestellt. Mit welchen Techniken einer Denkmethodologie lassen sich eigene und fremde Vorurteile identifizieren? Neben einfachen Symmetriebetrachtungen gehören zu diesen Techniken einer Vorurteilskritik vor allem historische und psychologische Methoden. »Aufklärung ist die Entfaltung eines Denkens, das kritisch [...] überkommene Autoritäten hinterfragt, vor allem tradierte religiöse Vorstellungen, Dogmen und Institutionen sowie die Legitimation der politischen Herrschaft, allgemeiner aber Traditionen und Wertungen, und schließlich im Reifestadium, ihren eigenen Anspruch, ihr eigenes Verfahren und damit ihre eigene Legitimität.« (Schmidt, 1989, S. 3)
Gerade dieser wichtige letztgenannte Aspekt ist häufig in Kritiken der Aufklärung, die deren Anliegen missverstanden haben, ignoriert worden.

103 Erik Olin Wright (2010, S. 6) stellte fest: »We now live in a world in which these radical visions are often mocked rather than taken seriously. Along with the post-modernist rejection of ›grand narratives‹, there is an ideological rejection of grand designs, even by many people still on the left of the political spectrum. This need not mean an abandonment of deeply egalitarian emancipatory values, but it does reflect a cynicism about the human capacity to realize those values on a substantial scale. This cynicism, in turn, weakens progressive political forces in general.«

104 Siehe beispielsweise Mattick (1935), Schütrumpf (2006).

105 Siehe Pannekoek (2008, S. 297 ff.).

106 Balibar und Wallerstein (1992) haben aufgezeigt, »dass der Universalismus der bürgerlichen Ideologie (und damit auch ihr Humanismus) nicht mit dem System von Hierarchien und Ausgrenzungen unvereinbar ist, das vor allem die Form des Rassismus und Sexismus annimmt.« (S. 14)

107 Um nur zwei Beispiele zu nennen: Ein »Prinzip der Universalität« diente im 18. Jahrhundert der Bourgeoisie, als sie mit der Erklärung des Universalismus den aristokratischen Partikularismus herausforderte, selektiv als ideologisches Kampfinstrument gegen feudale Ansprüche des Adels und der Kirche. Schon damals hat die Bourgeoisie ihre partikularen Interessen als universelle Menschenrechte verschleiert. Siehe hierzu Wood (2015, S. 212f.).
Seit Mitte des vergangenen Jahrhunderts werden imperiale Interessen der USA vielfach unter dem Vorwand eines Kampfes für »universelle Menschenrechte« verfolgt. Siehe hierzu Peck (2010). Auch zeigen US-basierte Menschenrechtsorganisationen (wie Amnesty International oder Human Rights Watch) in Fällen, in denen relevante US-Interessen berührt sind (wie insbesondere Israel, Ukraine, Libyen, Syrien, Saudi-Arabien, Jemen) bisweilen eine Tendenz, universelle Menschenrechtsprinzipien selektiv geltend zu machen und sich damit in den Dienst partikularer Rechtfertigungspropaganda zu stellen.

108 Wallerstein (2007, S. 8).

109 Wallerstein (1992, S. 40).

110 Wallerstein (2007, S. 43) beschreibt diesen euro-amerikanischen Exzeptionalismus so: »Nur die europäische ›Zivilisation‹ mit ihren Wurzeln in der griechisch-römischen Welt der Antike (und für einige auch in der Welt des Alten Testament), konnte die ›Moderne‹ [...] hervorgebracht haben. Und da die Moderne angeblich per definitionem als Verkörperung der wahren universellen Werte, des Universalismus, galt, war sie nicht nur ein moralisches Gut, sondern auch eine historische Notwendigkeit. In den nicht-europäischen Hochkulturen musste etwas existieren, musste immer etwas existiert haben, das mit dem allgemeinen Marsch in Richtung der Moderne und des wahren Universalismus nicht vereinbar war. Anders als die europäische Kultur, von der man behauptete, sie sei von Natur aus progressiv, mussten die anderen Kulturen irgendwie in ihrer Entwicklungsbahn erstarrt sein, weshalb sie unfähig waren, sich aus eigener Kraft, ohne das Eindringen auswärtiger (das heißt europäischer) Mächte, zu einer Spielart der Moderne zu verwandeln.«

111 Die Geschichte zeigt zudem, dass in westlichen kapitalistischen Demokratien grundlegende emanzipatorische Errungenschaften den jeweils Mächtigen in langen und mühevollen sozialen Kämpfen abgetrotzt werden mussten (siehe hierzu beispielsweise Gerstenberger, 2017, die auf der Basis reicher historischer Belege aufzeigt, dass wo immer eine Domestizierung des Kapitalismus erfolgte, diese durch nur durch kraftvolle soziale Auseinandersetzungen erreicht werden konnte). Auch gegenwärtige soziale Bewegungen können in Anbetracht der grundlegenden Asymmetrie gesellschaftlicher Macht- und Gewaltverhältnisse nur dann zu wirklichen Änderungen dieser Verhältnisse beitragen, wenn sie nicht der naiven Illusion verfallen, dass sich grundlegende Änderungen gleichsam in einem Dialog mit den Machtausübenden erreichen ließen. Die eine kapitalistische Eigentums- und Gesellschaftsordnung kennzeichnenden Antagonismen lassen sich nicht durch eine Illusion des Dialogischen entschärfen.
Es gehört aus der Perspektive der Zentren der Macht zu einem wirksamen Demokratiemanagement, Angebote einer »konsensstiftenden Zusammenarbeit« zu machen, um Empörungs- und Veränderungsenergien zu neutralisieren, soziale Bewegungen zu spalten und auf diese Weise die Stabilität von Machtverhältnissen zu erhöhen.
Siehe hierzu auch Wagner (2013), Wilk und Sahler (2014).

112 Die Beziehung zwischen Aufklärung, Radikalaufklärung und Gegenaufklärung ist überaus komplex.
Ein instruktives Beispiel ist der Liberalismus, der in seiner Beziehung zur Aufklärung doppelgesichtig ist: Seine Konzeption von »Freiheit« ist von seinen historischen Anfängen an extrem partikularistisch und anti-universalistisch, da sie – explizit oder heute zumeist implizit – auf bestimmte sozial, kulturell oder rassistisch bestimmte Gruppierungen beschränkt ist. Zu der komplexen Beziehung von Aufklärung, Radikalaufklärung und Gegenaufklärung siehe Schneiders (1974), Schmidt (1989), Blom (2013).

113 In seiner konzisen und historisch breit angelegten einführenden Darstellung der Entstehung des kapitalistischen Weltsystems bringt Fabian Scheidler (2015) verdichtet die dem Kapitalismus innewohnenden destruktiven Kräfte zu Bewusstsein. Heide Gerstenberger (1990/2017) gibt in ihrer klassischen Untersuchung *Die subjektlose Gewalt* eine profunde historische Analyse der Beziehung zwischen kapitalistischen Aneignungsbedingungen und der Entstehung bürgerlicher Staatsgewalt. Die in der sogenannten Globalisierung kulminierenden Prozesse der Entgrenzung gewaltförmiger kapitalistischer Ausbeutung werden detailliert von Gerstenberger (2017) aufgezeigt.

114 Gabor Steingart, *Handelsblatt,* 20. Januar 2018.

115 Streeck (2016).

116 Streeck (2015, S. 116).

117 Ein lehrreiches historisches Beispiel für die Folgen, die eine radikale emanzipatorische Eroberung des öffentlichen Debattenraumes mit sich bringen kann, stellt die Französische Revolution dar, bei der die Herausbildung einer revolutionären Öffentlichkeit eine der Strukturvoraussetzungen des revolutionären Prozesses war. Gerstenberger (1989) zeigt auf, dass die revolutionären Ereignisse »nicht aus der Verschärfung materieller Widersprüche resultierten, sondern aus der Entstehung einer revolutionären Öffentlichkeit. Diese war nicht nur strukturelle Voraussetzung der Revolution, sie war auch die Form ihrer Bewegung. Der Kampf um die Bestimmung der neuen Ordnung hatte die Form eines Kampfes um die Vorherrschaft in der Öffentlichkeit. [...] Öffentlichkeiten, kleinere oder größere, verallgemeinerte und miteinander konfligierende Teilöffentlichkeiten sind der soziale Ort der Interessenskonstitution. Denn Interessen sind nicht mehr oder minder mechanische Reflexe auf materielle Lebensbedingungen, sondern sie entstehen aus der Wahrnehmung und Beurteilung der eigenen Lebenslage.« (S. 134) Durch den Ansturm einer revolutionären Öffentlichkeit sei die Hegemonie der besitzenden Klasse über den politischen Diskurs gebrochen worden.
Siehe hierzu auch Israel (2017, S. 41ff.).

Phantom-Mitte – Kartellparteien – Bundestagswahl

Anmerkungen

Bevor wir uns nach der Wahl zufrieden auf die eigene Schulter klopfen, weil wir glauben, mit der politischen Mitte für die bestmögliche Vertretung zur Sicherung unseres Gemeinwohls gestimmt zu haben, sollten wir einen etwas genaueren Blick auf die Realitäten werfen. Aber das ist leider nicht einfach. Denn Regierung, Regierungsparteien und Medien betreiben einen großen Aufwand, um unseren Blick auf die gesellschaftlichen Realitäten zu trüben und zu verstellen.

Realität ist aber nun einmal, dass gerade diejenigen, die bislang den Kurs bestimmt haben, all die ökonomischen und gesellschaftlichen Probleme und Krisen ausgelöst haben, für die sie sich nun als Retter anbieten. Dazu gehören: die Zertrümmerung des Sozialstaates, die massive Ausweitung eines Niedriglohnsektors und die Prekarisierung von Lohnarbeit, die gewaltigen Steuerentlastungen für Reiche und Konzerne, die Preisgabe des Staates an die Finanzmärkte, der Verfall von Infrastruktur, das finanzielle Strangulieren öffentlicher Einrichtungen wie Krankenhäuser, Pflegeheime, Kindergärten oder Schulen, die Disziplinierung und Entmachtung des Parlaments durch die Exekutive, der Ausbau eines Überwachungs- und Sicherheitsstaates.

Die durch diese politischen Weichenstellungen hervorgerufenen gesellschaftlichen Probleme wurden nicht durch angebliche »Naturgesetzlichkeiten« des »globalisierten freien Marktes« hervorgerufen, wie es uns immer wieder gesagt wird, sondern bewusst und absichtlich durch die Interessen und den Konsens neoliberaler transatlantischer Machteliten, also in Deutschland durch konkrete Entscheidungen der regierenden Kartellparteien CDU, SPD, FDP und Grüne.

Diese traditionellen Parteien haben sich seit den 1970er-Jahren – also mit Beginn der neoliberalen Revolution – grundlegend gewandelt, weil ihre gesellschaftliche Verankerung in dem Maße schwand, wie sie sich neoliberale Ziele zu eigen machten. Sie haben sich daher zur Selbsterhaltung zunehmend in die staatlichen Machtapparate integriert. Je mehr die Bindung an die traditionelle Wählerschaft schwand, umso stärker haben sich die Parteispitzen untereinander verflochten. Das brachte für die großen Parteien den Vorteil, dass Wahlniederlagen an Bedeutung verlieren, da sie staatliche Ressourcen und Posten weitgehend unabhängig vom Wahlausgang untereinander verteilen können.

Mit der zunehmenden Lösung der Parteispitzen von der Parteibasis kommt der Basis nun vor allem die Funktion von Cheerleadern bei Wahlen zu. Dieser Parteienwandel ist empirisch gut studiert. Der renommierte

Parteienforscher Peter Mair prägte für diesen neu entstandenen Typus politischer Großparteien den Begriff »Kartellpartei«, der die Sache auf den Punkt bringt.

Es gehört gerade zum Charakter von Kartellparteien, dass sie bei politischen Entscheidungen nicht mehr den Präferenzen der Bürger verpflichtet sind, sondern den Interessen relevanter Machtgruppierungen, also ökonomischen Interessen von Konzernen und Reichen sowie geopolitischen Interessen transatlantischer Eliten. Schon die Formulierung »Notwendigkeiten des Marktes« ist ja nicht mehr als eine verklausulierte Formulierung für die Bedürfnisse der besitzenden Klasse. Das mag recht abstrakt klingen, lässt sich jedoch anhand des konkreten Abstimmungsverhaltens der Parteien im Parlament zu den genannten Beispielen ohne allzu große Mühen belegen. Gleiches gilt für politische Entscheidungen über die Osterweiterung der NATO, die Förderung von völkerrechtswidrigen Kriegen als Mittel der Politik – von Kosovo bis Libyen und Syrien –, Waffenexporte an Saudi-Arabien, die Militarisierung der EU etc. All diese Dinge sind gut dokumentiert. Die eigentlich drängende politische Frage ist also nicht, wer von den Kartellparteien der sogenannten »Mitte« die Regierung bildet, sondern warum angesichts all der systematisch und absichtsvoll angerichteten Zerstörungen zivilisatorischer Substanz der weit überwiegende Teil der Wähler immer wieder gerade diejenigen Parteien wählt, die genau für diese Entwicklungen der vergangenen Jahrzehnte verantwortlich sind.

Die Gründe dafür sind vielschichtig: systematische Desinformation durch Regierung, Kartellparteien und Medien, systematische Erzeugung sozialer Ängste in der Bevölkerung und natürlich die Ideologie der »politischen Mitte«, die jedoch nicht mehr ist als das Banner und die Tarnkappe des neoliberalen Konsenses. Sie stellt als wesentlicher Teil der neoliberalen »Revolution von oben« sowohl in ihrer Demokratieverachtung als auch in ihrer Verachtung aller Ideen einer solidarischen Gemeinschaft eine extremistische Position dar.

»Mitte« ist ja eigentlich ein Begriff, der positiv besetzt ist und mit Gefühlen von Harmonie und Stabilität einhergeht. Was sich hier als »Mitte« deklariert, hat mit historischen – ohnehin schon weitgehend inhaltsleeren – Konzepten einer politischen Mitte allerdings nichts mehr gemein. Das ist eine Phantom-Mitte, unter deren Mäntelchen sich die Täter als Retter ausgeben – bislang offensichtlich recht erfolgreich.

Nun beruht der Siegeszug der neoliberalen Revolution von Beginn an darauf, vertrauten und positiv besetzten Begriffen, etwa »Reform«,

»Flexibilität«, »Freihandel« oder »Stabilität«, eine neue Bedeutung zu geben und auf diese Weise das Denken so zu blockieren und zu vergiften, dass die gesellschaftlichen Folgen dieser Revolution geradezu als naturgesetzliche Notwendigkeit eines globalisierten freien Marktes erscheinen. Schon »Globalisierung« und »freier Markt« sind jedoch bloße Verschleierungsbegriffe: Sie bezeichnen ideologische Truggebilde, die mit den Realitäten nichts zu tun haben. Sie sollen im Gegenteil die Realitäten gerade verschleiern. Da aber dennoch in der Bevölkerung – trotz massivster Indoktrinationsbemühungen – die Folgen der neoliberalen Zerstörung von Gemeinschaft spürbar werden und zu großen Verunsicherungen führen, ist es für den Erfolg neoliberaler Programme wichtig, das Empörungs- und Veränderungspotential in der Bevölkerung wirksam zu neutralisieren.

An den Regierungen Blair (1997–2007) und Schröder (1998–2005) lässt sich zeigen, wie unter dem Deckmantel einer politischen »Mitte« eine neoliberale Agenda der Aushöhlung und Zerstörung demokratischer und sozialstaatlicher Substanz vorangetrieben wurde. Übrigens wäre dies nicht ohne massivste propagandistische Hilfe der Medien möglich gewesen. Der Journalist Heribert Prantl hat 2015 in der *Süddeutschen Zeitung* mit Blick auf die Agenda 2010 das eigentlich Offenkundige deutlich ausgesprochen: »Diese Agenda war auch Ergebnis einer publizistischen Großkampagne, wie es sie in der Geschichte der Bundesrepublik noch nie gegeben hatte.« Da nun diese Form des politischen Extremismus unter dem Banner der »Mitte« geschah und geschieht und zudem als »Naturnotwendigkeit globalisierter Märkte« und somit als »alternativlos« deklariert wurde, kann es natürlich zum Konsens dieser neuen Phantom-Mitte keine grundsätzliche Opposition mehr geben. Denn schließlich geht es – nach neoliberalem Konsens – bei politischen Entscheidungen nur noch darum, möglichst »rationale« und »effiziente« Problemlösungen zur optimalen Anpassung an die »Zwänge« globalisierter Märkte zu entwickeln und diese der Bevölkerung als »unbequeme Wahrheiten« zu vermitteln.

Demokratie läuft dieser Agenda zuwider und wird folglich als eine Form der »Marktstörung« angesehen. Um solche »Marktstörungen« zu vermeiden, wurde nun alles, was grundlegend von der Phantom-Mitte abweicht, als »irrational« oder gar »extremistisch« bezeichnet. Propagandistisch besonders wirksam erweist sich eine Neufassung des – historisch ursprünglich positiv besetzten – Konzepts des Populismus, mit dem gegenwärtig die neoliberalen Kartellparteien der Phantom-Mitte jede Form eines grundlegenden politischen Dissens zu delegitimieren suchen.

Dabei zielen alle Parteien in opportunistischer Weise darauf, Wählerstimmen zu gewinnen und bedienen sich zu diesem Zweck einer populistischen Rhetorik, zielen also in ihrer Wahlwerbung auf Gefühle und bedienen sich unzulässiger Vereinfachungen. Diese populistische Komponente ergibt sich bereits aus dem gegenwärtigen Standardmodell der kapitalistischen »Elitendemokratie«, in dem den Bürgern die Rolle politischer Konsumenten zugewiesen wird. Propagandakonzepte wie »Mitte«, »Alternativlosigkeit« und »Populismus« sind also auf das Engste miteinander verbunden und dienen der Stabilisierung des neoliberalen Programms. Unterschiede in der Art des Populismus gibt es natürlich in dem Ausmaß, in dem explizit oder indirekt über politische Maßnahmen fremdenfeindliche und kulturrassistische Ressentiments zum Ausdruck gebracht werden. Man denke an die Kampagne gegen »die faulen Griechen« oder an andere kulturrassistische Ressentiments, wie sie beispielsweise gegen Araber im sogenannten »Kampf gegen den Terror« oder in der EU-Wirtschaftspolitik gegenüber Afrika zum Ausdruck kommen. Oder an das, was der Historiker Immanuel Wallerstein die »Ethnisierung der Arbeiterschaft« nennt, durch die Strukturen der Ungleichheit gerechtfertigt werden sollen. Die kulturrassistische Komponente ist also viel tiefer in unserer Gesellschaft verankert, als uns die Kartellparteien suggerieren. Leider sind die öffentlichen Sensitivitäten für solche Ressentiments bereits parteipolitisch verzerrt, wie man an der Hetzkampagne von Wolfgang Schäuble und anderen Politikern der CDU/CSU gegen die »Asylantenflut«-Anfang der 1990er-Jahre sehen konnt. Es ist erstaunlich, wie konsequent diese Hetzkampagne und der Zusammenhang zwischen den Äußerungen Schäubles und den sich anschließenden Gewaltexzessen aus dem öffentlichen Gedächtnis weitgehend verdrängt wurden.

Die Haltungen der Kartellparteien zu expliziten oder indirekten kulturrassistischen Ressentiments sind also sehr viel weniger eindeutig, als uns diese Parteien mit dem Ziel suggerieren, ihren Anspruch auf »Alternativlosigkeit« noch einmal zu unterstreichen. Es ist das Bemühen der neoliberalen Kartellparteien der »Mitte«, sich in jeder Hinsicht als alternativlos zu erklären, was den Begriff »Populismus« zu einem Propagandakonzept macht. Und zwar ökonomisch wie auch für eine Abwehr des Rechtsradikalismus. Daher müssen entsprechende Ängste geschürt werden – Ängste vor Verschlechterung des eigenen Status quo und Ängste vor Parteien am rechten Rand. Diese Ängste lassen sich dann nutzen, um jede Form grundlegender Kritik am neoliberalen Konsens zu diskreditieren und zu neutralisieren. Da die AfD den neoliberalen Konsens teilt, sehen die Kartellparteien ihren Hauptfeind berechtigterweise auf der Linken. Denn ernsthaft linke Positionen zielen ja gerade auf die Wurzeln gesellschaftlicher Probleme und suchen nach politischen Alternativen zur neoliberalen Alternativlosigkeit der Zerstörung gesellschaftlicher und ökologischer Lebensgrundlagen. Insbesondere betrachten sie das Menschenbild, das dem neoliberalen Programm zugrunde liegt, als zutiefst antihuman und pervers.

Aus diesem Grund müssen die neoliberalen Kartellparteien alle Formen einer kollektiven Organisation linker Kritik diskreditieren und zersetzen. Hierzu eignet sich der Kampfbegriff des Populismus offensichtlich recht gut. Man erklärt einfach alle grundlegende Kritik an der neoliberalen »Mitte« als populistisch und verklammert dabei linke Positionen mit rechtspopulistischen, Corbyn mit Le Pen oder Trump, Ideen einer solidarischen Organisation von Gemeinschaft mit ausgrenzenden, kulturrassistischen und nationalistischen Haltungen. Durch diese Verklammerung will man vor allem linke Positionen diskreditieren. Der Kampfbegriff des Populismus, der sich vordergründig gegen rechte Positionen richtet, zielt tatsächlich also auf linke Alternativen zum neoliberalen Konsens.

In der Konsequenz führt uns das zurück zu den eingangs erwähnten Wahlen und ihrer Bedeutung: Sie sind weitgehend eine Art Politentertainment und Zuschauersport – und wurden übrigens historisch mit der Etablierung von Elitendemokratien genau als solches konzipiert. Sie lockern den politischen Alltag der politisch entmündigten Bürger auf und vermitteln ihnen die Illusion, dass sie in relevanten Fragen irgendetwas zu entscheiden hätten. Denn in der »marktkonformen Demokratie« werden die relevanten politischen Entscheidungen nicht durch die Präferenzen der Bürger bestimmt. Vielmehr zeigen empirische Untersuchungen, dass die Präferenzen der weit überwiegenden Mehrzahl der Bürger überhaupt keinen Einfluss auf politische Entscheidungen haben und die Wahlentscheidung somit politisch konsequenzenlos ist. Es überrascht daher nicht, dass EU-weit das neoliberale Programm demokratisch nicht mehr abwählbar ist. Wer sich also im Status quo mehr oder weniger behaglich eingerichtet hat und beruhigt ist, dass bislang die Konsequenzen der neoliberalen Zerstörungen überwiegend von sozial und geographisch fernen anderen zu tragen sind, wird den Wahlen gelassen entgegensehen. Wer sich damit nicht begnügt, hat – völlig unabhängig vom Wahlausgang – Grund zu größter Beunruhigung.

NachDenkSeiten,
19. September 2017

Rassismus, Kapitalismus und die Wertegemeinschaft der »Herrenmenschen«

Gespräch mit Marko Junghänel

MJ *Vorurteil – Diskriminierung – Entmenschlichung. Würde diese Kausalkette einen universell gültigen Rassismus als Basis der kapitalistischen Gesellschaft beschreiben? Wenn ja – welche menschliche Eigenschaft führt zu dieser Negierung einer universellen Menschenwürde?*

RM Rassismus in dem weiteren Sinne, wie er heute in der Rassismusforschung verstanden wird, ist keineswegs eine universelle menschliche Erscheinung. Er stellt also keine natürliche Reaktion auf »Überfremdung« dar, sondern entwickelte sich erst in dem Maße, in dem man es als notwendig erachtete, soziale Ungleichheit zu rechtfertigen. Seine Entstehung hängt, wie besonders Immanuel Wallerstein[1] aufgezeigt hat, eng mit der Entstehung kapitalistischer Organisationsweisen zusammen. Rassismus unterscheidet sich also grundlegend von Phänomenen der Fremdenangst oder Fremdenfeindlichkeit, die vermutlich Ausdruck allgemeiner Eigenschaften der Beschaffenheit unseres Geistes und in diesem Sinne universell sind. Historische Analysen wie die von Immanuel Wallerstein zeigen, dass Rassismus keine Reaktion auf Andersartigkeit und Fremdheit ist, sondern gerade diese »Andersartigkeit« erst behauptet und somit erzeugt. So bringt auch der antiislamische Rassismus die Art der wesensmäßigen »Andersartigkeit« von Muslimen erst hervor, die die »westliche Wertegemeinschaft« für ihre eigene politische Identitätsstiftung und für die Legitimation ihrer Herrschaftsbedürfnisse benötigt.

Rassistische Diskriminierung als eine systematische Form der Entmenschlichung lässt sich also keineswegs einfach als Ausdruck einer allgemein-menschlichen Neigung verstehen oder auf individuelle Vorurteile reduzieren. Rassismus hat sich erst unter spezifischen historischen und ökonomischen Bedingungen entfaltet.

Natürlich muss auch der Rassismus – wie alle Produktionen unseres Geistes – eine geeignete Grundlage in bestimmten Eigenschaften und Neigungen unseres Geistes haben. Unser Geist zeichnet sich dadurch aus, das wir von Natur aus über eine einzigartige Flexibilität verfügen, auf der Basis nahezu x-beliebiger Merkmale, sei es Hautfarbe, Religion, Herkunft, Geschlecht, sexuelle Orientierung etc., andere aus der sozialen Kategorie »meinesgleichen« auszugrenzen. In welcher Art und in welcher Weise eine solche Ausgrenzungsbereitschaft aktiviert wird, hängt jedoch wesentlich von kulturellen Faktoren ab. Dennoch stellt unsere Bereitschaft, auf der Basis nahezu x-beliebiger Merkmale anderen das zu verwehren, was wir an Eigenschaften und Rechten für uns und die als »unseresgleichen« Empfundenen beanspruchen, im gesellschaftlichen Bereich eine Art Schwachstelle unseres Geistes dar, die sich leicht für Zwecke der politischen Manipulation nutzen lässt. Der »Rassismus von oben«, mit dem jeweilige Machteliten diese Neigungen unseres Geistes strategisch für ihre Belange ausnutzen, ist also anders zu behandeln als Erscheinungsformen eines »Rassismus von unten«.

Die psychischen Widerstände gegen die Idee einer universellen Menschenwürde und damit einer Gleichwertigkeit aller Menschen haben ihre Wurzeln in dieser natürlichen Neigung des Menschen, den als fremd empfundenen anderen nicht in vollem Umfang das zu gewähren, was er an Menschenwürde ganz selbstverständlich für sich selbst beansprucht. Daher bedurfte es eines langen Prozesses und schmerzlicher kollektiver Erfahrungen, bis eine solche Idee mit der Erklärung der Menschen- und Bürgerrechte von 1789 und der Allgemeinen Erklärung der Menschenrechte von 1948 als moralische Leitnorm kodifiziert werden konnte.

Gemeinschaft stiften durch Ab- und Ausgrenzung. Gründen sich Nationalstaaten/Nationen also zwangsläufig auf Exklusivität? Welches Modell kann dem entgegengesetzt werden, um Barbarei zu verhindern? MJ

Solange wir eine kapitalistische Wirtschaftsordnung haben, wird sich Barbarei nicht verhindern lassen – weder innenpolitische Barbarei in Form einer psychischen und materiellen Verelendung großer Teile der Bevölkerung noch außenpolitische Barbarei in Form von Neoimperialismus, Neokolonialismus und Krieg. Der Kapitalismus benötigt Kriege zu seinem Überleben; für die Völker des Südens hat – wie Jean Ziegler bemerkte[2] – der dritte Weltkrieg längst begonnen. RM

Was Erscheinungsformen von Rassismus betrifft, so lässt sich eine Beziehung zur Idee des Nationalstaates nicht leugnen, auch wenn die historischen Beziehungen zwischen der Entwicklung europäischer Nationalstaaten, imperialem Kolonialismus und Rassismus außerordentlich komplex sind. Denn Nationalstaaten fußen ja auf der Idee – oder besser auf der Fiktion – einer weitgehend unveränderbaren ethnischen, kulturellen und sprachlichen Homogenität.[3] Insofern gründen sich Nationalstaaten ihrem Wesen nach ganz selbstverständlich auf Exklusivität. Diese Exklusivität als solche beinhaltet jedoch nicht zwangsläufig eine rassistische Exklusion.

Wir müssen uns jedoch immer wieder klarmachen, dass die Vorstellung einer Übereinstimmung von Volk – als einer ethnischen und kulturellen Gemeinschaft –, Territorium und Staat weder natürlich noch zwangsläufig ist, sondern durch bestimmte historische Konstellationen entstanden ist.[4] Im Gefolge der Aufklärung sah man zunächst in Nationalstaaten eine natürliche Basis, eine Demokratisierung voranzutreiben. Dem lag die Auffassung zugrunde, dass nur Nationalstaaten wegen ihrer ethnischen Homogenität eine natürliche Grundlage für eine Demokratie bilden könnten. Mittlerweile hat sich jedoch die Vorstellung, dass eine Demokratisierung eines weitgehend homogenen ethnischen Volkskörpers bedarf, als unzutreffend herausgestellt. Zudem haben schon im 19. Jahrhundert die Versuche, Nationalstaat und die zum Erhalt des Kapitalismus notwendige Globalisierung miteinander in Einklang zu bringen, zu Formen des Imperialismus geführt, die die Idee des Nationalstaates unterminierten. Ebenso wird in jüngerer Zeit der Nationalstaat umgebaut durch die willentlich und systematisch herbeigeführte Entbettung transnationaler Konzerne aus dem Bereich nationalstaatlicher Regulierungssysteme. All dies hat dazu beigetragen, dass sich der Nationalstaat in seiner traditionellen Form nicht mehr als brauchbares Vorbild oder Modell für die Entwicklung einer ernsthaft demokratischen Gesellschaft ansehen lässt.

Die Frage, welches Modell einer gesellschaftlichen Organisationsform der menschlichen Natur angemessen ist und zugleich geeignet ist, Barbarei zu verhindern, bezieht sich auf das wohl größte und drängendste Problem unserer Zivilisationsgeschichte. Auch wenn wir immer noch weit davon entfernt sind, klare Vorstellungen über mögliche Lösungen dieses Problems zu haben, lässt sich zumindest vor dem Hintergrund geschichtlicher Erfahrungen eine wichtige Eingrenzung vornehmen: Je autoritärer eine gesellschaftliche Organisationsform ist, um so eher neigt sie dazu, zu menschenunwürdigen Zuständen und Barbarei zu führen. Das gilt auch für Organisationsformen innerhalb demokratischer Gesellschaften, etwa von Großkonzernen, die in höchstem Maße totalitär organisiert sind. Umgekehrt – und dies war nach langen blutigen Erfahrungen gerade die Einsicht der Aufklärung – verspricht eine Gesellschaftsorganisation, die auf der Anerkennung einer prinzipiellen Gleichwertigkeit aller Menschen, also auf einem universellen Humanismus, beruht, am ehesten, die Schaffung einer menschenwürdigen Gesellschaft zu ermöglichen. Diese Einsicht, die wir bisher trotz aller

Lippenbekenntnisse kaum im erforderlichen Maße ernst genommen, geschweige denn politisch umgesetzt haben, stellt uns auch weiterhin die Leitideale bereit, durch die wir am ehesten hoffen können, uns gegen Rückfälle in die Barbarei zu schützen.

Die Leitidee eines universellen Humanismus mag auf den ersten Blick als schlicht erscheinen, doch hat sie gewaltige Konsequenzen. Sie beinhaltet, dass ein jeder einen angemessenen Anteil an allen Entscheidungen hat, die das eigene gesellschaftliche Leben betreffen, und verlangt somit nach einer radikal demokratischen Gesellschaftsorganisation. Zudem beinhaltet sie, dass alle Machtstrukturen ihre Existenzberechtigung nachzuweisen und sich der Öffentlichkeit gegenüber zu rechtfertigen haben, sonst sind sie illegitim und somit zu beseitigen. Sie beinhaltet ferner, dass wir moralische Kriterien, nach denen wir Handlungen anderer bewerten, auch zur Bewertung unserer Handlungen heranzuziehen haben und missbilligt somit moralische Doppelstandards. Vor allem aber schließt die Leitidee eines universellen Humanismus alle Ideen einer Vorrangstellung der eigenen biologischen, sozialen, kulturellen, religiösen oder nationalen Gruppe aus, und somit also Rassismus, Nationalismus und alle Formen eines Exzeptionalismus.

MJ *Frantz Fanon hat in seinem Buch »Die Verdammten dieser Erde« unter anderem formuliert: »In den kapitalistischen Ländern schiebt sich zwischen die Ausgebeuteten und die Macht eine Schar von Predigern und Morallehrern, die für Desorientierung sorgen.« Was bedeutet diese Feststellung für unsere mediatisierte Welt und die Macht-/Besitzverhältnisse darin?*

RM Das Unsichtbarmachen von Macht- und Besitzverhältnissen ist natürlich in einer »marktgerechten Demokratie« wichtiger denn je. Ein ganz zentrales Hilfsmittel dazu ist die affektive und kognitive Desorientierung all derjenigen, die nicht zur besitzenden Klasse – oder, wie es im 18. Jahrhundert hieß, zur »verzehrenden« Klasse – gehören. Um die tatsächlichen Machtverhältnisse zu verdecken, bedienen sich die Machteliten einer großen Schar bereitwilliger Intellektueller, die mit hohem gedanklichen Aufwand Interpretationsrahmen und Manipulationstechniken bereitstellen, durch die sich die Interessen der herrschenden Klasse als gesellschaftliche Allgemeininteressen darstellen lassen oder durch die sich politische Lethargie erzeugen lässt. Die entsprechenden Mechanismen einer politischen Desorientierung sind strukturell tief in alle Sozialisationsinstanzen unserer Gesellschaft eingewoben, insbesondere in Schulen und Universitäten. Folglich sind gerade diejenigen, die diese Sozialisationsinstanzen am längsten durchlaufen haben, in einer so tiefen Weise indoktriniert, dass sie die Indoktrination zumeist gar nicht mehr als solche wahrnehmen, sondern sie als kaum noch hinterfragbare Selbstverständlichkeiten ansehen. Im Bereich des Journalismus hat dieser Effekt gegenwärtig Ausmaße erreicht, die für eine Demokratie und die mit ihr verbundenen Ziele, wie soziale Gerechtigkeit oder eine Friedenssicherung, verhängnisvoll sind.

MJ *Sind neue Rechte von AfD über Pegida bis zur Identitären Bewegung letztlich offen sichtbarer Beleg einer auf exakter Scheidbarkeit der Kulturen beruhenden Annahme von Welt, die automatisch eine Rangfolge dieser Kulturen festlegt?*

RM Der kulturalistische Rassismus oder »Rassismus ohne Rassen«[5], der diesen Bewegungen konstitutiv zugrunde liegt und der sich nur notdürftig mit dem Konzept des »Ethnopluralismus« tarnt, geht von der Vorstellung eines als weitgehend homogen zu verstehenden »Volkskörpers« aus. Statt Rasse-Identitäten sind es nun »kulturelle Identitäten« oder »nationale Identitäten« – Konzepte, die ebenso Fiktionen sind wie der biologische Begriff von Menschenrassen. Der Kulturrassismus behauptet die Unaufhebbarkeit der kulturellen Differenzen und die Schädlichkeit einer jeden Grenzverwischung zwischen unterschiedlichen Kulturen und geht stets mit der Vorstellung einer unveränderlichen kulturellen Rangordnung einher.

MJ *Und nun? Wo liegt das Modell der Zukunft, oder gibt es gar keines?*

RM Die abendländischen Kulturen, die heute in dem kulminieren, was sich selbst als »westliche Wertegemeinschaft« zelebriert, haben den Weg der Gewalt kultiviert. Sie haben von den Kreuzzügen über den Kolonialismus und seiner »mission civilisatrice« bis zum gegenwärtigen »humanitären Imperialismus« die wohl größte Blutspur in der Geschichte des Menschen hinterlassen. Zugleich haben sie die ausgefeiltesten Formen von Doppelmoral und Heuchelei entwickelt, der zufolge selbst unsere größten Greueltaten lediglich Ausdruck unserer gutwilligen und uneigennützigen Bemühungen um das Allgemeinwohl und den zivilisatorischen Fortschritt der Menschheit seien. Nur wenn wir uns unserer geschichtlichen Verantwortlichkeiten für diesen Weg der Gewalt bewusst werden, können sich Chancen eröffnen, die es überhaupt aussichtsreich machen könnten, von der Zukunft der Menschheit zu sprechen. Wollen wir also den bisherigen Weg der Gewalt, der zunehmend unsere eigenen Lebensgrundlagen zerstört, nicht fortsetzen, so eröffnen die Leitideale, die in der Zeit der Aufklärung besonders prägnant formuliert wurden und die nun von uns weiterzuführen und umzusetzen sind, vielversprechende Perspektiven, angemessene Organisationsformen zu entwickeln, die die Bezeichnung »demokratisch« verdienen. Das wird kein einheitliches und statisches Modell sein können, sondern es werden kontinuierliche und hochgradig situationsabhängige Prozesse von gelebten Formen einer Demokratisierung sein, die – auch ohne Anbindung an traditionelle Homogenitätskonzeptionen von Volk und Nation – von unten getragen wird. Derartige Entwicklungen in Richtung von Demokratisierungformen, wie sie in den politischen Wissenschaften unter Bezeichnungen wie »partizipatorische Demokratie« oder »deliberative Demokratie« diskutiert werden, lassen sich überall auf der Welt beobachten. Sie sind geeignet, der zunehmenden Entleerung der Idee von Demokratie entgegenzuwirken und ihr eine neue Strahlkraft zu verleihen. Dadurch bieten sie Hoffnung auf die Entwicklung einer menschenwürdigeren Gesellschaft.

Hintergrund,
12. Oktober 2016

1 Siehe beispielsweise Wallerstein (1992).

2 Ziegler (2017, S. 18).

3 Diese Charakterisierung gilt nur für bestimmte historische Formen von Nationalstaaten und kann nicht als notwendiges Merkmal von Einzelstaaten allgemein angesehen werden. »Volk« und »Nation« in der Demokratiekonzeption der Französischen Revolution beruhen nicht auf einer inhaltlich bestimmten Identität, sondern sind rein verfassungsrechtliche Begriffe. Grundlegende Voraussetzungen von »Volkssouveränität« und »Demokratie« lassen sich nur auf Organisationsebenen unterhalb eines »Weltstaates« bereitstellen (siehe hierzu S. 194), so dass sich die Etablierung eines solchen nur mit dem Preis eines Verzichtes auf das demokratische Leitideal erreichen ließe. Siehe hierzu insbesondere: Maus (2002); Maus (2015); Zürn (1998); Streeck (2013).

4 Wallerstein (1992, S. 273) betonte noch einmal, dass die Gemeinschaften, »denen wir alle angehören, aus denen wir unsere ›Werte‹ beziehen, denen gegenüber wir unsere ›Loyalität‹ bekunden und die unsere ›soziale Identität‹ bestimmen, samt und sonders historische Konstruktionen [sind]. Und es sind, was besonders wichtig ist, Konstruktionen, die sich permanent im Umbau befinden. Das bedeutet nicht, dass es ihnen an Festigkeit oder Dauerhaftigkeit gebräche, oder dass es bloße Übergangserscheinungen wären. Im Gegenteil. Aber es sind niemals ursprüngliche Gemeinschaften, und von daher ist jede historische Beschreibung ihrer Struktur und ihrer Entwicklung durch die Jahrhunderte hindurch notwendigerweise eine Ideologie der Gegenwart.«

5 »Ideologisch gehört der gegenwärtige Rassismus in den Zusammenhang eines ›Rassismus ohne Rassen‹, [...] eines Rassismus, der« jedenfalls auf den ersten Blick »nicht mehr die Überlegenheit bestimmter Gruppen oder Völker über andere postuliert, sondern sich darauf beschränkt, die Schädlichkeit jeder Grenzverwischung und die Unvereinbarkeit der Lebensweise und Traditionen zu behaupten.« Balibar (1992, S. 28)

Demokratie und weiße Folter

Wie die Psychologie dazu beitrug, Folter unsichtbar zu machen

»Wer der Folter erlag, kann nicht mehr heimisch werden in der Welt.«
(Jean Améry)

Vor 70 Jahren, am 10. Dezember 1948, kamen die Regierungsvertreter aller damaligen UN-Staaten zusammen, um eine Erklärung zu verabschieden, in der sie sich – noch im Banne des unmittelbaren Erschreckens darüber, wozu der Mensch fähig ist – auf die Formulierung von Werten verständigten, deren Gültigkeit weltweit zu beanspruchen sei: auf die *Allgemeine Erklärung der Menschenrechte.*

Der Akt selbst und die (trotz der Vielzahl sich auch weiterhin unversöhnlich gegenüberstehenden Weltanschauungen) Einmütigkeit bei der Verabschiedung so weitreichender Normen der Gleichheit, Gerechtigkeit und Rechtsstaatlichkeit erscheinen im Rückblick als ein besonderer historischer Glücksfall in der Kulturentwicklung des Menschen. Wenngleich 1948 der Zweite Weltkrieg und der Holocaust seit drei Jahren ein Ende gefunden hatten, formuliert diese Erklärung allerdings kaum mehr als eine Rechtsutopie.

In dem Jahr, in dem die UN-Menschenrechtscharta, wie die Erklärung auch genannt wird, verabschiedet wurde, konnte der Gegensatz zwischen Ideal und Wirklichkeit nicht deutlicher sein: Mahatma Gandhi wurde ermordet, es begann die von vielen Intellektuellen sogenannte »ethnische Säuberung« Palästinas[1] und der Aufbau eines südafrikanischen Apartheitsstaates – Vorgänge, die, wie viele weitere, ihre Wurzeln im imperialistischen Weltbild des europäischen Kolonialismus und in dem mit ihm verbundenen rassistischen Menschenbild[2] hatten. Die Idee allgemeiner Menschenrechte steht ihrem Wesen nach in einem unversöhnlichen Gegensatz zu der jedem rassistischen Denken zugrunde liegende Annahme, dass es Volks- und Kulturgruppen gebe, die verglichen mit uns, auch »der Westen« genannt, minderwertig seien und denen wir somit das an Menschenwürde und Menschenrechten verwehren könnten, was wir für unseresgleichen als selbstverständlich beanspruchen. Auch die Folter wäre nicht denkbar ohne eine Kategorisierung »that divides man into torturable and non-torturable« (Amnesty International).

Heute, 70 Jahre später, besteht zwischen dem in der Erklärung formulierten Anspruch und der Wirklichkeit immer noch eine erschreckend große Kluft. Nach dem Zweiten Weltkrieg war man sich zwar über eine absolute Unzulässigkeit der Folter in einer zuvor kaum für denkbar gehaltenen Weise einig gewesen, zugleich jedoch hatte, wie Amnesty International bereits 1973 im *Report on Torture* feststellte, die Ausübung der Folter epidemische Ausmaße erreicht. Die Folter, die lange Zeit ein Nischendasein geführt habe, »has suddenly developed a life of its own and become a social cancer«.[3] 2007 dokumentierte Amnesty International in mehr als 81 Ländern – darunter auch in westlichen Demokratien – Fälle von systematischer Folter.

Die Kluft zwischen Anspruch und Wirklichkeit ist also groß. Internationale Menschenrechtsorganisationen wie Amnesty International, Human Rights Watch oder Physicians for Human Rights dokumentieren diese kontinuierlich und im Detail. Warum findet die Tatsache, dass tagtäglich in gravierender Weise, auch in unserem gesellschaftlichen Verantwortungsbereich, Werte verletzt werden, die ganz wesentlich unserem kulturellen Selbstverständnis zugrunde liegen, so wenig Aufmerksamkeit? Ganz offensichtlich neigen wir dazu, diese Kluft zwischen Anspruch und Wirklichkeit durch Wegschauen, also durch Verleugnen oder Verdrängen, zu bewältigen. Umso wichtiger ist es, zunächst die Realitäten festzuhalten und den Blick auf jene politischen Vorgänge und Prozesse zu richten, die absolut diskrepant zu unseren Normen und Werten sind.

Wie leicht es uns fällt wegzuschauen, möchte ich am Beispiel einer Fallstudie illustrieren, nämlich an der Beteiligung von Psychologen an der Entwicklung und Durchführung von Methoden der sogenannten weißen Folter in Guantánamo. Tatsächlich handelt es sich um eine ganze Periode in der Geschichte der Psychologie, in der Psychologen wesentlich an der Entwicklung von Techniken nicht unmittelbar sichtbarer Folter beteiligt waren. In den Fokus der Öffentlichkeit gelangten diese Vorgänge im Jahre 2007, als die mit etwa 150.000 Mitgliedern größte psychologische Berufsvereinigung der Welt, die American Psychological Association (APA) bekundete, dass die Mithilfe von Psychologen bei der Entwicklung von »alternativen Verhörtechniken« und an der Ausbildung von Verhörexperten »ein wertvoller und ethisch gerechtfertigter Beitrag ist, um Schaden von unserer Nation, anderen Nationen und unschuldigen Zivilisten abzuwenden«.

Diese Fallstudie der Entwicklung von Techniken der »weißen Folter« scheint auf den ersten Blick nur eine bestimmte Berufsgruppe, die Psychologen, zu betreffen. Auch stellt sie gemessen an der Schwere anderer tagtäglicher Menschenrechtsverletzungen kaum mehr als eine Randnotiz

»Es mag erstaunen, dass Folter erst seit 1984 international geächtet ist. Damals hatten sich die Vereinten Nationen auf ein historisches Vertragswerk geeinigt, um der Menschheitsgeißel Folter ein juristisches Ende zu bereiten: 155 Staaten haben die Antifolterkonvention unterzeichnet. Heute, mehr als dreißig Jahre später, ist die Bilanz ernüchternd: Aus über 140 Staaten hat Amnesty in den vergangenen Jahren glaubhafte Berichte über Folter und grausame Misshandlungen gesammelt, auch viele Unterzeichnerstaaten der Konvention sind dabei. Ein Schutz vor Folter besteht oft nur auf dem Papier. Selbst westliche Demokratien haben auf Guantánamo und anderswo am Tabu der Folter gerüttelt.«

Amnesty International-Kampagne Stop Folter 2014
www.amnesty.de/allgemein/kampagnen/stop-folter

dar. Gleichwohl macht sie politische Prozesse und psychologische Mechanismen transparent, die von allgemeinem Interesse sind sowohl für den Prozess der rechtlichen Verankerung von Menschenrechten wie auch für unser Verständnis der politischen Verantwortlichkeit von Wissenschaftlern.

Unter dem Begriff »weiße Folter« werden solche Foltermethoden zusammengefasst, die zwar in ihrer Anwendung und ihrer unmittelbaren Wirkung schwer belegbar bzw. nachweisbar sind, jedoch die Psyche oder auch den Körper des Folteropfers angreifen und mitunter dauerhaft schädigen oder zerstören. Synonym wird der Euphemismus »saubere Folter« verwendet.

Weiße Folter arbeitet nicht mit physischer Gewaltanwendung (z. B. Schlägen, starke Elektroschocks, Verstümmelungen), die sichtbare Spuren hinterlässt, sondern mit Mitteln, die in erster Linie auf die Psyche des Opfers einwirken. Übergänge zur Gewalt gegen den Körper der gefolterten Person sind dabei mitunter fließend.

Quelle: Wikipedia

In den vergangenen Jahrzehnten hat es erhebliche Bemühungen gegeben, die Folter für die Öffentlichkeit gleichsam unsichtbar zu machen. Die dabei entwickelten Techniken werden als »saubere Folter«, »unblutige Folter«, »weiße Folter« oder »psychologische Folter« bezeichnet. Diese Bemühungen sind eng verknüpft mit der Entwicklung demokratischer Rechtsstaaten und der mit ihnen verbundenen größeren Öffentlichkeitskontrolle. Der Politikwissenschaftler Darius Rejali, der sich besonders mit der Beziehung von Demokratie und der Entwicklung von Techniken der »weißen Folter« beschäftigte, hat in einer umfassenden Studie aufgezeigt, dass »historisch weiße Folter und Demokratie Hand in Hand gehen«. (Rejali). Mit dieser Entwicklung hat sich das Gesicht der Folter geändert: »Es werden größte Anstrengungen unternommen, keine Spuren zu hinterlassen.« (Amnesty International)

Die Fallstudie über die Beteiligung von Psychologen an der Entwicklung kaum sichtbarer Foltertechniken betrifft also nicht nur die Berufsgruppe der Psychologen, sondern uns alle als Bürger demokratischer Rechtsstaaten. Denn es geht, über den konkreten Fall hinaus, darum, wie wir mit Verletzungen fundamentaler Rechtsnormen in unserer Gesellschaft umgehen und in welchem Maße wir für solche Verletzungen mitverantwortlich sind. Da wir die Normen und Werte, die im Kern unseres gesellschaftlichen Selbstverständnisses stehen, nicht aufgeben wollen und zugleich ihre Verletzungen nicht gänzlich verleugnen können – zumal, wenn sie, wie in der hier herangezogenen Fallstudie, in der Tagespresse so gut dokumentiert wurden –, neigen wir dazu, die dadurch auftretende Spannung durch die Ausbildung von Doppelstandards zu bewältigen. Es wird also im Folgenden auch um die Natur und die Mechanismen von Doppelstandards bei der Bewertung unserer Werte und Normen gehen. Bevor ich auf Hintergründe und Details zu sprechen komme, will ich dem Thema Folter noch Grundsätzlicheres voranstellen.

Die menschliche Befähigung zur Folter

Die Natur hat den Menschen mit einem »Möglichkeitsorgan« ausgestattet, nämlich mit einem Gehirn, dessen Potential weit über das hinaus geht, was zum Zeitpunkt seiner evolutionären Entstehung adaptiv nötig oder sinnvoll war. So tritt *Homo sapiens* versehen mit einem Instrument in die Evolutionsgeschichte ein, dessen Möglichkeitsraum er erst erkunden und nutzbar machen muss – zunächst unendlich langsam, dann durch eine kulturelle Hebelwirkung beschleunigt. Fast hunderttausend Jahre benötigte er, um nur ein folgenreiches Beispiel zu nennen, bis er von der ihm biologisch gegebenen Fähigkeit, Mathematik und abstrakte Naturwissenschaft zu betreiben, systematischen Gebrauch machte (und beispielsweise anfing, abstrakte Geometrie zu betreiben und Naturgesetzmäßigkeiten quantitativ zu erfassen). Anderes in seinem biologisch einzigartigen Möglichkeitsraum entfaltete sich rascher. Früh – nämlich vor etwa 14.000 Jahren in der sogenannten neolithischen Revolution – erkannte *Homo sapiens*, dass er befähigt ist, die Natur nicht nur als etwas Gegebenes zu betrachten, in das er sich als Jäger und Sammler einzufügen hat, sondern als etwas, das man wie einen Gegner unterwerfen und wie ein Werkzeug nach seinen Intentionen formen kann. Ebenso früh erkannte er, dass er befähigt ist, auch seinesgleichen als Werkzeug zu betrachten und seinen Intentionen zu unterwerfen – eine in der Natur einzigartige Befähigung und die Grundlage zur Entwicklung von Krieg, Sklaverei und Folter. Die Befähigung zur Folter lässt sich geradezu als ein Humanspezifikum betrachten, wie das Lachen, die Kunst oder die Sprache.

Neolithische Revolution bezeichnet das erstmalige Aufkommen erzeugender (produzierender) Wirtschaftsweisen (Ackerbau, Viehzucht), der Vorratshaltung und der Sesshaftigkeit in der Geschichte der Menschheit. Mit ihr endet die Lebensweise als reine Jäger und Sammler und es beginnt die Epoche der Jungsteinzeit (das Neolithikum). Die neolithische Revolution markiert nach Ansicht vieler Wissenschaftler einen der wichtigsten Umbrüche in der Geschichte der Menschheit.

Quelle: Wikipedia

In der Kulturentwicklung, in welcher der Mensch den Möglichkeitsraum seines Gehirns weiter erkundete, musste er – sehr langsam und auf der Basis unendlich leidvoller Erfahrungen – zunehmend erkennen, dass sich *Homo sapiens* vor allem dadurch auszeichnet, dass sein destruktives Potential nicht mehr wie bei Tieren durch interne Mechanismen gleichsam selbstbegrenzend ist, sondern bei weitem die Möglichkeiten seiner ihm natürlich verfügbaren Kontrollmechanismen überschreitet. Mühsam und nach großen zivilisatorischen Katastrophen wie dem Dreißigjährigen Krieg, dem Holocaust oder den beiden Weltkriegen immer wieder erschrocken über das, wozu er offensichtlich befähigt ist, suchte er daher, seine eigenen Möglichkeiten einem Prozess der rationalen Kontrolle zu unterwerfen und sie durch eine Verrechtlichung seiner Beziehungen zu bändigen. In diesem Prozess der rationalen Selbstbestimmung gelangte er zu der normativen Vorstellung einer prinzipiellen Gleichwertigkeit aller Menschen – also zur Idee universeller Menschenrechte – und zu dem normativen Ideal, dass der Mensch ein Zweck an sich sei und damit nicht als bloßes Mittel für die Zwecke anderer gebraucht werden dürfe.

Eine solches Verständnis seiner selbst, also die Universalität dieses Anspruchs, konnte der Mensch nur durch die Vernunft erlangen. Gleichwohl stehen in seinem Zentrum die Gefühle, genauer unsere Befähigung, Erfahrungen durch die Augen des anderen machen zu können, also unsere Befähigung zur Empathie.

Dass wir trotz dieser Befähigung zur Empathie einen so langen und leidensreichen Weg zurücklegen mussten, ehe wir bereit waren, uns universellen ethischen Prinzipien verpflichtet zu fühlen, hängt mit der Art und Weise zusammen, mit der wir unsere Identität bestimmen. Es ist im Alltag kaum die biologische Kategorie »Mensch«, die wir als identitätsstiftend ansehen. Es sind vielmehr Unterschiede und Differenzierungen zu anderen, die ein- und abgrenzen, was ein jeder als »meinesgleichen« zu akzeptieren bereit ist. Für die Gruppe derjenigen, die wir als »unseresgleichen« ansehen, haben wir keine Schwierigkeit, Erfahrungen durch die Augen der anderen zu machen und so elementare Grundsätze für ihre Menschenwürde anzuerkennen. Warum aber sollte jemand, der sich nicht als Muslim, nicht als Jude, nicht als Schwarzer, nicht als Frau, nicht als Schwuler ansieht, jenen fremden anderen Gleiches zugestehen? Ihm muss die Idee einer universellen Menschenwürde als eine Zumutung erscheinen. Und das war und ist sie in der Tat, wie die Geschichte vielfach belegt.

Es kennzeichnet den Menschen, dass er eine einzigartige Flexibilität darin hat, auf der Basis nahezu x-beliebiger Merkmale, sei es Hautfarbe, Religion, Herkunft, Geschlecht, sexuelle Orientierung und so weiter, andere aus der Kategorie »meinesgleichen« auszugrenzen und ihnen das zu verwehren, was er als elementare Menschenwürde für die als »seinesgleichen« Empfundenen beansprucht.[4]

Dies macht ihn unempfänglich für das Leid derjenigen, die er als »nicht seinesgleichen« ansieht, eine Gleichgültigkeit, die ihren stellvertretenden Ausdruck findet in der Antwort des Folterers an den um »un peu d'humanité!« flehenden Gefolterten: »Pas d'humanité pour les Arabes!«[5]

Das absolute Folterverbot im internationalen Recht

Vor dem oben nur angedeuteten anthropologischen Hintergrund der evolutionsbiologischen Besonderheiten der Architektur des menschlichen Gehirns und der Erkundung des mit ihm verbundenen »Möglichkeitsraumes« in der Kulturentwicklung wird es vielleicht etwas verständlicher, dass der Mensch nur mühsam durch die Erfahrungen seiner Geschichte zur Anerkennung einer universell geltenden Menschenwürde kommen konnte. Es waren vor allem die Erfahrungen des Zweiten Weltkrieges und des Holocaust die dazu geführt haben, die Schutzbalken des Rechtes gegen die Möglichkeiten, andere aus dem für »meinesgleichen« gültigen Normenbereich auszugrenzen, zu verstärken. Dem Folterverbot wurde eine besondere Bedeutung beigemessen. Die *Allgemeine Erklärung der Menschenrechte* von 1948 stellt in Artikel 5 fest: »Niemand darf der Folter oder grausamer, unmenschlicher oder erniedrigender Behandlung oder Strafe unterworfen werden.« Entsprechend untersagen die *Europäische Konvention zum Schutz der Menschenrechte* von 1953, der *Internationale Pakt über bürgerliche und politische Rechte* von 1976 und das *UN-Übereinkommen gegen Folter und andere grausame, unmenschliche oder erniedrigende Behandlung oder Strafe* von 1984 Folterhandlungen beziehungsweise deren Androhung. Menschen dürfen auch nicht in Gebiete überstellt werden, in denen sie persönlich einer Foltergefahr ausgesetzt sein könnten.

Unter »Folter« zu verstehen ist dabei »jede Handlung, durch die einer Person vorsätzlich große körperliche oder seelische Schmerzen oder Leiden zugefügt werden«. Eine solche Definition ist zweifellos unscharf, lückenhaft und somit rechtspraktisch und rechtsphilosophisch hochgradig unzulänglich – eine nicht seltene Situation in der Rechtsentwicklung; Gleiches gilt etwa für Sklaverei, Völkermord oder andere Verbrechen gegen die Menschlichkeit. Jedoch stellt diese Definition mit der Fokussierung auf eine Extremform grausamer und entwürdigender Behandlung einen ersten Versuch dar, eine untere konsensfähige Schranke zu formulieren, hinter die die Weltgemeinschaft nach den historischen Erfahrungen nicht zurückgehen sollte. Daher sind es auch weniger rechtsphilosophische Erwägungen als vielmehr historische Erfahrungen, die dafür sprechen, Ausnahmen vom Folterverbot nicht zuzulassen. Diese Absolutheit des Folterverbotes wird in dem *UN-Übereinkommen* von 1984 unmissverständlich formuliert:

»Außergewöhnliche Umstände, gleich welcher Art, sei es Krieg oder Kriegsgefahr, innere Instabilität oder ein sonstiger öffentlicher Notstand, dürfen nicht als Rechtfertigung für Folter geltend gemacht werden.« Das *absolute* Folterverbot ist unabdingbarer Kernbestand sowohl des allgemeinen Menschenrechtsschutzes wie auch des humanitären Völkerrechtes und aller internationalen und nationalen Rechtsordnungen.

Folter stellt also einen Angriff auf ein Rechtsgut dar, das nicht relativ, sondern *absolut* schützenswert ist. Das Folterverbot gestattet keinerlei Ausnahmen – auch nicht im Falle eines öffentlichen Notstandes, der das Leben der Nation bedroht – und schließt grundsätzlich eine Abwägung mit anderen Rechtsgütern – etwa dem Sicherheitsbedürfnis von Staaten – aus. Es setzt damit eindeutig der Nothilfebefugnis des Staates und dem grenzenlosen Streben nach Sicherheit eine absolute rechtsstaatliche Grenze. Die jedem staatlichen Machtanspruch innewohnende totalitäre Versuchung muss diese Absolutheit aus Sicht des einzelnen Staates zwangsläufig als Zumutung erscheinen lassen, denn mit ihr gäbe es einen Maßstab für staatliches Handeln, der selbst dem staatlichen Zugriff entzogen ist.

So verwundert es nicht, dass sich in jüngerer Zeit eine zunehmende Zahl von Juristen findet, die dem Staat die mit dem Absolutheitsrang des Folterverbotes einhergehende Zumutung der Begrenzung seines Machtanspruchs zu ersparen suchen, indem sie diesen Absolutheitsrang als unberechtigt und als gleichsam rechtsphilosophische Entgleisung diffamieren. Der Harvard-Rechtsprofessor Alan Dershowitz kritisiert die »blasierte, selbstgefällige Bereitschaft, Folter öffentlich zu verurteilen«.[7] Da die Folter nun einmal weitverbreitet und zudem in Situationen einer extremen Sicherheitsgefährdung unumgänglich sei, müsse man ihre Praxis rechtlich regulieren. Das Verbot einer Güterabwägung sei weltfremd und unrealistisch und der Staat müsse in Sicherheitsfragen die Möglichkeit haben, die Menschenrechte gegenüber der Sicherheit zurücktreten zu lassen, wenn dadurch Menschenleben gerettet werden können. Es fällt nicht schwer, derartigen Auffassungen dadurch eine vermeintliche Plausibilität zu verleihen, dass man geeignete hypothetische Extremsituationen – sogenannte *ticking-bomb*-Szenarien – konstruiert, mit denen sich moralische Fragen und rechtliche Fragen in einen vermeintlichen Gegensatz setzen lassen.[8]

Derartige Szenarien sollen mit ihrem Appell an einen moralischen *common sense* ein Foltern auf Verdacht zur Abwendung einer vorgestellten

Gefahr als gerechtfertigt erscheinen lassen. Zugleich sollen sie durch die mit ihnen verbundene massenmediale Angsterzeugung die Bevölkerung an die Normalität staatlicher Normbrüche gewöhnen.

Dershowitz und andere schlagen die Einführung einer gerichtlich kontrollierten Folter vor, die nur unter strengsten Kriterien Anwendung finden dürfe[9] – womit natürlich stets die jeweils für die eigenen Belange passenden Kriterien gemeint sind.[10] Obwohl die Idee der rechtlichen Regulierung einer präventiven Folter, die aus fiktiven Extremfällen allgemeine Rechtsnormen zu deduzieren sucht, eine rechtswissenschaftlich abstruse Konstruktion ist und darüber hinaus ein entsprechendes »Foltergesetz« so beschaffen wäre, dass erst aus den Konsequenzen der jeweiligen Situation folgen würde, ob seine Anwendung zulässig war, hat sie auch in der deutschen Rechtswissenschaft zahlreiche Anhänger gefunden.

Präventivfolter und Menschenwürde

Der Heidelberger Rechtswissenschaftler Winfried Brugger bedauert die »eminent starken Widerstände« gegen die Idee eines staatlichen Folterrechtes, die »vermutlich in der Erfahrung des Dritten Reiches« wurzelten, »das nach wie vor einen langen und düsteren Schatten auf Themen wie Folter wirft und das Ergebnis differenzierungslos vorherbestimmt«.

Das klingt, wie Heribert Prantl in der *Süddeutschen Zeitung* vom 10. März 2003 kommentierte, »als hätten die Nazis eine ansonsten durchaus vernünftige Verhörmethode diskreditiert. Zu den Schandtaten der Nazis zählt demnach auch, dass man ihretwegen sich in Deutschland nicht unvoreingenommen über Folter unterhalten könne«. Der Mainzer Rechtswissenschaftler Volker Erb sieht in der Absolutheit des Folterverbotes gar den »Geist des Totalitarismus« und eine sicherheitspolitische Selbstabdankung des Staates.

Ansatzpunkte für eine rechtswissenschaftliche Begründung entsprechender Positionen eröffneten sich in dem Maße, wie man bereit ist, sich »endlich« von der »veralteten« und rechtswissenschaftlich »problematischen« Idee einer Konzeption von Menschenwürde zu verabschieden, die vor und über spezifischen Rechten steht und als Fundierungsprinzip angesehen wird, dem zufolge das gesamte Recht unter dem Vorzeichen der Würde des Menschen zu stehen hat. Ist man zu einem solchen Neuansatz bereit, werden in Rechtsdogmatik geschulte Rechtswissenschaftler kaum Schwierigkeiten haben, geeignete Begriffsunterscheidungen und Nuancierungen zu schaffen, durch die sich ein Begriffsrahmen bereitstellen lässt, der für Abwägungen von Verletzungen der Menschenwürde mit Sicherheitsinteressen des Staates offen ist. Ein für den Schutz der Handlungsfähigkeit staatlicher Organe hinreichend flexibler Neuansatz ergibt sich etwa daraus, dass man die Notwendigkeit geltend macht, bei einem Verständnis der Menschenwürde »Kernbereiche«, die keiner Abwägung mit anderen Gütern zugänglich sind, von »Randbereichen« zu unterscheiden. Fasst man sodann den Kernbereich eng genug, indem man etwa Eingriffe in den »Würdekern« nur unter so extremen Bedingungen wie Verfolgungen in totalitären Regimen, Völkermord oder Massenvertreibungen als gegeben sieht, so kann es in unserer demokratischen Gesellschaft schon rein begrifflich nur Verletzungen geben, die dem Randbereich zuzurechnen sind und die somit einem abwägenden Ausgleich mit anderen Gütern zugänglich sind. Postuliert man nun, dass die Absolutheit des Folterverbotes sich nur auf Situationen beziehen könne, die mit einer Verletzung des »Würdekerns« verbunden seien, so kann, auf der Basis einer solchen Neukalibrierung eines Referenzsystems für die Menschenwürde, die Absolutheit des Folterverbotes für die deutsche Verfassungswirklichkeit keine Gültigkeit beanspruchen. Folter in demokratischen Rechtsstaaten wird damit »nach abwägender Würdigung aller Umstände« nicht nur zu einem zulässigen, sondern unter Umständen sogar – als »Präventionsfolter« im Präventionsstaat – zu einem notwendigen Instrument staatlicher Organe.

Eine derartige »Korrektur« der mit dem absoluten Folterverbot hervorgebrachten rechtsphilosophischen »Fehlentwicklung« scheint auch in Deutschland mehr und mehr den verfassungspolitischen Diskurs zu bestimmen. Ein Verweis auf fiktive Extremsituationen, wie *ticking-bomb*-Szenarien, soll helfen, sie konsensfähig zu machen. Mit derartigen moralischen Lackmustests lassen sich mühelos »verantwortungsvolle« Intellektuelle von »Menschenrechtsideologen« trennen. Diejenigen, die vor dem Hintergrund eines erdrückenden Maßes an historischen Erfahrungen die Menschenwürde nicht für eine Abwägung mit vorgeblich übergeordneten Gütern freigeben wollen und auf dem Absolutheitscharakter des Folterverbotes bestehen, lassen sich dann leicht als moralische

Fundamentalisten verunglimpfen, die sich einem »verantwortungsvollen Abwägen« durch ein »unverantwortliches« Beharren auf einer rigiden Gesinnungsethik zu entziehen suchten.

Diese auf die Abschaffung des Absolutheitsranges des Folterverbotes zielende Diskussion hat ihren Niederschlag in zahlreichen Arbeiten und Büchern gefunden. Von »eminent starken Widerständen« gegen die Idee eines staatlichen Folterrechtes wird man dabei kaum sprechen können; vielmehr sind wir gegenwärtig auf dem Wege – ganz im Einklang mit der Forderung des damaligen Innenministers Schäuble, dass es in Fragen der inneren Sicherheit »keine Tabus und Denkverbote« geben dürfe –, endlich wieder ein »unverkrampfteres Verhältnis« zur Anwendung von Folter zu finden.[11]

Euphemismen für die Folter

Neben diesen Versuchen, den Absolutheitsrang des Folterverbotes für unberechtigt zu erklären, gibt es Versuche, ihn definitorisch zu unterlaufen. Verteidiger einer Verhörpraxis, die folterähnliche Methoden zulässt, sind durch den Absolutheitsrang des Folterverbotes gerade in demokratischen Rechtsstaaten darauf angewiesen, die Methoden ihrer Verhörpraxis begrifflich so zu fassen, dass sie durch die semantischen Ritzen zwischen eigentlicher Folter und grausamer und entwürdigender Behandlung schlüpfen können und sich als *Noch-nicht-Folter* klassifizieren lassen. Beispielsweise war das amerikanische Justizministerium der Auffassung, dass Handlungen von einer extremen Art sein müssen, um als Folter zu gelten; physische Schmerzen bei Folter müssten genauso intensiv sein wie der Schmerz bei schwersten physischen Verletzungen oder etwa einem Organversagen; die Zufügung von Schmerzen, die nicht so extrem sind, sei, technisch gesprochen, überhaupt keine Folter, sondern lediglich unmenschliches und erniedrigendes Verhalten, und entzöge sich damit den rechtlichen Sanktionen gegen die Folter. Das 2002 von der UNO beschlossene *Fakultativprotokoll zum Übereinkommen gegen Folter* macht indes deutlich, dass es eine solche kategoriale Unterscheidung nicht gibt.[12] Gleichwohl wird diese Unterscheidung und die Definition von Folter als eine Extremform grausamer und unmenschlicher Behandlung häufig dazu benutzt, den Absolutheitsrang des Folterverbotes semantisch zu unterlaufen. Wie Amnesty International feststellte: »Da das Wort ›Folter‹ eine abstoßende und der Idee von Humanität entgegengesetzte Vorstellung vermittelt, gibt es eine starke Neigung der Folterer, sie mit einem anderen Namen zu bezeichnen.« Für den Terminus Folter gilt dasselbe wie für die Begriffe »Terrorismus«[13], »Kriegsverbrechen« oder »Verbrechen gegen die Menschlichkeit«. Diese Begriffe werden stillschweigend in asymmetrischer Weise verwendet: Mit ihnen werden die Verbrechen der *anderen* bezeichnet, während für die gleichen Handlungen, die man *selbst* begeht, harmlosere Begriffe in Anspruch genommen werden.[14]

Auch für die Folter gilt: Es foltern immer die *anderen. Wir* greifen nur zu »besonderen Maßnahmen« und sind dabei zudem legitimiert durch Motive, die ihre Rechtfertigung in sich selber tragen, wie »Selbstverteidigung«[15], »Verbreitung demokratischer Werte« oder »Sicherheitsinteressen des Staates«. Die Rechtfertigung der Folter folgt daher stets demselben Muster: Die hohen Werte zivilisierter und anständiger Menschen seien durch Personen bedroht, die skrupellose und barbarische Mittel einsetzten, um ihre bösen Ziele zu erreichen; nur durch den Einsatz ähnlicher Mittel könne man dies vereiteln und die eigenen Werte schützen.[16]

Nur vier Beispiele für westliche Demokratien, in denen die Verwendung von Folter durch Euphemismen für die Öffentlichkeit verdeckt werden soll: Frankreich, Großbritannien, Israel und die USA:

Frankreich zog zur Rechtfertigung seiner Massenfolterungen im Algerienkrieg verschiedene Euphemismen heran; es sprach von »speziellen Verhörmethoden«, die zur Gewinnung von »lebenswichtigen Informationen« im Kampf gegen den »Terrorismus« der FLN notwendig seien. Allein für eines der größten Folterzentren, die *ferme Améziane,* wird die Zahl der Folteropfer auf über hunderttausend geschätzt.[17]

Großbritannien nannte im Nordirlandkonflikt seine Verhörmethoden »interrogation in depth«. Bei diesen Verhörmethoden, die auch als »five techniques« bekannt sind, wurden den Männern undurchsichtige Kapuzen über den Kopf gezogen, und ihre Zellen, in denen sie bis zu 16 Stunden ununterbrochen breitbeinig mit Händen über dem Kopf an der Wand stehen mussten (sogenannte Stresspositionen), wurden mit presslufthammerartigem Lärm beschallt.[18] Zudem durften sie bis zu 70 Stunden nicht schlafen.[19]

Der Europäische Gerichtshof für Menschenrechte kam 1978 im Fall *Irland gegen Großbritannien* zu der Auffassung, dass die angewandten Verhörtechniken als einzelne noch keine Folter darstellten, jedoch als Folter aufgefasst werden könnten, wenn man sie in Kombination anwenden würde. Mit »Fünf Techniken« deutet sich bereits eine für die staatlichen

Institutionen vielversprechende Möglichkeit an, die Absolutheit des Folterverbotes dadurch zu unterlaufen, dass man die Verhörtechniken aus modularen Komponenten zusammenstellt.[20]

Diese modularen Komponenten sollen so beschaffen sein, dass sie sich einzeln genommen nicht als Folter klassifizieren lassen, dass sie jedoch in geeigneter Kombination angewandt den Willen des Gefangenen zu brechen vermögen. Eine solche modulare Konzeption von Folter ermöglicht es auch demokratischen Rechtsstaaten, nicht gänzlich auf die Vorteile des Machtinstrumentes der Folter verzichten zu müssen, da diese als Folter für die Öffentlichkeit weitgehend unsichtbar bleibt. Und bei der Bestimmung geeigneter wirkungsvoller Module und ihrer optimalen Kombinationen hat die Psychologie »Interessantes« anzubieten.

Israel spricht bei seinen Verhörmethoden von »moderate physical pressure« und »non-violent psychological pressure«[21]. Nach Schätzungen des Public Committee Against Torture in Israel (PCATI) wurden allein zwischen 1987 und 1994 über 23.000 Palästinenser gefoltert, darunter Hunderte von Kindern. Zu den bis heute praktizierten Foltermethoden gehört auch die Scheinfolterung oder tatsächliche Misshandlung von Angehörigen in der Nachbarzelle des Gefangenen.[22]

Zwar wurden diese und andere Methoden 1999 vom israelischen Obersten Gerichtshof als Folter angesehen und ihre routinemäßige Anwendung verboten, zugleich jedoch ihre Anwendung unter »außergewöhnlichen Umständen«, insbesondere aus Gründen einer »security necessity«, für zulässig erklärt.[23]

Mit der Legalisierung von Folter unter »außergewöhnlichen Umständen« widerspricht Israels höchste nationale Rechtsprechung der 1991 auch von Israel ratifizierten UN-Konvention gegen Folter und der Absolutheit des darin gefassten Folterverbotes. Alan Dershowitz' Feldzug gegen den Absolutheitsrang des Folterverbotes steht in engem Zusammenhang mit dieser Rechtsauffassung; ihm gehe es, wie die *Frankfurter Allgemeine Zeitung* vom 18. Juni 2004 notierte, allein darum, das internationale Recht der israelischen Praxis anzugleichen und diese damit rückwirkend akzeptabel zu machen.

Dass in einer westlichen Demokratie institutionell gestützte Menschenrechtsverletzungen derartiger Schwere und derartigen Ausmaßes vorkommen, ohne sonderliche Empörung in der Öffentlichkeit zu erregen, ist – besonders im Vergleich zur relativ breiten öffentlichen Reaktion auf Guantánamo – bemerkenswert.[25]

Eine Analyse der Gründe wäre höchst aufschlussreich und würde uns unvermeidlich wieder mit unseren Mechanismen der Etablierung von Doppelstandards konfrontieren.

Die USA sprechen seit 2002 von weiterentwickelten Verhörmethoden oder von innovativen und kreativen Verhörmethoden, wobei das berüchtigte Bybee-Gonzales-Memorandum[26] von 2002 einen rabulistischen Höhe- und moralischen Tiefpunkt dieser Bemühungen markiert, die Anwendung von Folter durch Euphemismen zu verdecken.[27]

Die Verhörtechniken in Guantánamo seien »kreativ«, wie die *Süddeutsche Zeitung* (14. Juli 2005) bezugnehmend auf einen internen Report des Pentagon berichtet, und auch »aggressiv«. Aber mit Folter habe das alles, dem Report zufolge, nichts zu tun, das ganze Gerede von Folter und Misshandlungen sei haltlos. Zu den kreativen Methoden gehöre, dass muslimische Gefangene in Gegenwart von Soldatinnen ausgezogen wurden, Frauenunterwäsche tragen und wie Hunde Kunststücke vorführen mussten. Sie wurden mit roter Tinte eingerieben unter dem Hinweis, dass dies Menstruationsblut sei.

Wie bei den britischen »Fünf Techniken« sind auch hier die Verhörmethoden aus Komponenten zusammengestellt, deren jede einzelne zwar als grausame und unmenschliche Behandlung einzustufen ist, die jedoch so konzipiert sind, dass sie in der Öffentlichkeit noch nicht als Folter im engeren Sinne wahrgenommen werden. Die *Frankfurter Allgemeine Sonntagszeitung* vom 19. August 2007 beschreibt die in den Untersuchungsberichten aufgeführten modularen Verhörkomponenten so: »Es beginnt mit einem massiven Generalangriff auf die Sinne: donnernd laute Musik, Hundegebell, Stroboskop-Licht. Hinzu kommen quälende starre Körperhaltungen – in den Anweisungen für Guantánamo bis zur vier Stunden. Im nächsten Schritt wird ein Gefangener psychisch erniedrigt: Er wird nackt verhört, er muss in Frauenunterwäsche posieren, er wird von weiblichen Aufsehern beleidigt oder zum Masturbieren gezwungen. Ebenso beliebt ist, dass strenggläubige Personen ihre heiligen Schriften geschändet sehen.« Diese Methoden sind, wie die *FAS* schreibt, »Teil eines ausgeklügelten Programms mentaler Folter, das Psychologen im Dienste der amerikanischen Armee und der CIA seit 2002 weiterentwickelt haben, um Terrorverdächtige weichzuklopfen«. Dem Verhaltens-Organisationsmanual von Guantánamo – dem *Behavior Management Plan* – zufolge, dienten diese Methoden vor allem dazu, »die Desorientierung und Desorganisation des neuen Häftlings zu verstärken und auszunutzen«.[28]

Beiträge der Psychologie zur Entwicklung von Techniken der »weißen Folter«

Die Grundzüge für dieses Organisationsmanual wurden von Psychologen entwickelt. Damit komme ich zu jenem zentralen Beitrag, den die Psychologie geleistet hat, die Folter in demokratischen Gesellschaften für die Öffentlichkeit möglichst unsichtbar zu machen. Was hat die Psychologie an Befunden anzubieten, auf deren Grundlage sich Verhörmethoden entwickeln lassen, deren jede einzelne nicht zwangsläufig als Folter einzustufen ist, deren geeignete Kombination[29] jedoch auf eine Person Auswirkungen hat, die mindestens so gravierend sind wie die der körperlichen Folter?

Eine der wichtigsten von der Psychologie bereitgestellten Techniken ist die sensorische Deprivation. An der Untersuchung der sensorischen Deprivation war in den 1950er-Jahren wesentlich einer der damals bedeutendsten Psychologen beteiligt, Donald O. Hebb.[30]

Hebb berichtete, dass »die Identität der Versuchspersonen sich aufzulösen begann«, nachdem sie nur zwei bis drei Tage schalldichte Kopfhörer, eine Augenbinde und den Tastsinn blockierende Kleidung getragen hatten. Auf diese Weise gelang es Hebb, die Personen innerhalb von 48 Stunden in einen psychoseähnlichen Zustand zu versetzen, der zunächst mit Halluzinationen verbunden war und dann zu einem psychischen und oft auch physischen Zusammenbruch führte.[32]

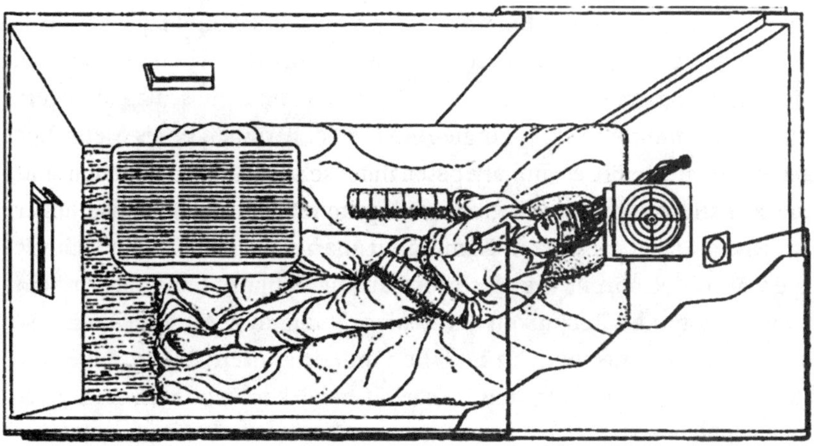

Diese Abbildung – aus einer Veröffentlichung eines Mitarbeiters von Hebb – zeigt schematisch die Versuchssituation. [31]

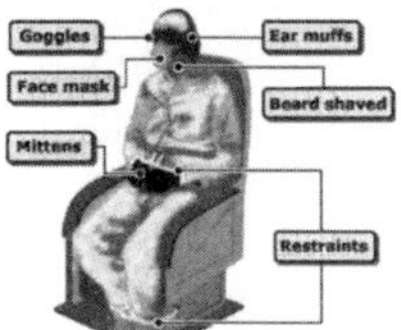

Diese Abbildungen illustrieren die Anwendung dieser psychologischen Forschungen im Rahmen von Techniken psychischer Folter im Dienste der »nationalen Sicherheit«.

Hebbs Arbeiten sind nur ein, wenn auch besonders wichtiges Beispiel aus einer Fülle von Arbeiten, durch die man hoffte zu verstehen, wie sich die psychische Widerstandskraft und der Wille einer Person brechen ließen.[33]

Anfang der 1950er-Jahre wurden in den USA, in einer durch den Kalten Krieg bestimmten Atmosphäre, von Seiten des Geheimdienstes und des Pentagons viele Millionen Dollar an Forschungsmitteln bereitgestellt, um sowohl die Möglichkeiten einer Massenmanipulation als auch der Manipulation des Bewusstseins Einzelner zu erforschen. Die Psychologie war an diesem sogenannten MKUltra-Programm[34] zentral beteiligt. Bereits 1977, als durch Untersuchungen des Senats erstmals Details über dieses Programm bekannt wurden, wurde die Beteiligung namhafter Psychologen durch einen Artikel im Journal der American Psychological Association publik gemacht. Später konnten weitere Einsichten in das geheime MKUltra-Programm gewonnen werden, die zeigten, wie breit die akademische Psychologie in dieses Projekt eingebunden war. Zu den direkt oder mittelbar beteiligten Psychologen zählten unter anderem: Adalbert Ames, John Carrol, Hans J. Eysenck, Donald Hebb, Kurt Lewin, Margaret Mead, Martin Orne, Charles Osgood, Carl Rogers, Daniel Schachter und Muzafer Sherif.

Im Rahmen von MKUltra war man noch an Drogen und recht absonderlichen Mitteln interessiert, durch die man glaubte, das Bewusstsein gezielt manipulieren zu können. Die psychologischen Forschungsergebnisse zeigten, dass dies mit viel einfacheren Mitteln zu bewerkstelligen ist. In seiner Arbeit von 1959 zur Entwicklung von »verbesserten Verhörtechniken« (»improved interrogation techniques«), welche die entsprechenden psychologischen Forschungen der 1950er-Jahre zusammenfasste, stellte Albert Biderman fest, psychische Folter sei »der ideale Weg, einen Gefangenen zu brechen«, da sich »Isolation auf die Hirnfunktion des Gefangenen ebenso auswirkt, als wenn man ihn schlägt, hungern lässt oder ihm den Schlaf entzieht«.[35] Um den Willen eines Menschen zu brechen, genügt es, ihn aller sozialen Kontakte zu berauben, ihn zu desorientieren, seine biologischen Rhythmen zu stören und ihn unter massiven Stress zu setzen. Kombiniert man die dazu nötigen sehr elementaren Verfahren, wie Desorientierung, Schlafentzug, sensorische Deprivation oder Techniken der Erniedrigung, in geeigneter Weise, so kann man sein rasches Zurückfallen auf eine infantile Stufe und ein Zerfallen seiner psychischen Integrität bewirken, wodurch sein Wille gebrochen wird.

In dem 1963 erschienenen CIA-Verhörhandbuch mit dem Namen KUBARK – das Wort KUBARK ist ein CIA-Kryptonym für das CIA-Hauptquartier, in dem der Ertrag langjähriger und intensiver psychologischer Forschungen für die Verhörpraxis zusammengestellt wurde[36] – wurde Bidermans Arbeit als grundlegend empfohlen.

Im KUBARK-Handbuch[37] wird akribisch und auf der Höhe psychologischer Forschung[38] beschrieben, wie sich der Wille am besten brechen lässt und wie sich emotionale und affektive Verletzbarkeiten des Einzelnen, unter sorgfältiger Beachtung seiner Persönlichkeitsstruktur und seiner frühkindlichen Bindungsgeschichte, für dieses Ziel nutzen lassen.[39] Bis heute ist das KUBARK-Handbuch für Verhöre im konkreten Sinne des Wortes tonangebend.[40] Das Handbuch stellt eingangs fest, dass »Fragen der Verhörtechnik nicht mehr ernsthaft behandelt werden können ohne eine Berücksichtigung der in den letzten zehn Jahren durchgeführten psychologischen Forschungsarbeit«. Und es ermutigt die in »innovativen Verhörtechniken« Auszubildenden, dass sich diese psychologischen Techniken leicht erlernen lassen: »Es hört sich schwieriger an, als es ist, den Willen einer Person nur durch psychologische Manipulation und ohne die Anwendung von äußerlichen Methoden zu brechen.«

Zu diesen Techniken, deren Wirkung und optimale Kombination in Verhören ausführlich beschrieben werden, gehört KUBARK zufolge die ständige Manipulation der Zeit durch Vor- und Zurückdrehen der Uhr,[41] was den Betreffenden »wahrscheinlich immer tiefer in sich selbst verstricken« würde, »bis er seine Reaktionen nicht mehr wie ein Erwachsener kontrollieren könne«, weiterhin Schlafentzug, Verhüllen des Kopfes, laute Musik sowie sexuelle und kulturelle Demütigungen.[42] Hätten die Verhörten erst einmal die Orientierung verloren, könne man zur zweiten Stufe übergehen, den selbst zugefügten Schmerzen, indem man sie beispielsweise zwingt, stundenlang in unnatürlichen Körperpositionen zu stehen. In dieser Phase gelte es, den Verhörten das Gefühl zu vermitteln, sie seien selbst für ihre Schmerzen verantwortlich und es liege nur an ihnen, sich davon zu befreien.

Für die Durchführung von Verhören sei es von besonderer Bedeutung, die Erfahrungswelt des Verhörten völlig unberechenbar und chaotisch zu machen.[43] Ziel eines Verhöres sei die Auslösung eines Regressionsprozesses, bei dem der Verhörte auf frühere Entwicklungsstufen zurückfällt. Um dies zu bewirken, sei die sensorische Deprivation besonders geeignet: »Der Entzug von Sinnesreizen führt zu Regression, indem der

Verhörte mental vom Kontakt mit der Außenwelt abgeschnitten wird und ganz sich selbst überlassen bleibt. Gleichzeitig lässt in der Regel die gezielte Bereitstellung von Sinnesreizen während der Vernehmung die in einem Stadium der Regression befindliche Person den Vernehmenden als Vaterfigur wahrnehmen. Das Ergebnis ist normalerweise, dass sich die Neigung zur Willfährigkeit des Verhörten verstärkt.«[44] In geschickter Kombination mit den anderen Techniken führe die sensorische Deprivation rasch zur Auflösung der Identität einer Person und dazu, dass ihr Wille gebrochen werde: »Die reifen Abwehrmechanismen des Verhörten zerfallen, während er auf eine kindliche Entwicklungsstufe zurückfällt.«

Aufbauend auf dem KUBARK-Handbuch wurden nach 2001 die psychologischen Forschungsanstrengungen für die Entwicklung »optimaler« Verhörtechniken wieder verstärkt. Eine Verhörtechnik wird als optimal angesehen, wenn ihre sichtbaren Konsequenzen nichts beinhalten, was die Öffentlichkeit übermäßig beunruhigen würde. Zudem muss sie die verfügbaren Einzeltechniken so geschickt kombinieren, dass sich damit auch stärkste Persönlichkeiten »so ganz zum Körper und wimmernder Todesbeute« (Jean Améry) machen lassen; die verfügbaren psychologischen Forschungsbefunde und die hohe experimentalmethodische Kompetenz der Psychologie eröffneten hier ein weites Feld anwendungsrelevanter Forschung.

Auf diesem Wege gelangte man zu erheblichen »Verfeinerungen« der optimalen Kombination verschiedener Techniken, wobei besonders der Bereich sexueller und kultureller Erniedrigungen ein breites Spektrum »kreativer« Neuentwicklungen ermöglicht. Im technischen Jargon der Guantánamo-Protokolle tauchen diese »kreativen Methoden« dann auf unter Bezeichnungen wie *Pride and Ego Down, Fear Up Harsh, Futility* oder *Invasion of Space by a Female* – Euphemismen für perverse Praktiken systematischer Erniedrigung und Folter, die sich kaum angemessen übersetzen lassen.

Was sich dahinter verbirgt, lässt sich den akribisch geführten Verhörprotokollen des Gefangenen Mohammed al-Kahtani entnehmen.[45] Unter dem Modul *Pride and Ego Down* finden sich so »innovative Verhörtechniken« wie »forced urination on self, forced nakedness, sexual humiliation, religious humiliation, being led naked on a leash, being forced to bark like a dog« und anderes.[46] Dem Gefangenen wurde bis auf kleinste Schlafintervalle für 50 Tage der Schlaf entzogen, eine Behandlung, die beträchtlicher Unterstützung durch Ärzte bedurfte.[47]

Ein interner Untersuchungsbericht stellte fest, dass diese Behandlung etwas überzogen gewesen sei, weil die Persönlichkeitszerstörung so groß war, dass der Gefangene für weitere Verhöre und für eine Strafverfolgung »unbrauchbar« geworden war.[48]

Folter und die American Psychological Association

Es waren Psychologen, welche die in Guantánamo angewandten Verhörtechniken entworfen hatten – insbesondere eine psychologische Beratungsfirma, Mitchell, Jessen & Associates, an der auch ein ehemaliger Präsident der American Psychological Association (APA) beteiligt ist.[49] Diese Firma hat sich auf die Ausbildung von Verhörexperten spezialisiert und mutmaßlich auch die Verhörprogramme für die *black sites* entworfen, in die Gefangene zur Ermöglichung besonderer Verhörpraktiken überstellt werden – also ein *Outsourcing* der Folter in Staaten, in denen öffentliche Reaktionen kaum zu befürchten sind.[50] Mitchell und Jessen hatten im Mai 2002 an einem vom Pentagon und der CIA organisierten Symposium teilgenommen, bei dem anlässlich der Festnahme eines al-Qaida-Führungsmitgliedes, Abu Zubaydah, »innovative Verhörtechniken« behandelt wurden. Im Zentrum dieses Symposiums stand ein dreistündiger Vortrag des renommierten Psychologen Martin Seligman, in dem dieser über die »Herstellungsmöglichkeiten« und Auswirkungen der »erlernten Hilflosigkeit« referierte.[51] Auf dieser Grundlage entwickelten Mitchell und Jessen ein Verhörkonzept für Abu Zubaydah – dazu gehörte eine *dog box*, in der dieser praktisch bewegungsunfähig mehrere Tage eingesperrt war. James Mitchell proklamierte die Herstellung eines Zustandes der erlernten Hilflosigkeit als zentrales Instrument »innovativer Verhörmethoden«.[52]

Doch nicht nur die Entwicklung dieser speziellen Verhörmethoden, auch die Verhöre selbst wurden unter Anleitung von Psychologen durchgeführt. Beispielsweise wurden die Verhöre von Mohammed al-Kahtani – zumeist 20 Stunden täglich – von John Leso, einem APA-Mitglied, supervidiert, wie sich den Protokollen entnehmen lässt.[53]

Nachdem zunehmend bekannt wurde, wie sehr das weltweit angewandte System »innovativer Verhörmethoden« auf der Beteiligung von Psychologen beruht, geriet die APA unter öffentlichen Druck, Stellung dazu zu nehmen, ob sich eine solche Beteiligung mit den ethischen Berufsprinzipien eines Psychologen vereinbaren lässt. Die APA stellte erwartungsgemäß fest, dass sie jede Art von Folter entschieden ablehne. Sie betonte jedoch, dass es nicht nur eine ethische Verpflichtung gebe, Schaden vom Einzelnen abzuwenden, sondern auch eine Verpflichtung, Schaden von der Nation abzuwenden. Im Konfliktfalle müsse man beides gegeneinander abwägen. Die Argumentation klingt vertraut, denn auch Ärzte hatten seinerzeit einen Konflikt geltend gemacht zwischen der Verpflichtung, der Gesundheit des Einzelnen zu dienen, und der Verpflichtung, der Gesundheit des »Volkskörpers« zu dienen.[54] Und was das Wohl der Nation betreffe, so habe die Psychologie einiges anzubieten, wodurch sich sicherheitsrelevante Informationen beschaffen ließen.[55]

Einige Psychologen wollten diese Auffassung psychologischer Berufsethik nicht teilen. Vom damaligen APA-Präsidenten wurden sie als »opportunistic commentators masquerading as scholars«[56] diffamiert, doch vermochten sie ihren Bedenken öffentliche Resonanz zu verschaffen. Daher beschloss das APA-Direktorium eine Arbeitsgruppe einzurichten, die ethische Standards für die Beteiligung an diesen Verhören entwickeln sollte.

Die Zusammensetzung dieser *task force* konnte längere Zeit geheim gehalten werden, bis ein Mitglied, die Sozialpsychologin Jean Maria Arrigo, die in der von der APA unterstützten Praxis eine eklatante Verletzung von etablierten Menschenrechtsnormen sah, die von der APA verordnete Verschwiegenheitspflicht verletzte und Menschenrechtsorganisationen ausführlich darüber unterrichtete, in welcher Weise die Arbeit und die Empfehlungen der Arbeitsgruppe vom Pentagon und vom APA-Präsidium manipuliert und bestimmt worden waren.[57]

Fünf der neun stimmberechtigten Mitglieder dieser Arbeitsgruppe waren Militärpsychologen und ausgewiesene Experten der »innovativen Verhörtechniken«; einige waren in verantwortlichen Positionen im Irak, Afghanistan und in Guantánamo an der Planung und Supervision von Verhören beteiligt.[58] Beispielsweise war auch der Leiter des Behavioral Science Consultation Team (BSCT) in Guantánamo Mitglied dieser Arbeitsgruppe. Die Auswahl der Mitglieder begründete APA-Präsident Koocher damit, dass diese Männer eine besondere Expertise in die Arbeitsgruppe einbrächten (»they had special knowledge to contribute«).

Im Juli 2007 wurde auf der Jahrestagung der APA mit überwältigender Mehrheit eine Resolution verabschiedet, die sich dezidiert gegen Foltermethoden bei Verhören und gegen jede Art einer Beteiligung von

Psychologen daran aussprach. In der Definition von Folter folgte diese Resolution jedoch genau der von der Bush-Regierung vorgegebenen Sprachregelung und definierte Folter so extrem eng, dass die genannten »innovativen Verhörtechniken«, wie sie in Guantánamo praktiziert werden, *nicht* darunter fallen (obwohl zu diesem Zeitpunkt bereits vielfältige Belege für die schweren und systematisch durchgeführten Folterungen in Guantánamo vorlagen[61]). Wieder war es erst der Druck der Öffentlichkeit – oder vielmehr der Gegenöffentlichkeit –, durch den die APA zu weiteren Klarstellungen gebracht werden konnte.[62]

Nur wenige der 150.000 APA-Mitglieder bezogen aktiv gegen die Haltung der APA Stellung und trugen dazu bei, das tatsächliche Ausmaß der Beteiligung von Psychologen an Menschenrechtsverletzungen aufzudecken. Anfang 2008 sah sich die APA veranlasst, ihre ethischen Richtlinien für die Beteiligung von Psychologen an verschärften Verhören zu präzisieren, betrachtete die Beteiligung von Psychologen an Verhören in sogenannten *black sites* jedoch weiterhin nicht als Verletzung berufsethischer Standards. Nachdem immer mehr Details über die Beteiligung von Psychologen an folterähnlichen Verhören bekannt geworden waren und der öffentliche Druck immer größer wurde, vollzog die APA – rechtzeitig zu dem erwarteten politischen Machtwechsel in den USA – mit ihrem Schreiben vom 2. Oktober 2008 eine Kehrtwende. Sie kündigte als »significant change« ihrer Haltung an, dass sich ab sofort Psychologen an Menschenrechtsverletzungen von Gefangenen nicht mehr beteiligen dürften.[63] Mehr als ein halbes Jahrhundert also diente sich, wie der Historiker Alfred McCoy resümiert, die Psychologie dem Pentagon und der CIA als eine Art Geheimwaffe an gegen alles, was als ideologischer Feind angesehen wurde.[64]

Der APA-*task force*[59] gehörten unter anderem an:
Col. Larry James: chief psychologist for the intelligence group at Guantánamo in 2003. 2004 director of the behavioral sciences group in the interrogation unit at Abu Ghraib.

Col. Morgan Banks: one of the founders and the senior psychologist at the Army's secretive *Survival, Evasion, Resistance and Escape* (SERE)[60] program; 2001/2 »supporting combat operations« at Bagram Airfield in Afghanistan, where serious abuses have been reported, had also »consulted generally« on Guantánamo interrogations.

Capt. Bryce Lefever: psychologist in the SERE program (supervision of »personnel undergoing intensive exposure to enemy interrogation, torture, and exploitation techniques«) Afghanistan in 2002, »where he lectured to interrogators and was consulted on various interrogation techniques.«

Psychische Folter und die Frage der Verantwortlichkeit von Wissenschaftlern

Die Diskussionen um die Haltung der APA werfen eine Reihe allgemeiner Fragen auf, die über den konkreten Fall hinausweisen. Auf zwei dieser Fragen will ich abschließend zu sprechen kommen. Die erste betrifft unsere offenkundige Schwierigkeit, *psychische Folter* auch tatsächlich als

Folter wahrzunehmen und uns über ihre Anwendung in gleicher Weise zu empören wie über die der physischen Folter. Die Folgen psychischer Folter[65] sind mindestens ebenso tiefgehend und dauerhaft wie die der physischen Folter.[66] Physische Folter ist immer auch psychische Folter. Sie zielt jedoch nicht unmittelbar auf die Zerstörung der psychischen Integrität und lässt damit zumindest eine kleine Chance, dass sich ein intaktes Ich auch im Schmerz als vom Folterer unabhängig distanziert, sich einen Bereich erhält, über den der Folterer keine totale Macht hat, was der entscheidende Punkt ist. Solange die für die personale Integrität verantwortlichen psychischen Instanzen halbwegs intakt bleiben, besteht für das Folteropfer die Möglichkeit einer zumindest partiellen Bewältigung des erlittenen Traumas. Bei der unmittelbar auf den Kern der personalen Identität zielenden psychischen Folter wird indes der Mensch als Person zerstört, nicht nur ein Teil seines Körpers.

Sowohl physische wie auch psychische Folter lassen sich nicht allein von der konkreten Ebene der Schwere der physischen oder psychischen Schmerzen her erfassen, die jemand einem anderen zufügt. Der Schlüssel zur Erfassung der Tragweite von Folter liegt vielmehr in der Art der durch sie hergestellten interpersonalen Situation.[67] In ihr erfährt sich der Gefolterte als ein vollständig rechtloses Objekt. Sie stellt die höchste Steigerungsform des Totalitären dar. Der vollständige Kontrollverlust und das grenzenlose Ausgeliefertsein einer Person an eine andere, die aus ihrer Sicht über eine gottgleiche Souveränität[68] über sie verfügt, ist das bestimmende Merkmal der Folter.[69] Durch die mit der Folter herbeigeführte Totalinstrumentalisierung einer Person zu einem Mittel des Staates wird die Würde und Autonomie des Opfers in einem solchen Maße verletzt oder zerstört, dass allein schon die gesetzliche Möglichkeit einer solchen Situation die Grundlagen des Rechtsstaates unterminieren würde.[70] Der Absolutheitsrang des Folterverbotes lässt sich also nicht innerhalb, sondern nur auf Kosten des demokratischen Rechtsstaates in Frage stellen.

Indem die Völkergemeinschaft dem Folterverbot einen Absolutheitsrang gegeben hat, hat sie, vor dem Hintergrund jüngster historischer Erfahrungen, zugleich allen Anmaßungen, totalitären Heils- oder Sicherheitsversprechen die Würde des Einzelnen zu opfern, eine absolute rechtliche Schranke gezogen.

Eine zweite über den konkreten Fall hinausweisende Frage von allgemeinerem Interesse bezieht sich auf die moralische und politische Verantwortlichkeit von Wissenschaftlern und Intellektuellen. Wenn die historischen und moralischen Beweggründe für ein absolutes Folterverbot so klar und zwingend sind und wenn ebenso klar ist, dass Folter und Rechtsstaatlichkeit sich ausschließen, muss es auf individueller Ebene starke Motivationsmomente geben, aus denen erst sich die geschilderten Rechtfertigungsversuche von Folter erklären lassen. Diese Motivationsmomente sind im Selbstverständnis von Intellektuellen und in ihrer Beziehung zum Staat zu suchen. Denn es waren und sind gerade diese Gruppen, die seit jeher in der Geschichte[71], sei es in Diktaturen oder Demokratien, einen erheblichen Aufwand treiben, der Machtausübung eine Legitimation zu verleihen und die Begrifflichkeit eines moralischen Rechtfertigungsrahmens an das Tun der jeweils Herrschenden anzupassen. Gerade in demokratischen Rechtsstaaten, in denen politische Vorgänge einer gewissen Kontrolle durch die Öffentlichkeit unterliegen, müssen demokratisch nicht legitimierte Formen staatlicher Machtausübung durch geeignete ideologische Interpretationsrahmen für die Öffentlichkeit möglichst unsichtbar gemacht werden. Dazu sind die Machtausübenden auf einen Chor bereitwilliger Intellektueller und Experten angewiesen, welche die für die staatlichen Interessen notwendigen Argumentationsfiguren und erforderlichen Differenzierungen liefern.[72] Das Bybee-Gonzales-Memorandum und die Argumentationslinie der APA ragen, historisch betrachtet, nicht einmal besonders hervor in dieser beschämenden Tradition moralischer Elastizität gegenüber den Mächtigen.

Die geschilderten Vorgänge lassen sich nach etablierten internationalen Rechtsnormen als Kriegsverbrechen ansehen.[73] Daher stellt sich die Frage, inwieweit etablierte internationale Rechtsprinzipien, die im Kontext anderer historischer und politischer Situationen entwickelt wurden, auch für eine rechtliche Beurteilung der an der institutionellen Unterstützung, Konzeption, Vorbereitung und Durchführung von »innovativen Verhörtechniken« beteiligten Psychologen heranzuziehen sind.[74] Wenn wir jedoch die Gültigkeit dieser Prinzipien für *unseren* Verantwortungsbereich nicht anerkennen und unsere Normverletzungen und Verbrechen durch eine vorgebliche moralische Überlegenheit der von uns verfolgten Ziele und durch Sicherheitsbedürfnisse des Staates zu rechtfertigen suchen, so verlieren wir mit einer solchen Herstellung moralischer Doppelstandards jeden moralischen Anspruch, die Handlungen anderer nach diesen Rechtsprinzipien bewerten zu können. Diese Frage betrifft, über die Verantwortlichkeit von Wissenschaftlern hinaus, uns alle. Denn in demokratischen Rechtsstaaten können wir uns der Frage nicht entziehen, in welchem Maße jeder Einzelne Verantwortung trägt für die Verletzungen von Menschenrechten, die in unserer Gesellschaft geschehen.

Mit der *Allgemeinen Erklärung der Menschenrechte* wurden nicht nur moralische Werte formuliert, sondern zugleich auch Rechtsansprüche – mit ihr wurden Menschenrechte als fundamentale Rechtsnorm verankert. Wir sind jedoch noch weit davon entfernt, diese Rechtsnormen auch ernst zu nehmen, weil wir es immer wieder zulassen, dass das Recht des Stärkeren diese Rechtsnormen nach Belieben außer Kraft setzen kann. Dass weltweit tagtäglich und in schwerwiegender Weise gegen diese Rechtsnormen verstoßen wird, kann und darf nicht als Argument herangezogen werden, ihre Gültigkeit und Berechtigung in Frage zu stellen. Wie alle Rechtsnormen müssen sie in der täglichen Auseinandersetzung verteidigt, gefestigt und weiterentwickelt werden. Und dies kann nur, wie die APA-Fallstudie zeigt, auf der Basis eines fortwährenden Engagements eines jeden Einzelnen erfolgen. Wir haben nur dann eine Chance, die vor 70 Jahren deklarierte völkerrechtliche Fundamentalnorm zu einer Rechtsrealität werden zu lassen, wenn wir bereit sind, nicht wegzuschauen und diese Normen entschlossen gegen die Interessen der Mächtigen zu verteidigen. Wenn wir nicht wieder und wieder die historischen Erfahrungen dessen wiederholen wollen, wozu der Mensch in seinen destruktiven Potentialen befähigt ist, so haben wir keine andere Alternative, als die Verletzungen historisch mühsam erreichter Fundamentalnormen auch als solche zu benennen und in jedem konkreten Fall auf die Diskrepanz zwischen Anspruch und Realität aufmerksam zu machen. Die Entscheidung liegt also bei uns.

1 Siehe Pappe (2007), Chomsky (2002).

2 Die Denkmuster dieses Kolonialismus sind bis in die Gegenwart im politischen Wirken der westlichen Demokratien auszumachen, auch wenn die Instrumente der Machtausübung neokolonialistischen Denkens, welches militärische Mittel nur als *ultima ratio* nach Ausschöpfung ökonomischer Machtinstrumente betrachtet, abstrakter und somit schwerer zu erkennen sind. Da im kolonialistischen Denken die Idee der Menschenrechte als Medium der globalen Politik und der organisierten Gewalt des Westens genutzt wird, haben sich zwangsläufig mit ihrer Propagierung Doppelstandards darüber etabliert, wann man sich auf sie berufen kann und wann sie als politisch belanglose Träumereien anzusehen seien – kaum mehr als ein »letter to Santa Claus«, wie die amerikanische UN-Botschafterin Jeane Kirkpatrick 1981 die amerikanische Haltung zur *Allgemeinen Erklärung der Menschenrechte* auf den Punkt brachte.

3 Amnesty International (1973, S. 27 u. 7). Die Ursache dafür, dass die Anwendung von Folter »is both more widespread and more intense today than it was fifteen years ago«, liegt Amnesty International (1973, S. 29) zufolge darin, dass westliche Demokratien in systematischer und umfassender Weise »moderne« Foltertechniken an befreundete Regierungen der Dritten Welt vermittelt haben (siehe auch Chomsky und Herman, 1979).

4 Die wohl folgenschwerste Manifestation dieser menschlichen Befähigung ist der europäische Kolonialismus und die mit ihm einhergehende »mission civilisatrice« (Maran, 1996) mit ihrer Prämisse einer Über- bzw. Unterlegenheit bestimmter Kategorien von Menschen und Arten von Kulturen. Daher ist auch, wie Maran aufzeigt, die Folter eng mit der »zivilisatorischen Mission« verbunden.

5 Maran (1996, S. 44).

6 Siehe Nowak und McArthur (2008).

7 McCoy (2005, S. 173).

8 Umfassende kritische Auseinandersetzungen mit *ticking-bomb*-Argumenten finden sich bei Brecher (2007) und Ginbar (2008).

9 Israel verfügt über ein solches Foltergesetz, bei dem Folterungen nur im Falle einer »security necessity« erlaubt sind – »the only torture law proposed by a democratic nation« (Gross, 2004). In ihrer kritischen Analyse dieses Gesetzes identifiziert Anat Biletzki (2001, S. 11) als seine stillschweigende Prämisse die Auffassung »to view the people of a whole nation, under our occupation for over thirty years, as walking, ticking time-bombs«. Folglich stellt de facto die Restriktion einer »security necessity« keine Beschränkung für die Anwendung der Folter dar: »In almost all cases in which the court was petitioned to intervene and put a stop to inhuman treatment, and in which the state, i.e., the security forces, demanded continuance, the court shied away from taking a firm stand for human rights, claiming either unjusticiability or permitting the atrocities to continue as necessary.« (ibid. S. 8f.). Das Public Committee against Torture in Israel (PCATI) stellte in seinem Bericht vom April 2003 über das umfassend praktizierte »system of torture« fest: »The Attorney General grants – wholesale, and with no exception – the ›necessity defense‹ approval for every single case of torture.« Siehe auch PCATI (2007).

10 Amnesty International (1973, S. 22) machte noch einmal deutlich, dass es sich bei vorgeblich auf eine streng geregelte Ausnahmesituation zielenden Rechtfertigungsversuchen um nicht mehr als Propaganda handelt: »History shows that torture is never limited to ›just once‹; ›just once‹ becomes once again – becomes a practice and finally an institution. As soon as its use is permitted once, as for example in one of the extreme circumstances like a bomb, it is logical to use it on people who might plant bombs, or on people who might think of planting bombs, or on people who defend the kind of person who might think of planting bombs […]«

11 Auch die politische Praxis der Merkel-Regierung und ihrer Vorgängerin lässt hinter der Menschenrechtsrhetorik die üblichen Doppelstandards erkennen, wie sich u. a. in der engen Zusammenarbeit von Bundesnachrichtendienst und Bundeswehr mit Folterregimen zeigt. Besonders eklatant ist dies im Fall Usbekistans, ein Land, in dem Human Rights Watch (6.11.2007) zufolge »Folter tief im Strafjustizsystem verwurzelt« ist, zu dessen autokratischem Folterregime Deutschland jedoch freundschaftliche Beziehungen pflegt und in dem es einen Luftwaffenstützpunkt unterhält; der BND pflegt enge Beziehungen zu Usbekistan und hat, nach Angaben des ehemaligen englischen Botschafters Craig Murray, Informationen aus Foltergeständnissen genutzt (*SZ*, 21.4.2006). Wie Craig Murray im *Guardian* (3.8.2005) notierte: »Of all western ministers, the most frequent guest in Uzbekistan, who most uncritically praises the regime, is Joschka Fischer, the trendy German foreign minister.« Auch das Bundeskriminalamt (BKA) arbeitet sehr »pragmatisch« mit Folterregimen zusammen: »In Form von bilateraler Ausstattungs- und Ausbildungshilfe wurden zwischen 2000 und 2006 insgesamt 57 Staaten durch BKA/BMI unterstützt. Nach Erkenntnissen von Menschenrechtsorganisationen ist 35 Staaten der Vorwurf systematischer Folter und 7 Staaten der Vorwurf der systematischen Misshandlungen zu machen. Viele Staaten erhielten demnach jahrelang trotz Folter und Misshandlungen Polizeihilfe, ohne ihr Verhalten einzustellen oder zu ändern.« Schenk (2008, S. 228)

12 Siehe Nowak und McArthur (2006), Nowak und Mc Arthur (2008).

13 Nach amerikanischen regierungsamtlichen Dokumenten ist unter »Terrorismus« zu verstehen »the calculated use of violence or the threat of violence to attain goals that are political, religious or ideological in nature [...] through intimidation, coercion or instilling fear.« Eine solche Definition stimmt mit dem Alltagsverständnis gut überein und könnte eine erste Arbeitsgrundlage zur Bewertung bestimmter Akte und Aktivitäten sein. Wenn man die Gültigkeit einer solchen Definition anerkennt, so ist auch ein großer Teil der militärischen Aktionen der USA oder Israels als »Terrorismus« zu klassifizieren (vgl. Stohl, 1988; Herman und O'Sullivan, 1991; Chomsky, 2000). Wie auch Atran (2003) anmerkt: »Indeed, there appears to be no principled distinction between ›terror‹ as defined by the U.S. Congress and ›counterinsurgency‹ as allowed in U.S. armed forces manuals.« Dass sich jedoch für die Bewertung gezielter Gewalt gegen die Zivilbevölkerung in der meinungsbildenden Klasse und in den Medien eine Verwendungsweise durchgesetzt hat, bei der ausschließlich entsprechendes Handeln derjenigen, die wir als unsere Feinde ansehen, als Terrorismus bezeichnet wird, muss als historisch herausragender Erfolg politischer Propaganda angesehen werden.

14 Für konkrete Beispiele aus der Nachkriegsgeschichte siehe etwa Chomsky und Herman (1979).

15 Siehe Byers (2005, S. 65ff.).

16 »Make no mistake: every regime that tortures does so in the name of salvation, some superior goal, some promise of paradise. Call it communism, call it the free market, call it the free world, call it the national interest, call it fascism, call it the leader, call it civilisation, call it the service of God, call it the need for information; call it what you will, the cost of paradise, the promise of some sort of paradise [...] will always be hell for at least one person somewhere, sometime.« Ariel Dorfman (2004) Da jede Ideologie dazu tendiert, Rechtfertigungen dafür zu liefern, dass in ihrem Namen die Rechte des einzelnen verletzt werden können, stellen Einigungen über internationale Menschenrechte zivilisatorische Mittel dar, durch die der Schutz fundamentaler Rechte unabhängig von jeder Ideologie gewährleistet werden soll.

17 Siehe etwa Maran (1996), Branche (2004), Rejali (2007), Lazreg (2008).

18 Siehe McGuffin (1974), Rejali (2007, S. 373). »The hooding and the continuous noise were designed not to isolate the men from each other but as a deliberate method of producing mental disorientation and confusion.« British Medical Association (1986, S. 16)

19 Auch an der Entwicklung dieser Techniken waren Shallice (1972) zufolge Psychologen maßgeblich beteiligt.

20 zu diesem »systematic clustering of clean torture techniques« siehe auch Rejali (2007, S. 568).

21 Wie Biletzky (2001, S. 8) feststellt: »›moderate physical pressure‹ has become the Israeli euphemism for torture«. Die Bürgerrechtsorganisation B'Tselem (2000) stellt fest: Der israelische Geheimdienst GSS »used methods comparable to those used by the British in 1971, i. e., sleep deprivation, infliction of physical suffering, and sensory isolation. But the GSS used them for much longer periods, so the resulting pain and suffering were substantially greater. In addition, the GSS used direct violence [...] Thus, [...] in practice, the GSS methods were substantially more severe than those used by the British in 1971 [...]« Nach Schätzungen von B'Tselem werden immer noch 85 Prozent aller palästinensischen Gefangenen gefoltert.
Siehe auch Phillips (1995, S. 67), Cook (2003), B'Tselem (2007), United against Torture (UAT) (2007). Wie »moderat« die verwendeten Methoden sind, ist auch an der Zahl der mit ihnen verbundenen Todesfälle erkennbar (ADDAMEER, 2003, S. 43).

22 Public Committee against Torture in Israel (PCATI) (2008).

23 »From 1987, torture in Israel was effectively legalized. [...] Palestinians, Lebanese and other non-Israeli nationals were seen as ›cceptable‹ victims of torture – and the methods were seen as ›acceptable‹.« Amnesty International (2004; s. a. 2008). Ein solches Rechtsverständnis steht im Kontext eines spezifischen Verständnisses von Menschenwürde: »Der zionistische Begriff von Menschenwürde ist nicht universal. Er ist identisch mit dem Begriff der jüdischen Ehre. Die Verletzung der Menschenwürde von Nichtjuden, etwa der Palästinenser, wird von diesem Begriff nicht erfaßt und bleibt deshalb innerhalb der zionistischen Reflexion unsichtbar.« (Tiedemann, 2007, S. 101; siehe auch Kamir, 2002, S. 253)

24 »Israel remains by far the largest recipient of US aid, receiving US$ 2.28 billion in military aid and $ 280 million in financial aid in 2007. This amount is set to increase to $ 3 billion for each of the next 10 years. Despite its leverage, the US has not made the funding conditional on Israel improving its human rights record.« Human Rights Watch (2008, S. 491)

25 Dabei würde auch die mit der langen Tradition des Kolonialismus und der »mission civilisatrice« (Maran, 1996) einhergehende rassistische Prämisse erkennbar werden. Diese Prämisse wird in Analysen globaler westlicher Machtausübung selten so deutlich ausgesprochen wie bei Schoultz (1998), der sie, für den Fall Lateinamerikas, charakterisiert als »a pervasive believe that Latin Americans constitute an inferior branch of the human species«. Dem sogenannten Kampf gegen den Terrorismus liegt sie, bezogen auf die Araber, unausgesprochen als nahezu konstitutive Prämisse zugrunde (siehe etwa Kateb, 2006, S. 65). Ohne eine solche rassistische Prämisse wäre weder Guantánamo, Bagram oder Abu Ghraib denkbar, wo das »Pas d'humanité pour les Arabes!« seine ikonische Symbolisierung fand. Explizit ausgesprochen findet sich diese Prämisse, unter dem Datum des 11. Dezember 2002, im Verhörprotokoll des in Guantánamo inhaftierten al-Qaida-Mitglieds Mohammed al-Kahtani: »He was reminded that he was less than human.« »Damit es zur Folter kommen kann, muss das Opfer dem Folterer als ›Untermensch‹ erscheinen.« Maran (1996, S. 313)

26 Siehe Greenberg und Dratel (2005), Paust (2007), Mayer (2008, S. 151ff.), Sands (2008, S. 73ff.).

27 Siehe auch Diane Beaver »Memo 18: Legal Review of Aggressive Interrogation Techniques (11 October 2002)« (in Greenberg und Dratel, 2005, S. 226–235), in dem die als rechtlich zulässig anzusehenden Verhörtechniken aufgeführt werden, unter anderem »use of scenarios designed to convince the detainee that death or severely painful consequences are imminent for him and/or his family« oder »use of a wet towel and dripping water to induce the misperception of suffocation«, also das sogenannte »Waterboarding«.

28 wikileaks.org/wiki/Guantanamo_document_confirms_psychological_torture

29 »What mattered was things done in combination«, zitiert Mayer (2008, S. 275) einen »former U.S. official, with access to details of the interrogation program«, der zugleich betonte »that few outsiders truly understood the overwhelming power of the program«.

30 Siehe McCoy (2005, S 41ff.), McCoy (2007), Koch (2008, S. 140ff.).

31 Heron (1957).

32 Die tatsächliche Intention der, zunächst mit Mitteln des kanadischen Verteidigungsministeriums, von Hebb vertraulich durchgeführten Experimente wurde dadurch verschleiert, dass als ihr Ziel die Untersuchung der Auswirkungen sehr monotoner beruflicher Tätigkeiten auf die Leistungsfähigkeit von Personen angegeben wurde (vgl. Heron, 1957).

33 Siehe z. B. Benjamin (2007 a, b).

34 McCoy (2005, S. 36ff.), Greenfield (1977).

35 Biderman (1959, 1960). Entsprechende Arbeiten von Biderman wurden auch für die Ausbildung von Verhörspezialisten (»an in-depth class on Biderman's Principles«) in Guantánamo herangezogen (*New York Times*, 2.7.2008). Eine tabellarische Darstellung des »Biderman-Konzepts« findet sich bei Koch (2008, S. 194f.).

36 Bidermans Buch habe, KUBARK zufolge, »the added advantage of incorporating the findings and views of a number of scholars and specialists in subjects closely related to interrogation. As the frequency of citation indicates, this book was one of the most useful works consulted; few KUBARK interrogators would fail to profit from reading *it.*« CIA (1963, XI, 3)

37 CIA (1963), siehe auch McCoy (2005, S. 49ff.), Koch (2008, S. 156ff.).

38 Vieles spricht dafür, dass dieses Handbuch von Psychologen verfasst wurde (siehe Gray und Zielinski, 2006).

39 Auch das *Human Resource Exploitation Training Manual* (CIA, 1983; siehe auch McCoy, 2005, S. 66ff.), das vor allem zur Ausbildung südamerikanischer »Verhörspezialisten« verwendet wurde, baut auf KUBARK auf: »The purpose of all coercive techniques is to induce psychological regression in the subject by bringing a superior outside force to bear on his will to resist. Regression is basically a loss of autonomy, a reversion to an earlier behavioral level. As the subject regresses, his learned personality traits fall away in reverse chronological order. He begins to lose the capacity to carry out the highest creative activities, to deal with complex situations, or to cope with stressful interpersonal relationships or repeated frustrations.« (CIA, 1983)

40 In einem neueren Report empfehlen Experten des Verteidigungsministeriums, bei der Entwicklung neuer Verhörtechniken auf dem KUBARK-Manual aufzubauen: »A careful examination of the KUBARK manual yields a wealth of potentially valuable concepts that either have the potential for immediate application in the development of a next generation of tactics, techniques, and procedures for educing information or that warrant further study by relevant professionals.« (Kleinman, 2006, S. 137)

41 »The capacity for resistance is diminished by disorientation. The subject may be left alone for days; and he may be returned to his cell, allowed to sleep for five minutes,

and brought back to an interrogation which is conducted as though eight hours had intervened. The principle is that sessions should be so planned as to disrupt the source's sense of chronological order.« (CIA, 1963, VII, C, 5)

42 »A subject who is cut off from the world he knows seeks to recreate it, in some measure, in the new and strange environment. He may try to keep track of time, to live in the familiar past, to cling to old concepts of loyalty, to establish – with one or more interrogators – interpersonal relations resembling those that he has had earlier with other people, and to build other bridges back to the known. Thwarting his attempts to do so is likely to drive him deeper and deeper into himself, until he is no longer able to control his responses in adult fashion.« (CIA, 1963, VIII, C)

43 KUBARK nennt die Technik, durch die ein Psychose-ähnliches Erleben der Umwelt hervorgerufen werden soll, Alice-im-Wunderland-Technik. Diese von den Autoren vermutlich als feinsinnig erachtete Anspielung belegt noch einmal die zutiefst sadistisch-perverse Haltung dieses Handbuchs: »The aim of the Alice in Wonderland or confusion technique is to confound the expectations and conditioned reactions of the interrogatee. He is accustomed to a world that makes sense, at least to him: a world of continuity and logic, a predictable world. He clings to this world to reinforce his identity and powers of resistance. The confusion technique is designed not only to obliterate the familiar, but to replace it with the weird [...] as the process continues, day after day as necessary, the subject begins to try to make sense of the situation, which becomes mentally intolerable [...] he is likely to make significant admissions, or even to pour out his story.« (CIA, 1963, VIII, C, 9)

44 »The deprivation of stimuli induces regression by depriving the subject's mind of contact with an outer world and thus forcing it in upon itself. At the same time, the calculated provision of stimuli during interrogation tends to make the regressed subject view the interrogator as a father-figure. The result, normally, is a strengthening of the subject's tendencies toward compliance.« (CIA, 1963, IX, E, 4)

45 www.time.com/time/2006/log/log.pdf
Zu al-Kahtani siehe Mayer (2008, S. 190 ff.). Susan Crawford, die 2007 vom Verteidigungsminister zur »convening authority for military commissions« ernannt wurde, erklärte in einem Interview (*The Washington Post*, 14.1.2009): »We tortured Qahtani. [...] His treatment met the legal definition of torture. [...] You think of torture, you think of some horrendous physical act done to an individual. This was not any one particular act; this was just a combination of things that had a medical impact on him [...]«.

46 Auch bei diesen Techniken wird wieder deutlich, was in fast allen Situationen systematischer staatlicher Folterausübung erkennbar ist: Hinter der Rechtfertigungsrhetorik einer vorgeblichen Informationsbeschaffung zielt die Folter auf die Disziplinierung, Demütigung und Erniedrigung bestimmter – zumeist ethnisch definierter – Gruppen (siehe z. B. Rejali, 2007, Lazreg, 2008), deren soziale oder kulturelle Identität sie zu zerstören sucht. In demokratischen Rechtsstaaten wird in der öffentlichen Diskussion ausschließlich der Zweck der Beschaffung sicherheitsrelevanter Information zur Legitimierung »verschärfter Verhörmethoden« angegeben. Dies verdeckt jedoch die Tatsache, dass die Praxis der Folter nur selten der Informationsbeschaffung dient, sondern Folter seit jeher vorrangig ein Instrument zur staatlichen Machtkontrolle ist und ein Kontroll- und Disziplinierungsinstrument gegen jene, welche die herrschende Ordnung gefährden.

47 In allen politischen Systemen, in denen es ein gewisses Maß politischer Kontrolle durch die Öffentlichkeit gibt, ist die Anwendung von Folter auf die Beteiligung entsprechender Berufsgruppen angewiesen. Vgl. etwa ADDAMEER (2003, S. 68): »Medical professionals within Israeli prisons appear to be present not to help the prisoner but rather as a part of the process of torture.«

48 Siehe Sands (2008, S. 161f.), Mayer (2008, S. 203); siehe auch Bob Woodward, Detainee Tortured, Says U.S. Official, *The Washington Post,* 14.1.2009. www.washingtonpost.com/wp-dyn/content/article/2009/01/13/AR2009011303372.html

49 Siehe Eban (2007), Soldz (2008) sowie www.spokesmanreview.com/tools/story_pf.asp?ID=204358

50 Es gibt jedoch Hinweise, dass auch in Deutschland möglicherweise Folterungen im Auftrag der CIA stattgefunden haben könnten. Nach Zeugenaussagen seien in der Mannheimer US-Kaserne Coleman Barracks monatelang drei Arabisch sprechende Männer als mutmaßliche Terroristen gefangen gehalten worden. »Die Häftlinge seien von Spezialisten, welche die US-Soldaten für Angehörige des Geheimdienstes CIA gehalten hätten, mit Elektroschocks an den Genitalien gefoltert worden. Man habe sie tagelang auf Metallbetten gefesselt, wo sie auch ihre Notdurft verrichten mussten; Männer und Liegen seien bei Bedarf mit Feuerwehrschläuchen abgespritzt worden.« (*Der Spiegel*, 24.1.2009)

51 Mayer (2008, S. 164), Valtin (2008), siehe auch *Der Spiegel* vom 11.9.2008.

52 Die Bedeutung der Herstellung eines solchen Zustandes der Hilflosigkeit und des Kontrollverlustes für Verhöre war bereits von Orne (1961, S. 206) betont worden: »[...] conditions of interrogation are sometimes conducive to a regression on the part of the source. The interrogator can exercise complete control of the source's physical being – his primitive needs such as elimination, eating, and sleeping, and even bodily postures. He is also in a position to reward or punish any predetermined activity on the part of the captive. This tends to create a situation where the individual feels unable to observe any control over himself. This extreme loss of control is handled in a variety of ways, one of which is regression to a childlike state of dependence on and identification with the aggressor. [...] Complying ›voluntarily‹ for such cases is less threatening, and may be regarded by them as less shameful, than losing control completely over their actions.«

53 Siehe auch Olsen, Soldz, und Davis (2008).

54 Lifton (1988), Amnesty International French Medical Commission (1989), Ebbinghaus und Dörner (2001). Es gehört gerade zu den in dem Nürnberger Ärzteprozess gewonnenen Prinzipien, dass keine Form einer kollektiv-ethischen Orientierung die individual-ethische Bindung eines Heilberufes aussetzen oder gegen sie abgewogen werden kann.

55 »Psychologists have important contributions to make in eliciting information that can be used to prevent violence and protect our nation's security« APA Statement, 2007.

56 APA-Präsident Gerald Koocher, APA Monitor on Psychology, Februar 2006.

57 Arrigo (2007).

58 www.webster.edu/peacepsychology/tfpens.html siehe auch Soldz (2006).

59 Siehe Open Letter to the President of the American Psychological Association vom 6. Juni 2007. psychoanalystsopposewar.org/blog/wp-content/uploads/2007/06/openlettertosharonbrehmfinalnp.pdf

60 Zum SERE-Programm und den unter anderem von Mitchell, Jessen & Associates durchgeführtem »reverse engeneering« dieses Programms als Grundlage der Entwicklung »innovativer Verhörmethoden« siehe Eban (2007), Benjamin (2007b), Soldz (2007), Mayer (2008, S. 157ff.).

61 Diese Belege wurden durch den jüngst bekannt gewordenen Bericht des Roten Kreuzes (Danner, 2009) noch einmal bestätigt. Vertreter des Roten Kreuzes hatten nach einem Besuch von Guantánamo und Gesprächen mit 14 Inhaftierten im Dezember 2006 einen vertraulichen Bericht

verfasst. In diesem Bericht werden Kapitel für Kapitel die angewandten »innovativen Verhörmethoden« im Detail beschrieben:

1.2 Continuous Solitary Confinement and Incommunicado Detention.
1.3 Other Methods of Ill-treatment
1.3.1 Suffocation by water
1.3.2 Prolonged Stress Standing
1.3.3 Beatings by use of a collar
1.3.4 Beating and kicking
1.3.5 Confinement in a box
1.3.6 Prolonged nudity
1.3.7 Sleep deprivation and use of loud music
1.3.8 Exposure to cold temperature/ coldwater
1.3.9 Prolonged use of handcuffs and shackles
1.3.10 Threats
1.3.11 Forced shaving
Deprivation/restricted provision of solid food

Der Bericht kommt zu der Schlussfolgerung, dass »the ill-treatment to which they were subjected while held in the CIA program, either singly or in combination, constituted torture«. In der Bewertung dieser Methoden als Folter gibt es also keinen Interpretationsspielraum. Da APA-Psychologen an der Entwicklung und Durchführung dieser »innovativen Verhörmethoden« in Guantánamo unmittelbar beteiligt waren, wird sich die APA auch im Nachhinein nicht damit rechtfertigen können, dass ihr die Details dieser Verfahren unbekannt gewesen seien.

62 Siehe Olsen, Soldz und Davis (2008), Arrigo und Long (2008).

63 Schreiben von APA-Präsident Alan E. Kazdin an Präsident Bush: »[…] I am writing to you to inform you and your administration of a significant change in our association's policy that limits the roles of psychologists in certain unlawful detention settings where the human rights of detainees are being violated […]«

64 »For over half a century, from the Cold War to the War on Terror, psychology has served the U.S. intelligence community as a secret weapon in wars against its ideological enemies.« McCoy (2007) Diese enge Beziehung setzt sich in der Gegenwart fort. Beispielsweise hat sich der renommierte Ausdruckspsychologe Paul Ekmann CIA, FBI und dem israelischen Geheimdienst angedient und an der Programmierung von Videokameras mitgearbeitet, die auf Flughäfen Terroristen an ihren Gesichtsausdrücken erkennen sollen (*New York Times*, 8. 9. 2002). Besonders die sogenannten kognitiven Neurowissenschaften haben das Interesse von CIA und Verteidigungsministerium gefunden. Der Bericht *Emerging Cognitive Neuroscience and Related Technologies* des National Research Council (2008) behandelt im Detail die »potential intelligence and military applications of cognitive neuroscience« (S. 100 ff.). Das U.S. Army Research Office und die Defense Advanced Research Projects Agency (DARPA) finanzieren im Rahmen des »Kampfes gegen den Terrorismus« in großem Umfang Forschungsprojekte, an denen führende Forscher aus dem Bereich der kognitiven Neurowissenschaften beteiligt sind. Diese Projekte sollen unter anderem Wege erforschen, wie sich durch fMRI-Techniken ein »mind reading« und »brain fingerprinting« bewerkstelligen lässt. Kognitionsforscher dienen sich dabei unter anderem mit dem Argument an, dass Foltermethoden überflüssig würden, wenn man die Gedanken von Terroristen durch fMRI-Techniken ausfindig machen könne (Marks, 2007).

65 Patsalides (1999) beschreibt aus therapeutischer Sicht die typischen psychischen Folgen entsprechender Traumatisierungen: »As the gap between the ›I‹ and the ›me‹ deepens, dissociation and alienation increase. The subject that, under torture, was forced into the position of pure object has lost his or her sense of interiority, intimacy, and privacy. Time is experienced now, in the present only, and perspective – that which allows for a sense of relativity – is foreclosed. Thoughts and dreams attack the mind and invade the body as if the protective skin that normally contains our thoughts, gives us space to breathe in between the thought and the thing being thought about, and separates between inside and outside, past and present, me and you, was lost.«

Aus der Perspektive des Opfers beschreibt Albie Sachs, ein südafrikanischer Anwalt, der Anfang der 1960er-Jahre 168 Tage in Isolationshaft war, die psychischen Folgen so: »There are weird symptoms which, when taken in conjunction present a picture of incipient mental disintegration. Often when I lie on my bed I feel as if my soul is separating from my body [...] My limbs, my trunk and my head lie in an inert vegetable mass on the mattress, while my soul floats gently to the ceiling, where it coalesces and embodies it self into a shape which lodges in the corner and looks down at my body, Usually the shape is that of an owl which stares at me, calmly, patiently and without emotion. It is my own owl, my own I. It is I staring at myself. What's more I am aware of the whole process as though there is yet another self, which watches the I staring at myself. I am a mirror bent on itself, a unity, and yet infinite multiplicity of internal reflections.« Sachs (1966)

66 Siehe z. B. Bettelheim (1980), Somnier, Vesti, Kastrup und Genefke (1992), Doerr-Zegers, Hartmann, Lira und Weistein (1992), Başoğlu, Livanou und Crnobarić (2007), Campbell (2007).

67 Vgl. Sussman (2005, 2006).

68 »Denn ist nicht, wer einen Menschen so ganz zum Körper und wimmernder Todesbeute machen darf, ein Gott oder zumindest Halbgott?« Jean Améry (1966, S. 67)

69 »Die ›ratio legis‹, also der Kern des Folterverbotes, ist nicht die Gesundheitsbeschädigung, auch nicht die Körperverletzung, sondern der Angriff auf die Würde des Menschen. Der Betroffene darf im Verfahren nicht zum Objekt gemacht werden. [...] Folter ist, wenn ich dem Menschen mit Gewalt seine Autonomie nehme, ihn zu einem bloßen Körper mache.« Strafrechtsprofessor und ehemalige Vizepräsident des Bundesverfassungsgerichtes Winfried Hassemer (2003)

70 »Das Perfideste an der Einführung der Folter in ein Bürgerstrafrecht ist nämlich nicht, dass sie ihre Opfer zerbricht, sondern dass bereits das Wissen um die Möglichkeit ihres Einsatzes das allgemeine Vertrauen in die Integrität des Rechtsstaates zu ruinieren droht.« Pawlik (2003)

71 Siehe beispielsweise Benda (1927/1978), Chomsky (1969).

72 Chomsky und Herman (1979, S. 93) notierten im Kontext ihrer umfangreichen Analyse entsprechenden Faktenmaterials: »There is no form of apologetics for state violence that will not be found in the current productions of the intelligentsia.«

73 Siehe Paust (2005, 2007). Zur Verantwortlichkeit der beteiligten Juristen stellt Paust (2005) fest: »Not since the Nazi era have so many lawyers been so clearly involved in international crimes concerning the treatment and interrogation of persons detained during war.«

74 Dieselben Fragen stellen sich auch über den rein rechtlichen Bereich hinaus. Wie Gray und Zielinsky (2006, p. 132) zu Recht fragen: Welche Beurteilungsstandards wollen wir für diejenigen Wissenschaftler verwenden »who participate in torture, whose names, rank, and branch of service are published, or whose job resumes or memberships reveal their history in torture? Will they be accepted at international symposia, will their papers be published, will they be given university posts, fellowships, or other jobs?« Die Antwort ist, angesichts aller geschichtlichen Erfahrungen, ebenso klar wie bedrückend.

Anhang

Bernays, Edward (1928/2011). *Propaganda: Die Kunst der Public Relations.* orange-press.

Carey, Alex (1997). *Taking the Risk Out of Democracy. Corporate Propaganda versus Freedom and Liberty.* University of Illinois Press.

Chomsky, Noam (2003). *Hybris. Die endgültige Sicherung der globalen Vormachtstellung der USA.* Europa-Verlag.

deHaven-Smith, Lance (2014). *Conspiracy Theory in America.* University of Texas Press.

George, Alexander (Hrsg.) (1991). *Western State Terrorism.* Polity Press.

Gilens, Martin und Page, Benjamin I. (2014) Testing Theories of American Politics: Elites, Interest Groups, and Average Citizens. *Perspectives on Politics,* 12, 564–581.

Greiner, Bernd (2009). *Krieg ohne Fronten. Die USA in Vietnam.* Hamburger Edition.

Jones, Adam (Hrsg.) (2004). *Genocide, War Crimes & the West.* ZED Books.

Lasswell, Harold D. (1927). *Propaganda Technique in the World War.* Kegan Paul.

Lazarsfeld, Paul F. und Merton, Robert K. (1948). Mass communication, popular taste, and organized social action. In: L. Bryson (Hrsg.), *The Communication of Ideas.* Harper, 95–118.

Maus, Ingeborg (2011). *Über Volkssouveränität – Elemente einer Demokratie-theorie.* Suhrkamp.

Ober, Josiah (2009). *Mass and elite in democratic Athens: Rhetoric, ideology, and the power of the people.* Princeton University Press.

Paech, Norman (2013). Drohnen und Völkerrecht. In: Peter Strutynski (Hrsg.), *Töten per Fernbedienung. Kampfdrohnen im weltweiten Schattenkrieg.* Promedia, 19–33

Paust, Jordan J. (2015). Operationalizing Use of Drones Against Non-State Terrorists Under the International Law of Self-Defense. *Albany Government Law Review,* 8, 166–204.

Peck, James (2010). *Ideal Illusions. How the U.S. Government Co-opted Human Richts.* Metropolitan Books.

Risen, James (2014). *Pay Any Price: Greed, Power, and Endless War.* Houghton Mifflin Harcourt.

Scahill, Jeremy (2013). *Schmutzige Kriege. Amerikas geheime Kommandoaktionen.* Kunstmann-Verlag.

Tarkiainen, Tuttu (1966). *Die Athenische Demokratie.* Artemis.

Tirman, John (2011). *The Deaths of Others: The fate of civilians in America's wars.* Oxford University Press.

Turse, Nick (2013). *Kill Anything That Moves: The Real American War in Vietnam.* Picador.

Valentine, Douglas (1990). *The Phoenix Program: America's Use of Terror in Vietnam.* William Morrow & Co.

Vorländer, Hans (2004). Grundzüge der athenischen Demokratie; Prinzipien republikanischen Denkens; Wege zur modernen Demokratie; *Informationen zur Politischen Bildung,* Heft Nr. 284.

Zumbrunnen, John G. (2008). *Silence and Democracy: Athenian Politics in Thucydides' History.* Pennsylvania University Press.

Abts, Koen und Rummens, Stefan (2007). Populism versus Democracy, *Political Studies*, 55, 405–424.

Adler, Hans (Hrsg.) (2007). *Nützt es dem Volke, betrogen zu werden? Est-il utile au Peuple d'être trompé?* Frommann-Holzboog.

Agnoli, Johannes (1967/2004). *Die Transformation der Demokratie und andere Schriften.* Konkret Verlag.

Altvater, Elmar und Brunnengräber, A. (2002). NGOs im Spannungsfeld von Lobbyarbeit und öffentlichem Protest. *Aus Politik und Zeitgeschichte*, 52, 6–14.

Arato, Julian (2015). Corporations as Lawmakers. *Harvard International Law Journal*, 56, 229–295.

Arendt, Hannah (1951). *Origins of totalitarism.* New York. – Deutsch (1986). *Elemente und Ursprünge totaler Herrschaft. Antisemitismus, Imperialismus, totale Herrschaft.* Piper.

Arendt, Hannah (1963). *Über die Revolution.* Piper.

Blum, William (2004) *Killing Hope. U.S. Military and C.I.A Interventions since World War II.* Common Courage Press.

Bouton, Terry (2007). *Taming Democracy: »The People,« the Founders, and the Troubled Ending of the American Revolution.* Oxford University Press.

Carey, Alex (1997). *Taking the Risk out of Democracy.* University of Illinois Press.

Chomsky, Noam (1992). *Deterring Democracy.* Vintage.

Chomsky, Noam (1989). *Necessary Illusions. Thought Control in Democratic Societies.* Pluto Press.

Chomsky, Noam (2017). *Hegemonie oder Untergang: Amerikas Streben nach Weltherrschaft.* Nomen.

Coates, Benjamin Allen (2016). *Legalist Empire: International Law and American Foreign Relations in the Early Twentieth Century.* Oxford University Press.

Dahn, Daniela (2013). *Wir sind der Staat. Warum Volk sein nicht genügt.* Rowohlt.

Domhoff, G. William (1990). *The power elite and the state: How policy is made in America.* Aldine de Gruyter.

Domhoff, G. William (2013). *The myth of liberal ascendancy: Corporate dominance from the Great Depression to the Great Recession.* Paradigm Publishers.

Domhoff, G. William (2014). *Who rules America? The triumph of the corporate rich.* McGraw-Hill.

Durkee, Melissa J. (2017). Astroturf Activism. *Stanford Law Review*, 69, 201–272.

Engels, Jeremy D. (2010) *Enemyship: Democracy and Counter-Revolution in the Early Republic.* Michigan State University Press.

Engels, Jeremy D. (2015). The Trouble with »Public Bodies«: On the Anti-Democratic Rhetoric of The Federalist. *Rhetoric & Public Affairs*, 18, 505–538.

Farrant, Andrew und McPhail, Edward (2014). Can a dictator turn a constitution into a can-opener? F.A. Hayek and the alchemy of transitional dictatorship in Chile. *Review of Political Economy*, 26, 331–48.

Finley, Moses (1973). *Antike und moderne Demokratie.* Reclam.

Fones-Wolf, Elizabeth A. (1994). *Selling Free Enterprise. The Business Assault on Labor and Liberalism 1945–1960.* University of Illinois Press.

Fraser, Steve (2015). *The Age of Acquiescence: The Life and Death of American Resistance to Organized Wealth and Power.* Little Brown.

Friedman, Max Paul (2012). *Rethinking Anti-Americanism: The History of an Exceptional Concept in American Foreign Relations.* Cambridge University Press.

Gerstenberger, Heide (2017). *Markt und Gewalt: Die Funktionsweise des historischen Kapitalismus.* Westfälisches Dampfboot.

Gilens, Martin und Page, Benjamin I. (2014) Testing Theories of American Politics: Elites, Interest Groups, and Average Citizens. *Perspectives on Politics,* 12, 564–581.

Gordon, Rebecca (2016). *American Nuremberg: The U.S. Officials Who Should Stand Trial for Post-9/11 War Crimes.* Hot Books.

Gorz, André (1968). *Der schwierige Sozialismus.* Europäische Verlagsanstalt.

Grear, Anna und Weston, Burns H. (2015). The Betrayal of Human Rights and the Urgency of Universal Corporate Accountability: Reflections on a Post-Kiobel Lawscape. *Human Rights Law Review,* 15, 21–44.

Haffner, Sebastian (1968). Rezension der »Transformation der Demokratie«. In: Johannes Agnoli (1967/2004). *Die Transformation der Demokratie und andere Schriften,* 213–218. Konkret Verlag.

Hitchens, Christopher (2001). *Die Akte Kissinger.* dva.

Hixson, Walter L. (1998). *Parting the Curtain: Propaganda, Culture, and the Cold War.* Palgrave.

Hofstadter, Richard (1963). *Anti-intellectualism in American Life.* Knopf.

Horne, Gerald (2014). *The Counter-Revolution of 1776: Slave Resistance and the Origins of the United States of America.* New York University Press.

Huntington, Samuel P. (1999). The Lonely Superpower. *Foreign Affairs,* 78.

Huxley, Aldous (1958). *Brave New World Revisited.* Harper.

Ignatieff, Michael (2002). Barbarians at the Gate?, *New York Review of Books,* 28. Februar.

Illich, Ivan (1971/2003) *Entschulung der Gesellschaft. Eine Streitschrift.* Beck.

Jaspers, Karl (1967). *Antwort. Zur Kritik meiner Schrift »Wohin treibt die Bundesrepublik?«.* Piper.

Johnson, Chalmers (2004). *The Sorrows of Empire: Militarism, Secrecy, and the End of the Republic.* Henry Holt.

Kelsen, Hans (1920). *Vom Wesen und Wert der Demokratie.* Mohr.

Kinzer, Stephen (2006). *Overthrow: America's Century of Regime Change From Hawaii to Iraq.* Times Books.

Klarman, Michael J. (2016). *The Framers' Coup: The Making of the United States Constitution.* Oxford University Press.

Koskenniemi, Martti (2004). International law and hegemony: a reconfiguration. *Cambridge Review of International Affairs,* 17, 197–218.

Lasswell, Harold D. (1927). *Propaganda Technique in the World War.* New York.

Levin, Dov H. (2016). When the Great Power Gets a Vote: The Effects of Great Power Electoral Interventions on Election Results, *International Studies Quarterly,* 60, 189–202.

Lofgren, Mike (2016). *The Deep State: The Fall of the Constitution and the Rise of a Shadow Government.* Penguin.

Ludwig, Otto (1988). *Der Schulaufsatz: seine Geschichte in Deutschland.* De Gruyter.

Lynd, Robert S. (1949). The Science of Inhuman Relations, *The New Republic,* 121, 22–25.

Maier, Charles S. (2006). *Among Empires: American Ascendancy and its Predecessors.* Harvard University Press.

Manin, Bernard (2007). *Kritik der repräsentativen Demokratie.* Matthes & Seitz.

Markel, Lester (1949). *Public Opinion and Foreign Policy. Council of Foreign Relations.* Harper & Brothers.

Maus, Ingeborg (1991). Sinn und Bedeutung von Volkssouveränität in der modernen Gesellschaft. *Kritische Justiz,* 24, 137–150.

Maus, Ingeborg (2010/2015). Verfassung und Verfassunggebung. Zur Kritik des Theorems einer »Emergenz« supranationaler und transnationaler Verfassungen. In: Ingeborg Maus, *Menschenrechte, Demokratie und Frieden. Perspektiven globaler Organisation.* Suhrkamp, 122-191.

Maus, Ingeborg (2011). *Über Volkssouveränität – Elemente einer Demokratietheorie.* Suhrkamp.

McClintock, Michael (1992). *Instruments of Statecraft:* U.S. *Guerilla Warfare, Counter-Insurgency, Counter-Terrorism.* Pantheon Books.

McCrisken, Trevor B. (2002). Exceptionalism. In: A. Deconde, R. D. Burns und F. Logevall (Hrsg.), *Encyclopedia of American Foreign Policy,* Vol. 2, 2. Aufl. Scribner, 63-80.

McCrisken, Trevor B. (2003). *American Exceptionalism and the Legacy of Vietnam: US Foreign Policy since 1974.* Palgrave Macmillan.

Meadowcroft, John und Ruger, William (2014). Hayek, Friedman, and Buchanan: On Public Life, Chile, and the Relationship between Liberty and Democracy. *Review of Political Economy,* 26, 358–367.

Mearsheimer, John J. (2003). *Why leaders lie.* Oxford University Press.

Mégret, Frédéric (2002). The Politics of International Criminal Justice, *European Journal of International Law,* 5, 1261–1284.

Michels, Robert (1911). *Zur Soziologie des Parteiwesens in der modernen Demokratie. Untersuchungen über die oligarchischen Tendenzen des Gruppenlebens.* Klinkhardt.

Mises, Ludwig (1927). *Liberalismus.* Fischer.

Mudde, Cas (2004). The Populist Zeitgeist. *Government and Opposition,* 39, 541–563.

Mudde, Cas (2007). *Populist Radical Right Parties in Europe.* Cambridge University Press.

Nedelsky, Jennifer (1990). *The Madison Framework. Private Property and the Limits of American Constitutionalism.* University of Chicago Press.

Nippel, Wilfried (2008). *Antike oder moderne Freiheit? Die Begründung der Demokratie in Athen und in der Neuzeit.* Fischer.

Nugent, Walter (2008). *Habits of Empire: A History of American Expansion.* Knopf.

Parchami, Ali (2009). *Hegemonic Peace and Empire: The Pax Romana, Britannica and Americana.* Routledge.

Pitkin, Hanna Fenichel (2004), Representation and Democracy: Uneasy Alliance. *Scandinavian Political Studies,* 27, 335–342.

Polanyi, Karl (1935). *The Essence of Fascism.* In: John Lewis, Karl Polanyi, Donald K. Kitchin (Hrsg.), *Christianity and the social revolution.* Victor Gollancz.

Rittstiege, Helmut (1975). *Eigentum als Verfassungsproblem.* Wissenschaftliche Buchgesellschaft.

Roberts, Jennifer T. (1994). *Athens on Trial.* Princeton University Press.

Roelofs, Joan (2003). *Foundations and Public Policy: The Mask of Pluralism.* State University of New York Press.

Roy, Arundhati (2003). *Public Power in the Age of Empire.* Seven Stories Press.

Russell, Bertrand (1922). *Free Thought And Official Propaganda.* Watts.

Russell, Bertrand (1953). *The Impact of Science on Society.* Simon & Schuster.

Saage, Richard (2005). *Demokratietheorien. Historischer Prozess – Theoretische Entwicklung – Soziotechnische Bedingungen: Eine Einführung.* Verlag für Sozialwissenschaften.

Sachs, Jeffrey D. (2011). *The Price of Civilization: Reawakening American Virtue and Prosperity.* Random House.

Saito, Natsu Taylor (2010). *Meeting the Enemy: American Exceptionalism and International Law.* New York University Press.

Saunders, Frances Stonor (2001). *Wer die Zeche zahlt…: Der CIA und die Kultur im Kalten Krieg.* Siedler.

Schabas, William (2012). *Unimaginable Atrocities: Justice, Politics, and Rights at the War Crimes Tribunals.* Oxford University Press.

Schmidt, Arno (1958). *Deutsches Elend. 13 Erklärungen zur Lage der Nation.* Zürich: Haffmans.

Schwartz, Lowell H. (2009). *Political Warfare against the Kremlin. US and British Propaganda Policy at the Beginning of the Cold War.* Palgrave.

Shoup, Laurence (2015). *Wall Street's Think Tank: The Council on Foreign Relations and the Empire of Neoliberal Geopolitics, 1976–2014.* Monthly Review Press.

Simpson, Christopher (1994). *The Science of Coercion. Communication Research & Psychological Warfare 1945–1960.* Oxford University Press.

Steel, Ronald (1967). *Pax Americana.* Viking Press.

Strauss, Leo (1995). *Liberalism Ancient and Modern.* University of Chicago Press.

Tasca, Angelo (1938). *La naissance du fascisme: l'Italie de 1918 à 1922.* Gallimard. – Deutsch (1986): *Glauben, gehorchen, kämpfen: Aufstieg des Faschismus in Italien.* Promedia.

Taylor, Telford (1993). *The Anatomy of the Nuremberg Trials: A Personal Memoir.* Little Brown.

Thiele, Ulrich (2008). *Die politischen Ideen:- Von der Antike bis zur Gegenwart.* Marix-Verlag.

Valentine, Douglas (2017). *The CIA as Organized Crime: How Illegal Operations Corrupt America and the World.* Clarity Press.

Vine, David (2015). *Base Nation: How U.S. Military Bases Abroad Harm America and the World.* Henry Holt.

Weber, Max (1988). *Gesammelte politische Schriften.* Mohr.

William, William A. (1980). *Empire as a Way of Life: An Essay on the Causes and Character of America's Present Predicament, Along With a Few Thoughts About an Alternative.* Oxford University Press. – Deutsch: (1997): *Der Welt Gesetz und Freiheit geben. Amerikas Sendungsglaube und imperiale Politik.* Junius.

Wolin, Sheldon (2004). *Politics and Vision: Continuity and Innovation in Western Political Thought.* Princeton University Press

Wood, Ellen Meiksins (2010). *Demokratie contra Kapitalismus.* Neuer ISP Verlag.

Brown, Wendy (2015). *Die schleichende Revolution: Wie der Neoliberalismus die Demokratie zerstört.* Suhrkamp Verlag.

Harvey, David (2012). *Kleine Geschichte des Neoliberalismus.* Rotpunktverlag.

Mirowski, Philip (2015). *Untote leben länger. Warum der Neoliberalismus nach der Krise noch stärker ist.* Matthes & Seitz.

Wilkinson, Richard und Pickett, Kate (2012). *Gleichheit ist Glück: Warum gerechte Gesellschaften für alle besser sind.* Haffmans & Tolkemitt.

Carey, Alex (1997). *Taking the Risk out of Democracy.* University of Illinois Press.

Domhoff, G. William (2014). *Who rules America? The triumph of the corporate rich.* McGraw-Hill.

Dunn, John (1992). *Democracy, the Unfinished Journey, 508 BC to AD 1993.* Oxford University Press.

Ferguson, Thomas, Jorgenson, Paul und Chen, Jie (2017). *Fifty Shades of Green. High Finance, Political Money, and the U.S. Congress.* Roosevelt Institute.

Finley, Moses (1973). *Antike und moderne Demokratie.* Reclam.

Gilens, Martin & Page, Benjamin I. (2014) Testing Theories of American Politics: Elites, Interest Groups, and Average Citizens. *Perspectives on Politics,* 12, 564–581.

Glennon, Michael J. (2014). *National Security and Double Government.* Oxford University Press.

Heemskerk, Eelke M. und Takes, Frank W. (2016). The corporate elite community structure of global capitalism. *New Political Economy,* 21, 90–118.

Klarman, Michael J. (2016). *The Framers Coup: The Making of the United States Constitution.* Oxford University Press.

Lofgren, Mike (2016). The *Deep State: The Fall of the Constitution and the Rise of a Shadow Government.* Viking.

Madison, James (1787). Federalist No. 10. In: Ian Shapiro (Hrsg.) (2009). *The Federalist Papers: Alexander Hamilton, James Madison, John Jay.* Yale University Press.

Maus, Ingeborg (1992). *Zur Aufklärung der Demokratietheorie. Rechts- und demokratietheoretische Überlegungen im Anschluß an Kant.* Suhrkamp.

Maus, Ingeborg (2011). *Über Volkssouveränität – Elemente einer Demokratietheorie.* Suhrkamp.

Mills, C. Wright (1956). *The Power Elite.* Oxford University Press.

Monaghan, Frank (1935) *John Jay: Defender of Liberty,* Bobbs-Merrill.

Nedelsky, Jennifer (1990). *The Madison Framework. Private Property and the Limits of American Constitutionalism.* University of Chicago Press.

Pearce, Frank (1993). Corporate rationality as corporate crime. *Studies in Political Economy,* 40, 135–162.

Pearce, Frank (2001) »Crime and Capitalist Business Organisations«, in: Neal Shover und John Paul Wright (Hrsg.) *Crimes of Privilege: Readings in White Collar Crime,* Oxford University Press, 35–48.

Pitkin, Hanna F. (2004), Representation and Democracy: Uneasy Alliance. *Scandinavian Political Studies,* 27, 335–342.

»WER DAS LAND BESITZT, DER SOLL ES AUCH REGIEREN«

Priest, Dana und Arkin, William M. (2011). *Top Secret America: The Rise of the New American Security State.* Little, Brown and Company.

Roberts, Jennifer T. (1994). *Athens on Trial.* Princeton University Press.

Scott, Peter Dale (2014). *American War Machine: Deep Politics, the CIA Global Drug Connection, and the Road to Afghanistan.* Rowman & Littlefield.

Scott, Peter Dale (2017). *The American Deep State: Big Money, Big Oil, and the Struggle for U.S. Democracy.* Rowman & Littlefield.

Streeck, Wolfgang (2016). Entkoppelt: Kapitalismus und Demokratie im neoliberalen Zeitalter. Vortrag auf der Tagung *Ziemlich beste Feinde. Das spannungsreiche Verhältnis von Demokratie und Kapitalismus,* Schader-Stiftung, Darmstadt.

Tombs, Steve und Whyte, David (2015). *The corporate criminal: Why corporations must be abolished.* Routledge.

Valentine, Douglas (2017). *The CIA as Organized Crime: How Illegal Operations Corrupt America and the World.* Clarity Press.

Vitali, Stefania, Glattfelder, James B. und Battiston, Stefano (2011). The network of global corporate control. *PloS one,* 6.10, e25995.

Wolin, Sheldon S. (2010). *Democracy incorporated: Managed democracy and the specter of inverted totalitarianism.* Princeton University Press.

Wood, Ellen Meiksins (2010). *Demokratie contra Kapitalismus.* Neuer ISP Verlag.

WIE SICH DIE »VERWIRRTE HERDE« AUF KURS HALTEN LÄSST

Achen, Christopher C. und Bartels, Larry M. (2016). *Democracy for Realists: Why Elections Do Not Produce Responsive Government.* Princeton University Press.

Agnoli, Johannes (1967/2012). *Die Transformation der Demokratie.* Konkret Verlag.

Arendt, Hannah (2011). *Über die Revolution.* Piper.

Wallerstein, Immanuel und Balibar, Étienne (1992). *Rasse, Klasse, Nation. Ambivalente Identitäten.* Argument-Verlag.

Basaglia, Franco (1980). *Befriedungsverbrechen. Über die Dienstbarkeit der Intellektuellen.* Europäische Verlagsanstalt.

Benda, Julien (1927/2013). *Der Verrat der Intellektuellen.* VAT Verlag André Thiele.

Blom, Philipp (2013). *Böse Philosophen: Ein Salon in Paris und das vergessene Erbe der Aufklärung.* dtv

Bourdieu, Pierre (1996). *Die Intellektuellen und die Macht.* VSA Verlag.

Brecht, Bertolt (1967). *Gesammelte Werke, Bd. XII,* Suhrkamp.

Carey, John (1992). *The Intellectuals and the Masses: Pride and Prejudice Among the Literary Intelligentsia, 1880–1939,* Faber & Faber.

Carroll, William K. und Carson, Colin (2006). Neoliberalism, capitalist class formation and the global network of corporations and policy groups. In: Dieter Plehwe, Bernhard Walpen und Gisela Neunhöffer (Hrsg.), *Neoliberal Hegemony: A Global Critique,* Routledge, 51–69.

Carroll, William K. und Sapinski, J. P. (2010). The Global Corporate Elite and the Transnational Policy-planning Network, 1996–2006: A Structural Analysis, *International Sociology,* 25, 501–38.

Chomsky, Noam (1989). *Necessary illusions. Thought control in democratic societies.* Pluto Press.

Chomsky, Noam (1998). *The Common Good.* Odonian Press

Chomsky, Noam (2002). *Understanding Power: The Indispensible Chomsky.* New York: The New Press.

Chomsky, Noam (2003). *Media Control.* Hamburg: Europa-Verlag.

Chomsky, Noam (2008). *Die Verantwortlichkeit der Intellektuellen.* Verlag Antje Kunstmann.

Herman, Edward & Noam Chomsky (1988). *Manufacturing Consent: The Political Economy of the Mass Media.* Pantheon Books.

Creel, George (1920). *How We Advertised America.* Harper & Brothers.

Dewey, John (1927/2012) *The Public and its Problems: An Essay in Political Inquiry.* (Edited by Melvin L. Roger). Penn State Press.

Dewey, John (1927/1996). *Die Öffentlichkeit und ihre Probleme.* Philo Verlagsgesellschaft.

Dewey, John (1934). *Collected Works.* Vol. 9. *The Later Works 1925–1953.* (Edited by Jo Ann Boydston). Southern Illinois University Press.

Dewey, John (1935). Our un-free press, *Common Sense, 4*, 6–7.

Foschepoth, Josef (2017). *Verfassungswidrig! Das KPD-Verbot im Kalten Bürgerkrieg.* Vandenhoek & Ruprecht.

Formisamo, Ronald (2017). *American Oligarchy: The Permanence of the Political Class.* University of Illinois Press.

Fraser, Nancy (2007). Die Transnationalisierung der Öffentlichkeit. Legitimität und Effektivität der öffentlichen Meinung in einer postwestfälischen Welt. In: Peter Niesen & Benjamin Herborth (Hrsg.), *Anarchie der kommunikativen Freiheit. Jürgen Habermas und die Theorie der internationalen Politik.* Suhrkamp (S. 224–254)

Fraser, Steve (2015). *The Age of Acquiescence: The Life and Death of American Resistance to Organized Wealth and Power.*

Gerstenberger, Heide (1989). Strukturen jauchzen nicht. Über die Bewegungsform der Französischen Revolution, *Prokla*, 75, 132–157.

Gerstenberger, Heide (1990/2017). *Die subjektlose Gewalt. Theorie der Entstehung bürgerlicher Staatsgewalt.* Westfälisches Dampfboot.

Gerstenberger, Heide (2017). *Markt und Gewalt: Die Funktionsweise des historischen Kapitalismus.* Westfälisches Dampfboot.

Gilens, Martin und Page, Benjamin I. (2017). *Democracy in America? What Has Gone Wrong and what We Can Do about it.* University of Chicago Press.

Gill, Stephen (2000). Theoretische Grundlagen einer neogramscianischen Analyse der europäischen Integration. In: Hans Jürgen Bieling und Jochen Steinhilber (Hrsg.). *Die Konfiguration Europas* Westfälisches Dampfboot, 23–50.

Gill, Stephen und Cutler, A. Claire (Hrsg.) (2014). *New Constitutionalism and World Order.* Cambridge University Press.

Graeber, David (2002). The new anarchists. *New Left Review,* 13.6, 61–73. newleftreview.org/II/13/david-graeber-the-new-anarchists

Harding, Vincent (2008). *Martin Luther King, the Inconvenient Hero.* Orbis Books.

Hayek, Friedrich (1944/2014). *Der Weg zur Knechtschaft.* Lau-Verlag.

Heemskerk, Eelke M. und Takes, Frank M. (2016). The corporate elite community structure of global capitalism. *New Political Economy,* 21, 90–118.

Held, David (2006). *Models of Democracy.* Polity Press

Hirsch, Joachim (2005). *Materialistische Staatstheorie: Transformationsprozesse des kapitalistischen Staatensystems.* VSA Verlag.

Hirsch, Joachim (2012). Radikaler Reformismus, In: Ulrich Brand, Bettina Lösch, Benjamin Opratko und Stefan Thimmel (Hrsg.), *ABC der Alternativen 2.0. Von Alltagskultur bis Zivilgesellschaft.* VSA Verlag.

Israel, Jonathan (2017). *Die Französische Revolution. Ideen machen Politik.* Reclam.

Israel, Jonathan (2011). *A Revolution of the Mind: Radical Enlightenment and the Intellectual Origins of Modern Democracy.* Princeton University Press.

Jones, Daniel S. (1996). *Masters of the Universe: Hayek, Friedman, and the Birth of Neoliberal Politics.* Princeton University Press.

Katz, Richard S. und Mair, Peter (1995). Changing models of party organization and party democracy: the emergence of the cartel party. *Party politics,* 1.1, 5-28.

Katz, Richard S. & Peter Mair (2009). The cartel party thesis: A restatement. *Perspectives on politics,* 7.4, 753-766.

Kotz, David M. (2015). *The Rise and Fall of Neoliberal Capitalism.* Harvard University Press.

Landemore, Hélène (2012). *Democratic Reason: Politics, Collective Intelligence, and the Rule of the Many.* Princeton University Press.

Lasswell, Harold (1927). *Propaganda Technique in the World War.* Kegan Paul.

Lautemann, Wolfgang und Schlenke, Manfred (Hrsg.) (1961). *Geschichte in Quellen.* Band V. Bayerischer Schulbuch-Verlag.

Lessig, Lawrence (2013). »Institutional corruption« defined. *The Journal of Law, Medicine & Ethics,* 41, 553-555.

Lippmann, Walter (1920). *Liberty and the News.* Harcourt, Brace and Howe.

Lippmann, Walter (1922). *Public Opinion.* Harcourt, Brace and Company.

Lippmann, Walter (1922/2018). *Die öffentliche Meinung.* Westend Verlag.

Lippmann, Walter (1925). *The Phantom Public.* Harcourt, Brace and Howe.

Lippmann, Walter und Merz, Charles (1920). A Test of the News: Some Criticisms, *New Republic,* 8. September.

Lipset, S. M., Lazarsfeld, P. F., Barton, A. H., und Linz, J. (1954). The psychology of voting: An analysis of political behavior. *Handbook of Social Psychology,* Vol. 2. Addison-Wesley, 1124-1175.

Lupia, Arthur und McCubbins, Mathew D. (1998). *The Democratic Dilemma: Can Citizens Learn What They Need to Know?* Cambridge University Press.

Lupia, Arthur (2016). *Uninformed: Why People Know So Little About Politics and What We Can Do About It.* Oxford University Press.

MacLean, Nancy (2017). *Democracy in Chains: The Deep History of the Radical Right's Stealth Plan for America.* Scribe.

Maier, Hans (1971). Zur Neueren Geschichte des Demokratiebegriffs. In: Klaus von Beyme (Hrsg.), *Theory and Politics/Theorie und Politik,* Martinus Nijhoff, 127-161.

Mair, Peter (2013). *Ruling the void: The hollowing of Western democracy.* Verso Books.

Mair, Peter (2006). Ruling the void: The hollowing of western democracy. *New Left Review,* 42, 25-51.

Mattick, Paul (1935). Die Gegensätze zwischen Luxemburg und Lenin. *Rätekorrespondenz,* 12, 1-23. www.marxists.org/deutsch/archiv/mattick/1935/10/luxemburglenin.htm

Maus, Ingeborg (1994). *Zur Aufklärung der Demokratietheorie.* Suhrkamp.

Maus, Ingeborg (2002). Vom Nationalstaat zum Globalstaat oder: der Niedergang der Demokratie. In: Lutz-Bachmann, Matthias und James Bohman, James (Hrsg.). *Weltstaat oder Staatenwelt? Für und wider die Idee einer Weltrepublik,* Suhrkamp, 226–259.

Maus, Ingeborg (2005). Die Errichtung Europas auf den Trümmern der Demokratie? Zur Verteidigung der Verfassungsprinzipien des »alten« Europa, *Blätter für deutsche und internationale Politik,* 50, 679–692.

Maus, Ingeborg (2011). *Über Volkssouveränität – Elemente einer Demokratietheorie.* Suhrkamp.

Maus, Ingeborg (2015). Wer den Weltstaat etablieren will, riskiert den Weltkrieg. In: Ingeborg Maus. *Menschenrechte, Demokratie und Frieden. Perspektiven globaler Organisation,* Suhrkamp, 195–209.

Maus, Ingeborg (2018). *Justiz als gesellschaftliches Über-Ich: Zur Position der Rechtsprechung in der Demokratie.* Suhrkamp.

Mills, C. Wright (1959). *Die Konsequenz.* Kindler.

Mirowski, Philip (2015). *Untote leben länger. Warum der Neoliberalismus nach der Krise noch stärker ist.* Matthes & Seitz.

Mullen, Andrew (2010). Twenty years on: *The second-order rediction of the Herman-Chomsky propaganda model. Media, Culture & Society,* 32, 673–690.

Müller, Ingo (1987). *Furchtbare Juristen. Die unbewältigte Vergangenheit unserer Justiz.* Kindler.

Ostry, Jonathan D., Loungani, Prakash und Furceri, Davide (2016). Neoliberalism: Oversold? *IMF, Finance and Development,* 53, 2.

Page, Benjamin I. und Shapiro, Robert Y. (1992). *The Rational Public: Fifty Years of Trends in Americans' Policy Preferences.* University of Chicago Press.

Page, Benjamin I. und Shapiro, Robert Y. (1999). The Rational Public and Beyond. In: Stephen L. Elkin und Karol Edward Soltan (Hrsg.), *Citizen Competence and Democratic Institutions* The Pennsylvania State University Press, 93–115.

Pannekoek, Anton (2008). *Arbeiterräte. Texte zur sozialen Revolution.* Germinal.

Pateman, Barry (Hrsg.) (2005). *Chomsky on Anarchism.* AK Press.

Peck, James (2010). *Ideal Illusions. How the U.S. Government Co-opted Human Rights.* Metropolitan Books

Philp, Mark und Dávid-Barrett, Elizabeth (2015). Realism about political corruption. *Annual Review of Political Science,* 18, 387–402.

Rakow, Lana F. (2018). Family Feud: Who's Still Fighting about Dewey and Lippmann?, *Javnost-The Public,* 1–8.

Roelofs, Joan (2018). The Political Economy of the Weapons Industry. Guess Who's Sleeping With Our Insecurity Blanket? *Counterpunch,* 25,3, 1–8. joanroelofs.files.wordpress.com/2018/07/insecurity-blanket.pdf

Said, Edward W. (1997). *Götter die keine sind. Der Ort des Intellektuellen.* Berlin Verlag.

Sassen, Saskia (2014). *Expulsions: Brutality and Complexity in the Global Economy.* Harvard University Press.

Sassen, Saskia (2015). *Ausgrenzungen: Brutalität und Komplexität in der globalen Wirtschaft.* Fischer.

Schattschneider, Elmer Eric (1960). *The Semisovereign People: A Realist's View of Democracy in America.* Holt, Rinehart and Winston.

Scheidel, Walter (2017). *The Great Leveller: Violence and the History of Inequality from the Stone Age to the Twenty-First Century.* Princeton University Press.

Scheidler, Fabian (2015). *Das Ende der Megamaschine. Geschichte einer scheiternden Zivilisation.* Promedia.

Schmidt, Jochen (Hrsg.) (1989). *Aufklärung und Gegenaufklärung in der europäischen Literatur, Philosophie und Politik von der Antike bis zur Gegenwart.* Wissenschaftliche Buchgemeinschaft.

Schreyer, Paul (2018). *Die Angst der Eliten. Wer fürchtet die Demokratie?* Westend Verlag.

Schumpeter, Joseph A. (1950/1994). *Capitalism, Socialism, and Democracy.* Routledge.

Schütrumpf, Jörn (2006). Rosa Luxemburg, die Bolschewiki und »gewisse Fragen«, *Utopie kreativ*, 193, 995–1002.

Shoup, Laurence (2015). *Wall Street's Think Tank: The Council on Foreign Relations and the Empire of Neoliberal Geopolitics, 1976–2014.* Monthly Review Press.

Sklair, Leslie (2001). *The Transnational Capitalist Class.* Wiley-Blackwell Publishing.

Slobodian, Quinn (2018). *Globalists: The End of Empire and the Birth of Neoliberalism.* Harvard University Press.

Sniderman, Paul M. (2017). *The Democratic Faith.* Yale University Press.

Steel, Ronald (1981). *Walter Lippmann and the American Century.* Transaction Publishers.

Streeck, Wolfgang (2015). Wie wird der Kapitalismus enden? Teil II. *Blätter für deutsche und internationale Politik*, 60, 4, 199–120.

Streeck, Wolfgang (2016). Entkoppelt: Kapitalismus und Demokratie im neoliberalen Zeitalter. Vortrag auf der Tagung *Ziemlich beste Feinde. Das spannungsreiche Verhältnis von Demokratie und Kapitalismus*, Schader-Stiftung, Darmstadt.

Struve, Walter (2015). *Elites Against Democracy: Leadership Ideals in Bourgeois Political Thought in Germany, 1890–1933.* Princeton University Press.

Tetlock, Philip (2005). *Expert Political Judgment: How Good is It? How Can We Know?* Princeton University Press.

Thiele, Ulrich (2008). *Die politischen Ideen: Von der Antike bis zur Gegenwart.* Marix-Verlag.

Turse, Nick (2008). *The Complex: How the Military Invades Our Everyday Lives.* Metropolitan Books.

Van Der Pijl, Kees (2014). *The Making of an Atlantic Ruling Class.* Verso.

Wacquant, Loïc (2009). *Punishing the Poor: The Neoliberal Government of Social Insecurity.* Duke University Press.

Wagner, Thomas (2013). *Die Mitmachfalle. Bürgerbeteiligung als Herrschaftsinstrument.* PapyRossa Verlag.

Wagner, Thomas (2017). *Die Angstmacher: 1968 und die Neuen Rechten.* Aufbau Verlag.

Wallerstein, Immanuel (1992). Ideologische Spannungsverhältnisse im Kapitalismus. Universalismus vs. Sexismus/Rassismus. In: Immanuel Wallerstein & Étienne Balibar. *Rasse, Klasse, Nation. Ambivalente Identitäten*, Argument-Verlag, 39–48.

Wallerstein, Immanuel (2007). *Die Barbarei der anderen. Europäischer Universalismus.* Wagenbach.

Wallerstein, Immanuel (2012). *Der Siegeszug des Liberalismus (1789–1914). Das moderne Weltsystem IV.* Promedia.

Washington, James M. (Hrsg.) (1991). *Essential Writings and Speeches of Martin Luther King, Jr.* HarperCollins.

Weber, Marianne (1926). *Max Weber. Ein Lebensbild.* Mohr.

LITERATURANGABEN

WIE SICH DIE »VERWIRRTE HERDE« AUF KURS HALTEN LÄSST

Westbrook, Robert B. (1991). *John Dewey and American Democracy.* Cornell University Press.

Wilk, Michael und Sahler, Bernd (Hrsg.) (2014). *Strategische Einbindung Von Mediationen, Schlichtungen, runden Tischen … und wie Protestbewegungen manipuliert werden.* Verlag Edition AV

Wolin, Sheldon (2008). *Democracy Incorporated: Managed Democracy and the Specter of Inverted Totalitarianism.* Princeton University Press.

Wood, Ellen Meiksins (2010). *Demokratie contra Kapitalismus.* Neuer ISP Verlag.

Wood, Ellen Meiksins (2015). *Der Ursprung des Kapitalismus. Eine Spurensuche.* Laika-Verlag.

Wood, Ellen Meiksins (2016). *Das Imperium des Kapitals.* Laika-Verlag.

Žižek, Slavoj (2018). *Der Mut der Hoffnungslosigkeit.* Fischer.

Zuckermann, Moshe (2010). *»Antisemit!« Ein Vorwurf als Herrschaftsinstrument.* Promedia.

Zürn, Michael (1998). *Regieren jenseits des Nationalstaates.* Suhrkamp.

RASSISMUS, KAPITALISMUS UND DIE WERTE-GEMEINSCHAFT DER »HERREN-MENSCHEN«

Balibar, Étienne (1992). Gibt es einen »Neo-Rassismus«? In: Immanuel Wallerstein und Étienne Balibar. *Rasse, Klasse, Nation. Ambivalente Identitäten,* Argument-Verlag, 23–38.

Maus, Ingeborg (2002). *Vom Nationalstaat zum Globalstaat oder: der Niedergang der Demokratie.* In: Matthias Lutz-Bachmann und James Bohman (Hrsg.) *Weltstaat oder Staatenwelt? Für und wider die Idee einer Weltrepublik.* Suhrkamp.

Maus, Ingeborg (2015). Wer den Weltstaat etablieren will, riskiert den Weltkrieg. In: Ingeborg Maus. *Menschenrechte, Demokratie und Frieden.* Suhrkamp.

Streeck, Wolfgang (2013). *Gekaufte Zeit: die vertagte Krise des demokratischen Kapitalismus.* Suhrkamp.

Wallerstein, Immanuel (1992). Ideologische Spannungsverhältnisse im Kapitalismus. Universalismus vs. Sexismus/Rassismus. In: Immanuel Wallerstein und Étienne Balibar. *Rasse, Klasse, Nation. Ambivalente Identitäten,* Argument-Verlag, 39–48.

Ziegler, Jean (2017). *Der schmale Grat der Hoffnung.* Bertelsmann

Zürn, Michael (1998). *Regieren jenseits des Nationalstaates.* Suhrkamp.

DEMOKRATIE UND WEIßE FOLTER

ADDAMEER Prisoners Support and Human Rights Association (2003). *Torture of Palestinian Political Prisoners in Israeli Prisons.* www.addameer.org/resources/reports/torture-eng.pdf

Améry, J. (1966). *Jenseits von Schuld und Sühne. Bewältigungsversuche eines Überwältigten.* Szczeny.

Amnesty International (1973). *Report on Torture.* London. – Deutsch (1977): *Bericht über die Folter,* Fischer

Amnesty International (2004). *Human Dignity Denied. Torture and Accountability in the »War on Terror«.* AI Index: AMR 51/145/2004

Amnesty International (2008). *Israel and the Occupied Palestinian Territories. Briefing to the Committee against Torture.* AI Index: MDE 15/040/2008

Amnesty International French Medical Commission und Marange, Valérie (1989). *Doctors and Torture. Resistance or Collaboration?* Bellew Publishing.

Arrigo, J. M. (2007). APA interrogation task force member Dr. Jean Maria Arrigo exposes group's ties to military. *Democracy Now!* 20. August 2007 www.democracynow.org/2007/8/20/apa_interrogation_task_force_member_dr

Arrigo, J. M. und Long, J. (2008). APA: denunciation and accommodation of abusive interrogations: A lesson for world Psychology. *Psicologia: Teoria e Prática,* 10, 186–199.

Atran, S. (2003). Genesis of suicide terrorism, *Science,* 299, 1534–1539.

Başoğlu, M., Livanou, M., Crnobarić, C. (2007). Torture vs other cruel, inhuman, and degrading treatment: is the distinction real or apparent? *Archive of General Psychiatry, 64,* 277–285.

Benjamin, M. (2007a) The CIA's favorite form of torture. *Salon.com,* 7. Juni 2007. www.salon.com/news/feature/2007/06/07/sensory_deprivation/print.html

Benjamin, M. (2007b). The CIA's torture teachers. *Salon.com,* 21. Juni 2007. www.salon.com/news/feature/2007/06/21/cia_sere/print.html

Bettelheim, B. (1980). *Erziehung zum Überleben. Zur Psychologie der Extremsituation.* DVA.

Biderman, A. D. (1959) *A Study for Development of Improved Interrogation Techniques* : Study SR 177-D (U), Secret, final report of Contract AS 18 (600) 1797, Bureau of Social Science Research Inc., Washington, D. C., 1959.

Biderman, A. D. (1960). Social psychological needs and »involuntary« behavior as illustrated by compliance in interrogation, *Sociometry,* 23, 120–147.

Biletzki, A. (2001). The Judicial Rhetoric of Morality: Israel's High Court of Justice on the Legality of Torture. www.sss.ias.edu/publications/papers/papernine.pdf

Branche, R. (2004). Torture and other violations of the law by the French army during the Algerian war. In A. Jones (Hrsg.), *Genocide, War Crimes and the West,* Zed Books, 134–145.

Brecher, B. (2007). *Torture and the Ticking Bomb.* Blackwell.

British Medical Association (1986) *The Torture Report: Report of a Working Party of the BMA Investigating the Involvement of Doctors in Torture.* BMA

Brugger, W. (2000). Vom unbedingten Verbot der Folter zum bedingten Recht auf Folter, *Juristenzeitung,* 55, 4, 165–173.

Brugger, W. (2006) Einschränkung des absoluten Folterverbots bei Rettungsfolter? *Aus Politik und Zeitgeschichte,* 36, 9–15.

B'Tselem (2000). *Legislation Allowing for the Use of Physical Force.* Jerusalem.

B'Tselem (2007). *Absolute Prohibition. The Torture and Ill-Treatment of Palestinian Detaineees.* Jerusalem.

Byers, M. (2005). *Kriegsrecht.* Parthas.

Campbell, T. A. (2007). Psychological assessment, diagnosis, and treatment of torture survivors: a review. *Clinical Psychological Review,* 27, 628–641.

Chomsky, N. und Herman, E. S. (1979). *The Washington Connection and Third World Fascism, The Political Economy of Human Rights: Volume 1.* South End Press.

Chomsky, N. (2002). *Offene Wunde Nahost. Israel, die Palästinenser und die US-Politik.* Europa-Verlag.

Chomsky, N. (2000). Die USA und die Relativität der Menschenrechte. In: N. Chomsky, *Die politische Ökonomie der Menschenrechte*. Trotzdem-Verlag.

Chomsky, N. (2003). *Media Control*. Europa-Verlag.

CIA (1963). *KUBARK Counterintelligence Interrogation*. www.gwu.edu/~nsarchiv/NSAEBB/NSAEBB122/index.htm#kubark

CIA (1983). *Human Resource Exploitation Training Manual*. www.gwu.edu/~nsarchiv/NSAEBB/NSAEBB122/index.htm#hre

Cook, J. (2003). Facility 1391: Israel's Guantanamo. *Le Monde diplomatique*, November 2003.

Danner, M. (2009). US Torture: Voices from the Black Sites. *The New York Review of Books*, 9. April.

Doerr-Zegers, O., Hartmann, L., Lira, E. und Weistein, E. (1992). Torture: Psychiatric sequelae and phenomenology. *Psychiatry*, 55, 177–184.

Dorfman, A. (2004). Are there times when we have to accept torture? *The Guardian*, 8. Mai 2004.

Eban, K. (2007). Rorschach and awe. *Vanity Fair*, 17. Juli 2007.

Ebbinghaus, A. und Dörner, K. (Hrsg.) (2001). *Vernichten und Heilen. Der Nürnberger* Ärzteprozeß *und seine Folgen*. Aufbau-Verlag.

Erb, V. (2005). Folterverbot und Notwehrrecht, in: P. Nitschke (Hrsg.), *Rettungsfolter im modernen Rechtsstaat. Eine Verortung* Kamp Verlag, 149-167.

Ginbar, Y. (2008). *Why Not Torture Terrorists? Moral, Practical and Legal Aspects of the Ticking Bomb Justification for Torture*. Oxford: Oxford University Press.

Gray, G. und Zielinski, A. (2006). Psychology and US psychologists in torture and war in the Middle East. *Torture*, 16, 128–133.

Greenberg, K. J. und Dratel, J. L. (Hrsg.) (2005). *The Torture Papers: The Road to Abu Ghraib*. Cambridge University Press.

Greenfield, P. (1977). CIA's behaviour caper. APA *Monitor*, Dezember, 10–11.

Gross, M. L. (2004). Regulating torture in a democracy: death indignity in Israel. *Polity*, 36, 367–388.

Hassemer, W. (2003). Das Folterverbot gilt absolut – auch in der Stunde der Not. Interview. *Süddeutsche Zeitung*, 27. Februar 2003.

Herman, E. S. und O'Sullivan, G. (1991). »Terrorism« as ideology and cultural industry. In A. George (Hrsg.), *Western State Terrorism*, Polity, 39-75.

Heron, W. (1957). The pathology of boredom. *Scientific American*, 196, 52–56.

Human Rights Watch (2008). *World Report 2008*. www.hrw.org/en/reports/2008/01/30/world-report-2008

Kamir, O. (2002). Honor and Dignity Cultures: The Case of Kavod (Honor) and Kvod Ha-adam (Dignity) in Israeli Society and Law. In: D. Kretzmer & E. Klein (Hrsg.), *The Concept of Human Dignity in Human Rights Discourse*. Aspen Publishers.

Kateb, G. (2006). *Patriotism and Other Mistakes*. Yale University Press.

Kleinman, S. M. (2006). KUBARK Counterintelligence Interrogation. Review: Observations of an Interrogator – Lessons Learned and Avenues for Further Research. In: Intelligence Science Board (Hrsg.), *Educing Information. Interrogation: Science and Art. Foundations for the Future* National Defense Intelligence College. Washington Press, 95-140. www.ndic.edu/press/3866.htm

Koch, E. R. (2008). *Die CIA-Lüge. Foltern im Namen der Demokratie.* Aufbau-Verlag.

Lazreg, M. (2008). *Torture and the Twilight of Empire. From Algiers to Baghdad.* Princeton University Press.

Lifton, R .J. (1988). *Ärzte im Dritten Reich.* Klett-Cotta.

Maran, R. (1996). *Staatsverbrechen, Ideologie und Folter im Algerienkrieg.* Europäische Verlagsanstalt.

Marks, J. H. (2007). Interrogational Neuro-imaging in Counterterrorism: A »No-Brainer« or a Human Rights Hazard?, *American Journal of Law and Medicine,* 33, 483–500.

Mayer, J. (2008). *The Dark Side. The Inside Story of How the War on Terror Turned into a War on American Ideals.* New York: Doubleday

McCoy, A. W. (2005). *Foltern und Foltern lassen. 50 Jahre Folterforschung und -Praxis von CIA und US-Militär.* Zweitausendeins.

McCoy, A.W. (2007). Science in Dachau's shadow: HEBB, Beecher, and the development of CIA psychological torture and modern medical ethics. *Journal of the History of the Behavioral Sciences,* 43, 401–417.

McGuffin, J. (1974). *TheGuineapigs.* Penguin.

National Research Council (2008). Emerging Cognitive Neuroscience and Related Technologies. *Committee on Military and Intelligence Methodology for Emergent Neurophysiological and Cognitive/Neural Research in the Next Two Decades.* The National Academies Press.

Nowak, M. und McArthur, E. (2006). The distinction between torture and cruel, inhuman or de-grading treatment, *Torture, Journal on Rehabilitation of Torture Victims and Prevention on Torture,* 16, 147–151.

Nowak, M. und McArthur, E. (2008). *The United Nations Convention against Torture: A Commentary.* Oxford University Press.

Olsen, B., Soldz, S. und Davis, M. (2008). The ethics of interrogation and the American Psychological Association: A critique of policy and process. *Philosophy, Ethics, and Humanities in Medicine,* 3:3. www.peh-med.com/content/3/1/3

Orne, M. T. (1961). The potential uses of hypnosis in interrogation. In: A. D. Biderman und H. Zimmer (Hrsg.), *The Manipulation of Human Behavior.* Wiley.

Pappe, I. (2007). *Die ethnische Säuberung Palästinas.* Zweitausendeins.

Patsalides, B. (1999). Ethics of the unspeakable: Torture survivors in analytic treatment. *The Journal of the Northern California Society for Psychoanalytic Psychology,* 5, 1

Paust, J. J. (2005). Executive plans and authorizations to violate international law concerning treatment and interrogation of detainees, *Columbia Journal of Transnational Law, 43,* 811–863.

Paust, J. J. (2007). *Beyond the Law: The Bush Administration's Unlawful Responses in the »War« on Terror.* Cambridge University Press.

Pawlik, M. (2003). Deutschland, ein Schurkenstaat? *Frankfurter Allgemeine Zeitung,* 1. März 2003.

Phillips, M. (1995). *Torture for Security: The Systematic Torture and Ill-Treatment of Palestinians by Israel.* Al-Haq. www.alhaq.org/etemplate.php?id=268

Physicians for Human Rights (PHR) (2007). *Leave No Marks: Enhanced Interrogation Techniques and the Risk of Criminality.* physiciansforhumanrights.org/library/report-2007-08-02.html

Prantl, H. (2003). Gute Folter, böse Folter. Indizien für eine zivilisatorische Regression. *Süddeutsche Zeitung*, 10. März 2003.

Public Committee against Torture in Israel (PCATI) (2003). *Torture and Ill-treatment of Palestinian Detainees during Arrest, Detention and Interrogation*, Jerusalem, August 2003.

Public Committee against Torture in Israel (PCATI) (1999). *Proving Torture: No Longer Necessary in Israel* (Allegra Pacheco), Jerusalem, März 1999.

Public Committee against Torture in Israel (PCATI) (2007). *Ticking Bombs: Testimonies of Torture Victims in Israel*, Jerusalem, Mai 2007.

Public Committee against Torture in Israel (PCATI) (2008). *»Family Matters«. Using Family Members to Pressure Detainees Under GSS interrogation.* Jerusalem, April 2008.

Rejali, D. M. (2007). *Torture and Democracy.* Princeton University Press.

Sachs, A. (1966). *The Jail Diary of Albie Sachs.* Harvill.

Sands, P. (2008). *Torture Team. Rumsfeld's Memo and the Betrayal of American Values.* Palgrave Macmillan.

Schenk, D. (2008). *BKA – Polizeihilfe für Folterregime.* Dietz.

Schoultz, L. (1998). *Beneath the United States: A History of U.S. Policy toward Latin America.* Harvard University Press.

Shallice, T. (1972). The Ulster depth interrogation techniques and their relation to sensory deprivation research. *Cognition*, 1, 385–405.

Soldz, S. (2006). Psychologists, Guantanamo and torture. *Counterpunch,* 1. August 2006. www.counterpunch.org/soldz08012006.html

Soldz, S. (2007). Psychology and coercive interrogations in historical perspective: Aid and comfort for torturers. *CommonDreams.org*, 15. April, 2007. www.commondreams.org/archive/2007/04/15/527

Soldz, S. (2008). The torture trainers and the American Psychological Association. *Counterpunch,* 24. Juni 2008. www.counterpunch.org/soldz06252008.html

Soldz, S., Olson, B., Reisner, S., Arrigo, J. M. und Welch, B. (2008). Torture and the strategic helplessness of the American Psychological Association. *Counterpunch,* 22. Juli 2008. www.counterpunch.org/soldz07232008.html

Somnier, F., Vesti, P., Kastrup, M., und Genefke, I. K. (1992). Psycho-social consequences of torture: Current knowledge and evidence. In: M. Başoğlu (Hrsg.), *Torture and Its Consequences: Current Treatment Approaches,* Cambridge University Press, 56–71.

Stohl, M. (1988). States, terrorism and state terrorism. In: R. O. Slater und M. Stohl (Hrsg.), *Current Perspectives on International Terrorism.* Macmillan.

Sussman, D. (2005). What's wrong with torture? *Philosophy and Public Affairs,* 33, 1–33.

Sussman, D. (2006). Defining Torture. *Case Western Reserve Journal of International Law,* 37, 225–230.

Tiedemann, P. (2007). *Menschenwürde als Rechtsbegriff.* Berliner Wissenschafts-Verlag.

United against Torture (UAT) (2007). *Israel and the Occupied Palestinian Territories. A study on the Implementation of the EU Guidelines on Torture and other Cruel, Inhuman or Degrading Treatment or Punishment.* Jerusalem. www.unitedagainsttorture.org/inuyim 201_88.pdf

Valtin, J. (2008). Physicians, Psychologists & the Problem of »The Dark Side«. *The Public Record,* 14. Juli 2008.

Mehr über unsere Autoren und Bücher:
www.westendverlag.de

Die Deutsche Nationalbibliothek verzeichnet diese Publikation in der Deutschen Nationalbibliografie; detaillierte bibliografische Daten sind im Internet über http://dnb.d-nb.de abrufbar.

ISBN 978-3-86489-225-7

Gestaltung: Buchgut, Berlin und Andreas Töpfer
Druck und Bindung: CPI – Clausen & Bosse, Leck
Printed in Germany